上海社会科学院文学研究所学术研究文丛
上海社科院城市文化创新研究院智库文丛

海外亚洲汉学中的上海文学研究系列

主编　王光东

执行主编　袁红涛

日本汉学中的上海文学研究

王晴　编

上海人民出版社　　上海远东出版社

图书在版编目(CIP)数据

日本汉学中的上海文学研究 / 王光东,袁红涛,王晴
主编. —上海:上海远东出版社,2021
(海外亚洲汉学中的上海文学研究系列)
ISBN 978-7-5476-1754-0

Ⅰ.①日… Ⅱ.①王… ②袁… ③王… Ⅲ.①汉学-
研究-日本 ②海派-文学流派研究-上海 Ⅳ.①K207.8
②I209.951

中国版本图书馆 CIP 数据核字(2021)第 197350 号

责任编辑　陈占宏
封面设计　徐羽情

上海社会科学院文学研究所学术研究文丛
上海社科院城市文化创新研究院智库文丛
海外亚洲汉学中的上海文学研究系列
主编　王光东　　执行主编　袁红涛

日本汉学中的上海文学研究

王　晴　编

出　　版　上海远东出版社
　　　　　(201101　上海市闵行区号景路 159 弄 C 座)
发　　行　上海人民出版社发行中心
印　　刷　上海中华印刷有限公司
开　　本　635×965　　　1/16
印　　张　26.25
插　　页　2
字　　数　306,000
版　　次　2021 年 10 月第 1 版
印　　次　2021 年 10 月第 1 次印刷
ISBN 978-7-5476-1754-0/K·187
定　　价　99.00 元

编辑说明

　　上海社会科学院文学研究所自 1979 年成立伊始,学科研究重点从"孤岛文学""左联时期文学"到"上海抗战文学""新时期上海作家"等,既不断拓展,同时踏实而行,以一系列奠基性的研究著作和扎实的资料整理工作,整体确立了文学研究所在"上海文学研究"领域的重要地位。《上海近代文学史》《上海现代文学史》《上海文学通史》等厚重之作的先后出版,更可谓是本所中国现当代文学与古代文学等基础学科研究实绩的集中体现。近年来,继承学科特色和优势,我们将扎根于上海文学研究的视野拓展为对中国城市文学和文化发展的整体性关注,另一方面则是在中国城市文学研究的视野中考察上海文学的发展;秉持这一理念的"中国城市文学研究"团队也得到上海社科院创新工程的连续支持。随着研究的深入,我们认识到,为了总结上海和中国城市文学发展的经验,反思既有研究的得失,同样需要域外和全球视野下的关注、比较和借鉴。比如,与国际历史研究领域中"上海学"的兴起相比,关于上海文学的研究的缺失就凸显出来。对上海文学的关注,主要还是从国内视角出发,尚未足够主动地去重视海外研究者的声音。然而,研究上海文学和中国城市文学,不仅需要内部研究,也需要来自海外的视野;不仅需要西方理论的视角,也需要东方文化的审视。为此,本团队开始着力于进行海外汉学中的上海文学研究文献整理与综合研究和中国视野相结合,理论研究和文献整理相结合,对海外汉学中的上海文学研究作整体性的梳理和研究。

　　我们首先注意到新世纪以来海外亚洲汉学中的上海文学研究的长足进展,选取日本、韩国、新加坡等东亚各国汉学中的相关成果,将其翻译成中文并编选成"海外亚洲汉学中的上海文学研究丛书"三卷作为首辑。为了选本的代表性和权威性,我们特别邀请到韩国木浦大学教授林春城先生、马来西亚南方大学资深讲座教授王润华先生、新加坡锡山文艺中心名誉主席南治国先生、日本一桥大学博士生王晴女士诸位学养深厚、对中国和所在地区相关研究进展均了然于胸的学者主持编选,并作序言;上海社科院"中国城市文学研究"团队的贾艳艳、狄霞晨、金方廷三位博士则对选本进行了后期编校,主要是根据中文表达习惯对译文进行了些许微调,核对了注释,并撰写了各卷相关研究的述评作为"跋",由此与编者序言呼应,也是一种对话。

　　期待读者诸君的批评和支持。

上海社会科学院文学研究所"中国城市文学研究"团队

2021 年 6 月

目　录

附 本书作者简介

序　言

王　晴

　　几年前放假的时候,从日本回到国内探望亲友。很难得地与昔日的朋友们小聚在一起,这些以往在一起读书论学的朋友们如今散落在世界各地,各怀壮志地行进在求学深造之路上,唯有寒暑假方能一聚。席间,一位朋友突然问我:"日本的中国文学研究者们在做什么?"我有些摸不着问题的要领,不知道他到底想问什么。他又重复一遍:"日本的那些研究中国文学的学者,他们的共同关切在哪里? 好像看不到什么整体的面貌。"他究竟想问什么,我是明白了。但是,该如何作答我却一直思考到了现在。

　　很能理解这种在文学史教学的熏染下的对"整体性"的迷恋。在框架、结构、位置中确认对象的有效性和限度,仿佛是文学研究中不言自明的基本功夫。就好像,如果一个作家、作品无法被归入到某一流派或是群体性的特征中,无法作为一种整体性的隐喻而显露身影,仿佛就会给研究者带来极大的焦虑,甚至会让人怀疑其是否有被纳入视野的价值。如何砍掉偏离整体性的枝节,将研究对象安稳地放入到"模具"中,或者,削减掉其"异质性"而使之转变为"稳定性",这似乎是中国文学研究的一种主流的、共识性的思考。但是,这样一种趋向很难在日本的中国文学研究中看到。

　　在我看来,这也正是日本的中国文学研究的魅力之所在。笼统地说,日本学者所做的,正是对"整体性"迷思的破解。从既有框架的定位中"解救"出作者和作品、关注无法被归类的那一部分"溢出物",以这样的方式去质疑任何一种"归类"。这就好像是,用"异质性"这个小锤子,在看似坚不可破的"整体性"的表面凿出一个足以使整个体系坍塌的小洞,并以这种方式让人们察觉到被"整体性"遮蔽掉的更为广阔的、生动的文学空间。"世上本没有路,走的人多了,也便成了路",这句话的背后还预示出另外一个道理:被走出来的路之外其实任何土地皆可为"路"。对整体性发起公然的质疑,这种做法虽然"伤害性极大",但是对于呈现文学的复杂性与多元性,反思学术方法论上的僵化对思考的禁锢来说,则是必要的,恐怕也是急需的。

正苦于无法将上述感受表述出来的时候,有幸受上海社科院文学所的王光东老师之约,参与到这一系列丛书的编辑工作中,能够让我将这一感受通过这本书传递给读者,我想这恐怕是最好的方式。我本身是做伪满洲国文学研究的,这一研究方向颇具时空局限性,因此我并没有能力对日本的中国文学研究现状做整体性的把握,也无法凝练出一个"共同的关切"。但我想,通过编选这样一本论文集,读者或多或少是可以感受到日本学者身上的那种拆解"整体性"的冲动吧。这也是我急切地想要让中国读者与他们相遇的原因。

本书是海外汉学的上海文学研究系列中的日本篇,主题限定在上海这一区域中,但在编选的过程中并没有局限在上海作家和上海主题的作品这一限定中,但凡涉及到上海这一地域的文学作品、作家,甚至并没有被视作上海文学范围内,但实际上个人的思想或是文学修养的形成中上海是不可或缺的要素的作家,如陶晶孙,也被归入其中。除了上海这一限定之外,研究方法上的多样性也是编选时加以考虑的要素。比如除了作家论、文本解读之外,文化批评和新文化史的研究方法下的研究以及资料整理也有意地加以选入。另外,由于海外的上海研究多集中于1949年前,这一点在日本也不例外,对此,本书有意选取了属于上海当代文学范畴的研究论文,以此更为历时性地展现海外上海研究的面貌。在构成上,本书也有意地考虑到研究者的年龄层构成和性别构成,试图还原一个现在进行时的日本中国研究的面貌。但受篇幅所限,不得不做取舍,面对很多优秀的研究成果,只能忍痛割爱。本书收录的论文虽然多为学术杂志刊登过的文章,但在本次编辑的过程中,大部分作者对原文或译文进行了细致的修订,取得了联系的译者也在原作者的同意下对文章进行了润色,这些细小而真挚的工作足以体现作者、译者对这样一种学术交流所持有的热忱的态度。

因缺乏编辑经验,每每惶恐不安之际,正是诸位作者和译者慷慨的帮助和亲切的鼓励,成为我最大的慰藉。再次感谢王光东老师给我这样难得的机会。本书在编辑过程中受到东京大学中国语中国文学研究室的铃木将久老师慷慨的支持,在他花费了大量时间与精力的帮助下才得以与众多德高望重的学者以及已逝去作者的家属取得联系,征求到了几乎所有作者的版权,在此表达特别的感谢。一桥大学名誉教授木山英雄老师在做白内障手术前夕特意来电询问编辑事宜,对编辑的工作表达了支持与鼓励,令我难以忘怀。一桥大学言语社会研究科的坂井洋史老师,拨冗为译稿再做校阅,谨此致谢。遗憾的是,小谷一郎老师因为住院,未能与其取得联系,不得不割舍他的论文《三德里的"小伙计"——创造社出版部和上海通信图书馆》(《上海鲁迅研究》2016年第1期),如今后有机会,定做增补。另外,在有着十多年交情的"老朋友"金方廷女士的协力下此书的编辑工作得以顺利进行,这为我们的缘分增加了美好的回忆,一并致谢。

最后,我想说,疫情让平面的世界瞬间长出无数的褶皱,在新的隔断被不断加高加厚的现实面前,或许我们还有文学相通彼此——"这里有蔷薇,就在这里跳舞吧!"

2021 年 7 月 27 日于东京河边

成仿吾与鲁迅《野草》

秋吉收

（九州大学语言文化研究院）

一、鲁迅与《〈呐喊〉的评论》

1925 年 5 月《语丝》31 期上刊载了鲁迅的《俄文译本〈阿 Q 正传〉序及著者自叙传略》，其中有这样一段记述：

> 我的小说出版之后，首先受到的是一个青年批评家的谴责；后来，也有以为是病的，也有以为滑稽的，也有以为讽刺的；或者还以为冷嘲，至于使我自己也要疑心自己的心里真藏着可怕的冰块。①

（下划线均由笔者所加。下同）

这里的"一个青年批评家"正是指成仿吾，"我的小说"就是鲁迅的第一部小说集《呐喊》（1923 年 8 月北京新潮社）。该小说集出版后，茅盾已率先发表了书评《读〈呐喊〉》（1923 年 10 月 8 日《文学（周报）》第 91 期），这里鲁迅依旧用"首先"一词，可见他对成仿吾的评论的介怀。成仿吾也确实毫不客气地在《〈呐喊〉的评论》中说：

前期的作品之中，《狂人日记》很平凡；《阿Q正传》的描写虽佳，而结构极坏；《孔乙己》、《药》、《明天》皆未免庸俗；《一件小事》是一篇拙劣的随笔；……我一直读完《阿Q正传》的时候，除了那篇《故乡》之外，我好象觉得我所读的是半世纪前或一世纪以前的一个作者的作品。（中略）《不周山》又是全集中极可注意的一篇作品。作者由这一篇可谓表示了他不甘拘守着写实的门户。他要进而入纯文艺的宫庭。这种有意识的转变，是我为作者最欣喜的一件事。这篇虽然也还有不能令人满足的地方，总是全集中第一篇杰作。②

自1918年《狂人日记》（《新青年》4卷5号）刊载以来，五年间鲁迅不断地进行创作，集结成他的第一部小说集《呐喊》，对中国现代文学的诞生而言，这部作品集的影响不可小觑。鲁迅把《〈呐喊〉的评论》称之为"首先"的反应，却是《呐喊》刊行一年后才出现的。此后，鲁迅对成仿吾的批判便不绝于耳。仿若是对《〈呐喊〉的评论》的报复一样，自1930年1月《呐喊》的第13次印刷（鲁迅自身标记为"第二版"）开始，鲁迅将《不周山》一文删除了。1935年12月将其改题为《补天》，重新收录于历史小说集《故事新编》中，将成仿吾唯一称赞过的《不周山》"彻底毁灭"了。个中缘由，鲁迅在《〈故事新编〉序》中有所言及。

我们的批评家成仿吾先生……以"庸俗"的罪名，几斧砍杀了《呐喊》，只推《不周山》为佳作，——自然也仍有不好的地方。坦白的说罢，这就是使我不但不能心服，而轻视了这位勇士的原因。我是不薄"庸俗"，也自甘"庸俗"的；

（中略）《不周山》的后半是很草率的，绝不能称为佳作。倘使读者相信了这冒险家的话，一定自误，而我也成了误人，于是当《呐喊》印行第二版时，即将这一篇删除；向这位"魂灵"回敬了当头一棒——我的集子里，只剩着"庸俗"在跋扈了。③

直至鲁迅逝世的前一年，他的这种多少有些偏执的做法才告一段落。从整体上来说，鲁迅和成仿吾的关系始终是互相冲突的。作为这一连串事件发端的《〈呐喊〉的评论》到底是如何给鲁迅留下了这样深的伤疤？北京世界语专科学校的学生，同时也是1925年鲁迅组织的文学社——莽原社的中心成员并深得鲁迅信赖的荆有麟有这样一段回忆：

　　先生的第一集小说《呐喊》出版后，创造社的成仿吾，曾给了不大公正的批评。（中略）成仿吾一次不很客气的批评，使先生耿耿于心者，达至十数年。无论谈话里，文章里，一提起创造社人，总有些严厉指摘或讽刺。虽然这指摘或讽刺，另有它的社会原因在，但仿吾那篇批评，却在先生脑筋中一直记忆着。④

以《〈呐喊〉的评论》为发端的"鲁、成之争"，以及与后期创造社之间的激烈的革命文学争论，是历来的鲁迅与成仿吾关系研究的焦点，然而本文所讨论的对象，是以往研究中所忽略的鲁迅的散文诗集《野草》和成仿吾的关系。之所以着眼于《野草》，是因为其中的第一篇《秋夜》写于1924年9月，正是《〈呐喊〉的评论》发表约半年后的时间。

接下来我们就从成仿吾代表作之一——《诗之防御战》进行解读，进而讨论与《野草》的关系。

二、成仿吾《诗之防御战》

正如鲁迅曾几度以满含讽刺的口吻称其为"批评家"一样，成仿吾自身也因"批评家"而自负，实际创作的文章大多数也都是批评（评论）文。然而出乎意料的是，成仿吾的文学活动却是以"诗"为出发点的。据《成仿吾研究资料》（1988 年湖南文艺出版社）中"著译目录（1920—1985）"显示，自 1920 年 2 月 25 日《时事新报·学灯》刊载的第一篇作品《青年（新诗）》开始，直至 1922 年末，成仿吾的创作是以诗作为中心的（共计 23 篇。多以青年时代浪漫的青春〔人生、友情和孤独〕为主题）。1910 年，13 岁的成仿吾随兄长（成劭吾）远渡日本，1914 年进入冈山第六高等学校与郭沫若相识。平常多读席勒、海涅等外国文学，也着手于翻译。1917 年考入东京帝国大学（造兵科）后，同郁达夫、张资平等创办小杂志《GREEN（格林）》，开始了真正的创作活动⑤，这里有必要进行简单地梳理。

1923 年，即鲁迅执笔《野草》的前一年，成仿吾在《创造周报》创刊号（1923 年 5 月）上刊载了"诗之防御战"。

现在试把我们目下的诗的王宫一瞥，看它的近情如何了。

一座腐败了的宫殿，是我们把它推翻了，几年来正在重新建造。然而现在呀，王宫内外遍地都生了野草了，可悲的王宫啊！可痛的王宫！

空言不足信，我现在把这些野草，随便指出几个来说说。

一、胡适的《尝试集》……这简直不知道是什么东西。……

二、康白情的《草儿》……我把它抄下来，几乎把肠都笑断了。……

三、俞平伯的《冬夜》……这是什么东西？滚滚滚你的！……

四、周作人……这不说是诗，只能说是所见，……

五、徐玉诺的《将来之花园》……这样的文字在小说里面都要说是拙劣极了。（中略）

我现在手写痛了，头也痛了！读者看了这许多名诗，也许已经觉得眼花头痛，我要在这里变更计划，不再把野草一个个拿来洗剥了。

至于前面的那些野草们，我们应当对于它们更为及时的防御战。它们大抵是一些浅薄无聊的文字，作者既没有丝毫的想像力，又不能利用音乐的效果，所以它们总不外是一些理论或观察的报告，怎么也免不了是一些鄙陋的嘈音。（中略）这样的文字可以称诗，我不知我们的诗坛终将堕落到什么样子。我们要起而守护诗的王宫，我愿与我们的青年诗人共起而为这诗之防御战！

在这里，成仿吾将创造社视为仇敌的文学研究会的代表诗人及胡适、周作人等文学泰斗彻底地"斩尽杀绝"。除上述引用部分之外，文学研究会作家冰心、泰戈尔、周作人的新诗创作，及以日本的和歌、俳句为发端的"小诗"运动也遭到了他粉碎性地抨击。众所周知，中国最早的口语新诗集——胡适的《尝试集》（1920年）仍没有迈出习作的田地，但对于尚处于初期这个背景，多少有些不成熟是情有可原的。成仿吾完全没有看到他人为革新、开拓所付出的努力，只是一味地嘲笑般地全然否定，不是"仇敌"也会感到厌恶（但是对文学研究会作家等文坛的泰斗进行痛快地嘲讽，因而也使得《创作周报》一时间呈现了空前的盛况）。

但是，约一万字的饱含情绪的评论，可以想见成仿吾绝不是仅以打倒仇敌的意图进行创作的。"文学始终是以情感为生命的""文学只有美丑之分，原无新旧之别"等言语，可以看到"为艺术而艺术"的创造社的理念，也可以看到成仿吾自身对文学（诗）艺术的真正的探究态度。另外，公式似的解说、外来语的多用等足以见得他对西欧理论的热心研究⑥。尽管如此，他在自己主办的杂志上接连不断地发表文章（《创造周报》的几乎每号都可见成仿吾和郭沫若的文章，加之在同时期的《创造季刊》上的投稿数量也甚多），在这样透支的情况下，每投一篇都经过深思熟虑并付诸实践，这对初出茅庐的成仿吾来说亦是不易的。动辄就可看到他带着党同伐异、独善其身的政治性色彩，以及前后不一致的冗长赘述等。同时期的《少年中国》《晨报副刊》《小说月报》等杂志上也可看到郭沫若、康白情、周作人及闻一多等众多文人对中国新诗该如何构筑的热心讨论，《诗之防御战》则是与脱离这些讨论对既存文坛所做的全盘否定。

那么，被成仿吾攻击的文人对此是作何反应的？首先是胡适，意外的是他没有任何反驳的言语。实际上，大约在《诗之防御战》刊载的一年前，胡适与成仿吾（以及郁达夫等创造社成员）对误译问题进行了激烈的争论⑦，或许那时胡适已经释然了。在《诗之防御战》发表之际，1923 年 5 月 15 日胡适向郭沫若和郁达夫发送了关于误译问题的近乎谢罪的和解信⑧。

其次是康白情、俞平伯（1900—1990）、徐玉诺（1894—

1958）等人的反应。据笔者调查所见，基本上可以说是一片沉默
（原本像徐玉诺那样确立了自己的诗的世界、历来以真的"脱俗"
的诗人自诩的人来说，这种充满了俗气的"批评"几乎不能影响
什么吧）。然而文学研究会的中心成员茅盾（1896—1981）针对当
时的情形，有这样一段发言：

> 当时鲁迅读了这篇评论后，劝我们不要写文章与之辩论，
> 因为如果辩论，也不过是聋子对话。……附带说一句，成仿
> 吾是个直性子人，有什么想法，肚里搁不住，就直说出来。
> 但他也是个正直的人，他与鲁迅打过不少笔墨官司。⑨

　　最后我们来探寻一下鲁迅的弟弟周作人的反应。实际上，成
仿吾对周作人的批判更为深刻和执拗。他对周作人的攻击不仅限
于他创作的诗歌，甚至蔓延到了他介绍的日本的俳句短歌等。"总
之这两件臭皮囊，即日本人——与俳谐一样浅薄无聊的日本人"
等言辞可以窥见成仿吾对日本本身的厌恶，他对周作人的攻击持
续到1920年代后半期的革命文学论争（同时伴随着对鲁迅的批
判），足以见得渊源之深。

　　而周作人也在《诗之防御战》的次月立刻发表了明确反驳的
文章，但却刊登在了面向在北京居住的"面向日本人"的"日语"
新闻《北京周报》（1923年6月17日第69号）上。署名是"北斗
生"，看似是与该事件无关联的文人的消遣之作⑩。这篇《支那文
坛闲话》（原文是日语）的一个段落写道：

> 上海的创造社同人都是日本留学生，他们自己称作是颓
> 废派，但从我看来，他们称作普罗文士更适宜。从去年冬天

起直到现在在《创造》杂志上关于误译问题跟胡适博士进行论战（胡适君已经沉默了），猛烈地发挥普罗风格。5月又出了《创造周报》其旗帜更鲜明起来了！（中略）应该看看第1期的叫做《诗之防御战》的论文。这个批评家在文中统统打败所谓专卖中国的诗坛的人们了。他的武者那样的态度实在厉害。（中略）对于有人介绍日本的短歌，狠狠地批评说："把日本人自己也已经不要的东西捡起来叫中国青年模仿，到底是什么意思？"日本现在有没有短歌是另一个问题，但介绍不一定是提倡，一个批评家应当明白。我也喜欢骂人，看了那种文章心情似乎就畅快，但那个打架的姿态过于勇悍。（六、八）

周作人故意隐藏自己的身份，不是针对中国而是在面向日本的媒介做了反驳。由于成仿吾攻击的是日本的俳句短歌进而想到日本，这或许是其中的一个缘由。虽然这种排遣可以说并非直接坦率[①]，但却是符合"韬晦"性格的周作人的作风的。另一方面，脱离中国文坛、并且匿名发表这样的自由空间，也许更能吐露真实的想法。

事实上，周作人也曾用中文谈及此事，1923年11月3日的《晨报副镌》上刊载的《杂感："文艺界剿匪运动"》和后来1936年写的《论骂人文章》[②]。但是，这些仅仅是对成仿吾的"官骂事业"的委婉嘲讽，而非正面地对战。

在较早的时期鲁迅就开始关注新诗创作及研究，1918年5月至7月，鲁迅在《新青年》上发表了5首新诗，对这篇《诗之防御战》无疑是投以关注的目光的。不单是内容，对"诗之王宫"等矫揉造作之语，欧文罗列、西洋理论的炫耀等统统像似惹怒了鲁迅，在这篇文章刊载的一年后，鲁迅将自己最初的新诗冠以"野草"之名，回应了成仿吾的以"野草"嘲笑拙劣诗作。

三、围绕《创造周报》

受到成仿吾批判的这些文人表面上冷静地对待，实际上受《诗之防御战》的影响甚大。郭沫若在回忆录《创造十年》中说道：

> 仿吾异常的勇猛，在《周报》第一期上便投出了《诗之防御战》的那个爆击弹，把当时筑在闸北的中国的所谓文坛，爆击得比今年的闸北怕还要厉害。那篇文章除掉仿吾之外谁也不会做的，因为凡是多少要顾虑一下饭碗问题的人，谁个敢于做出那样的文章？至少我就不敢。（中略）仿吾因为那篇文章便得罪了胡适大博士，周作人大导师，以及文学研究会里的一些大贤小贤。然而仿吾的报应也觌面了。他在用爆击弹，而在敌对者方面却用的是毒瓦斯。[13]

然而，刊载《诗之防御战》的杂志《创造周报》到底是什么样的杂志呢？创刊于1922年5月的创造社最初的机关杂志《创造季刊》当时是非常活跃的。除创作以外，还刊载了翻译、成仿吾《〈呐喊〉的评论》（1924年2月《创造季刊》2卷2号）等文章，然而随着它的发展其发表空间却显现不够了，为开拓新的领域而准备的，便是如标题所示显露着对文学研究会的对抗意识的《创造周报》。在《创造季刊》的2卷1号的卷末，以《预告 创造周报》为题发表了其宣言："我们这个周报的性质，和我们的季刊是姐妹，但他们却微有略轻略重之点，季刊素来偏重于创作，而以评论介绍为副。这回的周报想偏重于评论介绍而以创作副之。（后略）创造社启事 四月三十日。"与这一主旨相呼应，创刊号的卷头文章就是成仿吾的《诗之防御战》。随后，郭沫若的《我们的文学新运动》（3 号）、郁达夫的《文艺上的阶级斗争》（3 号）、《The Yellow Book 以及其他》（20、21 号）等都是值得关注的文章，因此杂志上也呈现出一片繁荣的景象。这一状况在郑伯奇（1895—1979）的回想中可窥见一斑。

> 当时，创造社胜利地回击了胡适一派的猖狂进攻，博得了广大读者的同情和信任，但也招来了敌对方面的更多的谩骂和攻击。在这样情况下，光凭三个月出版一次的季刊来应战，的确显得太不及时了，……大家主张另出一个机动刊物来应付斗争的需要。（中略）《创造周报》一经发刊出来，马上就轰动了。每逢星期六的下午，四马路泰东书局的门口，常常被一群一群的青年所挤满，从印刷所刚运来的油墨未干的周报，一堆一堆地为读者抢购净尽，定户和函购的读者也陡然增加，书局添入专管这些事。若说这一时期是前期创造社中最活跃的时代，怕也不是夸张吧。⑭

如郭沫若所说的那样，作为"仇敌"的文学研究会当然也关注着创造社的动向。1923 年 5 月，即与《创造周报》创刊号同月发行的《小说月报》14 卷 5 号《国内文坛消息》中有记载说："关于文学杂志的出版，也有很可喜的消息。……创造社诸君，拟于创造季刊之外，再出一种创造周报内容侧重于批评方面。"但是文学研究会的主要成员、《小说月报》的主编茅盾在 1922 年 6 月

11 日《文学旬刊》39 期上刊登的《〈创造〉给我的影响》中给予反驳："创造社诸君的著作恐怕也不能竟说可与世界不朽的作品比肩吧。所以我觉得现在与其多批评别人，不如自己多努力，……望把天才两字写出在纸上，不要挂在嘴上。"茅盾在 1924 年 7 月《文学（周报）》131 号上针对成仿吾 1923 年 5 月的《诗之防御战》、1924 年 2 月的《〈呐喊〉的评论》做了如下说明：

> 互相批评，在他们自己骂人的时候，骂人便是"防御战"，是极正当的行为，然而别人若一回骂，可就成了"大逆不道"了。我们老老实实说罢，当我们想起这种现象时，每不禁连想到近二年来创造季刊与创造周报的言论。（中略）成仿吾屡次因辩论学理而大骂文学研究会排斥异己，广招党羽，我们都置而不辨，因为我们知道成君辩论是极没有意味的事。……（编者）

成仿吾也时不时说出："最后的结果却是弄得几乎无处可以立足，不仅多年的朋友渐渐把我看得不值一钱"（1924 年 4 月 13 日《创造周报》48 号）等这样的泄气话，从中也可窥见其渐入消沉的样子。相比较于接收到来自全国各地多方面的投稿并逐渐扩大成长的茅盾他们的文学研究会，创造社则是局限于同人的小范围而无法突破，关于《创造周报》的末路，这里借用伊藤虎丸在《创造社小史》中的一段话：

> 《周报》本身已经出版了十数号，早已"有点筋疲力尽"（《创造十年》）。《创造日》发刊后负担又已加重，加之积累的疲劳感。在这样一成不变的艰苦生活下，同人间的感情上

的龟裂也走向了表面化。就这样，1923 年初郁达夫去了北京，次年 4 月郭沫若赴日后，《周报》在满一年之后便停刊了。⑮

但成仿吾也没就此投降。1924 年 5 月 19 日刊行的《创造周报》52 号（最终号）上成仿吾以《批评与批评家》为题写道："真的文艺批评家，他是在做文艺的活动。他把自己表现出来，就成为可以完全信用的文艺批评，这便是他的文艺作品。"从这段话中可以强烈感受到他自恃"批评家"身份下的自负（虽也能感到有些不愿认输下的口是心非）再者，该杂志最终号上刊载了成仿吾写的《一年的回顾》，提到《创造周报》最初发刊的想法是"内容注重翻译与批评。……我誓要扫荡新诗坛上的妖魔，写几篇批评近日的新诗的文字"。尽管迎来了终刊，创刊号上刊载的《诗之防御战》的"意气风发"始终不曾衰减。

《创造周报》走向衰落以至停刊之后不久，同年 11 月《语丝》创刊并活跃起来，在创刊号上登载了鲁迅的文章——《说不出》，其中提到：

> 我以为，批评家最平稳的是不要兼做创作。假如提起一支屠城的笔，扫荡了文坛上一切野草，那自然是快意的。但扫荡之后，倘以为天下已没有诗，就动手来创作，便每不免做出这样的东西来……

这里鲁迅将"批评家"成仿吾在《周报》终刊以及《诗之防御战》中"扫荡""野草"等词，直接用于反击对方，可见对成仿吾的辛辣讽刺之意。这难道不是鲁迅在《语丝》创刊号中对成仿吾的"诗之防御战"最终以《创造周报》的顿挫而战败发出的胜利宣言吗？第三号开始连载鲁迅的新诗《野草》系列。"野草"之名正是回应了一年前《创造周报》（创刊号）上刊载的《诗之防御战》中成仿吾对新诗的侮蔑嘲讽。

四、有关《野草》的命名

鲁迅的全部著作中，直接谈及成仿吾约有 50 处，以《三闲集》（1932 年上海北新书局。收录 1927—1929 年间所写的文章 34 篇）为代表，该作品集多处出现鲁迅辛辣之词。其中经常被引用的《"醉眼"中的朦胧》（1928 年 3 月《语丝》4 卷 11 期），《三闲集》的命名，就是用成仿吾、李初梨等提倡革命文学对他的攻击作为反击之"箭"的，其《序言》的末尾，有这样一段话：

> 成仿吾以无产阶级之名，指为"有闲"，而且"有闲"还至于有三个[16]，却是至今还不能完全忘却的。（中略）编成而<u>名曰《三闲集》，尚以射仿吾也。</u>[17]

这里又能感受到鲁迅对成仿吾执念之深。为了反击对手而将所谓"骂名"来命名自己的作品集，不仅是《三闲集》，《南腔北调集》（1934）亦是将论敌嘲笑自己的"腔调"而命名的；再者《二心集》（1932）的"二心"也是回应了论敌的批判。众所周知，鲁迅当时潜在的斗争和反抗意识在他的《而已集》（1928）、《华盖集》（1926）、《且介亭杂文》（1937）、《伪自由书》（1933）等作品集的命名上都或多或少体现出来了。

那么，散文诗集《野草》的命名又蕴含怎样的寓意呢？遗憾的是我们没有找到鲁迅对此的说明。王吉鹏的《"野草"具名的长久心理蕴含》[18]可以说是目前研究界的一种回答。

> 鲁迅童年在百草园中度过的日子。……感受到了野草一如他们一样旺盛的生命力……诗人的气质使他把"野草"作为了自己中年沧桑的自况，分外珍爱，特别看重。厦门时期，……在寂寞之中他思考着，只有这些野花草陪伴着他……他所选择的疗伤砥血之所，却又是"野草"。野草给鲁迅的是安全，是一个永远的精神家园，……成了他的思想堡垒。（中略）总之，<u>"野草"的命名，绝不是鲁迅偶一为之的突发奇想，它包含深刻的含义</u>。……散文诗集《野草》则更是一部不朽的伟大作品。

据鲁迅自身的经历、言说等等，可以看出他对植物的一贯热爱[19]，因此，将诗集命名为《野草》也不是毫无道理的。然而《〈野草〉题辞》（1927）中的一段介绍了当时的执笔状况，"生命的泥委弃在地面上，不生乔木，只生野草，……野草，根本不深，花叶不美，然而吸取水，吸取陈死人的血和肉，各各夺取生存。当生存时，还是将遭践踏，将遭删刈，直至于死亡而朽腐。……去罢，野草，连着我的题辞！"从"野"中长出来的强劲的草本身就被赋予了顽强斗志的意识了。

成仿吾的《诗之防御战》中说"新诗的王宫内外遍地都生了"野草"（根本算不上诗的诗）了，……诗坛是会堕落的"，以这种极端的口吻来侮辱"野草"，进而促使鲁迅如此强烈的反应。将自己的诗集冠以"野草"之名，进而对成仿吾宣告，他所谓的最低劣的"野草"正是自己唯一的"诗草"。《〈故事新编〉序》的末尾，鲁迅嘲笑道："当《呐喊》印行第二版时，即将这一篇（成仿吾所谓的佳作——不周山）删除……我的集子里，只剩着"庸俗"在跋扈了。"把被贬低的作品全部展现在自己的世界里，这一做法同《野草》命名完全一致。

《野草》的命名，同《三闲集》等其他作品集的命名一样，是鲁迅自身的斗争宣言，同时也富于讽刺和机智，正是鲁迅式的命名。诗集《野草》仍然没有任何特殊的意义。与对其他作品集的命名不同的是，鲁迅对《野草》的命名闭口不言，可见他对"野草"的深邃想法。[20]

后　记

历来研究中，《俄文译本〈阿Q正传〉序及著者自叙传略》（1925 年 5 月）被公认为是鲁迅针对成仿吾《〈呐喊〉的评论》（1924 年 2 月）做出的首次回应，但是，根据以上的调查分析可以发现，该时间大概可以退至 1924 年 9 月开始执笔的散文诗集《野草》之际吧。

注　释

① 鲁迅《俄文译本〈阿Q正传〉序及著者自叙传略》，原载于 1925 年 5 月《语丝》31 期。

② 成仿吾《〈呐喊〉的评论》，1924 年 2 月《创造》季刊第 2 卷第 2 期。

③《鲁迅全集》第 2 卷，人民文学出版社 2005 年版，第 353 页。

④ 荆有麟《鲁迅的对事与对人》，收于《鲁迅回忆断片》，上海杂志公司，1943 年初版（未见），使用同公司 1947 年版，第 20—21 页。

⑤ 近现代文学的集大成之作——朱自清编《中国新文学大系·诗集卷》（1935 年上海良友图书印刷公司）中，将成仿吾的三首诗（《静夜》《诗人

的恋歌》《序诗（一）》，均 1923 年作）收录其中，可见他作为诗人也得到一定认可。

⑥ 关于成仿吾的文学艺术探究的更多细节，请参考中井政喜《一九二〇年代中国文艺批评论》（2005 年汲古书院）、阿部干雄《成仿吾的"文学观"的变迁》（2008 年 3 月《言语社会（一桥大学）》第 2 号），以及其他在中国发表的论文，如袁红涛《青春的激情与入世的冲动——论成仿吾的文学批评》（2004 年 8 月《石油大学学报（社会科学版）》20 卷 4 期）等。对成仿吾用的"野草"一词，中井先生曾给了笔者宝贵意见，并促使本文的形成，在此表示感谢。

⑦ 针对余家菊以英语为底本重译的《人生之意义与价值》（原著是德国的哲学家、诺贝尔文学奖的获得者倭铿）的误译问题，郁达夫在《创造季刊》1 卷 2 号（1922 年 8 月）上批判的同时，胡适在《努力周报》（1922 年 9 月 17 日第 20 期）［编辑余谈］栏写了《骂人》并对郁达夫给予了批判。与此同时，成仿吾在《创造季刊》1 卷 3 号（1922 年 12 月）上以《学者的态度——胡适之先生的"骂人"批评》为题，近一万字的文章进行了彻底地讽刺和反击。原本仅是误译问题，于胡适方面不利。详情请参考胡翠娥《"翻译的政治"——余家菊译〈人生之意义与价值〉笔战的背后》（《新文学史料》2011 年 4 期）等。

⑧ 胡适《致郭沫若、郁达夫》（1923 年 5 月 15 日）《胡适全集》第 23 卷（书信集），合肥：安徽教育出版社，2003 年版，第 404 页。胡适在鲁迅和陈源争论时劝说二人和解而发出的信——《致鲁迅、周作人、陈源》（1926 年 5 月 24 日）前出《胡适全集》（第 23 卷），第 485 页。

⑨ 茅盾《复杂而紧张的生活、学习与斗争——回忆录（五）》，《新文学史料》1979 年 11 月，第 5 辑。

⑩《支那文坛闲话》开头（记者栏）中有这样的注明："北斗生是支那文学界殊有名的人，对日本文学也深有研究。支那文坛闲话是其自身书写的日文。是了解最近支那文学界的必读书目，绝不是闲话。"这位记者便是当时与鲁迅和周作人有过直接交流的丸山昏迷。

⑪ 伊藤德也《〈新文学的二大潮流〉是如何写成如何刊行的》（2014 年 12 月《周作人研究通信》第 2 号）中写道："《支那文坛闲话》是对特定的文学者批判或讽刺的文章，如若以中文写就发表在《晨报副刊》等杂志上，以当时周作人的影响来看，势必会成为文坛一个大事件吧。用日文写并发表在对众多中国读者来说不容易获取的日本杂志，因此才公开了具体批判的人名了吧。"同时请参考该氏《周作人的日语佚文〈中国文坛闲话〉》（《鲁迅研究月刊》2013 年第 2 期）。

⑫ 周作人（署名：知堂）《论骂人文章》，原载于 1936 年 12 月 16 日《论语》第 102 期，收于《周作人散文全集》（第 7 卷），桂林：广西师范大学出版社，2009 年版，第 474 页。

⑬ 郭沫若《创造十年》〈十二〉，原载于 1932 年上海现代书局，收于《郭沫若全集·文学编》（第 12 卷），北京：人民文学出版社，1992 年版，第 169 页。

⑭ 郑伯奇《二十年代的一面——郭沫若先生与前期创造社》，重庆《文坛》半月刊第 1～5 期、第 2 卷第 1 期，1942 年 3～6 月、1943 年 4 月。《创造社研究资料 下》，福州：福建人民出版社，1985 年版，第 759 页。

⑮ 伊藤虎丸《创造社小史（解题）》《创造社研究 创造社资料别卷》，亚洲出版社，1979 年版，第 9 页。

⑯ 成仿吾《完成我们的文学革命》（原载于 1927 年 1 月《洪水》3 卷 25 期，后收于《成仿吾文集》，山东大学出版社，1985 年版，第 211 页）中有"以趣味为中心的生活基调，它所暗示着的是一种小天地中自己骗自己的自足，它所矜持着的是闲暇，闲暇，第三个闲暇。"

⑰《〈三闲集〉序言》1932 年 4 月 24 日笔。引用部分是鲁迅搬到上海后与论敌斗争的最后一文，可见对成仿吾成见之深。《鲁迅全集》（第 4 卷），第 6 页。围绕《三闲集》的出版，鲁迅和创造社、太阳社之间的细节，请参考竹内实《鲁迅与柔石（一）》（1969 年 11 月河出书房新社《文艺》第 8 卷第 11 号）等。

⑱ 王吉鹏、林雪飞《"野草"具名的长久心理蕴含》，《沈阳大学学报》

1999 年 3 期。

⑲ 请参考拙稿《鲁迅和与谢野晶子——以"草"为媒介——》《高知女子大学纪要 人文·社会科学编》（第 45 卷），1996 年 3 月。

⑳ 事实上，成仿吾和鲁迅同样对"草"有着特殊的感情，比如在他的题为《海上吟》（1922 年 3 月《创造季刊》1 卷 1 期）的诗中，有这样一节："汝神秘之象征，/汝无穷之创造，/汝宇宙之一毛，/<u>吾又汝千山之一草，/草！可怜的草！</u>"。成仿吾的诗作中不乏孤独哀愁的色彩，把那样的自己比作"草"也是颇有意味的。而在《当我复归到了自我的时候》这首诗中，光明与黑暗的对比，着实与鲁迅以影自比彷徨于无地的意境相似。"当我复归到了自我的时候，/我只觉得我生太幸福了，/世界是逗般阔大而光明，/全不是往时那般暗，那般小。//当我复归到了自我的时候，/然而我又未免油然惨伤，/<u>想起了我生如一个孤影，/凄切地在荒原之上徬徨。</u>/march 17，1924"成仿吾这首诗写于 1924 年 3 月 17 日，也就是鲁迅《野草·影的告别》执笔后 4 个月。在上海的成仿吾因《创造周报》停刊（5 月 19 日），即作为批评家的自我意识处在消沉低迷的状态。此时的鲁迅，处在军阀混战的北京，在看不到曙光的政治暗黑中。在文学上反目的二人，与绝望拼死斗争抵抗的生存方式竟然有着一致性。

（原载《济南大学学报（社会科学版）》2018 年第 3 期，本文经作者修订。）

离散的语言体验

——陶晶孙新论

坂井洋史

（一桥大学言语社会研究科）

一

陶晶孙确实是一个值得研究的作家，但是一直没有受到应该得到的重视。首先简单地确认他的生平如下：

陶晶孙（1897.12.18—1952.2.12），江苏无锡人。原名陶炽，"晶孙"为笔名。其他笔名有昌孙、晶、陶藏、烹斋、李无文、晶明馆主等。1906年随父亲陶廷枋、母亲张淑明、姐姐慰孙赴日本，次年插进东京锦华小学校4年级，之后进东京府立第一中学校、第一高等学校乙类（医学系），1919年考入九州帝国大学医学系。在九州学医时与郭沫若认识，结为好友，参与同人杂志 *Green* 的创刊。1921年7月参与发起创造社。以后，他主要在《创造季刊》《创造月刊》《洪水》等创造社刊物上

陶晶孙（1931年摄于上海）

19

暴露了"文学史"文本在其"客观"的外衣下隐蔽着的话语性/虚构性。

陶晶孙与中国大陆现实语境的纽带在 1950 年代初就被彻底切断了，而当时身处异域的他，未能及时参与刚发轫不久的国家建设工程。这虽然是偶然的机缘所导致的无奈，但正因此"陶晶孙"的名字逐渐被淡忘，以至丧失其在文学史上本该占有的位置。就 1950 年代中国而言，眼下的"现在"在一片欢呼声中被解释为走过 19 世纪以来充满苦难的漫长路程之后终于到达的一个顶点；让国民时时想起过去的艰苦及好不容易获得的辉煌胜利，便能将"现在"合法化，是强化国家体制的意识形态要求。在这种观念下，线性的"历史"被实体化，亦即作为文本被书写出来。果然成为实体而文本化的"历史"充分发挥其排斥的机制，将有损于自身合法性和书写秩序的异端因素统统从叙述中给排斥掉。而且国家体制通过教育制度和多种媒体等渠道，将如此书写完成的"历史"灌输给每个国民。譬如在 1950 年代中国，经过一次仿效苏联体制的教育改革即"院系调整"，"中国现代文学史"被纳入高等教育机关的正规课程中就是出于此一动机的变革。⑨此时中国现代文学史构成了中国革命史的有机一部分。如此，"文学史"的任务无他，以"精神财富""优良传统"的名义"钦定"正统性的标准即"正典 canon"，使它成为国家所有成员应该共享的"常识"；将文学史也包括在内的"历史"之共享才是国家成员能够获得"国民"身份的条件之一。国家建设与"正统"文学史的编撰，这乍看似为互不相干的工作原来如此密不可分！陶晶孙偏偏在此关键时刻远离祖国，身负莫须有之污名，对其真相无人问津，结果竟然身处异端之列。但是我认为他之所以从文学史叙述给排斥出来，不仅仅因此而已。

如上所述，"文学史"是为"国家"服务的意识形态机器之一。因此它的叙述被一个不可动摇的前提牢牢规定着：写进文学史的对象一定是"本国"的作家、作品和文学现象，其文本形式也一定采用"各国文学史"的体裁。关于这个"前提"，Clément Moisan 解释得极其清楚："……文学史只能是'某国家'的文学史。正如 Custave Lanson 早在前面所引论文中断言过：'我们不仅为了真理或人类工作。我们更为祖国工作。'文学史只要与国家成员保持联系就能够存在下去。"[10] 此处"国家"指的当然是现代民族国家。现代国家原是由种种人为制度而构成起来的有机统一体，而这个"统一"才是现代国家最重要的理念亦即意识形态基础：传统共同体的解体和领土的统一、经济圈的统一、"历史"和记忆的统一、语言的统一等等促进匀质的"国民"之诞生。就目前思考的问题而言，其中有一点尤为重要：现代国家需要拥有统一的语言即"国语"，国民要讲统一的语言……不言而喻，各国文学史的叙述对象必然被限定为使用各国国语的文本。

"文学史"既然如此是极为"现代"的、由现代性支撑着的叙述体裁，那么陶晶孙到底能否在其中找到自身的位置？如果从他的身上将不白之冤洗干净，那么他可以毫无保留地回归"为中国革命服务""为强化中国人民凝聚力而被叙写"的"中国现代文学史"中去吗？问题似乎不那么简单。

原来他留下的文学文本的一半是用中文写的，而另一半是用日文写的。遵照上述原则，"文学史"只以采用各个国家的语言写成的文本作为叙写对象并因循各国文学史的体裁，陶的业绩势必被分开写进中日各自的文学史，就是说，一部中国现代文学史或一部日本现代文学史终究无法覆盖他文学业绩的全部。不仅如此而已，围绕陶晶孙文学文本生成的实际情况更为复杂，令人不无困惑。譬如他的处女作《木犀》最初使用的语言是日文，而后来在郭沫若的怂恿下，由陶自己翻成中文，发表在《创造季刊》上；收在《音乐会小曲》中的其他几篇也是同样的"翻译作品"。我们到底能否将如此"翻译"行为及其过程写进"各国文学史"中？恐怕困难。的确，我们在过去的"文学史"中很少找到有关翻译文学的记载。

对陶晶孙本人来说，自己是属于哪个国家的作家、将来会被写进哪个国家的文学史中等等或许根本不成其为问题。在此我认为至少有一点需要确认：他对自己不稳定的文化身份具有高度的自觉，而自觉地将如此特殊的境遇反映在其富有新感觉风格的小说文本上。

二

陶晶孙如何看待自己在中日两个国家之间分裂的文化身份？从此角度阅读 1927 年的小说《两姑娘》[11]，或许对当前要探讨的问题有所启发：小说中出现两个姑娘，一为中国姑娘，名叫丽叶，她是卸任省长前妻的女儿，目前居住东京。主人公爱上她不似中国姑娘的活泼和稚气，亦即摩登气质（无论在生活习惯上或审美意识上，他都不能接受中国女人的一切），跟她谈恋爱以至订婚。但是主人公游学外地的几年间，丽叶似乎丧失了原有的气质，多少变成了"中国女人"。他们的关系也随着这个变化而骤冷起来。主人公对丽叶的变化百思不解，正在苦闷彷徨于银座街上时，偶然碰到另一姑娘。她是日本人（没有提到名字）。原来他少年时曾给她写过情书。日本姑娘邀请主人公到自己郊外的家里，给他提供舒适的环境，让他安顿下来。不仅如此，她趁主人公服药酣睡之间特意找丽叶去，帮助主人公与丽叶修复关系。结果，主人公在日本姑娘家里开始奇妙的生活：白天跟丽叶重温情谊；晚上呢？日本姑娘将回来。那时要不要服用安眠药，他犹豫不决……《两姑娘》的梗概大致如此。这部小说情节和故事的设定以至行文用词都富有特色，潇洒且神秘的氛围笼罩着全篇而强烈地吸引读者，是一部值得细心阅读和分析的陶晶孙代表作之一。虽然如此，我在此不考虑这些，只注目于一点，即文本最表层的故事趋向：主人公究竟与丽叶结合呢？还是与日本姑娘呢？

这篇小说明显是一部身份分裂的寓言。其实，将男女悲欢离合的故事当作宏大叙事的寓言是不问古今东西司空见惯的手法。⑫虽然《两姑娘》也基本上袭用如此滥调，但是其独特之处在于作者让主人公回避最后的结论，一直让他停留在犹豫不决的暧昧状态中。本来摆在主人公面前的是非此即彼的终极选择：要么决然与丽叶结合、将无名日本姑娘所代表的摩登东京之美好记忆扔掉，要么撤弃丽叶亦即撤弃"中国"，永远和过去的（可以和无名日本姑娘共享的）美好记忆在一起流连在异域的摩登空间。如果主人公选择前者，那就是"中国"的选择；如果选择后者，那不外是"中国"的否定……在《两姑娘》中，女人的选择就意味着自己所归属身份的选择和确定，而作者一直到故事要结束之际对此未下结论。

作者对此难题未下二者择一的结论，只设置一个不合情理的奇妙同居空间，竟然把如此"不下结论"的悬空状态当作暂时的"结论"而让主人公接受下来。在这个意义上，小说末尾主人公与日本姑娘进行的对话意味深长：

　　　　他想到昨天晚上的 Veronal 了。/今天也要吃么？/他不能决定了。/"我今天也要吃 Veronal 么?"/"那是随便你,不过住在我这里的时候,不可以天天晚上吃。"

原来主人公想借助于 Veronal 即安眠药的麻痹作用把这个身份的悬空状态朦胧间接受下来(要不然,他似乎不易接受的样子)。但是日本姑娘却阻止他"天天晚上吃"药……她不是让主人公要保持清醒的状态而直视/接受自己的身份分裂状态吗?我甚至以为,这很有可能是陶晶孙本人内心的呼声,反映了他对自己不稳定的身份状态的深刻认识。

作为典型地反映陶晶孙对于身份选择之态度的文本,还有一篇小说《毕竟是个小荒唐了》也颇值得注意。⑬小说的主人公(也与《两姑娘》一样,叫"晶孙")从日本回来,在上海一所大学任教授。他晚上变为小号手,在跳舞厅里吹喇叭,以资生活并接济旧友。他与跳舞厅不受欢迎的胖舞女弥吉林(她也呆过日本,曾参与过革命运动,逃避追捕回国)过从甚密,似乎缔结不即不离的虚拟恋爱关系。其实,他留学日本时也有过相好,她叫雪才纳,是个中日混血的演员。有一天,主人公与弥吉林约好游玩,虽然深感自己由于其特殊的经历(长期留学日本)与时代脱节、对目前所过无聊且糜烂的小资产阶级生活方式感到些微厌恶和悲哀,但是故意装作若无其事追求刹那的快乐。中午在一家豪华饭店用餐时,主人公偶然与雪才纳邂逅。原秀雪才纳继承父亲的遗产,只身来沪扫父亲的墓。主人公确认自己对她的爱情复苏,第二天陪伴她去扫墓。扫墓完毕,雪才纳要主人公陪她去小旅行。他们叫弥吉林也出来,一起离开闹市到郊外去……《毕竟是个小荒唐了》的梗概大致如此。这部小说的文本结构够现代,过去的回忆和感受随时闯入现在的叙述中,时间空间跳跃的幅度很大,不像古典小说那样情节稳固，以故事的生成、发展和结束为主线，即无头无尾的文本，因此概括梗概极感困难。

虽然如此，与解读《两姑娘》时一样，我们一旦将自己的阅读兴趣聚焦于主人公的身份选择此一问题上，就可以知道这篇小说具有作者有意设计的精彩结构。原来作品中三个主要人物尽管其程度不同，但多多少少与中日两个国家有缘：主人公晶孙长期留学日本，回国后也不能顺利适应环境；弥吉林被日本放逐，但是在上海的跳舞厅也找不到舒适的位置；雪才纳干脆是个混血姑娘，其血液否定她跟任何一条血脉建立认同……难怪晶孙、弥吉林和雪才纳都有与眼下现实格格不入、"同为天涯沦落人"之概。因为他们过惯日本小资产阶级生活方式，面对落后的中国社会总是觉得不"写意"（所以晶孙和弥吉林在外国人聚集的豪华饭店里似乎能够恢复生气，跳了非常精彩的舞，受到外国人喝彩）；但与此同时；在无产阶级蓬勃成长、正处于转型期的中国，他们不能没有与时代潮流脱节甚至落后于时代的焦虑。

当然三人之间也存在着气质上的差异：晶孙在上海找不到自己的立足点，倾向于犹豫、悲哀；弥吉林更达观甚至有些玩世不恭，而且似乎可以安于现状；雪才纳依旧不失其为纯粹稚嫩，但未免有摩登姑娘的娇气和脆弱，虽然为了"寻根"而来到上海，但不适应繁华的大城市……其实他们这些差异基本上都来自他们身份之不稳定；换句话说，作者将身份不稳定的人所特有的各种气质之类型分配给三个人物身上。应该说主人公晶孙与现实的陶晶孙的距离最接近，我们把晶孙看作作者的影子亦无不可。我也承认，如果将三人的性格综合起来而集于一身，更会接近现实的陶晶孙其人，但是我却认为作者企图撰写的并不是离散人的自传而是身份分裂的寓言。因此作者故意将自己身上的离散人特有气质分配给一男二女上,让他们分别表现作者身上离散人气质的各个方面。因为只有如此,身份分裂的深刻性更会突出起来,可以使读者觉察到,如此分裂状态不会迎接统一的一天;而且作者对晶孙和弥吉林、晶孙和雪才纳这两种男女组合也终于没有选一,以此更强调任何意义上的"统一"之不可行。我觉得,如此企图究竟成功了。

> 雪才纳穿一件白襟,和红色领带和白绢的袜衫,新的黄色皮鞋上面有花样缝着,我们马上想着在日本的生活比较好得多了。/弥吉林像不怕凉的样子,只穿一件很薄的单衣,"我们这社会上的过剩产物,没有立身地了"似的在看外面的乡景。的确,留学外国不可以过久,过久了便要失去自己站立的地位,成一个过剩的东西……。/汽车穿过平原的田园,载着三个不合时代生活的异国人,也不赶急,而也不停顿,为向西去渡几日无味清寂的生活奔驰。

这是小说结尾的一段。其实这里没有什么"尾"之可言,只有一个唐突而来的"中断"而已。但是,如此小说也可以有谁都可以接受的"结尾"?回答是否定的。的确作者不枉为科学家,以冷静且透彻的眼光目不转睛地谛视自己的身份分裂状态,竟然看出如果将此一状态如实写出来,其文本形式不能不成为寓言"荒唐"的故事。(如此想来,小说题目不是起得极为巧妙吗?)他深知自己分裂的身份之不可统一或找不到归宿,因此在虚构文本时也并未掩饰此一事实,在叙述层面也回避情节秩序的圆满整合,而干脆将它放置于"离散"状态。结果,全篇在被悬空的不稳定感中嘎然"中断"、缘于无奈的淡淡哀愁飘散开来而留下一抹"清寂"的韵味……我认为，对于能够将自己的身份问题充分对象化而深刻思考的人如陶晶孙而言，设置如此不像结尾的结尾就是收束文本的唯一办法。从此，我甚至觉得陶晶孙或许有可能珍惜（至少没有逃避）自己所处身份的分裂状态。因为他宁肯牺牲自己精心设计的文本之完美整合，也不希望歪曲/粉饰确实属于己身的、规定他的生存本质的"真实"。这是表现者为要回避"表象"此一行为终于无法避免的"代言/定位"式"暴力"而采取的伦理性选择。如果说陶晶孙在撰写《毕竟是个小荒唐了》时作过"选择"，那么这也许是他唯一的选择吧。

现在话题要回到陶晶孙在现代文学史上的定位问题。重述一遍，现代文学史是现代国家意识形态机器的一部分，而其意识形态基础是现代性。也就是说，"现代文学史（历史）—'现代'文学—国语"构成三位一体而为现代国家服务。换一个角度来说，如此现代国家的主要属性之一是匀质性。前面已述，现代国家指向"统一"，而为了保证统一的尽快实现，就需要高效率的动员，将领土内所有的资源（不问其为物质/具体的还是精神/抽象的）动员起来，将它集中投入在国家建设及其现代化上。不用赘言，在如此动员的过程中，异质的因素作为妨碍国家统一的原因而被排斥、被驯致甚至被淘汰：如果你稍有不符合"为国家及其现代化服务"的要求之嫌疑，那么休想被主流意识形态的正统价值观念认可。

想到"认可"一层上，我们就可以联想到"历史"的叙述原则即取舍选择。就文学史而言，某一作家、作品、文学活动等等能否被写进文学史中、名垂史册，则取决于这些究竟是否合乎文学史所据的叙写原理。历来中国现代文学史文本基本上都承认现代文学是遵从胡适所提出"国语的文学/文学的国语"此一定式而发展下来的。⑭这是典型的现代话语，乍看似乎无可厚非。但是我们往往只看其正面即积极/解放/包容的一面，却相对忽视其背面存在着消极/压抑/排斥的一面。胡适的定式既然是现代话语，本来免不了带有如此两面性，因为支撑这个定式的原理——现代性本身就带有同样的两面性。⑮

被现代性支撑着的现代文学史，正因为其现代性原理亦即叙写原则之故从叙述中排斥掉与"统一""匀质"等现代国家意识形态相背驰的、不为现代国家的建设作出积极贡献的因素：从形式方面来说，不以书写为前提的文艺（如口诵文艺等）、精英话语空间以外流通的民间通俗文学、不使用现代书写媒介即白话文的文本（如现代文人作的旧体诗词等）、统一语言即国语——"汉语"无法涵盖的文本（如少数民族使用自己语言和文字创作的文学作品）等等；从内容方面来说，"异质"的人和思想，亦即不合乎国家需求的"人"和思想无例外都被赶到被排斥之列。⑯

既然如此，那么陶晶孙及其作品是否满足上述条件？通过以上的思考，我们可以认为他现实的存在及其作品所体现出来的思想倾向均与上述条件不符，至少有所偏离。第一，如前所述，陶晶孙使用的文学语言是中日两种语种，文本的生成过程也复杂，包含着语种的等价转换，对他而言孰为"主要的语言"很难判定；第二，他本人恰如《毕竟是个小荒唐了》中一男二女一样，无法与一个"国家"决然建立认同的"过剩物"即零余人、局外人。总之，我们很难说他和他的作品会对于现代民族国家和现代文学的建立、成长和成熟有所帮助、作出贡献；实情很有可能与此完全相反，陶晶孙和他的文学会永远被中国现代文学史的叙述中给排斥出去，与此缔结某种紧张关系，永远处于现代国家的边缘地带而衬托出国家制度之人为性和虚构性。⑰

三

在陶晶孙的经历中，我更感到兴趣的是他特殊的语言体验。

他出生于江苏无锡，1906 年 9 岁时来日本，到 1929 年一直在日本念书、过研究生活，最后于 1952 年在日本逝世。前后留日时间，总计起来竟长达 25 年之久，可谓在异国将近度过半生。恰如近年有部专著强调的那样，通过学校教育而掌握抽象概念和词汇、以培养抽象思维能力（甚至包括审美意识至人生观）的年代，他一直在日本度过，而且受过当时日本最高水平的优良教育，其影响是决定性的。⑱由此我们不妨想象，陶晶孙在日常生活中完全运用双语，但是一旦有需要开展高度抽象的思考或进行专业方面的研究和业务时，干脆直接使用日文更方便；对他来说，口头运用的生活语言与书写使用的语言很有可能截然分裂，分别担当各自功能。再说，陶晶孙在创作小说时运用的语言即文学语言又别具一格。原来现代小说此一文类被其属性（一般要从现实生活截取题材）所限而不能不使用大量日常性能指，而且还要掺入日常会话的再现，即对白。结果它势必靠拢口头语言、愈"现实"愈趋言文一致。按照这个原则，陶晶孙小说的叙述也得受到生活语言习惯的支配。但是陶晶孙有意破坏如此惯性，在日本新感觉派的影响下，不大顾虑到一般中国读者的接受能力如何，用词不讳"日本味"，甚至还引进表意文字（汉字）和表音文字（假名）混杂的日文书写习惯，以突出感觉的直叙在白纸黑字上的视觉效果。且看他的理解如下：

……日本文有汉字与日本字混着，故能以文字的形态来表示其感觉之特质，而读者也有余裕去欣赏，如见"雨雨雨雨雨"就可以觉得雨落得淋淋，可是我国人则非用"淫雨淋淋"就不能表达其真意。⑲

我认为，如此特殊的语言体验、语言运用能力及语言感觉给陶晶孙提供了可以统观中文和日文的视野高度。站在这个高度，他竟发现了五四以来占据文学语言之中心地位的白话文的局限性。鉴于此，他甚至表明自己有"改造"中文的抱负：

> ……我十岁初渡日本的时候，中国还没有白话文，等到我在念 Schiller 的"群盗"前后，我很想将来回中国后"发明"一种新中国文，而现在自顾自己，则久留外国的我的笔舌都转不动了。但请诸君勿嫌我的文句的异样，如更能惠顾我，我要同你们一块儿自负地说：我们要改造中国语的字句的构造。⑳

这是附在《音乐会小曲》卷末以代后记的《书后》中一段话，写于 1927 年 5 月。从这段话，我们也可以看出他的另外一种"超前性"。其实，陶晶孙对于"作为文学语言的白话文"感到不满由来已久。他在逝世那年在日本写了一篇题为《革命与文学——尽可能联系与日本有关的事》的文章㉑，具体地说明他在 1927 年当时为何起过"'发明'一种新中国文""改造中国语的字句的构造"的念头。引用稍嫌冗长，且看他的观点如下：

> 尽管政治混乱，但北大在成长，《新青年》对各个方面的事情，诸如文字、注音、白话、礼教都发表了看法。/其中白

话文的讨论最热烈，为许多人所知。原来所说的白话文，常常是官厅为了使百姓容易理解而出的口语告示。但是现在主张的白话文学就不止这些了，而是要使一切文章都白话化，古典所持的各种恶习，例如做对句等等都要停止。这种讨论在五四事件以前二三年就已进行，统称五四新文学运动。/创刊的《新青年》我只看到一二册，因为当时在日本留学。我看到卷末的小说，就有"水平不高，能不能多少再写好一些"的感觉。我考虑白话文章的问题，只要有了先行者就会觉得有奔头。《新青年》的人自身大多不是小说家，拿不出好的文章是理所当然的。

看来，陶晶孙早在白话文运动初期就对此感到不满；更准确地说，他对"作为文学语言的白话文"感到不满，认为它"水平不高"。其实，当时白话文是为了消解传统中国社会的"双层语言制"状态、给口语的书面语化赋予合法性而被极力提倡的。一句话说，提倡白话文是为了通过雅俗等级制的颠覆而确立国民统一语言即"国语"此一目标服务的，是现代民族国家建设之有机部分，亦即极为意识形态化的"运动"。在如此特定的语境下，运动的首要任务必须为"以新代旧"；至于"新"的"水平"如何以及其为文学语言如何根本不成问题。代表这场运动的主要理论家胡适富有策略性，依据其朴素的进化论而否定传统书写习惯（如"淫雨淋淋"式文言）之际，竟然从"传统"中挖掘出有力资源——古白话来，以强化其观点的正统性和说服力，进而提出"国家/语言/文学"的"统一"方案。但是，陶晶孙对此感到不满。他之所以感到不满，恰如在上面已指出，因为他的语言观念立足于以下两个观点：一为从日本新感觉派学来的中文书写功能之"丰富化",另一为从自身文化身份的不稳定/分裂而来的、否认"统一"的"多样化"。很明显,他所持语言观念(至少有关文学语言的见解)与胡适所据"统一"意识形态亦即现代化意识形态构成尖锐的对立。结果,事与愿违,后来几乎没有人响应过陶晶孙"改造中国文"的呼声,而他自己也放弃了这个"野心"。虽然如此,之后陶晶孙依然对于五四以来白话文保持批判态度。到了 1930 年代,他也换了一个角度"进攻"这个问题——居然和左翼文艺阵营的立场合流,积极提倡文艺大众化。

陶晶孙于 1929 年回国后,接郁达夫之后主编《大众文艺》,以此为阵地,展开文艺大众化的第一次讨论。参加者有郭沫若、冯乃超、夏衍、郑伯奇、鲁迅、蒋光慈等。他们基本上一致认为大众并不喜爱出于左翼作家之手的所谓革命文学;进步文学家主观的努习,也没能改变充满封建毒素的通俗文艺广泛受到大众欢迎的局面;今后应该多做浅显易解的作品,以期普及。陶晶孙在组织这场讨论的过程中无疑作过不可忽视的贡献。

> 文艺大众化的本意不是找寻大众的趣味为能事。还要把他们所受的压迫和榨取来探求,大众所受的骗诈来暴露,那么大众文艺可以知道不是跟在大众之后而在大众之前的。②

由此可见,陶晶孙也与其他革命文学家一样强调知识分子对于大众的指导作用即启蒙。但是,与此同时,我也不能不指出当时陶晶孙关于文艺大众化的观点当中,确实存在着与主流议论稍许脱节或者"超前"的地方:

> 大众文艺要在找大众。这岂不是看了题目做文章。元来

大众是在找自己的文艺。可惜支配大众的一阶级不许着，先问鲁迅所说"就必须政治势力的帮助"，到底是大众自己发展的政治势力呢，还是现在压迫着支配着大众的政治势力？如果是指后者，那么未免是在做梦了。鲁迅很重视了识字运动。这是忘却（?）了大众在找自己的文艺，而变了要使普罗文学捕罗，使大众的麻醉再麻醉下去也是没法的话了。㉓

如此"日本味"的文章的确难懂，但是其意思还是很明了：陶晶孙强调大众对于文艺本来有所要求，真正意义上的"大众文艺"是觉醒了的大众不依靠任何外在的帮助而自身去寻找的。他如此见解在两年后也没有变化：

　　大众的文学要从大众产生的，大众是劳苦大众而不是白相大众，可是劳苦大众不识字，又没有工夫弄文学，因此革命文学家要想把文学送进大众而在努力，这便是二年以来所叫的大众化问题，不过大众所要的是吃饭而不是稿费，所以他们虽肯做革命但也不肯弄文学，所以如果要真正做大众有用的文学就非获得大众的识字不行，可是这运动是很难，很费工夫，因此大众化文学免不得落于既成文学家的自慰。仿大众而仍君临大众之上，不成大众自己的而光为既成文学家的玩物的文学不能给大众以战斗能力，不成他们的饭又不成其火药。㉔

文艺大众化此一话题被热烈讨论还是 1931 年"九·一八事变"爆发后的事。因为当时中日两个国家快要全面进入交战之际，如何能够迅速且高效率动员大众以形成全民抗战态势已是燃眉之急。如此，1931 年冬就开始文艺大众化的第二次讨论，不仅有瞿秋白、茅盾、鲁迅、周扬、郑伯奇等左翼作家参加讨论，陈子展、陈望道、郑振铎等进步文学家也积极参与，扩大讨论的范围、深化内容（大众化文艺的语言、形式、体裁、技巧以及作品的内容和作家和大众之间的关系等都在讨论之列），并且产生了一定成果。就当前探讨的问题而言，值得注意的是，讨论的过程中居然出现了对于五四以来文学语言的反思。对五四以来文学语言表示批判态度的论者有茅盾、瞿秋白等。他们认为五四文学革命究竟不彻底，所谓新文学之所以未能打进大众层面，因为其语言不通俗、并不代表具体地区（地方语言）和阶层；语法、词汇和所用概念太欧化。他们甚至把它叫作"新八股文"。但是，从现在的眼里来看，我们不能不指出如此观点依然不够彻底：如果未将声音与书记媒体——汉字之间的乖离进一步扫除，那么书写（écriture）的垄断此一语言上的基本权力结构不会遭到撼动；就是说，文艺大众化是否可能的关键，在于以书写为前提的传统文艺观念。就这一点来说，瞿秋白竟然提倡学习大众口头语言并把它用拉丁文字书写出来，以实行"文腔革命"，是很有见地的，虽然因为其主张太激进，附和者微乎其微。

在此似乎有必要回顾一下陶晶孙上面所引的关于文艺大众化的观点。他批评鲁迅时不是说过"鲁迅很重视了识字运动。这是忘却（？）了大众在找自己的文艺，而变了要使普罗文学捕罗，使大众的麻醉再麻醉下去也是没法的话了"吗？两年后他依然坚持此一观点，不是说过"如果要真正做大众有用的文学就非获得大众的识字不行，可是这运动是很难，很费工夫，因此大众化文学免不得落于既成文学家的自慰"吗？我认为，陶晶孙很透彻且正确地认识到，中文的语言性质即书记语言（文字）与口头语言

（声音）的不一致，才强化了语言被特定优势阶层垄断的权力结构；语言的书写媒体的垄断不外是正统话语和权力的霸占；属于这种权力结构内部的人，绝不会主动放弃使自己成为社会优越存在的资本之——语言的书写媒体，即汉字。他看重的是大众自身的"趣味"和自发性的成长；大众没有成长到拥有表达自己的书写媒体以前，"识字"也好，"帮助"也罢，外在于他们的任何启蒙便是"既成文学家的自慰"。不用说，如此观点不仅与瞿秋白激进之言一脉相连，而且更超前。

既然如此，可以满足陶晶孙观点的"大众文艺"到底是否可能？如何可能？在此我想到肯尼亚作家詹姆士·恩古吉（Ngũgĩ wa Thiong'o，1938—）。他在肯尼亚和英国受过良好的教育，从 1964 年使用英语开始小说创作。但是经过 1977 年一次政治迫害后，他逐渐自觉到自己是反殖民主义作家，因此在创作方面停止使用英语，到了 1978 年开始使用他的母语基库尤语写作。恩古吉在此一转换后，一直重视戏剧创作，尤其重视口头语言的生命力；他的戏剧大量采用非洲大众所喜爱的歌谣和舞蹈，是巧妙地再现了本土庆典节日热烈氛围的综合性操演。⑥经过一系列试验，恩古吉提出了"口语文学"概念以代替以书写为前提的传统"文学"。我猜想，陶晶孙也很有可能是同一思路：恰如恩古吉拒绝英语一样，决然拒绝汉字和五四以来新文学语言，才是可以实现他心目中文艺大众化的唯一途径。

实际上，1930 年代初的陶晶孙以莫大的热情投身于左翼戏剧运动和木偶剧的实践。他于 1929 年 1 月回国后就与郑伯奇、夏衍等组织"艺术剧社"，为剧社训练班上课，也参与演出剧本的选定工作，负责担任演出时音响效果等。为了剧社上演的需要，他还从日文翻译剧本，甚至谱写戏剧插曲。陶晶孙还是中国现代新兴木偶剧的倡导者和奠基人。他介绍过日本新兴木偶剧的理论和动向，也翻译过剧本（且看附图）。这是陶晶孙主编《大众文艺》第2卷第2期（1929年12月）所载"木人戏社"第一次公演的预告。据《陶晶孙选集》编选者丁景唐说，此次公演由于经费短缺而未能实现，但是以后在艺术剧社的移动演出中将木偶剧节目加进去演出。㉖

　　其实，我们从这次未能实现的演出节目预告中还可以依稀看到陶晶孙对于"大众文艺"的抱负之端倪。他确实有意将自己所拥有全部艺术才华都投入这一场演出上……原作翻译、导演、舞台设计、照明、插曲等等，陶晶孙都要参与㉗。而我最感到兴趣的是他还把"音乐"演奏节目插在两出木偶剧中间。原来《小儿交响乐》通

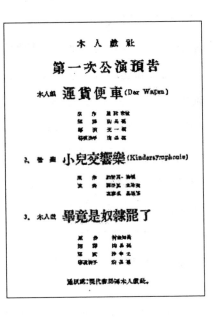

称《玩具交响曲》㉘，使用大量玩具的发声而酿成热闹、亲切、幽默的气氛。陶晶孙如此选曲，可谓用心良苦。如果当时这场上演顺利得以实现，那一定会成为愉快的木偶之"庆典"。恰如恩古吉把非洲村落的庆典节日搬到舞台上一样，未知是否陶晶孙也有意发动音乐和美术等非语言因素而举行一次综合性操演，以打破仅靠文字/书写的"大众文艺"终于未能打破的通俗性之局限。我认为这可能正是他探索文艺大众化而获得的一个结论。

结　语

　　离散状态的语言体验不但赋予陶晶孙将"国语的文学/文学的国语"此一支配中国新文学的范式进行相对化的独特视角，甚至给予了他一种激进性，将对人的本源体验加以异化的书写同样地相对化了。如本篇所探讨，他之所以被现代文学史叙述被排斥也不无理由：以现代性为意识形态基础的文学史制度的秩序，本来就是将他所体现的激进性和异质性排斥掉后才能成立的，如果说现在的由国家组成的世界以及支撑它的原理——现代性由于其排斥性和压抑性而受到严厉的质疑和挑战，那么从"现代"的秩序中被排斥的、不归属于包括国家在内任何共同体的离散人的存在本身，将会成为真正意义上价值多元化的象征。而我认为这一点正是陶晶孙其人及其文学活动所体现的尖锐的现实意义。

2011 年 6 月 10 日在东京寓所

注　释

① 据陶瀛孙、陶乃煌《陶品孙小传》（该篇最初发表在《新文学史料》1992 年第 4 期。后附录在丁景唐编选《陶晶孙选集》，人民文学出版社 1995 年 5 月版）及陶坊资《陶晶孙年谱》（收在张小红编《陶晶孙百岁诞辰纪念集》，百家出版社 1908 年 12 月版）而整理。

② 陶晶孙生前留下的作品不多，据我已确认，以陶的名义单独出版的单行本似乎只有 4 本（1941 年后由上海晓星书店出版的自选集《晶孙全集》除外）：小说戏剧集《音乐会小曲》（创造社出版部 1927 年 6 月版）、木人戏创作及译文集《傻子的治疗》（现代书局 1930 年 8 月版）、随笔集《牛骨

集》(太平书局1944年5月版)、随笔集《陶晶孙日本文集》(华中铁道1944年5月版)。

③ 严家炎:《〈新感觉派小说选〉前言》(原题《论三十年代的新感觉派的小说》,1983年初稿。2005年修订后收在《新感觉派小说选(修订版)》,人民文学出版社2009年4月版)。关于这个问题,中西康代《关于陶晶孙初期作品集〈音乐会小曲〉及新感觉派的一考察》(日文,载于东京女子大学《日本文学》第83号,1995年3月)早有指出。

④ 而且陶本人也似乎承认此事。《日本新感觉派》(最初发表刊物不详。初收《牛骨集》)一文主旨在于日本新感觉派的介绍,其中说明新感觉派文风时,他居然引用自己所作《短篇三章·绝壁》(《音乐会小曲》所收)中一段,以作"文章标本"。

⑤ 中西康代:《关于陶晶孙初期作品集〈音乐会小曲〉及新感觉派的一考察》。

⑥ 夏衍《〈陶品孙选集〉序言》中有以下一段:"抗日战争爆发后,陶晶孙和他的夫人陶弥丽(郭沫若夫人安娜的妹妹)留在上海。我和潘汉年同船离沪南下香港,潘曾告诉我,他们的人都作了安排,陶晶孙留下来,因为他长期留学日本,与日本文艺界有广泛的交往,让陶隐蔽下来,为我们做些工作。由于这是党的秘密,所以外界都不知道。有人随便说他是'汉奸',使他蒙受不白之冤。事实上,他和左翼女诗人关露一样,他的行动是受潘汉年领导的。"

⑦ 中国本土学界对陶晶孙的兴趣一直聚焦于他的"落水"问题及其平反,而对其文学成就的全面研究还得待诸后日;在日本,与此不同,战后一段时期陶晶孙的名字在日本读书界拥有一定的知名度,而且他的日文著作(尤其是逝世后不久出版的遗文集《给日本的遗书》)受到当年知识分子的欢迎。竹内好承认他关于日本近代化的一些观点受到陶晶孙对日本近代化失败原因之观点的启发;汉学家伊藤虎丸甚至说:"……我自己在学生时代就得到了一本陶氏的《给日本的遗书》,从而使我对鲁迅和中国现代文学的研究作为自己一生努力的决心。陶晶孙这位中国人的文章,可

以说决定了我一生的方向。"(《致夏衍的信》，收在《陶晶孙百岁诞辰纪念集》）可谓近年来日本有关陶晶孙研究的成果，在此由于篇幅所限，不一一列举予以介绍。

⑧ 在我架藏的几本文学辞典中，程凯华等编著《中国现代文学辞典》（华岳文艺出版社 1988 年 12 月版）、马良春等编《中国文学大辞典》（天津人民出版社 1991 年 10 月版）、潘旭澜主编《新中国文学词典》（江苏文艺出版社 1993 年 3 月版）对陶晶孙都未予以采录；《中国现代文学词典》（上海辞书出版社 1990 年 12 月版）及中国现代文学馆编《中国现代作家大辞典》（新世纪出版社 1992 年版）采录"陶晶孙"一项，但其记载均有误；陆耀东等主编《中国现代文学大辞典》（高等教育出版社 1998 年 8 月版）虽然采录"陶晶孙"一项，但是依然将陶叫为"汉奸"。

⑨ 关于这个问题，我曾在《忏悔与越界——中国现代文学史研究》（复旦大学出版社 2011 年 3 月版）序章《"巴金"缺席的文学史》中讨论过。

⑩ L'Histoire Littéraire（Collection QUE SAIS-JE? No2540）/日译本《文学史再考》（广田昌义译，白水社 1996 年 4 月版）。

⑪《两姑娘》最初发表于《创造月刊》第 1 卷第 7 期（1927 年 7 月）。后收在《音乐会小曲》。

⑫ 19 世纪意大利作家亚历山达罗·孟佐尼 Alessandro Manzoni 的代表作《约婚夫妇》是典型的例子。作者把热望意大利能够统一成为民族国家的愿望寄托在一对男女结合的故事上。

⑬《毕竟是个小荒唐了》，原载刊物不详。收在小说戏剧集《浓雾》（支那书店 1930 年版）时，题为《弥吉林和雪才纳》，后收在《晶孙全集第一集》（上海晓星书店 1941 年版）。

⑭ 在 1950 年代中国大陆学术界，胡适的大部分学术观点受到彻底批判。但是"国语的文学/文学的国语"此一定式似乎未被"清算"。其实，在毛泽东《文艺讲话》所提倡文艺的任务及走向以至后来的所谓普通话意识形态的成形和普及过程中，我们依然可以看到"国语的文学/文学的国语"范式的影响。关于这个问题，我曾在拙著《忏悔与越界——中国现代文

学史研究》第二章《忏悔与越境——或者"丧失"的机制：描述中国现代文学史的尝试》第三节《"丧失"与"越界"的机制，或者文本的共鸣》讨论过。

⑮ 指出中国现代知识分子在现代性理解上的偏向是拙著《忏悔与越界——中国现代文学史研究》的主题之一。

⑯ 关于中国近现代史上"被想象"的"人"之意象，我曾在《重读〈家〉——略谈读者接受文本的机制及其"关于'人'的想象"》（收在陈思和、李存光主编《巴金研究集刊卷四·一股奔腾的激流》，上海三联书店 2009 年 6 月版）一文中谈及过："在中国的历史上，19 世纪中叶所谓'西方的冲击（Western impact）'以来，关于'新时代'的'新人'的想象一直存在着，而且不断放射魅力的光芒。譬如梁启超的'新民'、清末民初的'军国民'、五四时期周作人发表《人的文学》时所想象'灵肉一致'的人和体现人道主义的人、阶级观点崛起后出现在知识分子视野中的作为'他者'的劳动者、解放后的'人民'、承担'新事'的'新人'、'英雄人物'等等……追寻这些'关于人的想象'的源流和脉络，想必成为饶有兴趣的专题研究。"在此，我想对当时的观点稍加补充：近现代中国"对'人'的想象"根据朴素的进化论及类似优生学的"改造"思想，对于"异质"的"人"大肆发挥极为强烈的排斥作用，尤其在建国以后。至于排斥的结果，一言以蔽之，被想象并奉为理想的"人"越来越"健康"起来，人的内心之复杂性也被矮化为意识形态的正确性此一单一的标准能够解释的东西。在此语境下，譬如福柯所注目的"狂人"也有可能竟然变成"政治上不正确"的"不健康人"而被视为可以改造的对象；"不健康的人"经过"适当"的治疗后会治愈，"恢复健康"。至于所有成员都"健康"、一个都没有"不健康人"的社会究竟会成为什么样子？Utopia 耶？Dystopia 耶？我不敢妄加臆想。

⑰ 我认为，今日遍布于世界各地而使用当地语言进行创作的所谓海外华人作家之"非母语作品"与中国文学史之间也存在着同样的紧张关系。但是据我所了解，学界对于这个问题似未达成共识的观点。

⑱ 参看严安生《陶晶孙——其坎坷的生涯：另一部中国人留学精神史》（日文：岩波书店 2009 年 3 月版）。

⑲《日本新感觉派》。

⑳《书后》一《代替序文》。在此据上海书店 1989 年 6 月影印"中国现代文学史参考资料·创造社作品专辑"版引用。

㉑ 原文系日文。最初发表于《文学界》1952 年 3 月号，后收在《给日本的遗书》（创元社 1952 年 10 月版）。此处引用据《陶晶孙选集》所收陶乃煌（系晶孙胞弟）译文。

㉒《大众化文艺》（原载《大众文艺》第 2 卷第 3 期，1930 年 3 月，收在《陶晶孙选集》）。

㉓《"文艺大众化"批评——评前期的"大众化问题"》（原载《大众文艺》第 2 卷第 4 期，1930 年 5 月。收在《陶晶孙选集》）。

㉔《文学大众化问题》（原载《北斗》第 2 卷第 3、4 期合刊，1932 年 7 月。收在《陶晶孙选集》）。

㉕ 参看 Decolonizing the Mind：The Polities of Language in African Literature (1986)（宫本正兴、楠濑佳子日译本《精神的非殖民化——为了非洲的语言和文学》，第三书馆 1987 年 6 月版）。

㉖《〈陶晶孙选集〉编后记》。

㉗ 陶晶孙早在日本人留学期间就发挥其艺术天才：在音乐方面，他是专业水平的钢琴演奏者，在九州帝国大学业余交响乐团还拉过大提琴，在东北帝国大学自己组织交响乐团，担任过指挥。《创造季刊》第 2 期后的美术设计是他亲手做的。至于戏剧和木偶剧，他在回国前一段时期出入当时东京的左翼剧团学习过。关于陶晶孙和左翼戏剧、木偶剧的关系，参看小谷一郎《从一张照片谈起——关于回国前的陶晶孙、陶晶孙与木偶剧等》（日文，《中国文化》第 59 号，2001 年 6 月）、中村みどり《关于陶晶孙所译普罗文学作品——以〈乐群〉杂志为主》（日文，《中国文学研究》第 33 期，2007 年 12 月）等。

㉘ 在预告上，《小儿交响曲》的作者被写为约瑟夫·海顿（Franz Joseph

Haydn)；1950 年代后，该曲作者被定为莫扎特之父、列奥波尔德·莫扎特（Johann Georg Leopold Mozart）；后来经过乐谱的发现，此说又遭到否定，现在该曲被公认为奥地利作曲家、天主教本尼狄克派神父埃德蒙·安格勒（Edmund Angerer）所作。

（原载《中国现代文学研究丛刊》2011 年第 11 期。）

上海：媒介与语境

——读《子夜》

铃木将久

（东京大学人文社会系研究科、文学部）

一、前　　言

何为研读《子夜》？本文把这一问题作为焦点进行研究。

《子夜》是怎样的一部小说？难以一言以蔽之。假如叙述《子夜》的主人公脉络，那么它就成了一个故事，讲述着 1930 年上海民族资本家吴荪甫的辉煌与没落。然而如此的简单化岂不是看不到《子夜》的整体了吗？在《子夜》里包含着许多从主人公脉络"渗透"出来的故事，看上去这些片断性的故事与主人公脉络没有任何关系，它们聚集在一起共同构成了小说的整体。因此，研读《子夜》或许并非要追循主人公脉络，莫如说撷取那些不能汇总成主人公脉络的片断，才是研读《子夜》的行为要点。

在这里首先应该注意的，是出场人物之多，仅主要登场人物就达 50 人以上，正是这些众多的登场人物承载起片断性的故事群。但《子夜》没有一个一个非常仔细地进行人物描写，其描写的侧重点毋宁说是在于人物与人物的关系，某一人物和其他人物结成或不结成某种关系。片断性的故事，作为片断性的人际关系的故事而表现着。这种人际关系并非均能圆满相连,确切地说,大部分的人际关系均以擦肩错过而告终。那么,相互错过的人际关系是一种什么样的关系呢?这种关系究竟是基于什么条件之上的呢?既然研读的程序是采撷片断,而非主人公脉络的归纳整理,那么在研读它的时候,似应当先从这种片断的相错的人际关系来开始。

二、交流的危机

首先,我们试着看一个为相错的人际关系而苦恼的例子。吴荪甫的妹妹蕙芳从乡下一到上海,对都市的气氛就感到大不协调,与他人的交流全然中断了。她所需求的,是能和别人谈天说地,简而言之则是得到异性朋友。在她看来,都市里的人都很善于与异性喋喋不休地聊天,可她却无法用合适的语言来和异性交谈,于是她失去了自信,封闭在自己的贝壳之中。听一听她的牢骚吧:

> 她想来会唱的人是有福的;唱也就是说话。有话没处说的时候,唱唱就好象对亲近的人细诉衷肠。(第十二章)①

在某种意义上蕙芳对语言存有绝对的信赖,因为她认为只要有了语言(适合与都市人交流的语言——译者)就能和异性自由自在地相互交流。然而对这种信赖认真思考一下则会明白,它是一种难以实现的理想。②使用语言媒介来细诉衷肠,在她的心灵和语言之间大概还有距离的产生作为前提而存在着。如果距离全然没有的话,那么首先语言这一多余之物不就成为没有必要的了吗?同样,接受者的心灵和蕙芳说出的语言之间也存有距离。问题就在于一个简单的事实，语言与心灵不会成为同一之物。因此，所谓使用语言，只能从最初就放弃让语言和自己的心完全一致的希望，不过向对方传达事情而已。但如此作出的传达，又怎能谈得上细诉衷肠？她的心与对方的心不能完全一致，也就是说心与心之间的准确传达仅靠语言本来就是不可能的。恐怕正因为这样，蕙芳才不能在语言上得心应手，徒生烦恼。不过从另一方面讲，依靠语言能够进行某种传达也是事实，这是一种什么样的传达呢？这里值得注意的是语境。语言并非单独存在的事物，通常使用在特定的场合，因而语言的意义要联系特定场合所给予的语境才能予以确定。也就是说，语言的传达是在一定的语境中进行的。不过这里值得注意的是，所谓语境并非指通常确定的、无论谁都同样可以表现出来的客观存在。蕙芳的语言，对于说话人蕙芳来说，结合其语境，也能具有确定的意义。但是对方与蕙芳并无共同的语境，用对方的语境来确定蕙芳的语言意义，这就产生了交流的分歧。然而，尽管没有准确的一致，但在对方的语境中可以确定对方所规定的意义，这就是所谓的交流行为吧。③因此考虑交流问题时，必须考虑语境问题，以及据此来确定意义的解释问题。

以上问题稍后再作讨论，总之，蕙芳向往着能和异性自由聊天的都市女性，这就是吴荪甫的小姨子林佩珊。蕙芳眼中的林佩珊，是个能和周围的任何人愉快交谈、能和众多男性自由交际的女子。事实上，林佩珊从一出场就成了吸引身边年轻男子目光的耀眼明星。她在恋人面前似乎没有任何烦恼，说起话来滔滔不绝。在与第一个恋人范博文的交谈中对"你自己的意思怎样呢？你一定要有你自己呀！"（第六章），林佩珊是这样回答的：

"我自己就在这里，坐在你旁边。这好半天和你说话的，

就是我自己！——但是说另外还有我自己呢，我就从来不知
道，从来也就不想知道。"（第六章）

对她来讲，说话的行为本身就是自己的目的，与对方的交谈、
说与对方、听对方说，仅仅靠这些来保持着她的"自我"，好像是
语言运作在造就着她一样，假如没有了语言也就没有了她的自身
存在。与众多男性交谈的林佩珊，是依赖交谈来保持自身存在的
形象。换言之，林佩珊这个人物，可以说是为人物间语言交织之
网所支撑、仅仅浮于其上的存在。佩珊把语言行为与说话内容割
裂开来，全然无视谈话内容。语言是否表达心灵，这个问题对于
她并不存在。因此，林佩珊从一开始就避开了蕙芳的苦恼。蕙芳
所憧憬的、能得心应手自由说话的林佩珊，心目中没有细诉衷肠
的交流，仅仅漂浮在言语之网上面。

蕙芳和林佩珊的关系宛若底片和相片。实际上两个人的语言
状况相同，一表一里而已。蕙芳一旦中断了与人的交流，便憋闷
在先前在乡下天天看的《太上感应篇》里面，"希望借此清心寡
欲，减轻一些精神上的矛盾痛苦"。（第十八章）到头来依旧封闭
在从前的语言中，拒绝与他人进行交流。作为农村深闺小姐培养
出来的蕙芳，没有和别人接触的机会，因此《太上感应篇》的语
言，也就是没有可能与他人接触的语言。禁锢在封闭的语言中拒
绝与他人交流的态度，可以说从另一方面标示着都市语言状况。
都市语言不可避免地强制与别人进行交流，而与他人的交流事与
愿违地给她带来精神上的痛苦。也就是说，仅凭语言的接触，要
进行心灵的交流是不可能的，相反倒使自己和别人的差异明显化。
另一方面，林佩珊却坦然面对着行为与内容相割裂的语言，这种
语言的内容没有意义，因为它滥用于同许多异性的交往之中，所

以，有意义的仅仅是语言行为本身，而非语言的内容。这种语言由于所用过滥，造成了某种"通货膨胀"，价值跌落。在这里，行为与内容，即符号与概念相分离，最终看不到概念，她们所面对的都市语言，恰恰就是这样的语言。

于是，蕙芳与林佩珊两个人都面临着交流的危机。这里表现出来的问题，是如何地把握语境、予以解释。譬如范博文对林佩珊的言辞费解、焦躁，便凭借观察说话人的体态、手势、表情等等，尽力领会，费神捕捉其涵义。在前引范博文与林佩珊的谈话之后，小说里还有如下描写：

> 林佩珊身体不动，也没开口，只用眼光答应了范博文的颇带些热情的呼唤。而这眼光中分明含有一些别的成分，分明是在想着什么别的事，并且和目前这情境相距很远。范博文却也并没觉得。（第六章）

濒临语言的交流危机时，探寻目光就成了了解对方意思的方法。范博文就是通过探寻林佩珊的目光，从而推测林对他持有好感的，连刚才的话也变成了很中听的回答，并解释为对他的好感的表达。目光被用作补充语言传情达意的重要工具。可是，正如此处所描写的那样，目光也不一定传达确定的意义。它和语言一样，或者比语言含有更复杂的多义性。

说起来，不能自如使用语言的蕙芳，也曾用目光向他人表达意思。跟哥哥吴荪甫说想要回到乡下去时，蕙芳"尖利地看着她哥哥，她这眼光也就有几分很像吴荪甫下了决心时的眼光那么威棱四射"。（第十七章）利用目光来谋求可靠的交流，这在《子夜》里是颇为普遍的。因此，就有必要进一步研究利用视线的交流问题。

三、目光的机能

最为积极地使用目光进行交流的，是吴荪甫。他“运用他的尖利的眼光观察各人的神色”（第三章）吴荪甫经常运用眼光给对手下判断，这里值得注意的是，他的目光被形容为“尖利”的。这一形容含有敏锐、洞察肺腑的意味。的确，“尖利”的眼光可使判断更为准确。对吴荪甫来说，所谓准确的判断，乃是站在资本家的立场上判断对方有用还是无用，简而言之，就是看对方是否具有货币价值。可以说这是极为利己的、功利性的眼光。这种“尖利”的眼光，与温和的交流以及被称作同情心或友情的多愁善感无缘，它将多愁善感一刀斩断，把人与人之间的关系彻底地还原为货币价值，实属利己的眼光。

我们联想到，蕙芳的目光也被形容为“尖利”的，蕙芳也具有“尖利”的目光，即利己的、功利性的、而与心灵的交流无缘的目光。可以说，她的目光同不能与异性交流的悲哀互为表里。吴荪甫的“尖利”目光，在同异性关系上面，与蕙芳同样，是无法交流的。他的妻子林佩瑶留恋着旧日的情人雷鸣，总是呆呆地把雷鸣赠送的那朵干透了的白玫瑰和作为纪念的《少年维特之烦恼》抱在胸前，然而吴荪甫作为丈夫竟然没有察觉。《子夜》的结尾处是这样的，吴荪甫轻轻走进自己的房间，夫人便坐在窗前的沙发上看书。

"佩瑶！赶快叫他们收拾，今天晚上我们就要上轮船出码头。避暑去！"少奶奶猛一怔，霍地站了起来，她那膝头的书就掉在地上，书中间又飞出一朵干枯的白玫瑰。这书，这

枯花，吴荪甫今回是第三次看见了，但和上两次一样，今回
又是万事牵心，滑过了注意。少奶奶红着脸，朝地下瞥了一
眼，惘然回答：

"那不是太局促了么？可是，也由你。"④

《少年维特之烦恼》虽然进入了吴荪甫的视野，但目光却没对
此加以确认，相对地，倒是描写了林佩瑶的目光呆呆地在地上扫
寻。他的"尖利"的目光，实在迟钝，看不到夫人的内心。总之
吴荪甫"尖利"的目光一旦与异性交流，就显不出尖锐来，以至
于没有了作用，把重要的事情都给放过了。同时也不可忘记，妻
子林佩瑶的目光在对待她丈夫的时候也是极为迟钝的。

视线的锐与钝，实际上并不矛盾。吴荪甫眼光之锐，如前所
述，乃是从资本家追求利润的观点出发去判断对方的，因此对那
些尽管近在眼前却于自己没有价值的事物，眼光就变得迟钝了。
这里重要的是，其利己的"尖利"眼光无论是怎样地没有注意，
那个对于他没有价值的、无益的东西还是进入了他的视野。虽然
吴荪甫没有注意到书和玫瑰花，但他确实是看到它们了。这眼光
能够进行利己式的选择，同时也带有无益的东西进入视野的危
险性。

吴荪甫似乎害怕他的目光捕捉到无益的东西。妖艳的寡妇刘
玉英作为奸细来谄媚于他时，他和平素不同，锐利的目光不再逼
视，或者说是在躲避刘玉英的目光。⑤他为何不把视线转向刘玉英
呢？恐怕在追求利润的资本家吴荪甫来说这是没有意义的吧。尽
管如此他还是觉察到了，某种富有魅力的东西就在眼前，一旦注
视，目光就会被牢牢吸引住。这难以抗拒并且有害的魅力到底是
什么？那就是刘玉英作为武器的肉体以及由此产生的风韵。从女

性肉体产生的风韵是富有魅力的，难以遏制的，也是不规矩的，它蕴藏着危险性，一旦受其吸引，准确的"尖利"判断便会土崩瓦解。吴荪甫为了保住自己的目光的敏锐，为了保住冷静透彻的利己目光，他是不能去看无益的女子风韵的。

但是，在吴荪甫看来是无益的、应该躲避的女子风韵，对其他出场人物来说，却是值得大看而特看的对象。比方在吴老太爷葬礼上，前来参加仪式的资本家们三五成群地闲聊着。这些人所注意的，是战争新闻和公债新闻，以及交际花徐曼丽的出场。关于战争和公债以后再谈，那么女性出场又是怎样地集中了全体人员的目光呢？请看这个场面：

> "全体起立欢迎！交际花徐曼丽女士！"
> 男人们都愕然转过身去，还没准备好他们欢迎漂亮女子常用的那种笑脸，可是那位徐曼丽女士却已经扭着腰，用小手帕掩着嘴唇，吃吃地笑个不住。（第二章）

男人们注视美女时必须准备特有的笑脸，不用说这要有"尖利"的目光。为获得女子就必须用有效的笑脸，所谓获取女子，就是和围着林佩珊四周转的那些后生们一样，说到底就是想得到感官上的快活。当然，这与蕙芳谋求的那种细诉衷肠般的交流明显不同，这是一种在混乱语言状态中但求欢乐的态度。从这里所获取的快乐，简直和吴荪甫的货币价值别无二致，带来的都是个人利益。在这里丝毫也不考虑对方——女子——的快乐。就是说注视美女这种价值追求仅仅是为了自己得到快乐，其意义与吴荪甫"尖利"的眼光一样，全属于利己的价值追求。

同时也应注意，寻求感官快乐的"注视者"并不仅限于男子。

受人瞩目的徐曼丽本人，也在一边扭动着腰肢笑着，一边看着男人们，也就是说，她在一边作出意在获取男子的姿势，一边注视着男人们，恰似青年们心中的明星林佩珊那样，自发地不住地向青年们打着招呼。因而这里表现出来的，并非单方面的快乐获取，看——被看，这是一种互相获得快乐的男女关系，也可以说是一种以目光为媒介的相互快乐的关系。利用目光的交流，也就是相互追求各自的利己价值的交流。

话虽如此，但即使是相互的关系，也不能忘记这是一种与交流危机相适应的不稳定关系。感官上的快乐，从某种意义上说本来就是不稳定的。它不是固定在一个对象上，而是见异思迁地寻求着一个又一个对象，就好像符号与概念失去了稳定的关系那样，快乐也不可能稳定地系于某一对象，只要追求快乐，就不能形成稳定的男女关系。如果说不稳定，那么吴荪甫所追求的货币价值也是不稳定的，它和寻求快乐一样，不能停留在一个对象之上，而是游荡地追求着一个又一个产生价值的对象。可以说通过目光获取的利己的价值，无论是货币价值，还是感官快乐，无不妨碍着稳定关系的形成。

在符号与概念分离、应有的交流濒临危机时，能够实现语言表意功能的是目光。人们以目光为基础所做出的解释，得以确认语言的意义，可是，这里所得到的确认不是使符号与概念再度结合，而是在解释的行为里，规定了利己的意义，甚至还不如说是在妨碍着确定关系的形成，总之不是解决交流危机的根本性手段，仅仅是进行了利己的解释而已。说解释是利己的行为，每个人又各不相同，均有各自的利害关系作为前提。尽管个人在追求单纯的私利，但解释这一行为暂且让意义确认下来。在这个意义上，目光的交流，就与前面所说的使个人之间的差异显在化的语言不矛盾了，甚至以此为前提构筑起交流的栈道。

利己的交流经常包含着能够看得出来的不确定，既然追求个人利益，这就是必然的，由于个人之间的利害不同，自然解释也就不一样。前面说过，利己的标准也是可以使交流变得不稳定，交流常有可能成为仅限于这种场合的东西。目光即使按照利己的标准也有些不理想，即像方才所见的吴荪甫的例子那样，含有见到无益事物的危险性。如果看了无益之物，就连姑且可以确认的利己性交流都要受到威胁。吴荪甫是那么地不喜欢交流的不稳定，他像追求货币价值那样，渴望着更稳定的交流。与蕙芳一样，吴荪甫渴求着在某种意义上没有矛盾的交流。他开始尝试着使用新媒介。

四、新媒介空间

利用新媒介的交流，在吴荪甫和屠维岳之间交互往复着。屠维岳是吴荪甫的工厂的职员，他经受住了吴荪甫的"尖利"眼光，所以被视为有用之材，并被授予"有什么事，你随时来和我商量"！（第五章）的特权。吴荪甫虽然说了"来"，但并没有让他本人前来的意思，屠维岳多用电话进行汇报。电话，是 20 世纪30 年代上海正在普及的新媒介，因为它可使交流更为稳妥。吴荪甫曾限制刘玉英使用电话："你不要再打电话到处找我"（第十二章），可以想象，他只允许能够信赖的部下用电话与自己交流，那么就让我们试着找寻一下依靠新媒介的交流特点吧。

电话的特点，可举出如下等等：能使身处不同地点的两个人在瞬间取得联系，用一对一的双向往来形式，通过声音复制互相接触。⑥身在工厂的屠维岳于瞬间内向身居宅邸的吴荪甫汇报情况并接受指示，从信息效率方面考虑，是有价值的。然而更为重要的是，电话使两个人之间的空间距离化为乌有，令身处异地的二人感到对方就在眼前，而且电话媒介是一对一的交流，尽管二人不在同一空间，但却脱离了周围的环境，形成了两个人独自的世界。某种意义上，形成了官能一体化关系，也难怪吴荪甫禁止刘玉英给他打电话，他害怕她的官能魅力。

要知道，这种相互接触依凭的是声音接触，通过当面交流从目光上得到的语境已不存在，只能通过声音进行交流，因而信息量会明显减少。信息量减少又使回避无益之物成为可能。对收听者来说，排除了不必要的东西，还可减少动摇利己解释的可能性，从而吴荪甫可以逃避他所痛恶的交流的不稳定。不过信息量的减少也有使交流产生危机的危险性。在用目光进行交流的情况下，通过对大量信息进行利己性选择取舍构成了语境，可是在电话交流的情况下，这些便做不到了。因而电话交流使逃避不稳定成为可能的同时，也蕴含着使初始的交流自身成为不可能的危机。请看下面的场面。

　　　他觉得屠维岳这个人本来就不容易驾驭……他总得用自己的眼睛，不能用耳朵。（第十四章）

这时的吴荪甫，听了对屠维岳怀有敌意的亲戚吴为成的谗言，已对屠维岳产生了怀疑。所谓不能用耳朵，在这里有不要单单听信吴为成的谗言的意思。本来吴荪甫和屠维岳的关系是官能性一体化的关系，应该没有什么不可信任的。吴荪甫对屠维岳感到不信任时，暗示着对用耳朵得到情报的拒绝。就是说对屠维岳的不信任，除去对从他那儿听来的情报不信任之外，包括对吴为成的不信任也在内，都是与对新媒介交流的不信任联系在一起的。

且不说交流自身有着危机，使用电话交流还有如下的特点：置身于不同空间的两个人用独立的声音作为媒介，脱离周围环境营造二人世界。把这些归结起来，电话产生出和当面交流全然不同的交流形态，形成了一个与物理空间迥异的、可称之为电话空间的空间。在这个空间里可以从身处的实地环境的拘束中解脱出来，只有声音成为现实的源泉，可以感觉到仅通过电话构成的空间。这个空间所达到的宽广范围，远远超过了当面交流构成的物理空间，只要有电话，就有一个无限扩展的空间，它是在电信技术的支持之下浮现出来的。

除了电话之外，吴荪甫还使用另一种电信媒介——电报。由此获得了更为广阔的空间。他用电报同在香港从事政治活动的唐云山保持着联络。电报虽不能说完全具备电话交流的长处，但它可以运用电信技术把不通电话的地域连接起来，可以认为它是电话的补充。需要注意的是，电话与电报的空间不是作为均质的平面、而是作为电话线的集合而构成的，首先是把各个大都市连接起来，然后以各大都市为中心将其周边连结为多层面的线路网。譬如同香港的电报联系，上海可以直达，而中小城市则不能，须通过上海中转。⑦因此，吴荪甫之所以获得广阔的空间，正是因为他身处上海这一中心城市才成其为可能。

电话线的线路网是怎样形成的呢？中国的电信事业最初是由外国企业负责承担，蒋介石的国民政府统一全国后，国民政府交通部成为通信事业的中心，整顿配备了以交通要道为中心的线路网。这种通讯手段无论是在速度上还是在可达到的距离、范围上，都超过了以往的任何通讯手段。电信事业发挥着使军事、政治、经济、文化等领域的情报在全国各地流通的作用。情报在全国流通，乃是作为国家机能必不可少的条件，因此国民政府在推行着电信事业，总之电信事业是国家建设事业的一个环节。到了《子夜》舞台拉开序幕的 20 世纪 30 年代初，国民政府好容易才在电信线路网的建设上初见端倪，因而也只有上海这样的中心都市可以进行电信交流。尽管如此，电话的普及还是极为有限的。

这一时期尽管对电信交流的可行性认识得越来越清楚，但其实现为时尚早。在《子夜》里也清晰地刻划了国家负责建设电信交流的可能性的侧面，以及普及电信交流受到限制的过渡时期的状况。

通过使用电话成功地排除了交流的不稳定因素，吴荪甫追求着作为民族资本家的价值，请听听他的苦恼：

中国民族工业就只剩下屈指可数的几项了！丝业关系中国民族的前途尤大！——只要国家像个国家，政府像个政府，中国工业一定有希望的！（第二章）

他认为追求资本价值时，国家和政府是不可缺少的，这种说法的背景是，1930 年的世界经济危机也波及到中国，中国的第一输出产业制丝业受到了毁灭性的打击。⑧自己的工厂将来势必被卷入世界经济中去，为了得以残存，需要国家和政府的保护。另外，1930 年还是大规模内战的年份，吴荪甫的话与国家和政府没有充分发挥功能也有关系。总之，对吴荪甫来讲，作为一个资本家，为了追求利润，他需要一个安定的国家、安定的政府。

那么吴荪甫为了建设安定的国家具体又做了什么？前面所说的，他与唐云山的电报联络即是。唐云山在香港活动的内容虽无详述，但从他成为汪精卫派系的政客上可以想见，他的活动是为了颠覆蒋介石政权、建立汪精卫政权。吴荪甫不惜通力协助唐云山的活动，是因为他相信只有汪精卫政权才能挽救中国的民族工业、中国民族的前途。也就是说，吴荪甫出于自身的需要对汪精卫政权怀有厚望。在这里充分利用电报进行联络的方法是引人注意的。为了建立政权，就必须在同蒋介石进行的全国规模的战争中取胜，把全国置于本派系的统治之下。为了赢得战争胜利，有必要在全国有效地连结起情报网络，使情报的传递空间与国家范围一致起来，电信技术正是其得力手段。不仅是香港，包括邻近中国的外邦，都是用情报连结全国的据点。⑨不用说，吴荪甫与唐云山通过电报所进行的联络，清楚地显示着电信交流对于汪精卫政权建立的重要性。

此外，吴荪甫还把电信交流用作别途。在某种意义上，《子夜》里的战争，即使是吴荪甫与赵伯韬之战、屠维岳与工人之战，也都有情报战的意味。及时准确地把情报弄到手里，加以有效的利用，并进一步操作使之对自己的方面有利，就是赢得战争，电信交流在这种战争中成了有效的武器。两个战争的当事人吴荪甫力图充分利用电信特权，取得战争胜利。请看如下场面：

> "……我是刚刚和你打过电话后就接了黄奋的电话，他也刚得到的消息。……"
>
> "那么外边还没有人晓得，还有法子挽救。"（第十章）

这就是通过电话比别人提前获得情报并加以利用之，因为能利用电话交流的人还是有限的。一方面利用电报推进国家建设，而另一方面又利用电话特权意在克敌制胜，这种姿态从某种意义上讲是矛盾着的。也就是说，他一方面希望电信空间覆盖整个国家，而另一方面又希望继续把电信交流作为特权来利用。不过这个矛盾与其说是吴荪甫个人的矛盾，还不如看作是当时中国的过渡期状况的表现，即前面所说的电信交流的过渡状况的表现，而且这种矛盾，是与当时的中国所面临的建设安定国家的过渡期相重合的。

上面论述了新媒介的交流与国家建设的课题相结合的问题。不过实际上国家建设这一课题，在资本家之间即使不使用新媒介，也不是不能做的。前边曾说过参加吴老太爷葬礼的资本家们，注意力集中在战争新闻和公债新闻上，这些新闻都是随着人们一到场就谈论起来的。蒋介石军队的参谋雷鸣谈着战争新闻，交易所的经纪人韩孟翔谈着公债新闻。由于战争新闻左右着公债行情，故而人们十分关注，因此可以说把两种新闻密切结合起来就产出了价值。他们关注的新闻价值是什么呢？直截了当地说就是货币价值。公债作为投机对象，为追求货币价值的资本家们所注意，因为他们要在公债上投机来获取货币。更为重要的是，希图藉公债来得到货币的资本家，必然会对战争新闻持有兴趣，因而在公债上进行投机活动的资本家们无论希望与否，无不全神贯注地关心着成为战争焦点的国家建设方向。那个人们传递消息的场所，即吴荪甫的宅邸具有复杂的特性。它是私人的家舍，是不折不扣的个人空间，但同时又成为资本家们交换情报的公共空间。这或许是举行吴老太爷葬礼仪式所带有的双义性的连锁反应吧。葬礼是围绕着逝者举行的惯例活动，但又发挥着社交场所的机能。在这个社交场上徐曼丽跳着"死的跳舞"。（第三章）提起社交场所和跳舞使人想到了跳舞厅。[10]上海的舞厅最初只有外国人可以使用，是具有排他性的社交场所，但进入30年代后各处大大小小的舞厅林立，已是中国青年竞相聚集的娱乐场所了。这里看到的吴苏甫的宅邸，不仅是把通俗的社交场所舞厅移入私人家庭，而且还恢复了当初享有特权的社交场的特点，总而言之，是把吴苏甫的家这一私人空间当做了公共空间，把跳舞厅这一公共空间当作了有特权的私人空间。

这个私人性与公共性混杂于一的场所特征，不正与电话交流的特征相似吗？即这个场所和日常空间不同，形成着一种极为亲密的空间，在这里可以获得在日常生活中得不到的广泛的情报，并且在这个场所里的人可以用任何形式关心着国家建设的方向。反过来也可以说，当时上海的电话交流形成着一种私人性与公共性相混杂的空间，于是乎，能进入这个特权场所的人们所做的消息传递活动，与吴苏甫的电信交流起着同样的作用，也是一种新的媒介。

战争新闻实际上起着完全别样的、巨大的作用，它与1930年所发生的战争密切相关。从读者看来，《子夜》所描写的战争，不是单纯的小说里的事件，而是现实中爆发的战争。那些情报不是虚构的，可作为真实看待。根据真实而虚构的《子夜》，具有真实的因素。不过应该注意的是那并非单纯的真实。

> 张桂联合军突然打进了长沙！那正是旧端节后二天，阳历六月四日。……
> 接着又来一个恐怖的消息：共产党红军彭德怀部占领了岳州！（第十章）

证实一下事实就可知道，张桂联军进攻长沙是在六月五日，彭德怀的部队占领岳州是在七月三日。[11]关于张桂联军的情报可以认为是误差，但彭德怀部队占领岳州的记述则明显是为了提高危机感在小说中的效果，故意改变了历史真实。两起事件均为真实发生的事件，但把时间间隔本来远离的两起事件放在接近位置，这就不是单纯的真实，而是使小说具有虚构中的真实性因素的机能。⑫总之，《子夜》虽然含有许多真实因素，但它们始终是虚构中引用的情报，可以说把现实性给了虚构的《子夜》。换言之，《子夜》的战争新闻所起到的作用，是把 1930 年历史事件，也可以说是作品本文之外的情况卷入小说《子夜》中去，读者在阅读虚构的《子夜》时，可有一种观看现实中的上海的感觉。

五、构筑的"阅读"

如前所述，建立在新媒介上的交流，蕴含着交流自身的危机。那么在对新媒介交流怀有不信任感时，怎样办才好呢？在前节所见到的吴荪甫后来又有如下表现：

> 他自己关在书房里了，把这两天来屠维岳的态度，说话，对吴为成他们的批评，都细细重新咀嚼。（第十四章）

吴荪甫手中已经没有新的情报，靠眼光得到的情报招致交流的不稳妥，靠声音得到的情报又带来对交流的不信任感，他没有了取得情报的手段。重新咀嚼手头的那些情报，是吴荪甫所能采取的最后手段。不用说，他手头的这些情报也都是通过目光和声音得到的，所以也无法成为安心交流的基础。吴荪甫那安心的交流，这里已然清楚地表明没有可能性了，如第三节所说，吴荪甫直到故事的最后，始终面对着的，是交流的阻断。

不过，就象反复说过的那样，即使包含着怎样的不可能性，现实中的交流通过解释行为还是可以进行的。在这里，吴苏甫也是在通过"解释"屠维岳来恢复与他的交流，吴苏甫只能使用过去用过的情报，此外别无他途。现在所用的情报，不是来自外界，而是来自回忆，这种情形呈现着一种可能性：情报已经和当初获得时不同、正在发生着质变，即是说吴苏甫的想象力改变了情报，也可以说他在这里所用的情报不是从外面获得的，而是由自己的想象力创造的。在这里，语境已经不是接受来的，而是变为用想象力去想象——创造出来的。在某种意义上，这已经是利己性交流的终极状态，大概可以完全形成安心的交流了吧。虽然不消说就其根柢而言这样做也有其困境，但为了争取实现理想的、安心的交流的最后一点点可能性，接收者的想象力登台亮相了。

因看问题立场不同，读者在阅读小说《子夜》时的寻求，也是根据想象力创造意义的行为。诚如第一节所述，《子夜》的人际关系是片断性的，不容易找出可称为概括整体的主人公脉络，请再稍许看一看它的结构。

小说的主要人物大体有五十人以上，根据和吴苏甫的关系在小说里出场。小说先通过与吴苏甫的关系介绍人物，然后叙述人物故事，叙述也并非单纯地进行，基本上使用第三人称叙述，有时与第一人称的视点交叉。对此普实克有详细的研究。"对事实的客观描写、对同一事实根据小说人物视线的描写，以及进一步的人物内心独白，往来于这几者之间的特征，在《子夜》的开头就已经很好地显露出来。"⑬接着又以吴老太爷的插话为例，说明了三个视点没有任何间隔连续不断地出现。在看上去好象是明显的、客观描写的第三人称的作品里，混入人物的主观视点，也许会破坏客观性。实际上，在《子夜》里，可能是有意放弃神的视点——绝对的客观视点，不过也不能说是主观性的描写，作品从一开始就放弃了作者的主观描写，作品中只有出场人物的主观。因此，《子夜》出现的主观可以说只是出场人物的主观，由于并列了许多人的主观，就作品整体而言，就抹消了特定的主观性，而让人感到一种客观性。

这样一来，读者就难以移情于特定的出场人物。一般地讲，人物介绍的中心角色是吴荪甫，作为小说的主人公——男主角应成为移情的对象，可是想要移情于吴荪甫的读者大部分都失败了，有人对此表示不满。[⑩]说吴荪甫是中心人物，至多也就是人物介绍里的中心罢了，他成不了集读者关心于一身的男主角式的中心。而在其他人物那里，移情益发困难。就是说《子夜》的结构是很奇妙的，小说同时设立了诸多出场人物的主观，因而拒绝了向特定主观的移情。

那么读者该怎么做才好呢？于是，解释就成了必要。所谓解释，如前所述，就是用构筑语境来确认本文意义的行为。《子夜》的读者怎样才能构筑起语境呢？再重复一遍，《子夜》本文并置了诸多出场人物的主观，让人物处于片断性的关系之中。文学上没有明示给出语境的信息，因而需要采用本文明示之外的信息，产生这种信息的只能是依靠读者想象力做出的创造行为。读者在以往的各种经验的基础上，调动想象力创造的信息，构筑能使《子夜》意义得以确认的语境。同时代的《子夜》评论中，有如下一段富于特色的文字：

> 你要研究中国经济首先要理解中国社会的实际生活。我第一步教你看两本描写实生活的书，目的不仅在使你对于中国经济生活的探讨，发生浓厚的兴趣，顶重要的是在使你把你自身实际生活的经验渗透到两本书描写的生活过程

里去，同时把你自身的经验重新加以组织，使它扩大和丰富起来。⑮

　　文中奉劝有志于中国经济研究的人去读《子夜》。这里清楚明了地表现出《子夜》的阅读特点：把读者的实际生活经验渗透到小说所描写的生活过程里去，就是把读者"想象——创造的经验"这一信息投射到小说本文中去。这也具有新的意义，给读者的经验里加入新的信息，从而丰富了读者的经验。这种运用想象力的创造行为，难道不是和吴荪甫运用想象力的交流颇为相似吗？

　　《子夜》不存在独一无二的解释。小说的意义是读者根据各自的解释构筑的，因而《子夜》的意义依据读者人数也是各式各样地存在着的。毫无疑问，读者构筑意义，也并非仅仅适于《子夜》，只要是小说就或多或少地适用，这便是读者构筑意义的特点吧。这其中《子夜》的特点使人想到的是围绕构筑意义的十分曲折的关系。正如所说过的那样，《子夜》的人际关系，常常受到交流阻断的威胁，但又依靠追求利己标准才使交流得以达成。立场虽不相同，但同样是运用出自想象力的创造来构筑确定的意义，在这样的《子夜》阅读行为中，读者常常陷入把握不住意义的困境，但又依靠经验的调动，勉勉强强把意义构筑起来。总之，意义的难以把握，和虽然如此但力求把握的尝试，在《子夜》的人际关系和阅读行为里循环往复着。这样想来，则《子夜》不是别的，而是一部关于意义构筑的戏剧。自然，但凡小说或多或少都有这种性质，而《子夜》尤为突出。让读者直面主题选择意义构架，上演着意义构筑的山重水复与柳暗花明的曲折戏剧，这就是《子夜》。

六、结束语

联想到《子夜》那个时代，比如在世界流行的现代主义的小说里面，也有彻底追求意义构筑之不可能性的。相比之下看得出，《子夜》的本文最终还是让意义构筑得以达成，在某种意义上容易理解，回避着现代主义的那种彻底追求。不过这与其说是《子夜》的高明之处，不如认为是正确地适应当时中国语言状况的结果。与其说《子夜》的本文领先于时代，莫如说是对同时代的正确的适应。

20 年代，是五四运动成果遍及全国，接着又进入国民革命的时期，是一个出版物流通量也发生革命性变化的时期。与国民革命准备期、国民革命有连锁反应的报纸，发行数量在增多着。⑩关于这个变化的政治意义、经济意义另稿再作讨论，这里谈一谈有关报纸发行的概念，它具有从同人报纸向商业报纸变化的意义。

五四时期以前的出版物，把能够见到面的读者为对象，仿佛伙伴间谈天似的把意见传给人们。从这里又诞生出基于商业观点的出版形式，以没有特定的多数读者为对象，以尽可能多的出售份数为目的。变化比较明显的是《申报》《新闻报》，缩小了社论的版面，大量刊载读者关注的地方报道和杂谈；在经营方面，则变为依赖广告收入。广告收入的增加，比向不特定的多数读者出售报纸更易实现，同时，如果依赖广告收入，发行数量就必须增加。总之广告比例的增加——商业观点的重要性增加，和以不特定的多数读者为目标的发行数量的增加连在一起，意味着出版形式的革命性变化。

新局面下的读者，是以没有共同的语境为前提的。同人报纸还是以某种共有的语境作为前提，而不特定的多数读者不可能共有语境。因此当时的读者面对着从语境中割离的仅只浮游着铅字的出版物，开始进行日常的使用想象力的创造性解释行为。从这个意义上说，在《子夜》所上演的围绕意义构筑的戏剧，恰恰与当时的媒介状况相适应。

使人想到的是，《子夜》含有非虚构的因素，使读者感到有一种现实性，还有，《子夜》的本文要求读者予以积极的解释，因而使读者带着亲身经验参与进去。《子夜》的本文特点是：本文之外的现实被卷入本文之内的故事，二者浑然一体。因而这里叙述的当时的媒介状况，也并非构成《子夜》背景的情况，莫不如说是在读书行为中被卷入《子夜》本文，能够根据读者的意义构筑而成为《子夜》的意义的事物。于是，往复于《子夜》的人际关系和读书行为间的意义构筑的戏剧，同当时的媒介状况也在相互往复着。在此可以看清，当时的媒介状况即所谓的本文外的现象，与《子夜》的人际关系即所谓的本文的内在故事，以及构筑《子夜》意义的读书行为，这立场通常全然不同的三者，相互地往复、缠绕般的错综情况。

拙文考察了《子夜》作为媒介小说的侧面，当然这不过是《子夜》多彩的阅读方式中的一种，就像前边说过的那样，对《子夜》不存在独一无二的解释，小说存在多少种意义是根据读者人数而定的，因而把《子夜》作为媒介小说研读，也可以说是来自于笔者的一个意义构筑。不过拙文所要做的，是探讨这意义构筑的条件，是把焦点集中在怎样才能做到"多彩的阅读"以及在什么情况下做不到等问题上的研究。在这个意义上，似乎拙文也可以主张"多彩的阅读"就是开放的阅读吧。根据这种尝试看到的《子夜》，恰恰是一部把关于"多彩的阅读"的戏剧，在复杂的相互反复的情况中不断上演的小说。

注　释

① 《子夜》（开明书店，1933 年初版，1951 年 24 版）。以下引用《子夜》均据此版本。

② 以下围绕交流的研究，所受启发最大的是《总特集德里达：语言行为和交流"收入的论证研究》（"言语行为とコミュニケーション"《现代思想》五月临时增刊，第十六卷第六号，1988 年）。［德里达（Jacques Derrida），法国哲学家——译者］

③ 关于解释问题，受到斯坦利·菲肖《这一等级中有原文么？》（小林昌夫日译、みすず书房、1992 年）等启发。

④ 这一场面，简直使人觉得是电影的结尾。电影，在当时的上海作为新兴艺术曾迅速普及。《子夜》重视视线，有可能是受到电影摄影机镜头的影响。

⑤ 在《子夜》第十二章里有如下描写。"吴荪甫那一脸不介意的微笑渐渐隐退了，转变为沉思，俄而他的脸上的紫疱有几个轻轻地颤动，他额角上细汗珠渐渐地加多。他避开刘玉英的眼光，泛起眼白望着窗。"

⑥ 以下围绕电话交流的研究，受到吉见俊哉、若林干夫、水越伸《作为媒介的电话》（弘文堂，1992 年）的很大启发。

⑦ 上海、香港之间的电报线 1871 年由丹麦的大北公司、1884 年由英国的大东公司敷设。以下关于中国的电信事业，主要参照赵曾珏《中国之电信事业》（商务印书馆、1943 年）、谢彬《中国邮电航空史》（中华书局，1928 年）、上海通志馆编《上海市年鉴·民国二十五年》。

⑧ 参照岛一郎《中国民族工业的开展》（ミネルヴァ书房，1978 年）等。在中国最大的民族工业是纺织业，当世界经济危机的初期中国却十分景气，纺织业成绩上升。最大的输出产业制丝业因失去海外的销路，受到了巨大的打击。

⑨ 顺便提一下，1930 年内战时期，汪精卫也亲自在香港坐镇指挥。

⑩ 关于舞厅，主要参照了林明敏《几番沉浮话舞场》（汤武康主编《上海万

象》,上海翻译出版公司,1989年)。

⑪ 参照《湖南近百年大事记述(湖南省志第1卷)》(湖南人民出版社,1959年,大安影印,1966年)、《湖南党史大事年表》(湖南人民出版社,1986年)。另,《申报》等大报没有清楚刊登长沙陷落的新闻,或许小说中情报的误差原因就在于此。利用大报隐蔽长沙陷落的消息和尽管如此市民已然知道长沙陷落的事实,提供出一个权力控制信息与控制下的信息传播的事例,意味深长。关于这个问题希望于别的机会进行讨论。

⑫ 渡边一民曾言及,在《围绕上海》(《文学》1985、9—10)里接触过"北方扩大会议"的日期等。并将其视为"想要构筑与现实相抗衡的、独立话语空间的小说家意志的展现"。另外,檬田一士也在《茅盾〈子夜〉——20世纪的十大小说》(《新潮》1986—9—10)中指出:"在《子夜》里,让两种语言即小说语言和非虚构语言模糊地共存,不,是让它们混杂,这就是以20世纪的整体小说为目的的实验小说。"

⑬ 普实克著《茅盾与郁达夫》,见李欧梵编《抒情与史诗》、1980年印第安纳大学出版社。

⑭ 陈述不满的代表性评论,在同时的中国有侍桁的《〈子夜〉的艺术、思想及人物》(《现代》4卷1期、1933年),另外还有日本评论者高田昭二《关于茅盾〈子夜〉》(《东京支那学报》2,1956年)、山田富夫《关于〈子夜〉》(《中国文学报》9,1958年)、中野美代子《〈子夜〉论》(《北大人文科学论集》10,1973年)、小林二男《关于〈子夜〉》(《人文学报》112、1976年)等,也都指出小说人物描写的弱点。

⑮ 钱俊瑞《怎样研究中国经济》,1936年写作(《钱俊瑞选集》,山西人民出版社,1986年)所说的两本描写现实生活的书即《子夜》和《中国农村描写》,《中国农村描写》是描写农村生活的报告文学集。

⑯ 关于当时的媒介状况,笔者在硕士论文《三十年代初期的上海小说》中论述过。除却报纸,其他媒介的流通量虽然多少有些差别,但大体上还是一样地增加着。

(原载《中国现代文学研究丛刊》1996年第3期。)

有关《上海日报》记载须藤五百三的"医者所见之鲁迅先生"①

北冈正子

（关西大学）

前　言

　　1936 年 10 月 19 日，鲁迅于上海共同租界的一个小小角落，结束了他五十五年的生命。终其一生，他和日本以及日本人可以说有颇深的缘分。当中的几位，留下了记录鲁迅印象与彼此交情的文章。其中，须藤五百三以一位医生的身份，和鲁迅的接触不是文学上的，而是肉体的一面，对鲁迅而言可说是一位特别的存在。他在鲁迅晚年的时候于上海担任鲁迅的主治医生，直到他临终为止。在鲁迅逝世之后又写下了哀悼的文章。

　　须藤五百三著名的追悼文，就是在上海发行的杂志《作家》追悼号（第二卷第二号 1936. 11. 15）所刊载的《医学者所见的鲁迅先生》一文，文章的最后并附录了"鲁迅先生病状经过"。这篇

---

　　① 　【译者按】　本文系得到日本关西大学北冈正子教授之同意，根据北冈教授发表在《野草》第 71 号（日本·中国文艺研究会，2003. 2. 1）之该论文及发表在《野草》第 72 号（2003. 8. 1）之订正与在这之后的亲笔补正翻译而成，译文由北冈教授亲自校正。

　　【校者按】　特标明本文系文献资料整理。

文章也收录在鲁迅逝世一周年时出版的《鲁迅先生纪念集》（鲁迅纪念委员会编印 1937.10.19）。《作家》的追悼号里，卷头的"特别寄稿"，分别刊载了六位日本人士内山完造、鹿地亘、须藤五百三、奥田杏花、池田幸子、河野明子的追悼文。在编辑后记"编辑室"里也介绍了这六位日本人士和鲁迅生前的交往情形，并以"本特集的特色之一，就是收录了几位日本友人的文章"、"我等对于特地投稿来函的日本友人感到衷心的感谢"等文字表露了谢意。

须藤五百三先生的文章，刊载于杂志《作家》时是这样被介绍的。"须藤五百三先生，是长期担任鲁迅先生主治医师的医生。他在这本杂志发表的文章记载了鲁迅先生的病状及治疗经过的报告。这是一份极具价值的记述。"须藤五百三的文章，在发表当时已经被翻译为中文。因此，当初他所写下的日语原稿是怎样的原貌，现在那份原稿到底被保存在什么地方，这些都不是很清楚。

另一方面，《鲁迅先生纪念集》中"日本各杂志新闻所记载的追悼文细目"，提到十月二十三日（1936）《上海日报》曾刊载了一篇须藤五百三名为《医者所见之鲁迅先生》的文章。从标题来看，应该就是《医学者所见的鲁迅先生》的日文原稿。

很幸运的，昭和十一年十月的《上海日报》在日本留有保存本，也的确曾刊载了须藤五百三的这篇文章。根据调查，这篇文章和"日本各杂志新闻所记载的追悼文细目"所提到的内容有几个不同点。首先是标题的假名部分并非片假名而是平假名（"医者より观たる否鲁迅先生"），另外发表日并非二十三日，而是昭和十一年（1936 年）的十月二十、二十一、二十二日，分"上、中、下"三回，发表在《上海日报》的夕刊（晚报版）。

本文的主旨，除了介绍这篇《医者所见之鲁迅先生》的全文之外，还将与此关连的几处重点加以叙述。下面引用的全文，是将当初《上海日报》的上、中、下三回原封不动的全录。如有明显的误排、漏字之处则在（）中表示。段落和逗点都依照原文，此外，原文没有加注句点。

一、《上海日报》所载须藤五百三
《医者所见之鲁迅先生》全文

医者所见之鲁迅先生（上）　　主治医　须藤五百三
（昭和十一年十月二十日夕刊）

　　我和鲁迅先生相熟从五年前开始，特别是从今年三月二日，先生罹患气喘之后，我担任主治医生的缘故，每隔两三天便需诊断他的病情，和他说说话，或听听他说话，因此这次对先生的逝世，感到悲伤之际的同时，胸中也浮现许多的回忆。

　　先生出生于浙江绍兴，从七八岁起，就把牙齿搞坏了，因为蛀牙的缘故夜里疼得睡不着，让父母亲很困扰，甚至被父母亲斥责连这点疼痛都无法忍耐，简直是无用。但是当时其居家附近不要说并没有牙医，即使出了绍兴，也只有能拔牙程度的庸医而已，所以不管是民间疗法或是求神问卜。也都是要忍受着齿痛，后来，牙齿开始从牙根处腐坏，蛀牙也越来越恶化，几乎是束手无策，为了拔掉坏牙，开始求助牙医，一点一点的拔除蛀牙，但到了二十二、三岁的时候大半的牙齿还是都缺损了，二十七岁就装了假牙，从此这齿牙的疾病与缺损，导致宿疾并慢慢恶化成胃扩张、肠弛缓症以及对其他消化器官的影响，先生到死为止，食量都只有我的一半，还常常说自己生来就不知道饥饿和美味为何物，如今回想起来，他的牙病可能不只是蛀牙，还可能患有慢性牙根膜炎症，而且因其消化器官机能的衰退造成营养不良，其结果就是筋肉薄弱，当他自己察觉到时，体重已不到四十公斤。

由于先生天生体质特异的缘故，不管是原稿的起草或是读书研究，常常都是在夜间进行，已成为他的生活习惯，加上体质筋骨虚弱，神经过度疲劳，成了恶性循环，造成了人人避之唯恐不及的结核性体质，加上十六岁经历与父亲的死别以来，遭遇种种辛苦悲惨的事情，在连房子都卖给别人之后，当时的鲁迅先生虽然还是个小孩子，就得承受种种的痛苦，最折腾人的，就是在这样的情况下却还是不放过自己的牙痛，因为牙痛的关系整夜无法安眠，但是鲁迅先生却说，在这种时候思考一些跟自身行事有关的事情的话，能够稍稍减缓牙痛。

二十五岁的时候，先生进入仙台医学专门学校，但是随即因为日清战争的结束，中国的形势不利又冲击了他，先生深思熟虑之际，牙龈肿痛三天三夜不能进食，甚至痛得无法跟人交谈，这样考虑的结果，他发现与其成为一名医者，不如藉由文学的力量呼吁国民，并认为这样才是对中国觉醒最好的方法，因而负笈归国，筹办起《新生》杂志。

先生的牙齿，从儿童期就因为龋齿之故而锐减，但是没想到进入青年期之后，这齿痛反而让他有机会深思熟虑，其结果就是转换人生目标，成为其人生转换的动机。

先生因为孱弱体质的缘故，比一般人更能忍耐发烧，若只是小小的发热，常常感应不到，有一天将体温计含在嘴里，突然想到，体温计这种东西，有时候反而让人对体温的变化变得过于敏感，甚至因而误导对体温的看法，先生认为经常测量体温并没有什么意义，因此变得不喜欢量体温这件事了。

虽然如此，但当公子海婴君受到风寒或有病痛的时候，先生倒是一次一次地勤于为海婴君测量体温。

医者所见之鲁迅先生（中）　主治医　须藤五百三
（昭和十一年十月二十一日夕刊）

先生在病中，不管是皮下注射也好，静脉注射也罢，从来都没有皱过一下眉头，不论吃再怎么苦的药，也没有丝毫怨言。

但是先生讨厌贴在胸口的湿布、冰枕等物，有时因为痔核的关系感到不适，必须使用坐药之时，虽然因为一时的药效而能达到减缓疼痛的目的，可是已经形成的痔核是不可能消失的，先生曾说过，这是上了年纪的人一定会有的附属品，自己先天体弱、营养不良的缘故，怎么也没办法期望拥有如常人一般的健康身体。对于治疗，因为先生有着生理与病理的素养，只要一一地向先生说明，他都不会有什么不满。

关于这疾病在过度操劳或是睡眠不足的时候，体温会出现什么样的变化，先生自己做了一番研究，结论是当体温升高的时候运动身体的话，结核菌也会随之活动起来，因而就会发烧，先生领悟到，附随主体（人）经常是弱者（结核菌）的习性，导致弱者经常会受主体的左右，各国的盛衰也如同这种情况，他认为不要太介意发烧的症状，并觉悟到因为细小的有机物（结核菌）而失去生命或许不是太久远之后的事，但是就算能够永远拥有生命，作为一个人还是有永远做不完的工作，既然这样，那么至少在身体状况良好的时候，尽可能的学习，被赋予的工作尽量劳动，才不会失去作为人的价值，先生又说，所谓发烧这一症状通常是身体的警讯，当症状出现时就要去顺应它，我有我自己的自然疗法和保健法，我自己知道自己身体的状况，不会故意去违反医学的道理，当身体觉得舒适的时候，也就去散散步、看看电影、享受漫谈的乐趣。另外每当接受胸部 X 光线摄影的时候，即使已被病菌严重侵蚀，先生还是会说，健康的部分也留有不少啊，因而绝对不会表现出消沉或悲观，先生总是说长久使用的器具也会出现脏污或裂痕，身体的病痛就和那一样是自然的程序，到最后，先生都不曾过问自己肺部或胃肠的症状，连一次都没提过。

先生说过 X 光线照射这种东西，对于不了解状况的人来说，有时候反而会令他们感到不安。有一天，为了儿子海婴的教育而感到苦闷的时候，先生和我商量，我自己也不知道有何比较好的方法，无法回答先生。但是海婴从四岁左右，即开始时时出现支气管气喘病，但是到了今天气喘已经不再复发，身体也很强壮，他说根治气喘的方法，自己也曾经做了各种各样的钻研，所以看到海婴今天健康的样子也就感到很开心，而与儿子的强壮相反的，是自己的日渐衰老，但先生说这是顺应自然的法则，是没有办法的事，最后还呵呵地笑了起来，先生生平对死的观念非常豁达，可以说是悟达之人，这一次也是一样，对于自己死期将近，他的意识即使到最后一刻还是非常清楚，让我看到他悠然面对死亡的风姿，我问他当在呼吸困难的时候，感到最痛苦的是什么，他总淡淡地说胸部感到一点点疼痛罢了，仿佛像说他人之事一般，先生的书桌和书架总是收拾得整整齐齐的，就连书桌的抽屉也都维持得井然有序，拥有此等洁癖与严正气质的先生，如果只是成为一介医者，特别是中国的医生，可以说是浪费人才，因为那样，终其一生顶多只以一个普通的医生甚至被当成庸医一般的存在罢了，连先生自己也常这么想，先生常感叹道，当今的中华民国在各方面都没办法达到统一，尤其是教育的不统一最是严重，身为医生，实地进行解剖训练的地方寥寥无几。

医者所见之鲁迅先生（下）　　主治医　须藤五百三

（昭和十一年十月二十二日夕刊）

　　先生说过当他在担任杭州师范学校生理学的教师时，如果学生无法对学问抱持兴趣和研究心，那纵然是因为身为老师的自己的教育方式有问题，但一直以来生理学或是物理学这门学科，不但不受欢迎，常常都被当作是下等的学科来对待。先生研究的大题目是，从今以后的国民将朝何等方向发展，先生常常和我讨论道，中华民国是否适合研究科学？只因为年轻时学了医学，也发表过相当多科学方面的文章。先生是个有着良好记忆力的人，也因此常常为一些事情而感叹，先生说肠胃好的人，因为暴饮暴食的缘故，反而使得脑的机能减退了，而天生体质孱弱的先生，在日常生活中便特别留意锻炼培养良好记忆力，我问过先生若是当初选择了医学这条路，对于学科专攻有怎样的计划，先生回答也许会选择如解剖、组织或是生理病理这种基础医学来研究吧，先生放弃医学的直接原因是因为，比起走向医学之路的人生，先生认为往文学方面的转换，对于今日的中国是更为急迫而紧要的事，当先生某次这样想着而感到烦闷的时候，在仙台的一家小戏院正好观看了一出有关日清战争的幻灯片，顿时热血沸腾，充满了奋发的心情，先生看了幻灯片中同胞被捕掳的画面，马上收拾行李隔天就往东京出发，先生常说直到今日那幻灯的画面还常历历浮现眼前，在日常诊疗中，不管是自己的病情也好，或是小孩的病痛也好，接受治疗时，先生一次都没有问过什么时候能够治好之类的问题，先生只是会问，这个药必须要吃到什么时候，若是病情有了一定程度的恢复，先生常常思索对于自身的健康，如何利用平常注意与养生之道使病情痊愈，当我们就中药谈论之时，先生说像是中药的产地、千差万别的制法，必须实际去确认产地，否则不能成为研究材料。例如关于萸茱这个药方，先生也时而提出自己的详细看法，时常令人很佩服，先生常感叹同种同属的中药，随着药商的不同也颇有差异，这一点也让人感到，不管在哪一方面，中国都还是个尚未统一的国家，这个未统一的中国大陆，今后将会成为世界人士的研究场所吧，先生常感叹当今的青年男女，距离理想的境界还有一段距离，九州岛的福冈大学作为日中亲善的活动之一，曾捐赠人体标本给上海医学校，但中国方面却以标本保存所费不赀为理由，任凭标本腐败，最后就把它丢弃了。在提到这件事时，先生感叹得落泪，说今日的中国，教育家不够认真，学生们也不够努力，所以称不上是真正的教育，因此对于自己的小孩生长过程中将会受到怎样的教育，先生常常感到很担忧，久久都说不出话来。制作标本的辛苦，当今中国医学校的教师，别说不能理解，就连活用都做不到，先生嘲弄地说：众所皆知，中国自古传来的国民性是破坏的习性比创造的习性还要擅长，也就是所谓忠于祖先的遗传，这种行为本身一点也不会令人觉得不可思议，先生是个深藏不露的真正的书画鉴定家，不过他鉴定的重点，不只是普通鉴定家所注重的文字或绘画的形态、笔力等等，连落款印色的变化，墨色因时日而导致的褪色变化也都留意，也就是经由彩墨当中的成分酸化分解化的程度来辨明时代，先生具有这样确切的鉴赏眼光，尤其关于汞剂，即水银化合物的酸化分解色彩度。我对于先生这化学上的知识与才能感到惊讶，特别是所谓水银性涂料的水分，埋藏在土壤中经过多少时间，暴露在空气中又经过多久时间，温度的差异，也能影响发色的程度等等，我也曾听过先生关于古色灿烂鲜艳程度里，有其自然生成的成分之实验谈，对先生这蕴奥丰富的知识感到敬佩，可以说先生实在是个具有科学精神的鉴赏家啊。

二、《医者所见之鲁迅先生》与
《医学者所见的鲁迅先生》

把上文的《医者所见之鲁迅先生》与《作家》中的《医学者所见的鲁迅先生》比较之下，显而易见的不同之处在于《医学者所见的鲁迅先生》附录的"鲁迅先生病状经过"并没有附在《医者所见之鲁迅先生》里面。另外，即使把日文与中文在翻译上的差异都计算进去，文章的长度，《医者所见之鲁迅先生》还是比较长。从这两点应该就可以断言，《医者所见之鲁迅先生》并不是《医学者所见的鲁迅先生》的日文原稿。

那么，让我们来看看两者内容的异同点。

首先，两者都有提到病痛原因的幼年时代的齿疾，到罹患结核的经过、鲁迅孱弱体质的由来，以及对于自己的病情抱持客观的患者鲁迅态度，虽然时而以批评家的身份提出意见，但是毫无异议地接受治疗。此外，也都提到了虽然预想到自己的死亡，却珍惜仅存的生命时光继续工作的文学家鲁迅之姿态，以及忧虑罹患腺性病体质的儿子海婴的健康与教育问题，那为人父亲的真情一面。上述这些种种的例证与轶事都夹杂着描写，当然文章中的具体描写则是各不相同。

此外，从两篇文章的内容也都能让我们一窥鲁迅一贯的生死观。他所持的生死观，一方面展现出当他在解释自身病状时的观照态度。例如《医学者所见的鲁迅先生》中就有这样的描述："在先生逝世之前的一天，和先生谈话中说到先生的身体，若由医生来评论，是筋骨薄弱，并应列举痔核、牙齿全缺、胃扩张、肠弛缓症、胸膜炎、喘息、肺结核等病症。然而他答道：只要没有花柳性病就可以证明自己是纯洁的，再者自己虽是老花眼，只要不是中国多数的砂眼就是特别的地方。""一天给他拍了胸部 X 光线照片后，说明了他那病部。我告诉他右胸的病变部很多时，他便说左边损坏不多，还可以做点事情，并不以为意。"像这样鲁迅对于自己病情的反应在《医者所见之鲁迅先生》也可以见到同样的描写。在看过自己的 X 光照片后，说道："即使已被病菌严重侵蚀，先生还是会说，健康的部分也留有不少啊，因而绝对不会表现出消沉或悲观。先生总是说长久使用的器具也会出现脏污或裂痕，身体和病痛就和那一样是自然的程序。"持续的发烧时，因为肉体的活动而使得结核菌也活动起来，因此才会发热。持着这样的态度说道"附随着主体，经常是弱者的习性"，又说"各国的盛衰也是如同这种情况"。使用坐药来去除痔核的疼痛时，则自我调侃"这是上了年纪的人一定会有的附属品"，所以不期望病灶完全根除。而另一方面，则展现出对于自己死亡的必然性之自然达观的态度。预感到"因为细小的有机物（结核菌）而失去生命或许不是太久远之后的事"，但看到小孩一天天的成长茁壮而对照自己的日渐衰老，却也接受"这是自然原则"的现实。总之，鲁迅一方面享受生之自在，从而导引出其豁达的生死观。身体状况良好的时候，说道"尽量劳动，才不会失去作为人的价值"，因而持续的工作，同时也想要"去散散步、看看电影、享受漫谈的乐趣"。对于这样的鲁迅来说，生和死是同等重要的大事。

这两篇追悼的文章，如实地传达了鲁迅作为一个人，觉悟到自己死期将近，勇敢地正视自己仅存的生命之身影。正如他本人自年轻时一贯主张的不违反进化的程序，忠于自然法则的信条，我们看到了从容面对死亡的鲁迅身影。

　　下面再看看这两篇文章的不同点。以下是只有在《医者所见之鲁迅先生》里看到的描述。包括鲁迅的人生经历，特别是从医学转向文学的过程，以及在中国包含医学在内的科学该如何普及的问题，鲁迅所作的科学思考与其科学精神。前者注目的焦点是，作为鲁迅放弃医学走向文学转折点的"幻灯事件"，描写着鲁迅直至晚年都还常提到"直到今日那幻灯的画面还常历历浮现眼前"。如今，此一事件中寄托着的，并被象征性地说是鲁迅对于自民族的省察，也常被认为是鲁迅新的人生之路的原点，从此迈向生涯不变之路。至于后者，则对曾一度学医的鲁迅在其后的人生中展现的科学思考、科学精神，以及随之而来的种种事例较感兴趣。例如对放弃九州岛福冈大学捐赠标本一事的喟叹，在杭州执教鞭时的经验谈，在指出"身为医生，实地进行解剖训练的地方寥寥无几"的同时，鲁迅那深切期盼中国的教育应根植科学精神的热意也悉数传达出来。还有鲁迅回答须藤的质问，如果选择医学之路，应该会专攻基础医学吧，这背后其实也传达了鲁迅的心意。从科学合理性出发的书画鉴定，"深藏不露的真正书画鉴定家"，也让读者看到了他科学精神的思考的立脚点。

　　须藤五百三在此处论及的关于鲁迅的回忆，就像他在文章开头所述，多是在治疗的空当与鲁迅的杂谈。而且这是他在鲁迅过世之后马上写成的文章。因为这些事大多是听来的故事，因此记忆不正确的例子却也多少散见。例如，日俄战争与日清战争的争议，归国之后《新生》的发刊与童年时代家屋转让他人等等。虽然如此，这些事如果不是鲁迅本人应该不会提及，如果不是随侍在旁的医生则大概也不会知道吧。此外其中也包含了很多从未被发表过的轶事。

　　关于只在《医学者所见的鲁迅先生》当中才见得到的描写，

有一件事非提不可。那就是文末附录的"鲁迅先生病状经过"。身为鲁迅主治医而留下的鲁迅生前最后的病状记录，在传记研究上可说是绝无仅有的贵重资料。但这上面却也存有些许疑问。正如早已被指出的，将这篇附录与《鲁迅日记》对照来看的话，病状与日常生活的样子都有些许出入。

"三"和"五"这两个数字在写的时候稍微不注意的话，是有混淆的可能。因为这是一篇被译为中文的文章，所以应当别有日文原稿的存在，其原稿应该是清楚立见的。但是也有可能在翻译的过程中，误将"五"月写成了"三"月。若是将所有记录成"三"月发生的全部四项的病状纪录换成发生在"五"月，分别也就是，"五"月十九日，"五"月二十五日，"五"月二十八日，"五"月二十九日，将这几个日期和《日记》对照来看的话，刚好正是病情不乐观、有发热的现象并接受了须藤医师诊疗的时期。也是他病情开始恶化的时期。当然，到能下肯定结论为止还有讨论的必要，但至少如果将三月想成五月的话，有所出入的部分就能得到理解也是事实。

《医学者所见的鲁迅先生》与"附录"之"鲁迅先生病状经过"，如上所述，在当初须藤五百三应《作家》杂志的要求写下的原文应该是以日文写成的，而刊登在杂志上的文稿则是被翻译成中文的文章。假定三月与五月的讹误是因排错字而来，那究竟是因为须藤五百三的笔迹辨识不易，或是译者解读错误。还是校对时候出的错，就没有办法判明了。只是，我们现在所读的并非日文的原稿而是中文的译本，这一点有必要先取得了解。如果只有中译的"鲁迅先生病状经过"，当初须藤五百三是不是就是写三月，这一点是无法做判断的。

总之，《医者所见之鲁迅先生》，可以说是照料鲁迅的病情，与鲁迅有所接触的须藤五百三，吐露其对鲁迅率直的追悼情怀之文章，须藤五百三以日文写成的追悼文再没有第二份了。这并且是在鲁迅死后隔两天便刊登在夕刊上，应该是在鲁迅死后，对于他的病历、诊疗过程与他交谈的话语、种种回忆没有经过太多时间的整理，就仓促写就的文章吧。但是正因如此，对鲁迅之未经整理的悼念之情，能够原原本本的表露出来。从《医学者所见的鲁迅先生》的发表日期，可以知道《医者所见之鲁迅先生》应该是不同的文章，可能是第二篇的追悼文。将这两篇追悼文对照来读，最能感受到须藤五百三对鲁迅生活方式的所寄与同感。

《医者所见之鲁迅先生》刊登在《上海日报》之后，完全没有被当作鲁迅的研究资料收藏，而被埋没了。直到最近，从奈良和夫的《拾遗战前日本的中国新兴版画研究初探》（《中国版画研究4》日中艺术研究会 2002.9.30）中，得知这篇文章被简短的摘要在日本的杂志《新青年》1973 年 1 月号（18 卷 1 号）上。其后感谢奈良和夫先生提供刊载《医者所见之鲁迅先生》的《新青年》（国书刊行会复刻版），使得真相大白，《新青年》于大正九年（1920）1 月由博文馆发刊，是一本推理小说杂志。《医者所见之鲁迅先生》登于昭和十二年（1937）1 月发行的第 18 卷第 1 号《新青年》"新年特大号"上，占了该号内容中的"缩刷图书馆"栏的一又三分之一页的篇幅，是《上海日报》所载的须藤五百三《医者所见之鲁迅先生》（上、中、下）的三分之一程度的缩小版。一见原文像是摘录的样子，行文的顺序有前后，表达也浅显地改写、补充，为此原意互换之处也散见各方。标题"医者所见之鲁迅"的左下方，记有《上海日报》，插画则使用登于《上海日报》（1936.10.19 朝刊）上力群所作的鲁迅木刻版画像。（后述）冒头处，于本文之前则附上像是讽刺诗的一文："鲁迅说死于敌人的刀锋之前不觉痛苦，但是因若爱人之误，而死于其所投之毒药最感遗憾。"

三、《上海日报》与鲁迅的死亡关联报导

刊登《医者所见之鲁迅先生》的《上海日报》，在上海是历史悠久的日文报。明治三十六年（1903）三月发刊，昭和十三年（1938）年底废刊。它的前身是明治二十三年发刊的《上海新报》（周刊）。根据昭和二年（1927）底的调查，住在上海的日本人有25 827（《上海史》1955），昭和十年（1935）十月一日的国势调查则宣称有 27 299 人（《上海居留民团三十五周年纪念志》1942）。《上海日报》的发行数没有详细的数据，但可以认为它拥有相当数量的读者。

《上海日报》从昭和十一年（1936）十月十九日的朝刊报导了鲁迅病危的消息开始，接连几天记载了鲁迅死亡的相关记事。以下是相关报导的标题。当时，夕刊晚报的日期与隔天的朝刊早报同一天，为了方便，这里用的是实际的日期。

十九日（朝刊）"鲁迅先生病危　日华文学交流的功臣　心脏性气喘"病发之故，昨晨开始病情严重，中国文坛笼罩一片愁忧之色"（插画使用前述力群所著版画）。/（夕刊）"秋风，文豪寂寥　鲁迅先生因宿疾心脏性气喘逝世（鲁迅逝世当时的照片）"，"鲁迅先生走过的痕迹"，"鲁迅先生的绝笔"（附照：给内山完造的委托须藤医师往诊的便签），"诸位对景仰的鲁迅先生之追想谈：《痛惜斯人》出自内山完造，《完美无缺之道：谈鲁迅其人》出自主治医须藤院长，《痛切惋惜》出自鹿地亘，《文坛的损失》出自崔万秋，《催人落泪的遗孤海婴君》《记录《死》的遗言》收录于

本月《中流》杂志"。

二十日（朝刊）"《评论》悼念鲁迅，真正的文豪之死"，"鲁迅逝去之日将藉由银幕传达给全民，收于《明星》的欧阳予倩指挥之影像"（附上与内山元造的合照），"鲁迅告别式二十、二十一两日，葬仪委员已正式决定"，"与鲁迅告别，鹿地亘"，"佐藤春夫谈日本文学界亦受到莫大影响"。／（夕刊）"医者所见之鲁迅先生（上）主治医须藤五百三"，"鲁迅葬仪，缅怀生前道德，今举行盛大告别仪式，音容宛在（附殡仪馆门口照片）"。

二十一日（朝刊）"文豪鲁迅追悼号（菊地勇编辑）《铁报》《时事新报》《大公报》《立报》《福尔摩斯》（附鲁迅署名照片）"，"严肃认真的鲁迅之葬礼记"，"五千人瞻仰仪容，鲁迅告别式的盛况"，"生前的鲁迅"（附与蔡元培、萧伯纳的三人合照）。／（夕刊）"医者所见之鲁迅先生（中）主治医须藤五百三"。

二十二日（朝刊）"鲁迅·国民党·蒋介石，一则轶事鹿地亘（附死前十日设于全国木刻流动展览会的照片）"，"清贫的鲁迅，葬于豪奢的寝棺之中二十四呎平方的墓地（附奥田杏花所摄石膏遗容面型之照片）"，"《哀辞》鲁迅先生治丧委员会"／（夕刊）"医者所见之鲁迅先生（下）主治医须藤五百三"。

二十三日（朝刊）"批判者的批判—回答鹿地亘氏—菊地勇"，"秋空下低吟的挽歌，鲁迅葬仪结束昨日一万人参列"（附葬仪的照片），"《怀念鲁迅》鹿地亘氏广播　今晚七时播送"。

二十八日（朝刊）"中国文艺家当中兴起'鲁迅运动'是否会转化为政治动向？"

三十日（夕刊）"因为参加鲁迅葬仪，教师被学校开除"。

三十一日（朝刊）"悼鲁迅先生—献给许夫人—东京　山本初枝"。

整体而言这些记载，都是为了追悼与日本渊源颇深的坦率文学家鲁迅之死，充满了善意的惜别情绪，以及报导从死亡到葬仪等等相继事件的记载。此外，还有鲁迅生前与之交情深厚的日本友人所写的追悼与追忆的文章。书写追悼文的有鹿地亘、须藤五百三等人，另外还有山本初枝写的六首挽歌。

鹿地亘的文章最先发表的是二十日（朝刊）的"与鲁迅告别"，第二次的发表则是为了针对二十一日朝刊的"文豪鲁迅追悼号"里菊池勇讲的"青年时代成为革命家，壮年时代不是革命家，老年时代反革命家的鲁迅"提出反驳，鹿地亘在二十二日的朝刊里指出，中国的"御用新闻"对革命与反革命一事，犯了不懂装懂的人才会犯的错误。

须藤五百三则是分别写下追想谈和追悼文来谈鲁迅。时间上的顺序也许颠倒了，但内容上把追想谈当作追悼文的补充来读也可以。在"《完美无缺之道》谈鲁迅其人"中有这样的片段。"……须藤五百三氏……对来访记者谈及鲁迅的人品时，提出以下的感想：鲁迅因知道自己病弱，就算有些许的发热也不以为意，曾学习医道之故，对于疾病不是外行，我很难治疗他，感到非常困扰。鲁迅从来就认为如果尽了人事的治疗还没有效果的话，那就是天命，没办法了，对于死亡抱持达观的态度，所以对注射等治疗过程也绝不喊痛，只要是合理的治疗都沉默地接受，昨日（十八号）我认为'病危了'所以要护士在旁待命，他看到了就露出'我的病已经这么严重了吗'的怀疑表情，我为了让他安心，就告诉他'只是因为治疗上的需要才让她来的'。因为先生不管做什么都力求完美无缺，最讨厌不诚实的随便态度，对于像他这种人的死，我深感惋惜。"

须藤五百三的追悼文《医者所见之鲁迅先生》，也是《上海日报》为了追悼这一位和日本渊源颇深的坦率文学者鲁迅之死而刊载诸文章的其中一文。另一方面,《医学者所见的鲁迅先生》则是刊载在《作家》杂志上。这里刊登的多是诸多日本友人为纪念与鲁迅生前的交情而写的文章。《上海日报》是由日本方面编辑的鲁迅追悼,《作家》则是由中国方面编辑的,在这一点虽有相异之处,但是有一点是一样的,须藤五百三的追悼文,不管在哪一方都刊登了出来,这是因为双方都把他当作是能与鲁迅心意相通的日本友人。

四、鲁迅的主治医　须藤五百三

有关须藤五百三的经历,已经在泉彪之助的《须藤五百三——鲁迅最后的主治医——》(《福井县立短期大学研究纪要第10号》,1985)里有过详细的叙述。这篇文章的作者同时也是位医学者,以医学与医学史领域的眼光,基于绵密的调查和医学知识所写成的这篇文章,不只记录了须藤五百三的行医经历,同时也仔细地叙述了他的人格。想了解须藤五百三这个人物,没有比这篇论文更具有论证,更具有说服力的参考文献了。在此就根据泉彪之助的叙述来介绍须藤的经历。

须藤五百三于明治九年(1876)六月十八日,诞生于冈山县下原村(现在的川上郡成羽町)。长大后进入第三高等学校医学部(入学时的名称是第三高等中学校医学部,也是现在的冈山大学医学部)就读,毕业的第二年也就是明治三十一年,取得医师执照,担任陆军三等军医。之后便一直以军医的身份被分发到中国与台湾的部队中。此外,也曾任职于日本国内的善通寺预备病院、姬路卫戍病院,并以军医的身份曾任朝鲜总督府黄海道(海州)慈惠医院院长及该医院主任医师，最后于大正七年（1918年）离开军队，当时职衔是陆军二等军医正。

他在上海开业的正确时期刚已经不可考，但应该是上述经历之后的事。上海的须藤医院，离共同租界的日本人区域中的鲁迅住所约有2.4公里，诊疗科目包括了内科、小儿科，但实际上外科、妇产科也都接受看诊，可以说接近具备各科的医院。1933年7月，须藤五百三首度为海婴看诊。第二年的1934年4月，鲁迅也开始接受他的诊疗，从此以后到鲁迅死去为止，几乎只有他一个医生以主治医的身份为鲁迅做诊疗。与鲁迅相交甚笃的内山完造和须藤五百三是同乡，出身地也接近。鲁迅所以接受须藤五百三的诊疗，也许就是出自内山完造的介绍吧！

战后，须藤五百三回到故乡，在家乡成羽町开业。从泉彪之助的调查可以知道，须藤在这里也因他热心诚实的医道受到乡亲爱戴。乡民们异口同声地称赞他是位行医施德的医生。昭和三十四年（1959）十一月六日，以八十三岁之龄逝世。死去的前一年，成羽町的居民为他开了"须藤老医赞颂会"以表示对他贡献乡里的谢意。

这篇论文当中，关于须藤五百三的结核治疗经验的叙述，非常值得一读。叙述如下："当时在日本青年层当中结核病发的情形明显很多。因此，征召来的兵士当中罹患结核的病人也不少。一般来说青年女子多是被结核菌入侵，并发了肺结核，而年轻兵士则多以胸膜炎病发的症状较多。因此，曾任军医的须藤想必拥有丰富的胸膜炎治疗经验。并且，为鲁迅治疗的时候，须藤已经是开业十五年的开业医了，这期间的临床经验对治疗而言也是可贵的。"须藤五百三在"鲁迅先生病状经过"中记录鲁迅的死因是"气胸"（pneumothorax）。

上海时期的须藤五百三，除了开业医的工作外，也担任上海居留民团种种行政工作上的公务。这些在泉彪之助的论文中多少都有提及，虽然重复，但在此还是再重提一次。根据《上海居留民团三十五年纪念志》（上海居留民团编 1942.9.1）里提到的事项，以下简单的介绍。

上海居留民团，在"居留民团法"公布之后（明治三十八年），设立于明治四十年（1907 年）九月一日。在那之前日本居民的"教育、卫生与其他公共事务处理"则是由"日本人协会"（明治三十八年结成）办理，协会解散后，公务便移交至"上海居留民团"了。当初的业务，包括了防备共同租界安全的上海义勇团日本队（归工部局管辖）的营运，日本人学校（普通小学、高等小学、高等女校、实业学校、商业学校等）的设立与营运，另外还有日本人墓地及火葬场的经营、沪上青年会经手的"从事实业的青年"教育工作、在上海医师会援助下展开的卫生防疫整备，在昭和九年时也成立了民团诊疗所。之后规模慢慢地扩大，到了昭和十七年（1942 年），机构的规模已扩充到在民团长、助役、会计主任之下分成四部（分别是财务、教育、复兴资金、市民）十课（文书、庶务、主税、会计、调度、学务、社会教育、社会、保健、营缮）与一诊疗所。可说是维持着上海日本人社会的营运。为了维持这些营运的机能，依据课金条例对居留民征收规费，民留民会对组织且负担了一定规费之居留民则给予民留民会议员选举权。上海居留民团是接受居留民会议员与居留民团吏员营运的组织。

上海居留民团设立的隔年，明治四十一年（1908 年）公布了领事馆令第一号居留民团法施行细则，细则中也规定了居留民会的组织。当初只要在居留民团的地区内居住（或是拥有事务所）六个月以上，并缴纳一定的规费者，全部都拥有居留民会议员的资格。但是，随着议员数目的增加，大正十四年（1925），规定议员的定额是六十名，任期是三年，举行了第一回的选举。其后，到了昭和十五年（1941），又改正了民团法施行规则，民留民会议员定额为五十名，其中半数由总领事任命，半数由选举产生，自隔年起，即由此新办法选拔民会议员。

须藤五百三在第一、二、三回及第六、七回的总选举中，当选为民会议员，总共当了五期十年的民会议员。被任命为民会议员时，是在公布选举制之后到改正期间被任命的。在大正十四年（1925）的第一回、昭和二年（1927）的第二回、昭和四年（1929）的第三回的三回会期中，并没有兼任要职，而在第六、七回的两回会期中，则兼任了其他要职，关于此部分，下文有详细说明。

须藤在昭和十年（1935）二月二十三日、二十四日，上海居留民会议员第六回总选举中当选，并在任期中的三月二十日获选为会计监察委员，昭和十一年（1936）三月二十五日召开的第二十九回上海居留民会中，则获选为民会副议长，其后，在五月八日上海居留民团昭和十一年度福利增进研究第一回委员会上，互相投票的结果当选委员长。在昭和十二年二月二十七、二十八日上海居留民会议员第七回总选举的时候更再度当选。在这关键时刻，同年三月二十三日的上海居留民会中则当选民会副议长，五月十五日，在昭和十二年度上海居留民团课金调查第一回委员会上当选委员长，六月十六日，当选昭和十二年度上海居留民团课金异议审查委员会委员长，接下来的昭和十三年（1938）四月七日，被委任为四月七日应民团长询问而设立的"上海居留民团货币单位变更相关研究委员会"委员。四月十一日，在关于上海居留民团货币单位变更研究委员会上，从互相推选中，就任委员长。同年五月二十四日，又在上海居留民团课金调查委员第一回委员会上被选为委员长。七月十一日，昭和十三年度再次当选为上海居留民团课金异议审查委员会委员长。以上是他在民会议员两任四年期间担任的所有职务，此后他便不曾再担任过民会议员了。虽是多余的话，但附带一提的是，民团法施行规则改正后的昭和十六年（1941），由总领事任命的民会议员名单上，出现了内山完造、冈崎嘉平太的名字。

须藤五百三除了担任民会议员外，其他上海居留民团业务也多所协助。昭和十二年，抗日战争爆发后，当时居住在上海的日本人组成町内会联合会组织——各路联合会的常任委员，隶属于时局委员会。担任常任委员的须藤在当时则隶属于救护部。昭和十三年四月，上海防疫委员会设立时，上海居留民团也是委员会成员的一部分，而须藤当时则是保健课的八位卫生委员中的一人。

以上是目前所有须藤在上海居留民团期间所知的活动。他在上海日本人当中有着相当的地位与责任，加上医生的本业，每天应该是过着相当忙碌的生活。

最后，想再附带一提的是，根据《上海居留民团三十五周年志》，昭和二年（1927）底，上海组织了"在乡军人会"，根据该书翌年七月三十一日的报导："上海在乡军人会支那部长委托陆战军队指挥官松元大佐担任，副支部长委托预备役海军中佐麻田种藏及陆战队武田先任参谋担任，顾问则委托陆战队司令官宇川齐少将担任"。虽然传说须藤五百三在上海曾担任过在乡军人会的副会长，但是从这一则报导来判断，一介军医经验者不可能会被任命如此重要的地位。

结　语

　　须藤五百三与鲁迅的相识，原是医生与病人的关系。并非在一开始就因为双方互相倾慕对方的为人或思想而亲近的。但是，读了须藤五百三留下的追悼文后，可以感受到他们已经超越医生和患者的关系，而产生了人与人之间的共鸣与联系。时而相对而坐，倾听鲁迅真情的流露，淡淡地自然披沥自己历经波折的人生经历或对体弱幼子将来的担心，时而被意识到自己病情而巧妙地解释自己生死观的机智神采所吸引，进而展开谈话内容。这样一位须藤五百三的形象，仿佛历历在眼前。鲁迅从病重到逝世的数月中，想必曾多次对须藤敞开心胸畅谈吧。即使在重病之中，还是不放弃激烈舌战辩论的鲁迅，在诊疗之中这些毫无戒心的言语往来，或许是安慰其心灵的重要力量也未可知。从两人之间的这份交情来看，可以说这也是因为须藤是一位具有相当包容力的医生之故。而须藤的追悼文，则同样反映着鲁迅的身影。

　　鲁迅不顾友人的疑虑，到死都不曾更换主治医师的心情，或许可以了解了。

　　　　　　　　　　　　　（原载《鲁迅研究月刊》2003 年第 11 期。）

1934：作为媒介者的鲁迅

代田智明

（东京大学综合文化研究科）

一、鲁迅的"谎言"

人，有时会说谎。不仅为了保护自己，有时也是为了保护他人。

1934 年 5 月 15 日，鲁迅在给从上月开始频繁通信的杨霁云的书信中这样写道：（黎）烈文先生不做编辑，为他自己设想，倒干净，《自由谈》是难以办好的。（张）梓生原亦相识，但他来接办，真也爱莫能助。我不投稿已经很久了。有一个常用化名，爱引佛经的，常有人疑心就是我，其实是别一人。①

但是，在同日的《日记》中有这样的记载。"上午寄《自由谈》及《动向》稿各二"，可见"我不投稿已经很久了"不是事实。当然"谎言"也是一个权宜之计。为了理解这个权宜之计的背景，需要为上述书信加上一些注释。

《自由谈》作为上海的资深报纸《申报》的文艺副刊，有着 1911 年创办以来的悠久历史。所谓"副刊"类似报纸后添加的附录，《自由谈》所刊登的连载小说和评论都很受欢迎。到 1932 年年末为止一直由旧派作家编辑的《自由谈》，起用刚从法国留学归国的黎烈文，以谋求版面的革新。但是由于被剥夺编辑权的旧派的阻挠，很难收到投稿。所以经人介绍也向鲁迅发出了稿约。正值国民党压制言论自由之际，左翼杂志处于严禁状态，为了确保文章发表的阵地，鲁迅开始向《自由谈》投发短评。鲁迅著作中的十分之六是被称为"杂文""杂感文"的短评，他自身也承认30年代的短评写作的开端正是缘于《自由谈》。②

1933年1月末开始的投稿并非一帆风顺。《自由谈》在5月份遭到旧派及国民党作家的集中攻击，说《自由谈》"现在也在左联手中了。鲁迅与沈雁冰，现在已成了《自由谈》的两大台柱了"，加之被国民党当局盯上，编者不得不作出声明，"从兹多谈风月，少发牢骚"③。鲁迅最初用"何家干"的笔名发表文章，此事暴露给论敌后，从六月份开始交换使用丰富多彩的笔名，展开了麻痹论敌的游击战。可以想象那之后尽管遭受白色恐怖的威胁及其散布的流言蜚语的攻击，为了确保作品发表的阵地，鲁迅及编辑黎烈文都作出了努力。可以说他们之间由此而产生了一种连带关系。刊登在1933年《自由谈》上的作品，前半部分汇集为《伪自由书》，后半部分汇集成《准风月谈》，两部书的名称都来自《申报》的副刊《自由谈》。向《自由谈》的投稿可以理解为是当时鲁迅著述活动的中心内容。

但是1933年11月，由于国民党、特别是被称为上海CC（中央俱乐部）的一个组织试图清除左翼书籍而对出版社施加压力，鲁迅一段时间不得不终止对《自由谈》的投稿。第二年一月重新开始投稿，但原稿被删除的部分越来越多，鲁迅向黎表示了不满。"文中似亦雕去不少，以至短如胡羊尾巴"④。二月份有一百四十九种左派书籍被禁止发行，迫于周围的压力，黎于5月9日发表声明被迫辞职。鲁迅对整个过程是这样讲述的。"盖另有有力者，非其去职不可，而暗中发动者，似为待（侍）桁。此人在官场中，盖已颇能有作为，且极不愿我在《自由谈》投稿"⑤。

继黎烈文之后担任编辑的是张梓生。他与鲁迅同为绍兴出身，据说二人在《申报月刊》的时候已相识。关于他，鲁迅的评价很严厉，"梓生忠厚，然胆小，看这几天，投稿者似与以前尚无大不同，但我看文氓将必有稿勒令登载"⑥。但正是他一直坚持将鲁迅的原稿忠实地刊登在《自由谈》上。

"有一个常用化名，爱引佛经的"说的是鲁迅的一个叫徐诗荃的年轻友人。此人行为奇特，是个怪人，有时拜访鲁迅，还未见到鲁迅本人就丢下稿子离去。既不献媚，又无恶意，所以鲁迅格外喜欢他。鲁迅评价他的文章有尼采的风格，⑦不断向《自由谈》进行推荐。可能因为他的稿子是经由鲁迅送出的，也可能因为其写作风格和主题的关系，有人认定此笔名是鲁迅并加以攻击。关于徐的文章，鲁迅当时的论敌杨邨人写道"甚至于某大豪御驾亲征"就是一例。鲁迅给以嘲笑道，"自以为善嗅，而又不确，此其所以为吧儿狗欤"⑧。

可以说鲁迅此时是与胡适齐名的中国文坛两大王牌之一。但必须注意的是，鲁迅这张王牌此时常常需要用隐身的方式，不知觉地登场。对于身份明确的论敌如此，对于对鲁迅抱以同情的年轻作家也是如此。

众所周知，鲁迅至1933年5月间用何家干的笔名在《自由谈》上发表文章，如前所述结集成《伪自由书》在同年十月作为鲁迅的著作出版。但是这之后的《自由谈》的文章是否为鲁迅所写、或哪一部分为鲁迅所写，一般读者很难弄清。在开头提到的杨霁云的信中，顺便询问鲁迅自那以后是否还在为《自由谈》写稿的可能性颇高。

但是由于当时正是国民党排斥左翼作家的时期，如果情况暴露,《自由谈》就可能被查封。至少是鲁迅有可能不能继续为《自由谈》写稿。所以,《伪自由书》之后刊登在《自由谈》上的杂文,用变化多端的笔名发表。若暴露,明知是鲁迅的文章却继续发表的编辑们会被追究责任。就像刚才鲁迅的书信中所写道的,有可能成为被迫辞职的原因。而且关于《准风月谈》,鲁迅也考虑到"因恐使烈文先生为难,所以不即付印。"⑨

开头书信的对象杨霁云,1910 年生。当时是学校教师,表示愿意收集出版鲁迅既刊著作中未收录的文章及鲁迅早年留学日本时期以来的逸文,由此开始与鲁迅有书信往来。其中可能也有本文后面即将提到的左联作家徐懋庸的引线。据《日记》记载,这是第四次的通信。从通信内容可以看出鲁迅对年轻人的关怀,同时还对上海文坛状况进行了细致的、启蒙性的介绍。但是因为鲁迅至今为止,由于放松警惕过于信任青年人,导致经常吃苦头,即使杨霁云本人没有恶意,也可能会因为他的鲁莽将鲁迅继续为《自由谈》写稿之事暴露出去。书信甚至可能成为证据。那样便会将鲁迅自己和黎烈文逼到如前所述的窘境之中。

从结果来看,杨霁云是值得信赖的,翌年的三五年出版的《集外集》即是收集鲁迅逸文的成果。可以说鲁迅的说谎其实是多余的。但至少那时他还未得到鲁迅的信任。以上就是"权宜之计"的背景。

与不畅销的无名作家相比,当时中国的编辑们地位颇高,待遇丰厚。大公司大资本所办报纸杂志的编辑们更是如此。但是由于来自老板的与其所受待遇相当的政治及销售方面的压力,有志于刊登批评言论的编辑们夹在中间左右为难,四处碰壁。身处国民党文化封锁状况下的编辑尤其如此。

编辑在当时是一种危险的职业。虽然不一定危及生命,但是为了保住自己的身份地位，编辑往往不得不一再妥协而最终作出迎合时局的选择。因此鲁迅蔑视那些对自己的职业颇有心得的编辑，用"干净"一词来评价黎烈文的辞职。

对待如此果断的进退态度，鲁迅始终是青年人的拥护者。此时的鲁迅显得无比亲切。6月6日向黎发出邀请信，据《日记》记载，九日晚茅盾、三弟建人夫妇、鲁迅一家、黎烈文共九人在鲁迅处会餐。据茅盾回忆⑩，此时的鲁迅已在构思出版翻译杂志的计划，茅盾谈道"黎烈文不编《申报·自由谈》了，防他因此消沉，所以想拉他来做这个刊物的发起人，你看如何？"

杂志按照黎烈文的提案命名为《译文》，九月创刊。表面上担当编辑职务的是经茅盾介绍的原《文学》的编辑黄源，实际上的主编是鲁迅。最初担心是否有书店愿意承担如此不起眼的杂志，后经黄源的介绍，上海生活书店愿意尝试承担杂志前三期的发行。但据说书店方面是在得知主编是鲁迅之后才答应的。由此可见，鲁迅这张王牌被广泛地利用，而且甚至有可能连鲁迅自己也在积极地利用这张王牌的效力。

二、鲁迅的"恶意"

有与黎烈文正相反的例子。此时鲁迅参与的杂志还有《文学》。《文学》1933 年 7 月创刊，以郑振铎、茅盾、叶圣陶、郁达夫、鲁迅等著名作家构成编辑委员会，是新文化运动的正统文艺杂志，包含有打破文化封锁的意图。编辑实际由傅东华担任，黄源辅助。

但是鲁迅对 1933 年 8 月刊登的傅东华的文章极为愤怒，认为是在揶揄自己"狮子身中的害虫"⑪。于是鲁迅辞去编委的职务并长期不予投稿。1933 年末，《文学》也成为国民党镇压的目标，编辑部努力与当局达成妥协，在有一定附加条件的状况下维持出版（据茅盾说，所谓附加条件即不刊载左翼作品、贡献于民族文艺、所有原稿接受检查三条）。在这种情形下，茅盾与来沪的郑振铎一道拜访鲁迅，解释说明前年曾发生的龃龉。最终释解与否不得而知。^⑫鲁迅承诺再与《文学》合作。接着在三四年第三期《文学》的翻译特集号上，鲁迅寄稿发表了从日文转译的西班牙文学的译文。

茅盾在回忆中详细讲述了维持《文学》的艰辛，无论表面上如何，鲁迅对待《文学》及编辑傅东华的目光依旧十分严厉。有例为证^⑬，"听说又不准停刊，大约那办法是在利用旧招牌，而换其内容……刊物当然要慢慢的死下去"；"傅东华公患得患失，《文学》此后大约未必高明矣"；"傅公一孱头耳，不知道他是在怎么想：那刊物，似乎也不过挨满一年，聊以塞责，则不复有朝气也可知"；"《文学》跟我毫无关系"。

从以上书信可以看出，鲁迅认为当局企图使杂志脱胎换骨，名存实亡，所以不如索性罢手。也可看出鲁迅对倚靠著名作家的招牌维持杂志生存的态度极为不满。茅盾记录下一月二十六日与鲁迅见面时他的话语。"他们存心要扼杀我们的！"。茅盾将其理解为鲁迅对国民党残酷的文化打压的谴责，与其说是谴责，不如说是鲁迅在讲述自己对弹压的精神准备。话语中有着不彻底的应对将毫无效果的含义。由此可见鲁茅二人对局面应对的差异。而担当先锋的正是傅东华。

那么，对于此时的鲁迅来讲，应对文化封锁的办法到底是什么呢？其中之一是尝试在海外即日本的杂志上用日语发表文章。1934 年的《改造》3 月号上一篇名为《火、王道、监狱》（汉语版

《关于中国的两三件事》）的文章被发表，但很快遭到国民党派作家的指责。"当可逃避军事裁判"，"不如说举一个本国迫逐而托庇于外人威权之下的论调的例子"。⑭

事到如此便只好沉默。书信中这样讲道："现在的事情，无道理可说，不如暂时缄默，看有相宜之机会再动笔罢。"⑮这样的话对于靠版税和稿费勉强糊口的作家是勉为其难的，正因为是收入颇丰的鲁迅，才有资格这样讲。但是当局对左翼书籍的取缔在前一年的11月就已开始，鲁迅判断敌人此举意在"经济上的压迫"，所以做好了"半年总可以支持'的持久战的准备。对《自由谈》的投稿为一月份六篇、二月份三篇、三月份一篇逐渐减少。其中也有鲁迅的旧疾胃炎发作的原因，但书信的往来依旧频繁。

值得庆幸的是不到半年，"相宜之机会"意外地提早到来。让我们重新回顾一下开头的《日记》。除《自由谈》外，此时开始投稿的还有《中华日报·动向》。这个文艺副刊《动向》也略有背景。而且鲁迅作为投稿者活跃于此，也并不简单。

《中华日报》是原国民党行政院院长汪精卫的门生林柏生掌控的报刊，正为创办文艺副刊寻找编辑。林曾阅读过聂绀弩的文章，并通过聂的友人的介绍选中他担任编辑的职务。聂在1933年末被作为反日左翼分子强行驱逐出日本国境，刚返回上海不久。据聂回忆⑯，林所读文章是颇为激进的左派文章，所以由此推测林有可能是故意让左派分子来当这个编辑的。尽管林对蒋介石的文化封锁政策心知肚明，从蒋汪合作中，也可以解读出国民党内部的权力之争及矛盾。

踌躇的聂绀弩请示左联的首脑部，得到许可后接受此项工作。《动向》于4月11日创刊，不久受到一份匿名投稿。这是一份工整的誉写在白纸上的稿件，聂绀弩读后认为有可能是鲁迅所写，但由于不能肯定，于是找《动向》的编辑助手也是友人的叶紫求证。叶紫认定："没错，是老头子。""老头子"是当时左联青年作家对鲁迅的爱称，从中透着对于鲁迅的敬畏。叶紫曾和鲁迅有过书信往来，所以认得他的笔迹。

鲁迅的写稿日期是 4 月 15 日，据《日记》记载投稿日期是23 日。文章名为《古人并不纯厚》，认为古人温厚是现代人编造的谎言。文中列出并不纯厚的古人的例子，此文既是对现代人的传统观的批判，又是对中国古代的重新发掘，是一篇相当优秀的杂文，内容在此不予详述。

可以认定鲁迅是从左联那里得知《动向》的。或许让聂绀弩就任编辑这一左联的决定正是鲁迅的主唱，此种可能性不是没有。原因之一是当时左联的书记是后来成为鲁迅左右手的胡风。由于镇压的白热化。左联本身的指挥系统也未能充分发挥作用。实际上莫斯科的萧三写给左联的书信为安全起见都是通过鲁迅转交，信中可以读出萧三对左联没有答复的焦躁。"至于她（左联）之于兄（萧三），实并非无意，自然，不很起劲是有点的"⑰。

本来让聂绀弩接受编辑的职务是左联的决定，所以完全可以派人告知这是鲁迅的投稿。但鲁迅却匿名投稿。当然因为《动向》是国民党的报纸副刊，鲁迅没有署名可能是担心情报泄露，所以没有使用"鲁迅"这张王牌。即使如此，这毕竟是一份突如其来的稿件。也许鲁迅此时还不能对聂绀弩予以完全的信任。

由此也可以看出鲁迅不是作为王牌，而是作为一个普通写作者与编辑对峙的欲望。历经新文化运动以来的与大大小小文化人的论争，体验过 1933 年论敌过于粗暴的论调，鲁迅自身有着靠内在东西而不是靠招牌取胜的自负。此点正是与利用现有作家之名运营杂志的茅盾、林语堂的不同之处。写稿之日，在给林语堂的信中这样讲道："近来思想倒退，闻'作家'之名，颇觉头痛"⑬。总之鲁迅显然有试探新任编辑会以怎样的态度对待无名稿件的意图。

聂绀弩和叶紫既已共同认定是鲁迅的投稿，就不能说是将其作为一个普通投稿者的稿件看待的了。叶紫在认定之后迅速与鲁迅取得联系。《日记》记载，鲁迅收到叶紫4月28日的来信，于31日回复。

鲁迅投稿《动向》让人感觉他耍了一个花招。数年前鲁迅积极参与版画运动，曾与左翼青年画家和版画家频繁通信。一个叫魏猛克的在4月19日的《动向》发表了一篇名为《采用与模仿》的文章，主张传统大众"连环图画"的新生。对此24日聂绀弩用耳耶的笔名发表文章，批判魏的主张近似"投降主义"。这里的筛选传统使文化再生是鲁迅的一个重要课题，另有机会详述。

鲁迅的影子在魏的文章中若隐若现。鲁迅在4月19日给魏的书信中这样写道："新的艺术，没有一种是无根无蒂，突然发生的，总承受着先前的遗产，有几位青年以为采用便是投降"。魏的文章中也有与此类似的内容，可见他是遵从先生鲁迅的教诲而作此文的。对鲁迅来讲，聂绀弩的批判正属于"有几位青年"一流。

于是鲁迅向《动向》的再度投稿，便是一篇与聂绀弩的批判针锋相对的杂文。稿件的寄送是5月1日。此时，作为编辑者已清楚是鲁迅本人的投稿。实际上彼此已交换过确认信件，所以能够推测稿件本身就是达成了默契的结果。但刊登批判自己的文章对编辑来讲无疑是一件难堪的事情。"老头子"的名字确实蕴涵一种不可抗逆的威慑力。《论"旧形式的采用"》即刻刊登在5月4日的《动向》上。

从这里我们可以看出鲁迅的"恶意"，或者说是他的"不信任"。可见从魏猛克向《动向》投稿时起，这个"花招"既已准备就绪。试验编辑如何对待魏的文章。如何对待隐姓瞒名的稿件，以及尝试发表批判编辑的文章。以上可以看作是鲁迅对编辑能否信任的考核。聂绀弩算是通过了鲁迅的考试，据聂绀弩回忆，三人此后曾在内山书店会面。鲁迅《日记》中记载于5月18日。但这样的考核并不是仅仅针对像聂绀弩这样与鲁迅素不相识的编辑的。

5月26日，鲁迅给左联评论家徐懋庸写了这样的一封信。"我不给几个书店的出版物投稿，光华书店就是其中之一"。"我和先生见面过几次了，至少已经是一个熟人，所以我想进一句忠告：不要去做编辑"。鲁迅曾遭受过光华书店的欺骗，此书店出版鲁迅的翻译却不付版税，并把书出到了再版。更何况徐即将担任编辑的杂志叫《自由谈半月刊》，"是影射和乘机"。

从鲁迅的信来看，徐的来信虽告知了自己已接受编辑之职，但未见得有向鲁迅求稿之意。此后从鲁迅的信中可知徐懋庸曾一度拒绝过编辑之职。但结果杂志更名为《新语林》，徐懋庸最终接受编辑一职。徐应该是6月9日在鲁宅附近的咖啡馆与鲁迅会面时向他辩明了此事并取得了谅解。鲁迅将翌日所作杂文《隔膜》于12日寄往《新语林》。

打破当初的原则，可见这是鲁迅的一次破例。但事情并非就此完结。徐可能继续向鲁迅约了稿。在6月21日写给徐懋庸的信中，鲁迅说"《新语林》第二期的文章很难说"。还加以这句话"闲斋尚无稿来，但有较长之稿一篇在我这里，叫作《攻徐专著》，《自由谈》不要登。其实，对于先生，是没有什么恶意的，我想，就在自己所编的刊物上登出来，倒也有趣，明天当挂号寄上，倘不要，还我就好了"。

闲斋既是徐诗荃。他甚得鲁迅喜爱虽是事实，鲁迅不辞辛苦为他向《自由谈》送稿也有混淆敌人视线的意图。实际上认为徐诗荃的文章为鲁迅所作的大有人在。

此人的文章若是其他主题会很受徐懋庸的欢迎。从鲁迅的信中可以看出徐懋庸有接收徐诗荃投稿之意。但那偏偏是批判自己的特辑稿件，虽然有趣，但从编辑的感情上来讲是难以忍受的。或许依然是因为"老头子"的缘故，所以稿件被刊登在第二期的《新语林》上。

鲁迅对编辑的"恶意"与"考试"当然也是因为当时残酷的言论封锁及当局的严厉取缔。说不定鲁迅本人也认为报纸副刊的编辑真的是一种"危险"职业，是一个相当危险的中介者。后面会讲到，因为鲁迅自身也是一个媒介者，所以更加清楚编辑职业的危险性。对鲁迅来讲，一个编辑到底能在多大程度上起到连接作者和读者的作用，对此种能力的判断极为重要。进行改革的战斗力必须兼备大胆与慎重。不清楚自己身处险境并受金钱地位左右的编辑不能给予信任。特别是对待缺乏经验的青年更需如此，即使是一个左翼青年。

三、鲁迅的"圈套"

此刻文坛再起纷争。鲁迅之弟周作人将五十寿辰所作纪念打油诗发表于《人间世》的创刊号上。同时期流行一种类似身边杂记的散文，俗称小品文热，获得了一部分人的喝彩与瞩目。正值面临日本侵略之际，玩这种趣味性的游戏岂不是在开玩笑等等的批判蜂拥而至。左翼自不必说，甚至遭到国民党作家和政客的攻击。鲁迅的论敌，也是揶揄鲁迅年初投稿日本杂志的人物：杂志

《人言》的章克标，肆意谩骂、脱离此杂志并创刊《人间世》的林语堂，使这场纠纷更加复杂化。林也是小品文文学的倡导者。鲁迅对周作人的责难，在给曹聚仁的信中这样写道："周作人自寿词，诚有讽世之意，然此种微辞，已为今之青年所不憭，群公相和，则多近于肉麻，于是火上添油，遂成众矢之的"⑲。

二弟周作人自 1923 年的不和以来与鲁迅处于绝交状态。作为兄长，鲁迅多次托人向他提出各种忠告。此时也表示出对弟弟的理解。但是问题在于失去读解能力的文化界。

无论是对于自称左翼的青年，还是对于年轻的作家、评论家，鲁迅是一概不予信任的。文坛具有何种程度的见识和理性，也需要一个常识性的推断，6 月 3 日的信中这样写道："有一种可叹的事，是读者的感觉，往往还是叭儿灵。叭儿明白了，他们还不懂，甚至于连讽刺、反话，也不懂。现在的青年，似乎所注意的范围，大抵很狭小，这却比文坛上之多叭儿更可虑"。

这是本文开头所引用的给杨霁云的书信。此时二人的联系加深，甚至在 5 月 28 日会过面，鲁迅对他的信任度已颇高。"连讽刺、反话，也不懂"，那是何等蒙昧的程度？同日鲁迅撰写《倒提》这篇文章与先前问题相呼应，非常尖锐。这里因篇幅有限，仅根据文脉提示概要：

西欧的慈善家不愿看到动物遭受虐待，在租界倒提鸡鸭将被处以罚金。有中国人认为这是把中国人看得比鸡鸭还低贱，是民族歧视。但这是误解，西欧人只是认为鸡鸭既然已经无反驳无抵抗地被拿到厨房作菜，不应再对它进行无益的虐待。古代中国人也反对使用生活的骡马与鹅，在这一点上东西方并无分别。但对待人的意识东西方却大为不同。

人能够组织起来反抗，既能变成奴隶又能成为主人。若不努力就将永远沦为奴隶，如能获得解放就会彼此平等。人的命运未必就注定被拿到厨房成为下酒菜。所以租界没有禁止虐待中国人的规定，原因在于西欧人认为人与鸭子不同，可以依靠自己的能力。中国人认为解开绳索不被倒悬是皇帝和上天的恩赐，而不是齐心合力进行改革，那么，最终会沦落成为一只丧家犬。感叹自己的地位连一只鸭子还不如的就是这类人。此类人甚多，但却没有救助将被拿去厨房的那些人。同为人，我们则属于没有出息的一类。

此时杨霁云正在着手创办杂志，鲁迅本打算将此稿寄往他处。六月十八日在给杨的信件中，鲁迅就此稿的使用这样写道，"所约文遂止能草草塞责，歉甚"，并补充说"倘能用，而须检查，则草稿殊不欲送去，自又无法托人抄录，敢乞先生觅人一抄，而以原稿见还为祷"。鲁迅与编辑来往的书信甚多，其中也有对稿件如何使用的指示，但事先要求誊写并将原稿返还的情况非常罕见。可能是担心稿件在接受检查时被抽出去而导致丢失，由此也可看出鲁迅对此份稿件的特殊感情。

杨霁云创办杂志的计划最终未能实现，稿件被寄往长期合作过的《自由谈》，并于6月28日发表。当然鲁迅王牌被隐匿，用的是公汗的笔名。7月3日的《大公报·火炬》上发表了林默的反驳文章《论"花边文学"》。以下对此文的梗概略加介绍。

《自由谈》栏目的文章周围常圈有花边，林默讽刺其为"花边文学"。这正是鲁迅的评论集《花边文学》题目的由来。这篇文章对鲁迅的一文予以这样的理解：其一，认为西欧人歧视中国人连鸭子都不如是一种误解。其二，对西欧人的此种优待不应有所不满。其三，正面承认人能够反抗并呼吁反抗，但因为西欧人尊重中国人，所以虐待不应减少而应大大加深。其四，即便有不平，古典中已证明这类人是没有出息的。

作者是刚参加左联不久的廖沫沙。此人后来作为共产党的知识分子而大显身手。但作为"三家村"组织的一员，在 1966 年导致"文革"开始的批判运动中下台。恢复名誉后，在审判江青的法庭上声泪俱下地痛斥四人帮的罪行。在当时是年轻的左翼激进派，对鲁迅来讲不是论敌而是"同志"。

他指出我们的古典中有九年前的五卅运动、两年前的"一·二八战争"，"谁能说这些不是由于华人的不平之气聚集而成的勇敢和反抗呢?"表明了鲜明的民族主义立场。开头揶揄、批判了大谈"闲适"的文化人，很明显是站在批判林语堂等人的立场上。这篇批判文是如此下的结论:"这般人是常以了解西洋人自夸的，西洋人待他很客气;他们往往赞成西洋人统治中国，虐待华人，因为中国人是猪锣;他们最反对中国人怀恨西洋人。"

文中最后写道，"这篇文章投了好几个地方，都被拒绝。"可见其他的编辑很是谨慎。鲁迅在编写《伪自由书》时，将批判自己杂文的文章一同刊登，暴露敌人的手法，附加评语以唤起读者的注意。但是鲁迅将这篇批判文收入《花边文学》时，虽登载在自己的杂文之后但未加以任何评语。或许在鲁迅看来，对并非来自论敌的误读不需要评语，若加注反倒是画蛇添足。但未加评本身，也许正表明了鲁迅的失望与慨叹。

总之这是一个"圈套"。但挑衅读者这种姿态本身并非目的。因为在言论封锁下，反语、讽刺等修辞方法能够被理解多少，在很大程度上影响着言论策略的运用。而且观察误读以何种形式出现，对把握处于激昂中的青年们的意识也非常重要。

这使我们想起鲁迅死后便出现，并在至"文革"为止的中国反复重演的一个社会现象——以政治的力量，去发动读者的误读。

廖沫沙的"误读"与他在"文革"中所遭受的命运，是一个具有讽刺性的对照。他搬起石头最终砸了自己的脚。没有确凿的证据证明鲁迅对此早有洞见，但联想到半年后鲁迅与左联领导人之间产生的争执，可以说在此事件上已见眉端。

鲁迅试图通过使用笔名隐蔽自己，来撼动整个文坛。撼动的同时也努力去准确地把握文坛的动向。当然，那是因为当时文坛的不"正常"。但是，一个"正常"的状态真的会有吗？如此看来，鲁迅俨然是作为判断把握文坛动向、探讨研究战斗力的一个主体，在有意识地发挥着权威的作用。然而，果真是如此吗？

四、联结中间的游走者

弄清鲁迅此时的位置，有三封恰当的书信可供参考。我们先来看其中写给林语堂的书信。林语堂是五四新文化运动中与鲁迅志同道合的人物，二人又是二十年代杂志《语丝》的同人。虽不是左翼作家，但他是鲁迅参与的中国民权保障同盟的发起人，属于进步派。但由于此时作为小品文运动的倡导者而闻名，有着与国民党作家联合的倾向。虽是不太可靠的伙伴，但他确实是鲁迅有可能打破文化封锁的回路之一。实际上林所大力参与的杂志《论语》的编辑陶亢德，曾多次向鲁迅约稿和提出刊发照片的请求。在上述的小品文批判事件中，林语堂有向鲁迅求援之意。总之此刻的林语堂对鲁迅来说是一个有间隔的存在。书信的日期是5月4号。

鲁迅可能被征询过关于小品文论争的意见。鲁迅解释自己只读过极少一部分小品文，并将小品文的反对者分为三类：一是不怀好意的章克标之流；二是鲁迅屡次推荐的徐诗荃，此人并无恶意；三是"杭育杭育派"，既是林语堂认定的左派。他们"非必意在稿费，因环境之异，而思想感觉，遂彼此不同，微辞诣论，已不能解，即如不佞，每遭压迫时，辄更粗犷易怒，顾非身历其境，不易推想，故必参商到底，无可如何"。最后，关于林语堂创办的《人间世》，针对"花柳春光"式的文章过多的林自身的批评，补充道："作者大抵能作文章，而无话可说之故，亦即空虚也，为一部分人所不满意者，或因此欤？"

简单来讲是站在靠近林语堂的立场上，对左翼青年进行分析和辩白，并进一步指出林等人存在的问题。其中不见对左翼青年的批判和不信任，而是对林语堂婉转地进行了批评。

第二封是同一时期写给曹聚仁的书信。⑳曹是年轻的随笔作家，在上海暨南大学执教，同时又是周刊杂志《涛声》的编辑，后作为《鲁迅评传》的作者而闻名。他处于一个微妙的立场上，虽然能够列入进步的范畴，但不是明显的左翼。尽管比林语堂年轻，但涉入文坛已有时日，所以深得鲁迅信任。前面所提及的评论周作人的打油诗以及对其批判的评论，便写于此信之中。与之相联系，其中有着更为意味深长的表述。

"我学理论两年后，持听诊器试听人们之胸，健者病者，其声如一，大不如书上所记之了然。今幸放弃，免于杀人，而不幸又成文氓，或不免被杀。倘当崩溃之际，竟尚幸存，当乞红背心扫上海马路耳。"红背心是当时清洁工的制服。"崩溃"暗含国民党政府的垮台。近来，这段话被认为表明了鲁迅与共产党保持着一定的距离，而常被引用。

事实也许的确如此。但其中所反映出的鲁迅对转变过快的左翼青年的不信任，也是不可忽视的。可能曹聚仁在对周作人的过度批判中读出了威胁与险恶。鲁迅也应有所察觉，所以才用了上述表现形式。此种表现与以下文脉相互联系。

6月3日写给杨霁云的信件中说："有些青年，不乐科学，便学文学；不会作文，便学美术，而不肯练画，则留长头发，放大领结完事，真是乌烟瘴气。"又补充道："它们那里有一点自信心，连做狗也不忠实。一有变化，它们就另换一副面目。但此时倒比现在险，它们一定非常激烈了，不过那时一定有人出而战斗，因为它们的故事，大家是明白的。"

结尾虽然乐观，但对待投机文坛的青年人的变化，鲁迅抱有一种强烈的危机感。这点在给曹聚仁的书信中有所反映，但最后并未加上如此乐观的话语。鲁迅心境的重点到底在哪里是一件饶有兴趣的事情，但无法确定。总之，对仅仅站在政治和意识形态的立场上判断对方的姿态怀有强烈的警戒心。这也是鲁迅的态度之一。

再来看一下5月6日寄给杨霁云的书信，杨霁云可视为青年中的一个代表。此信先于5月15日"说谎"的书信，此时的杨霁云尚来获得鲁迅的信任。

此信以"关于近日小品文的流行，我倒并不心痛"开头。以改革为目标的人因为从一开始就迷恋旧事物，所以一旦地位与名誉到手后会随即露出本性，珍惜古董。所以一部分青年人沾染恶习不值得惊奇，因为他们的体质本来如此。鲁迅同时作出拥护《人间世》的发言，指出提倡小品文而发行的《人间世》迫于周围的不满，发行了《随感录》，虽以温和的姿态，但与当初主张的"闲适"相比已有所调整。"倘依然一味超然物外，是不会长久存在的。"

对周作人的打油诗，作出与对曹聚仁所讲的相同的评价，同时指出虽对现状抱有不满，但因为过于韬光养晦，故而不能被

"一般读者"所理解。鲁迅并未明示是"当今青年",可见他的微妙的顾及。并且,在这部分之前,对《人间世》采取了批判的姿态。"只三期便已证明,所谓名家,大抵徒有其名,实则空洞,其作品且不及无名小卒,如《申报》'本埠附刊'或'业余周刊'中之作者。"这里可以再次感受到鲁迅把自己看作无名小卒而战斗的自负。

如实说来,三封书信的内容并无大的差异。给杨霁云信中的"空洞"即是对林语堂所讲的"空虚"。但文脉与修辞会因为对象不同,其表现手法和重点也有所不同。无法断定哪些是鲁迅的真话。特别是对左翼青年的评价在语感上有着微妙的差别。也许,试图寻求鲁迅的真话这种做法本身就不太现实。

以上,以鲁迅为基准,选用了写给同代人、中间代、青年人的三封书信进行比照。这个顺序的先后,同时也基本上与当事者距离共产主义的远近相符。鲁迅没有与他们的任何一方同化。实际上正因为如此,才可能与他们的任何一方都有共通性。不站在任何一方,却与任何一方都有所相通。他只要存在,就成为各种势力的一个中间场。他游走于他们之间,寻求瓦解言论封锁体制的端绪,创建摆脱封锁实现突破的回路。

此时的鲁迅,作为一个有些神经质的、具有压倒性的绝对者,说谎、故意表示恶意、设圈套,但如果单纯地把这些看成是他借助自己的权威来衡量同伴力量的行为,则是极其片面的。作为游走者,他深知错误地判断同伴的战斗力,会影响自我功能的发挥。牺牲自己,成为协助同伴前进的阶梯之前,必须把握同伴的状态。所以,他在弹压中将计就计地利用自己的王牌。匿名性,是确认自身功能及对方反应的最有效的方法。就这一意义来说,鲁迅无处不在。所以,鲁迅作为匿名者,常常会突然出现在写作者和编辑的面前。所以像廖沫沙那样的编辑者，也会被载入历史。鲁迅的做法或许不够光明正大，但那是因为"费厄泼赖应该缓行"。而此时，鲁迅便是一个"地雷"式的匿名者。

注 释

① 鲁迅的文章都是根据《鲁迅全集》（人民文学出版社，1981 年）。

②《花边文学·序言》。

③《自由谈》1933 年 5 月 25 日（启示）。

④ 1934 年 2 月 17 日。

⑤⑥ 1934 年 5 月 16 日致郑振铎。

⑦ 1934 年 1 月 24 日致黎烈文。

⑧ 1934 年 4 月 1 日致黎烈文。

⑨ 1934 年 6 月 2 日致曹聚仁。

⑩ 以下论述是根据茅盾《我走过的道路（中）》 （人民文学出版社，1984 年），236—239 页。

⑪《伪自由书·后记》。

⑫ 比如 1934 年 5 月 1 日给娄如瑛的信函中说，"是在宁可与敌人明打，不欲受同人暗算也"。

⑬ 以下，1934 年 1 月 11 日致郑振铎，1934 年 1 月 25 日致姚克，1934 年 2 月 20 日致姚克，1934 年 6 月 7 日致山本初枝。

⑭《人言》第 1 期第 3 号，1934 年 3 月 3 日。

⑮ 1934 年 2 月 26 日致罗清桢。

⑯《聂绀弩谈〈动向〉和〈海燕〉》，《新文学史料》1981 年第 4 期。

⑰ 1934 年 1 月 17 日致萧三。

⑱ 1934 年 4 月 15 日。

⑲ 1934 年 4 月 30 日。

⑳ 1934 年 4 月 30 日。

（原载《鲁迅研究月刊》2004 年第 2 期。）

由《答徐懋庸并关于抗日统一战线问题》手稿引发的思考

——谈晚年鲁迅与冯雪峰

丸山昇 著

（樱美林大学文学部）

一、问题之所在

本文通过探讨鲁迅晚年的文章《答徐懋庸并关于抗日统一战线问题》^①的手稿（以下略称为《徐懋庸》），尝试考察鲁迅晚年的心境、思想以及与其相关的研究方法上的诸种问题。

1.《手稿》的情况

这里所说的《手稿》，是指现在以上述标题收入《鲁迅全集》^②中的文章，当年是由冯雪峰和鲁迅所写的手稿。首先，我要回述一下为什么《手稿》会特别成为问题的经过。

在鲁迅逝世前不久的 1936 年所展开的"国防文学论战"（在建国后的中国多称之为"两个口号论争"）中，鲁迅的见解体现在收入《全集》的三篇文章里，即：《答托洛斯基派的信》（6 月 9 日）、《论现在我们的文学运动》（6 月 10 日），以及本文将要讨论的《徐懋庸》（8 月 3—6 日），这几乎已成为一贯的常识（除此而外，还有一篇未收入《全集》的《几个重要问题》（5 月），对此容当后述）。只是建国以后，中国方面对国防文学论战的评价及对鲁迅在这场论战中的见解的理解、还有确定鲁迅在论战中的位置等等，掺杂了各种各样的顾虑与打算，加以受到政治运动的干扰，不断发生着变化。

姑且略去这一变化的始末③，我只想在此回述一下与手稿有关部分三起三落的过程。在冯雪峰被划为"右派"的"反右派斗争"之后，人们所做的说明是：《徐懋庸》一文是冯雪峰起草的，鲁迅当时也正在病中，无法确认当时所发生的事实④。就是说冯雪峰用鲁迅的名义发表了自己的见解，从而造成了事实的混乱；"幸而……冯雪峰代笔的长文的原稿也留下来了"，因此有了正确的结论⑤。在"文革"中，人们又说，这些说明是周扬等人对历史的歪曲⑥，说《徐懋庸》是鲁迅口述的笔录，鲁迅自己校订过，并且鲁迅亲笔所写的笔迹也保留下来了⑦。而且，在反右派之时，一点也不曾涉及鲁迅笔迹的问题，相反，在"文革"时则根本不提冯雪峰起草的草稿。这就是说，两个时期的观点是这样一种奇怪的观点：它们各不涉及对自己不利的事实，但又并不全面否定这种事实的存在，不过也并不想从根本上揭示其间的关系。因此，我们仅仅凭借被告之以"口述笔记"部分的存在，以及 1958 年版《全集》已经标明的此前《论现在我们的文学运动》一文的笔录者为冯雪峰这一事实⑧，想像《徐懋庸》一文"口述"的笔记者恐怕也是冯雪蜂，刘绥松所说"冯雪峰代笔的长文的原稿"恐怕就是笔记部分，而准确的事实则无从知道⑨。

1976 年秋，为纪念鲁迅逝世四十周年，"中华人民共和国鲁迅展"在日本举行⑩。《徐懋庸》一文的一部分，即鲁迅自己手稿的部分也展出了，但关于这部分与其他部分的关系没有任何说明。

"文革"之后，冯雪峰写于 1966 年 8 月 10 日的文章《关于

1936 年周扬等人的行为及鲁迅提出"民族革命战争的大众文学"口号的经过》被公开发表⑪，由此事实才得以明确。在该文中冯雪峰对有关《答托洛斯基派的信》和《论现在我们的文学运动》两篇文章解释道：这两篇"都是完全按照他的立场、态度和多次谈话中他所表示的意见写的。发表后他自己都看了，认为符合他的立场、态度和意见的，并且从刊物上剪下来，放到他的积稿堆中去，准备将来编进他的文集。"⑫进而关于《徐懋庸》一文作了如下说明（我尽量删掉无关紧要的部分，但因为下述引文牵涉到微妙的问题，请原谅我在尽量删节之后还保留了稍长的引文。省略掉的部分用"……"表示）：

"鲁迅收到徐懋庸的那封信是在八月初……，那天下午我刚好到鲁迅那里去，他就把徐信给我看了。……他当时是确实很气愤的，一边递信给我，一边说：'真的打上门来了！他们明明知道我有病！这是挑战。过一两天我来答复！'……

"当时鲁迅在大病之后，我看他身体确实远没有恢复健康；又因为六月间我曾以'O. V. 笔录'形式代他处理过两件事情，还符合他的意思，于是我看完徐信后就说：'还是由我按照先生的意思去起一个稿子吧。'

"但鲁迅说：'不要了，你已经给我抢替过两次了。这回，我可以自己动手。'……

"不过，我临走仍然向鲁迅要了徐懋庸的信，说'让我带去再看看。'我回到住处后，当晚就动笔，想写下一些话给他做参考。用意还是因为他身体确实不好，而有许多话是他答复徐信时必须说的，也是他一定要说的，他平日又是谈到过多次的，我按照他的意思、他的态度先写下一些，给他参考，也许可以省他一点力。这就是那一份钢笔写的草稿的来由。大概第三天，我拿到鲁迅家去，……不料他看了后说：'就用这个做一个架子也可以，我来修改、添加吧。'又说：'前面部分都可用。后面部分，有些事情你不清楚，我来弄吧。'……

"鲁迅大约修改和加写了一两天时间（现在保存下来的原稿可以证明，不但全篇到处有修改的地方，而且后半篇几乎全部都是他自己重写和加写的）。我过了二三天再到他那去时，他已经请许广平誊抄了一份清稿，还没有寄出去发表。他说：'正等你来，有几个字眼斟酌一下。'……

"我记得当时他曾在誊清稿上改过几个字（后来这篇文章收在文集中有几个字同保存下来的原稿不同，就因为这缘故）……"⑬

关于上述记述，有以下两点应加以注意。

（1）《答托洛斯基派的信》、《论现在我们的文学运动》二篇是冯雪峰起草并且在发表后才请鲁迅过目的。

（2）《徐懋庸》一文也是由冯雪峰起草，鲁迅从整体上加工的，尤其是以后半部分为重点，鲁迅改写或者说补足了一部分内容。因而虽然冯雪峰说"几乎与'口述'没有区别"，该文并不完全是口述。

此外，巴金在悼念冯雪峰的文章中这样说过：

"前些时候刊物上发表了雪峰的遗作，我找来一看，原来是他作为《交代》写下的什么东西。我读了十分难过，再没有比这更不尊重作者的了。……雪峰长期遭受迫害，没有能留下他应当留下的东西，因此连一九七二年别人找他谈话的纪录也给发表了。总之，一直到现在，雪峰并未受到对他应有的尊重。"⑭

"文化大革命"中，为了收集成为批判、打倒对象的人的材料，有关人员被以各种形式要求"交代"。各种亲身经历者已经证实，这种交代有时简直就是肉体与精神上的拷问。巴金所表明的，就是对于这种不经作者允诺就发表其在被拷问情况下所写材料的做法的批判。这里直接所指的是"七二年"的材料，但前面所涉及的冯雪峰所写的材料，可以说也具有相同性质[15]。

但是，在慎重地考虑到这一点的同时，把上述材料作为确定最低限度事实的资料来使用，还是可以允许的吧。无论如何，冯雪峰和胡风一样，作为当事人之一，是无可替代的证人，这一点是无可置疑的。曾经批判过他并给他贴上"右派"标签的周扬被打成"反党、反社会主义、反革命"分子，为"暴露"他的"罪状"，冯雪峰被要求写上述材料，尽管如此，在这篇文章中几乎没有借当时的形势之便报私怨的因素，写得极为冷静、客观，这一点增强了人们文革后对冯雪峰的尊敬。在此就具体问题而言，如果他事前让鲁迅看过《答托洛斯基派的信》等两篇，那么，他就没有理由特意说明"发表后"让鲁迅看。毋宁说如果形势一变，这一情况就会成为被指责为"想利用鲁迅"的诱因，这种危险他不但十二分了解，而且理应经验过了。

2.《手稿》的含义

那么，如果在这三篇文章是在上述过程中所写的这样一个前提下重新考虑的话，就会出现与没有这个前提时完全不同的问题。我曾经写过下面这段话：

"（冯雪峰反复强调自己所写的与鲁迅想法没有出入），问题真的如此简单吗？象反右斗争之后那样，因为这是冯代笔写的就说与鲁迅的意思无关，这种说明当然是'歪曲'；但另一方面，把它完全作为鲁迅自身的文章同等看待是否合适呢？这恐怕还是个疑问。人用写文章的方式赋予头脑中的想法以形式，同时，所写的文章又反过来促进他的思考；如果说这种看法表达了人的思考与文章的关系，那么，鲁迅的思考在由冯文章化之际，有没有被删剪掉的部分？反过来，鲁迅思考会不会受到冯雪峰思考的影响？至少这些文章所显示的，即使没有超出鲁迅思考的走向，恐怕也还是有意无意地只侧重了鲁迅思考的某一方面吧。如果我们脱离路线论、运动论的框架，试图切近鲁迅独自的精神本体，那么，可以认为这个问题是不容轻视的。"⑯

进一步说，这件事不仅关涉到"国防文学论战"，而且在考察鲁迅与冯雪峰、乃至考察三十年代鲁迅各个方面时，恐怕也是很重要的线索。很早以前我就产生了上述想法。在有关"第三种人论争"论文的末尾，我也曾这样写过：

"这是两人资质的差别，同时，就主要方面而言，说到底，这也是从年轻时开始一直在'马克思主义'理论框架中进行思考的冯雪峰，与到了晚年才接受马克思主义、但理所当然还有与其不一致部分的鲁迅之间的差异。在确认这种差异的基础上，来思考在这不同的两个人之间所产生的信赖关系分别给予两者何种影响，这要比从一开始就想定两者的"一致"并加以强调的做法更能有效地重新审视三十年代的丰富内涵。"⑰

基于这样的问题意识，我一直期待着这部手稿尽早公开。1988年秋，利用访问鲁迅博物馆的机会，我寻问《手稿全集》的"日记"，"书信"以外的部分是否已经出版，得到回答说"已经出了，但还得过些时候才能公开发行。"二、三日后，我应邀造访副馆长王得后氏宅邸，在那里见到了《徐懋庸》的手稿复印件。我也很想要一份，可终于不便张口，空手而归。最近我才从王氏信中得知，当时他本打算将该复印件送我。看来我当时是过虑了。

总之，我终于能把《手稿》放在手头加以详细研究是在它公开发行并由东大文学部中文室购入之后的事了⑱。我记得那是

1989 年下半年。

二、《手稿》的构成

《手稿》在《手稿全集》中占 15 页，其构成比例如下：

55—62 页　　　　　　冯雪峰的草稿

63 页　　　　　　　　鲁迅的手稿

64、65 页　　　　　　冯雪峰的草稿

66、67、68 页　　　　鲁迅的手稿

69 页　　　　　　　　冯雪峰的草稿

此外，其后还附有贴在稿纸上的发表于《作家》一卷五期的此稿全文的剪报，共 8 页。冯雪峰草稿系钢笔所写，鲁迅的删改则用毛笔。

有关冯雪峰草稿、鲁迅的修改稿，还有许广平誊抄后在几个地方"斟酌"后发表稿之间的详细对照、校勘，只能留待他时进行了；在此先简单地考察一下手稿与全集所收文章的关系，可发现下面的情况。以下，我用（F）表示冯雪峰的草稿，用（L）表示鲁迅的添加和改写。

从开头到 65 页，（F）相当于《全集》528 页—534 页、下数第六行到第五行"徐懋庸之类的人"部分。

63 页的（L）紧接这句话之后，从"去年的有一天"开始到《全集》535 页第 10 行"我又看自己以外的事……。"这中间删掉了（F）的 62 页末尾三行半和 64 页开头的三行多，（L）添加了"胡风我先前并不熟识"。

64 页—65 页的（F）相当于从 535 页第 10 行"有一个青年"开始到 536 页第 10 行的"也要巴金负责"？

66 页—68 页的（L），相当于《全集》紧接上句话之后的"还有，在中国近来已经视为平常"直到 538 页下数第 7 行"临末，徐懋庸还"。

67 页的（F）从该句直到文章末尾。

三、读《手稿》

以下我想省略细节的异同，列举《手稿》中若干显眼之处进行考察。根据本文所载杂志的书写规则，原则上引文采用译文，只有特殊需要部分附加原文。为便于参照，在各项开头部分标明《全集》的页码。

1. 关于《手稿》55—62 页

A　528 页　开头部分。（F）为"这是徐懋庸给我的一封信，我没有得到他的同意也在这里发表了。"（L）改为"以上是……我没有得他同意就在这里……"这一改动可以视为鲁迅对徐懋庸信的愤怒的充分体现。

B　529 页　"中国目前的革命的政党向全国人民所提出的抗日统一战线的政策，我是看见的，我是拥护的，我无条件地加入这战线，那理由就因为我不但是一个作家，而且是一个中国人，所以这政策在我是认为非常正确的"，这一部分在《作家》刊载时、收入《全集》时均加了重点号，这是一向受到重视的一段话，但鲁迅只在这一段的括号里稍加补充，没有改动（F）的原貌。而在这一段之后，则把（F）的"（二、三字不明）抗日的民族革命战争起来了，如果我的笔没有用，我也有去当一名义勇军的决心"改为"等到这枝笔没有用了，我可自己相信，用起别的东西来，决不会在徐懋庸等辈之下！"

C 接下来的部分，对于开头一部分（F）几乎未做大的补充。对于文艺家协会的态度、关于"国防文学"、"民族革命战争的大众文学"两个口号的关系的见解等等，（F）基本上保留原貌，最后在有关与胡风、巴金、黄源等人关系的部分，添加与修改稍加增多，不过没有值得特别提出之处。

2. 关于 63 页（L）

A 这一部分是对下面所引（F）删改之后而成的：

"胡风比起其他二人，和我有一个时候来往得要比较多，那正是徐懋庸和周起应等东西把他从'左联'撵出，大造谣言，说他是南京派来的'内奸'，小报上也说我要投降南京，经过胡风在讲条件，而有一天忽然有一部汽车驶来，内中跳出四个汉子：田汉、周起应还有另两个，据说是来通知我'胡风是内奸'的。然而我看了"（（F）至此之后的文字从《全集》535 页第 10 行"有一个青年"开始。）

（F）所写的是"四个汉子"，而（L）将其改为"四条汉子"。尽管这一改动与内容无大的关涉，但还是很引人注目，在想象这一改动可能具有的意义时当然必须慎重，不过至少可以认定"四条汉子"这一词语在文革时之所以具有威力，与"条"这一量词所具的力度是分不开的，只从这一点上，这一改动也使人颇生感慨。

B 此外在这部分之中，（L）中并没有在《作家》及《全集》发表时所写的有关傅东华删削周文小说等一行半文字，显然这是誊清之后又加进去的。胡风说《半夏小集》[19] 最初的一则所写的就是这件事[20]。与胡风的话合起来看，可明白鲁迅的关心重点所在。

3. 关于 64、65 页

这一部分是关于周扬、胡风、徐懋庸等人为人的评价，除小的改动之外，还有下列大的改动。

A 《全集》535 页倒数第一行谈到胡风没有反对过抗日运动或统一战线，接下来的（F）为：

"然而胡风是胡风，我是我，不要任何事情拉在一起。我已经不是三岁小孩，别人不必代我担忧被人蒙蔽。据徐懋庸的口吻，又仿佛我听了胡风、黄源这些'小人'的佞语，致将徐懋庸拒之于千里之外，而他对我犹有恋恋不舍之状，我既是如此昏聩，你又何故生此'恋主'之情呢，——这一点很使我失笑。我应当明白的对徐懋庸说，在我这里来往的，都是朋友的身份，没有别的什么。你自己有经验，当你和我来往的时候，我和你是朋友，同志。"

（L）将上述部分删掉后缩成一行：

"这是纵使徐懋庸之流用尽心机，也无法抹杀的。"

徐曾因自己的为人和才能得到鲁迅的喜爱，恐怕他有某种自信与近乎撒娇的天真，认为即使自己写了这封信，也会因此而得到鲁迅的理解。我以前曾在论文中谈过这一点[21]。恐怕冯雪峰了解其中底细，想谈及徐的恋主之情，而鲁迅则把它砍掉了。

以上部分在《全集》中下接关于巴金、黄源的记述。这部分没有大的改动，但关于巴金的改动使人多少有些考虑。

（F）"巴金是一个有热情的有进步思想的作家，在中国是数到的作家。他固然相信过安那其主义，但他没有反对我们的抗日运动，曾由他发起发表了许多文艺工作者联名的抗日宣言。"

（L）"巴金是一个有热情的有进步思想的作家，在屈指可数的好作家之列的作家，他固然有'安那其主义者'之称，但他并没有反对我们的运动，还曾经列名于文艺工作者联名的战斗的宣言。"

姑且不论二者在认识上的程度有何区别，在（F）里，巴金被认为至少在过去是安那其主义者，而在（L）里，则判断为"有安那其主义者之称"，避免断定巴金为安那其主义者。

后半部分尤其值得注意。《文艺工作者宣言》是巴金与黎烈文商量之后起草，并得到鲁迅同意的。这一点巴金后来也曾明确说过②。冯雪峰如实写了出来，但鲁迅却把巴金发起改为巴金列名。恐怕这是因为鲁迅想避免《文艺工作者宣言》由巴金发起一事将会引起的无意义的纠纷，故意由自己来承担一切吧。

4. 关于 66 页、67 页、68 页

这一部分是删掉了 65 页最后一行与 69 页的几乎三分之二篇幅之后加写的部分。可以说这是把对徐懋庸等人作风的批判再一次进行总结式复述的部分。

（F）被删掉的部分如下；

"这里，我联想到徐懋庸之类的没出息的青年在文坛上播弄是非的行为，应当容无情的揭穿。例如我和茅盾、郭沫若、郑振铎诸先生的关系。我自己觉得我和他们的关系并不坏，有的常常见面，一同战斗，有的不能见面，也甚至没有通信，然而也一同战斗，为着同一的目标。然而有几个'恶劣'的青年终想造些谣言，离间我们，以便达到他们私人的目的，实际上也作了分散我们力量的确是近于'内奸'的行为。

"徐懋庸，我说他是劣等的青年。但也许他的这种性质由他幼年的苦楚的生活所造成，就是他碰了很多的钉子，将性质碰歪了。我今天再给了他一个钉子碰，希望他碰正了过来，和我对于周起应等的希望一样。"

A （L）改写部分原样收入《全集》536—538 页，因此下面仅列举必要的部分。

"例如我和茅盾，郭沫若两位，或相识，或未尝一面，或未冲突，或曾用笔墨相讥，但大战斗却都为着同一的目标，决不日夜记着个人的恩怨。"

在此首先引人注目的是在（F）里列举了茅盾、郭沫若、郑振铎三人的名字，与此相对，在（L）里有关郑振铎的名字只在其后以"小报却说'郑振铎腰斩《死魂灵》'"的形式出现。这一改动的背景其实有很深的内涵，我将在后面述及。

B　（F）后半部有关徐懋庸的部分，与在前述第3条A中所见相同，可以说是冯雪峰为徐懋庸准备的一条生路，这一点显示了冯雪蜂的人格。但这部分未被鲁迅采用。

C　徐懋庸在信中说，打击胡风等人本来容易，但因先生作其盾牌，所以在实际解决和文字斗争上都感到困难。针对这段话，《徐懋庸》一文反问道："为什么我认识他们，'打击'就'感到绝大的困难'？"接下来的部分在《全集》538页是：

"对于造谣生事，我固然决不肯附和，但若徐懋庸们义正词严，我能替他们一手掩尽天下耳目的吗？而且什么是'实际解决'？是充军，还是杀头呢？"

最后一句"是充军，还是杀头"在《手稿》初稿中没有，是后来添在行外的。在前述鲁迅展上我就曾注意到了这一改动。徐懋庸读了这句话感叹道：本来他在信中所写的是与胡风们出于同一原则集合有关的人，评定双方的是非曲直，这样就能够"实际解决"文艺界的纠纷，而却被说成是要把胡风等人"充军、杀头"，这未免过份了㉓。这一情况引起我的注意。我曾这样写过：

"看一下原稿，则这部分是后来加写在栏外的。不知道究竟是鲁迅反复推敲时难以抑制怒气而加上去的，还是仅由于天生的尖刻而随意加上去的。"㉔

但是，这总归不像是那么随意写上去的。鲁迅信中有这样的话：

"如徐懋庸，他横暴到忘其所以，竟用'实际解决'来恐吓我了，则对于别的青年，可想而知。他们自有一伙，狼狈为奸，把持着文学界，弄得乌烟瘴气。我病倘稍愈，还要给以暴露的，那么，中国文艺的前途庶几有救，现在他们在利用'小报'给我损害，可见其没出息。"（致王冶秋 360915）⑳

5. 关于 69 页

这是最后从"徐懋庸还叫我读《斯大林传》以下"的数行。除前半部分有少量添加之外，还对（F）下述部分进行了大的修改：

（F）"否则，只□□的□样卑劣下去，就尽无救药，这样的青年于中国毫无用处。"

（L）"否则，抓到一面旗帜，就自以为出人头地，摆出奴隶总管的架子，以鸣鞭为唯一的业绩——是无药可医，于中国也不但毫无用处，而且还有害处的。"

四、鲁迅与郑振铎

在前面的比较中，已经看到冯雪峰的草稿中举出茅盾、郭沫若、郑振铎，强调他们在大的问题上一致；与此相对，在鲁迅的修改稿中，郑振铎的名字不见了。在此，我想考察一下这一修改的含义与背景。

在当时的鲁迅书信中与此相关的文字有下面这段话：

"谛君之事，报载未始无因，《译文》之停刊，颇有人疑

他从中作怪，而生活书店貌作左倾，一面压迫我辈，故我退开。但《死魂灵》第一部，实已登毕。"（致曹靖华 351219）

谛君即西谛，郑振铎的笔名。《译文》是 1934 年 9 月创刊的专登翻译文学的杂志。鲁迅对因商业理由使翻译作品难以出版的状况感到忧虑，于是与茅盾、黎烈文等人商谈，创刊了这本杂志。鲁迅除亲自编辑最初三号之外，还为每一期供译稿一篇至数篇。从四号开始黄源接替编辑工作，至 1935 年 9 月，出到第十一号时停刊，1936 年 3 月复刊。在此成为问题的是 1935 年停刊的经过。

鲁迅死后不久，关于这本杂志的情况，当事者黄源曾写过详细文章㉖。但关于停刊的经过，他只借用鲁迅的话说了一句遁辞：'我也不想说清其中的原因"。他写出这件事的经过，是在过了约四十年的文革之后㉗。在文革中出版的鲁迅致曹靖华书信集中由曹靖华所做的注释，也有涉及到此事的地方㉘。此外，在茅盾的回想录中㉙，也相对详细地谈到了这件事。在《全集》的《日记》1935 年 9 月的注释和《鲁迅年谱》㉚中，也有可以认为是基于上述人员的证言而做的有关记述。

关于此事详细经过可参见上述文章。在此我只简单概括如下：

《译文》的出版为生活书店所接受的过程中，存在着书店方面条件过于苛刻的问题，不过杂志的销路不错，总算持续了一年。1935 年 9 月，到了缔结第二年出版契约的时候，书店招待鲁迅等人，席间，书店突然提出条件，要求不是黄源而是鲁迅编辑杂志。生活书店之所以忌讳黄源，据茅盾所写的文章看，是因为鲁迅等人出版《译文丛刊》的计划首先由黄源交给生活书店，因书店未给肯定答复，故决定由文化生活出版社出版。由于这点波折引起的不一致，遂使生活书店方面对黄源产生了恶感。此外，书店从商业主义出发，也想借鲁迅的名字卖钱。鲁迅对这种做法很愤怒，当场拒绝并拂袖而去。郑振铎与茅盾从中调停想出折衷的方案，鲁迅也同意了，但生活书店不肯合作，于是《译文》停刊。

鲁迅自己对这一事件的说法如下：

"（在叙述了茅盾与郑振铎的调解方案内容与该方案失败的经过之后）他们那边人马也真多，忽而这人，忽而那人。回想起来：第一回，我对于合同已经签字了，他们忽而出了一大批人马，翻了局面；第二回，郑先生的提议，我们接收了，又忽而化为胡先生来取消。一下子对我们开了两回玩笑，大家白跑。"（致黄源 350924）

"对于《译文》停刊事，你好像很被激动，我倒不大如此。平生这样的事情遇见的多，麻木了，何况这还是小事情。但是，要战斗下去吗？当然，要战斗下去！无论它对面是什么。

"……

"那天晚上，他们开了一个会，也来找我，是对付黄先生的，这时我才看出了资本家及其帮闲们的原形，那专横、卑劣和小气，竟大出于我的意料之外，我自己想，虽然许多人都说我多疑，冷酷，然而我的推测人，实在太倾于好的方面了，他们自己表现出来时，还要坏得远。"（致萧军 351004）

茅盾说，因这次事件而最受损害的，一个是被鲁迅认作在这事件背后活动的郑振铎，一个是从此之后再约不到鲁迅稿子的《文学》杂志㉛。

在致曹靖华信 351219 中所说的《死魂灵》，不言而喻，是果

戈理的小说。第一部连载于生活书店发行的《世界文库》1—6 册
（1935.5—10），1935 年 11 月由文化生活出版社作为《译文丛书》
之一出版。鲁迅在信中说的第一部"实已登毕"，恐怕是因为小报
所说郑振铎腰斩《死魂灵》等等在《徐懋庸》一文中也涉及到的
谣言传到了曹靖华耳朵里，他向鲁迅探问过什么吧。

对于郑振铎的不信任是否妥当又当别论，我想再稍微考察几
则与此相关的书信。

"现在就觉得'春天来了'，未免太早一点——虽然日子也确
已长起来。恐怕还是疲劳的缘故罢。

"从此以后，是排日＝造反了。我看作家协会一定小产，不会
像左联，虽镇压，却还有人剩在地底下的。惟不知想由此走到地
面上，而且入于交际社会的作家，如何办法耳。"　（致沈雁冰
360214）

这是鲁迅针对茅盾在给他的信中所写的，有关抗日救亡运动
蓬勃发展的"看来春天真的要来了"一句所做的回答②。所谓
"作家协会"是指文艺家协会。最初该协会打算以作家协会的名字
成立。从这封信中，可以清楚地了解鲁迅对这个以解散左联为条
件成立的组织的不信任，同时这封信也显示了他与茅盾对事物的
感觉方式已开始产生了分歧。

不过至少在这一阶段，鲁迅对茅盾并没有不信任感。

"茅盾是《译文》的发起人之一，停刊并不是他弄的鬼，这是
北平小报所造的谣言，也许倒是弄鬼的人所造的，你不要相信它。
《译文》下月要复刊了，但出版处已经换了一个，茅盾也还是译述
人。"（致阮善先 360215）

而在下面的信中，鲁迅对郑振铎的不信任却越来越清楚地显
示了出来：

"谛君曾经'不可一世'，但他的阵图，近来崩溃了，许多青年作家，都不满意于他的权术，远而避之。他现在正在从新摆阵图，不知结果怎样。"（致曹靖华 360401）

"这里在弄作家协会，先前的友和敌，都站在同一阵图里了，内幕如何，不得而知，指挥的或云是茅与郑，其积极，乃为救《文学》也。我鉴于往日之给我的伤，拟不加入，但此必将又成一大罪状，听之而已。"（致曹靖华 360423）

在此信中值得注意的是采用了"或云"这种说法，并将茅盾与郑振铎相提并论。而比这更值得注意的是，对他们的不信任、对《文学》的不信任，是与对文艺家协会的不信任、进而对于"统一战线"的不信任相连结的。在大约一周后的书信中，这种不信任感表达得更为清楚：

"廿七日信已到。此间莲姊家已散，化为傅、郑所主持的大家族，实则藉此支持《文学》而已，毛姑似亦在内。旧人颇有往者，对我大肆攻击，以为意在破坏。但他们形势亦不佳。

"《作家》，《译文》，《文丛》，是和《文学》不洽的，现在亦不合作，故颇为傅郑所嫉妒，令喽罗加以破坏统一之罪名。但谁甘为此辈自私者所统一呢，要弄得一团糟的。近日大约又会有别的团体出现。我以为这是好的，令读者可以比较比较，情形就变化了。

"从七月起，《文学》换王统照编辑，大约只是傀儡，而另有牵线人。……

"大会要几句话，俟见毛兄时一商再说。

"我们也准备垂帘听政，不过不是莲小姐，而是别个了。南方人没有北方的直爽，办事较难，但想试试看。"（致曹靖华 360503）

文中莲姊系指左联，此外还可见到使用与左联谐音的周莲，周连等用例。这是由女性名字而来的称呼。同样，毛姑是茅盾，是由姊联想而称之为姑的。《作家》与《译文》，如所周知，是集合了对"国防文学"持批评态度的论者的杂志，《文丛》是指《文学丛报》㉝，根据《中国现代文学期刊目录汇编》（天津人民出版社 1988 年）的简介，似乎聂绀弩是主要征稿人。投稿者多为在《文艺工作者宣言》上签名的人，而郭沫若、艾思奇、徐懋庸等《文艺家协会宣言》的签名者也为该杂志投稿。此外在该杂志第四号上还曾同时刊载了《文艺工作者宣言》。关于这一团体，一向被认为只发表了宣言而并不是一个组织或团体（实际上恐怕也是如此），我也是那样看的，但与鲁迅这一说法及其后所说"垂帘听政"合起来看，则应该注意到，鲁迅至少在某一个时期把它看作是"别的团体"。

关于在背地里操纵王统照的人这一说法，曹靖华曾加注释说明系"指周扬一派"㉞，但这是文革中写的，似乎没有足够的证据把王统照与周扬直接联系起来。我觉得还是应该从我们前述所引信件的上下文中来考察。《文学》的主编换了王统照而在背后操纵的则是傅东华、郑振铎，这一说法在致台静农信 360507 中亦可见到。关于"大会要几句话"，是对曹靖华的答复。1936 年初夏，北平准备成立"北平作家协会"，曹靖华请求鲁迅致辞㉟。毛兄在此亦指茅盾。可以看出，鲁迅的茅盾观处于一种微妙的状态：一方面他感觉到不能完全相信茅盾，另一方面在具有政治意义的行动方面，他尊重茅盾的意见。

尤其不能忽视的是，这封信写于 5 月 3 日。冯雪峰在 4 月 25 日前后抵上海，并在翌日拜访鲁迅。而且，那天所谈的内容几乎都是长征、抗日统一战线的方针等等㊱。这就是说，鲁迅即使在听了冯雪峰的说明之后，也没有从政治方面把上述问题作为统一战线的形态来把握，比较起来他更倾向于把它视为郑振铎、傅东华围绕《文学》与《译文》的"权谋"同题。或者也许可以说，在鲁迅的心里，未加整理地充斥着几方面问题：对有关抗日统一战线的政治问题，特别是周扬等人对统一战线的理解及与此相关的周扬等人的作风问题等等的疑问、不信任和围绕着《文学》而产生的对郑振铎、傅东华等人的不信任，这些不信任感掺杂在一起，使他的心情变得黯淡。

但在深入这一问题之前，我还想稍微回溯一下鲁迅对郑振铎的有关评价。

在前面所提到的胡风的文章中，曾列举了鲁迅若干封信，写道："郑振铎是新文学的当权派，……虽然对郑发现的新资料他不仅不抹杀，还特别提出介绍，但对他的投机者和猎取名位者的本质，是看透了的。"⑩

"这几天上海有一种小报，说郑振铎将开什么社，绍介俄国文学，翻译者有耿济之曹靖华。靖华在内，我疑是谣言，我想他如有译作，大可由未名社出版，而版税则尽先筹给他。和投机者合作，是无聊的。"（致李霁野 291020）

"郑君治学，盖用胡适之法，往往恃孤本秘笈，为惊人之具，此实足以炫耀人目，其为学子所珍赏，宜也。我法稍不同，凡所泛览，皆通行之本，易得之书，故遂孑然于学林之外，《中国小说史略》而非断代，即尝见贬于人。但此书改定本，早于去年出版，已嘱书店寄上一册，至希察收。虽曰改定，而所改实不多，盖近几年来，域外奇书，沙中残楮，虽时时介绍于中国，但尚无需因此大改《史略》，故多仍之。郑君所作《中国文学史》，顷已在上海豫约出版，我曾于《小说月报》上见其关于小说者数章，诚哉滔滔不已，然此乃文学史资料长编，非'史'也，但倘有具史识

者，资以为史，亦可用耳。"（致台静农 320815）

所谓"域外奇书，沙中残楮"，是指在日本发现的元刊全相平话五种和在敦煌发掘出来的变文等。郑振铎的《中国文学史》是指《插图本中国文学史》，在这一年 12 月出版。这封信显示了鲁迅作为文学史家的见识和潜藏的自负，的确饶有兴味，虽然鲁迅对郑振铎的学问抱有批评态度是事实，但胡风以此为根据就断定鲁迅不承认郑，这一见解恐怕应该与胡风至当时为止二十余年间所受不公平的非人的待遇、尤其是该文写于文革时期这些背景结合起来考虑。

即使不提鲁迅与郑振铎共同出版《北平笺谱》（1933 年）等情况⑰，仅以信中所及事情为例，也可见出鲁迅的态度。对于《文学》1934 年 6 月"中国文学研究专号"，鲁迅称赞说内容充实，可以藉此明白中国人思想的根柢（致郑振铎 340602）；而关于郑在《文学季刊》上所写论文⑱，鲁迅这样写道：

"顷见《文学季刊》，以为先生所揭士大夫与商人之争，真是洞见隐密，记得元人曲中，刺商人之貌为风雅之作，似尚多也，皆士人败后之扯淡耳。"（致郑振铎 350109）

上述鲁迅看法均由于他在郑振铎的工作中看到了与自己当时阅读历史的方法⑲相通之处，并非单纯的社交辞令。

进而，在 1935 年初，郑振铎因学校内部的对立想辞去燕京大学之职，移居上海时，鲁迅在信中说北平究为文化故都，尚大有可为，离开北平大可惜（致郑振铎 350109），并写信给当时北平女子文理学院院长许寿裳，推荐郑担任该学院文学教授：

"近闻郑君振铎，颇有不欲久居燕大之意，此君热心好学，世所闻知，倘其投闲，至为可惜。因思今年秋起，学院中不知可请其教授文学否？既无色采，又不诡随，在诸生间，当无反对者。

以是不揣冒昧，贡其愚忱，倘其有当，尚希采择，将来或直接接洽，或由弟居中绍介，均无不可。如何之处，且希示复也。"（致许寿裳 350109）

关于鲁迅对郑振铎至此时所示的态度转变为如 1936 年信中所显示的不信任的经过与原因，还有必要进行慎重的考虑，不过至少，《译文》停刊的前后经过的确给了鲁迅的情绪以极大的震动。在草稿中鲁迅特意删去冯雪峰所写的、与茅盾、郭沫若并列的郑振铎的名字，原因就在于此。

五、关于《几个重要问题》

《几个重要问题》是指最初芬君以《鲁迅访问记》为题发表于《救亡情报》第四期，其后又以此题名转载于《夜莺》一卷四期等几种出版物上的文章[41]。

关于这篇文章，据冯雪峰讲，鲁迅曾说过这不是他自己的话，是记者本人的话[42]，恐怕由于这个原因，《全集》未收入这篇文章。但是后来严家炎教授认为该文曾经过鲁迅校阅，内容也与当时鲁迅所写文章一致，凡此种种，把它看作鲁迅自身的谈话亦可[43]。在此基础上，写《访问记》的记者以自己的名字发表文章，叙述了采访的经过，并说在《救亡情报》上发表的《访问记》被鲁迅修改之处不多[44]。

如果如上所述，这篇文章可以看作是鲁迅的谈话，那么，在论述这一时期鲁迅思想方法时，它可以说是不容忽视的资料。当然，必须考虑到由谈话记录这一形式造成的误差，不过至少它应该与鲁迅未加修改就发表了的《答托洛斯基派的信》和《论现在我们的文学运动》两篇具有同等以上的意义。

这篇文章分四个部分：一、学生救亡运动；二、关于联合战线；三、现在所需要的文学；四、新文学运动。就《海燕》发表该文时的版面情况看，每页文字排成上、下两段，上述四部分虽稍有长短之差，但几乎每部分均相当于一段的长度。本来应该在此检讨一下全文，但因篇幅所限，只能列举与本文主题相关的第二、三部分中最富特性的表达方式：

"……在民族解放斗争这条联合战线上，对于那些狭义的不正确的国民主义者，尤其是翻来复去的投机主义者，却望他们能够改正他们的心思。因为所谓民族解放斗争，在战略的运用上讲，有岳飞文天祥式的，也有最正确的，最现代的，我们现在所应当采取的，究竟是前者，还是后者呢？这种地方，我们不能不特别重视。在战斗过程中，决不能在战略上或任何方面，有一点忽略，因为就是小小的忽略，毫厘的错误，都是整个战斗失败的泉源啊！"

正如严家炎教授在文章中举例论证的那样，当时出现了一种把岳飞文天祥等作为发扬民族意识的象征来使用的倾向，鲁迅对此曾多次讽刺批判，"这是鲁迅一贯的思想"；上述引文确实传达了鲁迅思想意识的重要侧面。

"我主张以文学来帮助革命，不主张徒唱空调高论，拿'革命'这两个辉煌的名词，来提高自己的文学作品。现在我们中国最需要反映民族危机、激励斗争的作品。像《八月的乡村》、《生死场》等作品，我总还嫌太少。"

这一段倒很像鲁迅的话。他曾经指出，革命文学的病根不在于"以文艺为阶级斗争的武器"，而在于"借阶级斗争为文艺的武器"，即把文学置于阶级斗争的庇护之下⑮。在"革命文学论战"中鲁迅的表态，也因这一观点最充分地表现了鲁迅的独立性。包

131

括该论战之后的时期在内，鲁迅的这一想法在左翼文学中是极少见的。在此意义上，可以证明这篇文章相当正确地传达了鲁迅的谈话。

严家炎教授在该论文中特别关于第二部分的内容论述说：这部分明确地指出了统一战线中无产阶级领导权的重要性。

的确，如果从广泛意义上一般性地理解"无产阶级的领导权"，那么，用这一概念来把握该谈话也很自然。但我想对此进行一下再探讨。我想抓住这样一个问题再进行稍微深入一步的探讨：为了把这些文章所传达出的鲁迅当时的思想作为鲁迅思想本身来理解，究竟这一概念是否有效？抑或由于用这一概念把握鲁迅，反倒遗漏了鲁迅思想中原有的重要因素，或者相反，强加给鲁迅他思想中没有的东西、至少过分强调了它在鲁迅思想中的比重？是否存在这样的问题呢？

六、晚年鲁迅与冯雪峰的作用——一个假说

《徐懋庸》一文前半部分鲁迅的修改与添加很少，特别是关于抗日统一战线的性质问题、两个口号的性质与关系问题等等一向被认为是表述了鲁迅对于这一论争焦点问题的看法的部分，鲁迅几乎未加改动，对此应如何理解？如果说这是因为冯雪峰的草稿与鲁迅的想法一致，这也确是一个有力的解释。并没有积极的证据足以彻底否定这种解释。但是，在这一解释当中是否存在一种危险性呢？——由于把《答托洛斯基派的信》、《论现在我们的文学运动》及《徐懋庸》作为鲁迅自己的作品，那么，以此为前提而形成的思考类型，不是在不知不觉间渗入了我们的思维吗？换言之，如果我们从一开始就明白这些文章的成文经过，那么将它

们完全作为鲁迅自身的想法来对待，这种理解能够简单成立吗？反过来说，也可以有这样的解释：对于前半部分很少修改，是因为比起这半部分来，鲁迅的关心更倾向于后半部分所涉及的周扬等人的作风问题、包含对胡风、巴金、黄源等人的态度在内的文艺界人际关系问题。恐怕也没有足够的证据足以积极地否定这种解释吧？

我并不否定鲁迅与冯雪蜂在"基本的方面"是一致的。更何况冯雪峰所讲的又并非谎言。如上所述，若在路线论、运动论的层面上看，也许用"基本的方面"一致就足以解释了，但我想把晚年鲁迅的思想，文学用其整个人格、用包罗了他想法的细枝末节的生存形态来把握。出于这样的问题意识，我才做了如上发言。

为了能够站在这一立场考察晚年的鲁迅，当然我并不认为仅仅靠本文论述的问题就足够了。一方面有必要对35—36年大量的杂感加上《故事新编》等全部晚年著作、翻译、书信进行全面的探讨，另一方面，关于其周围的有关状况，也有很多事情必须明确。即使仅仅考虑与本文直接相关的问题，也有尚未弄清之处。如从郑振铎和生活书店、邹韬奋等的立场上如何看前述问题，还没有进行研究。

但是，在承认研究尚不充分的基础上，整理一下以上所分析的部分，那么，下面的这些结论至少作为假说不是可以成立的吗？

对于当时的鲁迅来说，无法摆脱的恐怕是这样一种状态：一方面，他对抗日统一战线包含了国民党一事充满疑问，对于左联解散，对于与此密切相关的周扬等当时的党员文学家产生不信任感；另一方面，如同"郑傅"这一辞语和对他们的计较所表现的那样，鲁迅对文艺界、出版界产生了不满与不信任。这一切全都未加整理地充斥于心，使鲁迅产生出一种近于防范他人的状态，而这种对他人的不信任感波及到甚至包括茅盾在内的广大范围。他对于"文艺家协会"的评价当然包含了正当的批评，在承认这一点的基础上，恐怕不能不说他把该协会看作"郑傅"的《文学》谋求小集团利益的产物这一见解缺少心理平衡⑯。在"国防文学论战"中，如果这一切直率地表达出来，那么，恐怕即使以鲁迅的声望也难以服人，从而使问题更为复杂化。

冯雪峰在这里所起的最大作用，在于他把问题纯粹归结到关于"统一战线"的理论、思想的层次，并通过将造成鲁迅"不平衡"的原因解释为上海的共产党员们对统一战线理解得不充分以及与此相联系的"宗派主义"作风，从原则出发对复杂的问题进行了清理。并且在他这样做时，恐怕他几乎是下意识地相信，他正在写的是他所信赖和尊敬的鲁迅应该想和应该说（而且至少鲁迅业已说过其中的一部分）的内容。同时，他的工作理应也起到整理鲁迅的疑问与不信任感，纠正"不平衡"的作用，这正是冯雪峰所可能去做的工作。

但是在另一方面，难道冯雪峰就没有遗漏什么，或者说由于将重点置于上述方面，而与鲁迅有所不同吗？我对于使用"无产阶级的领导权"来解释这一时期鲁迅的做法产生疑问，正由于这个缘故。很久以来一直被视为鲁迅本人重视无产阶级领导权的证据的，是鲁迅反对解散左联以及在《关于现在我们的文学运动》一文所表现出来的对"左翼文学运动"独自功能的强调；但鲁迅所想的与冯雪峰所理解的内容之间，难道不正存在着微妙的、然而今天看来却不容忽视的差别吗？在此没有条件进行更细致的论证，若跳过论证而直截了当地说，恐怕应该这样看待这种差异：在冯雪峰那里，坚持无产阶级领导权是理应指导一切运动的无产阶级乃至共产党的光荣任务，因而这种指导力量也是本来具备的；

与此相对，鲁迅则基于对"左翼文学"整体的力量还很弱小的自觉来认识无产阶级领导权问题。鲁迅非常担心即使在平常状态下已显得幼稚弱小的左翼作家们，会在与成千上万既成作家和出版社的竞争与冲突中溃不成军，广而言之，他担心着诞生不过二十年左右的"新文学"自身会被商业主义与强权主义所吞没。恐怕可以这样说：鲁迅所期待的不是掌握"领导权"，倒不如说是保卫最低限度的"主体性"。

看上去我似乎拘泥于细小差别在搞文字游戏吧！的确，这种差别也许在当时只是毫厘之差，以至于连鲁迅和冯雪峰都没有强烈意识到它的存在。冯雪峰有关鲁迅把他写的《论现在我们的文学运动》原封不动地"放到他的积稿堆中去"的记忆，可以认为正体现了这一点。但是，历史也告诉我们，在某一时点上仅只是毫厘之差的事物，却意外地具有深刻的含义，从而可在另外一种状态下导致重大的差异。就我来说，我打算追踪一下"无产阶级领导权"这一概念在其后半个世纪所发展过来的历史。

姑且不论这一概念本来的内涵及其产生过程，在现实历史当中，这一概念与斯大林的前卫党观相结合，被当作先验的前提；或者说对其"轻视"会被视为严重的脱轨与偏离，这种倾向被强化了。尤其在建立了政权之后，这一概念越发脱离了人的意志而动辄被绝对化。在这一过程中，其自身本来应该克服的因素、其理应业已克服的因素在不知不觉之间却浸润其间，至少在某种程度上改变了这一概念的性质。——可以说上述这些情况的存在是无可否认的。

即使鲁迅批判了把岳飞、文天祥（有时还加上方孝孺）等作为民族英雄吹捧的做法，力主进行"现代的"斗争，把这一切与"无产阶级领导权"的思想划等号就可以了结吗？比起这种做法

135

来，恐怕还是考察鲁迅这些态度中所含的对中国历史负面遗产的认识。考察已经深入成为他的气质的固执，并且与其后的历史结合起来思考这一切本身所具有的意义，这种做法能够更切合鲁迅的实际，并且也能够为我们今天提供借鉴。当然，我并非说当时的鲁迅已经看透了其后的历史。我的出发点是：无论是鲁迅还是鲁迅以外的个人、集团、意识形态，都不把其作为绝对的尺度；我想把历史作为有时联合有时对立相争的、人们一切行为的总和来把握，并由此来思考历史所具有的多种可能性和现实的历史发展道路的意味。为此，我想听清由各种人物和集团、潮流构成的交响乐本来的声音，并准确地听清楚其中每个人的音调。而且，鲁迅所奏的音调不也是尚未完全听准确吗？我想把本文作为探讨如何准确听清鲁迅音调方法的一个试论。

（本文系在 1992 年 3 月于东京大学文学部举行的退休纪念演讲的基础上修改整理而成。本文原载《中国——社会与文化》第八号　中国社会文化学会编　1993 年 6 月）

注　释

① 《答徐懋庸并关于抗日统一战线问题》，作于 1936 年 8 月 3—6 日。（原载《作家》1936.3 期。后收入《且介亭杂文末编》1937.7；《鲁迅全集》第六卷。

② 《鲁迅全集》，本文中除特殊标明外，均指 1981 年版。以下略称为《全集》。

③ 有关对于"国防文学论战"评价的变化，请参见拙文《关于周扬等人的"历史的歪曲"——国防文学论战与文化大革命Ⅱ》（《东洋文化》56 号，1976 年 3 月）

④ 《鲁迅全集》1958 年版六卷所收《徐懋庸》注①、及其他。

⑤ 刘绶松：《关于左联时期的两次文艺论争——批判冯雪峰的反党活动和反马克思主义文艺思想》（《文学研究》一号，1958.3）

⑥ 阮铭、阮若瑛：《周扬颠倒历史的一支暗箭——评〈鲁迅全集〉第六卷的一条注释》（《红旗》1966 年第 9 期）等等。

⑦ 鲁迅博物馆：《鲁迅墨迹犹在，周扬罪责难逃》（《人民日报》1966.8.18），等等。

⑧ 一九五八年版《全集》所收《徐懋庸》注⑯。

⑨ 关于这一点，我曾在注③所记拙文第三节的注⑭中简单地涉及过。我还记得竹内实氏也在同一时期提出过推测，总之他也认为手稿中大概有鲁迅所写的部分与冯雪峰所写的部分。

⑩ 11 月 12—24 日，西武美术馆。当时"四人帮"已被逮捕，但在表面上还看不到大的变化，这一展览会完全是以"文革"时的观点为基础组织的。

⑪ 冯雪峰：《有关一九三六年周扬等人的行为以及鲁迅提出"民族革命战争的大众文学"口号的经过》，（《新文学史料》二号 1979.11）

⑫ 同上。

⑬ 同上。

⑭ 巴金：《二九　纪念雪峰》（1978.8.8）（收入《随想录》第一集，香港三联书店，1979.12）本文引文出自人民文学出版社 1986 年 12 月版。

⑮ 恐怕人们也意识到了这一点吧。《雪峰文集（四）》（人民文学出版社 1985 年）在辑入当时文章时，做了如下注解："这一篇（丸山注：即 1972 年 12 月在鲁迅博物馆的谈话）以及下面两篇《有关一九三六年周扬等人的行动以及鲁迅提出"民族革命战争的大众文学"口号的经过》《一九二八至一九三六年间上海左翼文艺运动两条路线斗争的一些零碎参考材料》，皆是作者在'文化大革命'中应各方面的要求口述或书写的，有的并是'交待材料'，虽然在'文革'后期，均已由作者订正过，仍不可避免地留下了动乱时期的某些痕迹。因作者已于一九七六年逝世，无法再加修改。这次收入本集时原文照录。"

⑯ 拙文《鲁迅在日本　下》（《科学与思想》四二号 1981.11。后收入伊藤、

祖父江、丸山编《近代文学中的中国与日本》，汲古书院 1986 年）。

⑰ 拙文《鲁迅的"第三种人"观——以"第三种人"论争再评价为中心》（《东洋文化研究所纪要》第九七册、1985. 3）。

⑱ 鲁迅手稿全集编辑委员会编《鲁迅手稿全集文稿》（文物出版社，1986 年第一函，第七册）。

⑲《作家》1936 年二卷一期，后收入《且介亭杂文末编》　（三闲书屋1937. 7）、《全集》第六卷。

⑳ 胡风：《关于三十年代前期和鲁迅有关的二十二条提问》，（《新文学史料》1992. 4 期，人民文学出版社）。

此外，这篇文章是在《全集》日记部分需撰写注释时，当时尚在狱中的胡风对注释小组人员近几年来提出的问题所做的回答。文中这一部分所署日期为 1977 年 10 月 7 日。本来该文发表于 1991 年秋上海鲁迅纪念馆预定发行的《上海鲁迅研究》五期，"纪念馆的上级部门有关顾问与领导"以其内容关涉到人事问题为理由，使这一期杂志被封存。《文汇读书周报》曾连续几次进行过追踪报道，该报道内容由《〈文汇读书周报〉对〈上海鲁迅研究〉第五辑被勒令封存事件的追踪报道》　（《鲁迅研究月刊》1992. 10 期　北京鲁迅博物馆）进行了介绍。

㉑ 拙文《徐懋庸与鲁迅》（《文学》，岩波书店，七六·四）。

㉒ 巴金：《四三　怀念烈文》（《探索集》随想录第二集），人民文学出版社1981 年 7 月）。

㉓ 徐懋庸：《还答鲁迅先生》（《今代文芸》1936. 9，本文所根据的版本为《国防文学论战》新潮出版社 1936. 10、大安 1966 年影印本）此外，中国社会科学院文学研究所现代文学研究室编《"两个口号"论争资料选编》（人民文学出版社、1982）中未收入该文，仅在卷末的《资料编目》中进行了记载。

㉔《研究笔记》，《朝日新闻（晚报）》1980. 5. 2。

㉕ 书信日期依照《全集》的方式标明。即各用两位数字表示年月日。以下为避免烦琐，引用书信时如无特殊必要事项不加注释，只在引文末注明收

信人姓名与日期。

㉖ 译文社（黄源），《鲁迅先生与〈译文〉》，（《译文》1936.11），后收入黄源《忆念鲁迅先生》（人民文学出版社、1981）等。

㉗ 黄源：《关于鲁迅先生给我信的一些情况》（《西湖文艺》1979.3 期开始连载（未见），后出版了两种单行本，进而又稍加增补，题为《鲁迅书简追忆》，由注㉖书收入）。

㉘《鲁迅书简（致曹靖华）》（上海人民出版社 1976.7）。

㉙ 茅盾：《一九三四的文化"围剿"——回忆录一七》（《新文学史料》1983 年第 1 期，人民文学出版社后收入《我走过的道路·中》人民文学出版社 1984）。

㉚《鲁迅年谱》第四卷（人民文学出版社 1981）。

㉛ 事实上，鲁迅对《文学》的投稿至五卷一号（1935.7）为止。众所周知，鲁迅与《文学》之间此前就发生过一次事件:《文学》一卷二号（1933.8）傅东华的《休士在中国》中有关文字使人理解为鲁迅有歧视黑人的态度，使鲁迅大怒，从而辞去编委之职，其后整整一年不为其供稿。那以后鲁迅与《文学》一度修复的关系终因《译文》之事决定性地破裂了。

㉜ 茅盾；《"左联"的解散史料和两个口号的论争——回忆录一九》（《新文学史料》1983 年 2 期，人民文学出版社，1983 年；后收入㉙所示书中）。

㉝《文学丛报》1936 年 4 月创刊，上海杂志公司出版。鲁迅为其提供过《白莽遗诗序》《关于〈白莽遗诗序〉的声明》《我要骗人》（前二篇后分别改题为《白莽作〈孩儿塔〉序》《续记》，三篇均收入《且介亭杂文末编》。

㉞ 注㉝所示同书 360503 书简注⑥。

㉟ 同注⑧。此外根据该条注释，在此组织形成前，似乎曾有支持"国防文学"的"北平作家协会"在酝酿，其失败后才产生这个组织，等等。

㊱ 注⑪所示冯雪峰文及冯雪峰《鲁迅回忆》（人民文学出版社 1952 年 1981 年新版）。此外，关于冯雪峰到达上海的日期，夏衍曾提出过质疑，但最后结论还是冯雪峰的记述是正确的。

㊲ 见注⑳所示文章。

㊳ 胡风写道：在《北平笺谱》的共同合作中，鲁迅"鼓励他继续进行同类工作，并以文艺上甚至政治上的正义感激励他"。

㊴ 郑振铎：《论元人所写士子商人妓女间的三角恋爱剧》（《文学季刊》1934.12）。

㊵ 在此没有展开论述"鲁迅阅读历史的方法"具体内容的余地，简言之，我所指的是诸如《病后杂谈》《病后杂谈之余》（均为1934年12月作）等所表现的内容。

㊶ 关于转载杂志，可参照严家炎《鲁迅对〈救亡情报〉记者谈话考释》（《新文学史料》1980年1期，后收入《求实集》，北京大学出版社1983）。

㊷ 胡愈之、冯雪峰：《谈有关鲁迅的一些事情》第九项。（《鲁迅研究资料》一辑，文物出版社1976。据说该谈话是在1972年12月进行的，1975年8月经过本人修订。）

㊸ 同注㊶所示严家炎论文。严教授认为该文几乎可视为鲁迅的谈话，作为根据，不仅举出《救亡情报》第四期发表《访问记》时标明经过鲁迅校阅一事，而且还指出第三期《编后记》中曾说本来预定该期发表鲁迅访问记，因鲁迅生病无法校阅故为慎重起见推迟至下一期发表。严教授还写道：1976年1月，他向冯雪峰谈到自己想法时，冯说自己所谈只凭印象，也许不准确，鼓励他仔细查阅资料弄清问题。

㊹ 陆诒：《为〈救亡情报〉写〈鲁迅先生访问记〉的经过》，（《新文学史料》1980.3）在此基础上严教授进一步写了《有关〈救亡情报〉与〈鲁迅先生访问记〉的一点补遗》（原载未详，收入《求实集》）。

㊺ 鲁迅：《"硬译"与"文学的阶级性"》（1930.3，后收入《二心集》）。

㊻ 冯雪峰也在《回忆鲁迅》中针对当时鲁迅的"心情"使用了"不平衡"一词。

（原载《鲁迅研究月刊》1993年第11期。）

鲁迅与刘呐鸥：围绕"战间期"在上海的《猺山艳史》《春蚕》电影论争

藤井省三

（东京大学、名古屋外国语大学）

一、"战间期"两位上海文化人进行的唯一对话

在世界史上"战间期"指的是第一次世界大战和第二次世界大战之间的这一时期，即就是 1918 年 11 月到 1939 年 9 月之间的这二十余年。这段时期又可划分为进行第一次世界大战战后处理的前半期"安定的二十年代"、大恐慌爆发之后"动荡的三十年代"这两个部分。但在中国史上，二十年代是从军阀割据的分裂期到通过北伐战争走向统一的国民革命的这一大变革的时期，中国享受"安定"是 1928 年以后的事情了。这个短暂的"安定"也被从"九·一八事变"（1931）到中日全面战争（1937—1945）这期间不间断的日本侵略威胁着。此外，在国民革命中和国民党联合起来的诸派军阀在各地保存势力，一有机会就不断发动反蒋战争。国共合作决裂后，处于毁灭状态中的共产党由毛泽东（1893—1976）和朱德（1886—1976）率领着红军在江西农村创建革命根据地，1931 年 11 月成立中华苏维埃共和国并设都瑞金，也对蒋政权构成了新的威胁。

即使苦于这样的内忧外患，中华民国还是取得了迅速的发展。北伐战争结束后，蒋介石以训政期（从军政到宪政的过渡期）为名，强化国民党一党独裁体制，开始进行经济建设。铁道、公路建设、邮电制度飞速发展，货币改革（1935 年 11 月）之后确立了近代货币政策，中央集权和统一的国内市场正稳步实现。教育的普及情况也很显著，入学率在 1919 年和 1929 年分别仅为百分之十一、百分之十七，但 1935 年则达到了将近百分之三十一，到1936 年为止的这七年间，接受初、中、高等教育的学生数量都激增了两到三倍。这些在校学生和毕业生们进一步扩大了报刊杂志以及小说等文学作品的读者层。

国民党在名义上统一了全国，实际上完全在其控制范围的只有江浙两省，财政的大部份收入主要依靠上海。政府财政收入的百分之四十以上来自关税，其中上海关税就占到了百分之五十以上。商品税税收大多数来自上海，盐税税收中上海也占到很大比重。上海金融界中的短期放款、贷款以及公债收购成为更加重要的财政支柱。1928 年 6 月首都由北京迁至南京，紧邻新首都的上海随之达到了繁荣的顶峰。国民党将上海指定为直辖市，作为租界收回的替代方案推出了在西北郊外的五角场建设卫星城"大上海"的计划。在国民党的心目中，上海无疑是第二首都。

1928 年到 1937 年的中华民国这十年历史，大致上相当于世界史上战间期后半的"动荡的三十年代"，却在动荡中享受着经济发展，而上海正是在北伐战争和中日战争这一中国的"战间期"中，迎来了黄金时代。

处于"战间期"的上海集结了大量来自中国国内以及世界各国的文化人，各式各样的最先端的文艺欣欣向荣，大众文化风行一时。在这个成长为国际化大都市的上海，同样经历过日本留学且都擅长欧美语言的文化人鲁迅（1881～1936）和刘呐鸥（1905～1940）曾并肩工作。两人为了自己的文化运动都各自成立了出版社，也相互合作出版苏俄的无产阶级文学理论的翻译丛书，根据自己的文艺观翻译介绍日本和欧美的电影理论、也写电影评论。鲁迅是插画、刘呐鸥是电影，他们各自介绍着流行艺术，且最终都发展到了制作和制片。两人正可谓共同走在文艺的最前端，虽然两者有共同往来的朋友，但是恐怕两个人素未谋面，更没有指名道姓的互相批判过吧。到底鲁迅、刘呐鸥这两位代表着上海"战间期"的国际文化人是怎样审视和看待对方的文化运动的呢？

1933 年 9 月和 10 月，《猺山艳史》和《春蚕》这两部中国电影在上海最具代表性的电影院里相继上映，引起很大的轰动。前者是刘呐鸥的朋友黄漪磋（生卒年不详）编剧兼监制的，后者的原作者是鲁迅的朋友茅盾，鲁迅和刘呐鸥分别写了《猺山艳史》和《春蚕》的评论。虽然两篇评论中都没有提到对方的名字，但是从结果上看这场论争是由鲁迅和刘呐鸥引起的，可说是两人之间进行的唯一公开对话。

本稿追溯《猺山艳史》和《春蚕》两部作品从制作到上演的经过，试图考察鲁迅和刘呐鸥之间围绕这两部作品展开的论争。下文中将这场论争称为"猺山·春蚕论争"。

二、类似的经历、共通的文艺观

进入正题之前，让我们来简单的对照一下鲁迅和刘呐鸥这两位文化人的一生吧。

1881 年，鲁迅出生在位于上海西南约两百公里的古都绍兴的一个官僚地主家庭。当时的中国正处在清朝统治之下。清朝是由北方少数民族满族在征服汉族后建立起来的，十八世纪享有世界最繁荣之盛事，但到了十九世纪中叶由于人口增加等内政原因以及工业革命之后欧美各国进行的东亚侵略而急速衰退。鸦片战争（1840～1842）后，开放上海为通商口岸、承认英美法三国的租界建设成为标志性事件。

日本在江户幕府末年学习清朝着手近代化＝欧化，明治维新后进行急速改革超越清朝，中日甲午战争（1894—1895）中大胜清朝海陆两军。在中国，面对不断加深的危机，康有为（1858—1927）等人倡导以明治维新模式的君主立宪制实现近代化、开始变法运动，但是以西太后（1835—1908）为首的保守派发动戊戌政变（1898）镇压改革运动。之后更加激进的民族主义革命派登上历史舞台，以推翻清政府和依靠汉民族进行的国家建设为己任，通过各种杂志开始启蒙宣传活动和武装暴动。

清朝在1911年辛亥革命中被推翻，第二年共和国中华民国成立。但之后袁世凯（1859—1916）发起复辟帝制加上军阀割据等，政治混乱状况长期持续。面对这种形势，陈独秀（1879—1942）和胡适（1891—1962）等留学日本、欧美的知识分子们创造出使用口语的新文体"国语"，试图通过国语让民众想象国民国家共同体这一概念，于1917年发起文学革命。

鲁迅就是在这样的时代大转折中，透过文学审视着传统和现代间的矛盾，探索新社会生存方式的大文化人。首先，青年时代的鲁迅拒绝走通过科举成为官僚、退休之后成为地主的传统处世方法，于是在1902年留学日本成为民族主义革命派。最初志愿成为革命军军医而去了仙台医学专门学校（现东北大学医学部），后来又梦想成为当时最前沿的职业——文学家，便在东京这个东亚最大的信息化都市开始了文学活动。但是，以发表浪漫派诗人理论为目的创办的文艺杂志失败后，1909 年于失意中回国。

鲁迅在故乡绍兴担任化学、生物教师期间迎来了辛亥革命，成为中华民国教育部（相当于日本的文科省）科长级官员前往北京赴任。当文学革命开始后，鲁迅就相继发表优秀作品成为中国近代文学之父。

文学革命之后，企图以武力实现中华民国再统一的国民革命形势高涨，在这之中改革派的知识分子分裂成了美国民主派、受俄国革命影响的国共两党、批判俄国革命的无政府主义派这三个派别。鲁迅在短篇小说《故乡》中以"希望是本无所谓有，无所谓无的……"来讲述动摇的知识分子心境，但之后也表现出对受基督教诅咒而不断奔走的"仿徨的犹太人"传说表现出深深的共鸣，认为自己是个罪人无法得到安息，下定决心要永远战斗下去。

1924 年国民党的领导者孙文毅然推进国共合作，蒋介石1926 年 7 月率领革命军断然发动北伐战争，1928 年年末基本统一中国。鲁迅猛烈抨击借由 1927 年武装政变肃清共产党的蒋介石派是革命的叛徒，从此成为左翼文坛的先驱。同年 10 月鲁迅开始了和北京女高讲师时代的学生许广平（1898～1986）在上海的同居生活。凭借版税生活的鲁迅之所以能够住在郊外漂亮的公寓、乘坐包租汽车去市中心看好莱坞电影，享受中产阶级的生活，得益于在 30 年代的上海信息高度发达，已经实现了近代市民社会——虽然只是一部分。

当时的上海同时也是个文艺论战的城市，1930 年为了对抗强化言论管控的国民党，成立了中国左翼作家联盟，右翼和中间派爆发论战。在上海，除了国民党制造的白色恐怖横行，1932 年更爆发了与"九一八"事变密切相关的"一二八"事变（由日军制造），另外因为日本侵略华北，上海民族资本家们也开始倾向于抗日，但重视作家联合的鲁迅和重视共产党领导的党员作家之间却产生分歧。1935 年年末响应共产党的抗日统一战线政策，周扬（1908～1989）倡导国防文学。与之相对的，鲁迅从和国民党再次合作的抗拒感和阶级的观点出发，提出"民族革命战争的大众文学"口号。因此，鲁迅和周扬的对立鲜明化。鲁迅在这场国防文学论战的最高潮、1936 年 1 月 19 日因宿疾哮喘发作突然离世①。

刘呐鸥是家中长子，出生在台湾古都台南附近一个大地主家庭，在殖民地当局设置的公立学校（在台湾专为台湾人设立的小学）接受完日语教育后，1918 年 4 月到 1920 年 3 月就读于台南长老教中学，之后前往东京在青山学院初中部学习两年后，1922 年 4 月升入该校高中部英文科，四年后毕业。1926 年秋前往上海进入震旦大学法语特别班学习，1927 年 4 月返回东京，逗留五个月后再次前往上海。第二年创建了出版社第一线书店，9 月出版了自己翻译的日本短篇小说集《色情文化》，同时凭借创办文艺杂志《无轨列车》、创作发表自己的短篇小说，年仅二十三岁的刘呐鸥在上海文化界崭露头角。

第一线书店因国民党政权的言论镇压被迫停业，但刘呐鸥并没有屈服，1929 年 9 月着手成立水沫书店，创办文艺杂志《新文艺》，让和自己同样代表上海"新感觉派"的作家穆时英（1912—1940）在该杂志上出道。刘呐鸥的短篇小说集《都市风景线》（1930 年 4 月）也是在水沫书店出版的。

刘呐鸥进入文化界之前就对电影抱有极大兴趣，1932 年主动接近出资拍过电影且拥有前瞻性的艺联影业公司，将事业重心转移到电影，以剧作家、导演身份活跃于电影界。更在 1936 年 6 月加入中央电影摄影场（中电），就职于南京的国民党电影摄影场——中央电影摄影场。中日战争后在日本占领下的上海协助成立中华电影公司，但是"纯粹的艺术之地""自由的电影制作"的梦想一次次破灭。1940 年 8 月就任汪精卫政权下的报社《国民新报》社长一职，9 月 3 日从位于上海福州路的饭店京华酒家出来时被狙击身亡。据说在他当时准备前往的 Park Hotel（现国际饭店）里，李香兰正在等他。三泽指出刘呐鸥遭暗杀这件事并非抗日和协日如此"单纯的两者关系的结果"，可以认为是包括了青帮在内的"多股政治势力间利害关系的相互牵制中，某些人暗中唆使，某些人默认，某些人直接下手后的结果"②。这个观点十分值得关注。

虽然鲁迅和刘呐鸥之间相差十四岁，但都出生于地主家庭，都分别于二十五岁、十七岁时遵循父母之命步入传统婚姻。鲁迅终生疏远妻子朱安，刘呐鸥也在 1927 年的日记中记录了对妻子黄素贞的厌恶感和对自由恋爱的向往。话虽如此，1929 年刘呐鸥将妻子叫到上海后，偕同妻子参加了同年十月在松江举行的施蛰存的婚礼等，夫妻间好像挺恩爱的样子。另外，由于祖父周福清在 1893 年因科举作弊入狱、父亲周凤仪在 1896 年病逝，鲁迅家道迅速没落，1898 年后长达四年就读的南京的江南水师学堂和矿务铁路学堂的都是免除学费、并发放生活费的国立学校，日本留学也是由浙江省政府出资的公费留学。回国后，在北京时代过着官僚、上海厦门时代过着大学教授和工薪阶层的生活，成为职业作家则在移居上海之后。刘呐鸥依靠家里丰厚经济支持，在东京的私立学校留学接受完高等教育后，在上海经营出版社、甚至开始电影制作，这都和鲁迅大不相同。

鲁迅经历了七年日本留学，翻译出版了《现代日本小说集》（和周作人共同编译，1923 年），刘呐鸥经历了四年东京留学，翻译出版了《色情文化》（1928 年），在这一点上两人是共通的。前者是将明治、大正年间著名的作家夏目漱石、森鸥外、有岛武郎、菊池宽、芥川龙之介、佐藤春夫等人的作品翻译而成的日本文学短篇集；后者是以二十年代后期的日中关系的观点挑选出片冈铁兵、中河与一、小川未明、横光利一、池谷信三郎、川崎长太郎等现代主义文学翻译出版的日本文学短篇集③。

"战间期"上海时代两人之间的共通点是都对现代主义，特别是对插画和电影等图像流行文化怀有很大兴趣。从童年时代就开始对美术很感兴趣的鲁迅，在上海时代因为通过内山书店很容易获得日本、欧美的美术书籍，便开始热衷于进行有关外国美术的翻译、复刻、评论活动。鲁迅在翻译日本板垣鹰穗的《近代美术史潮论》和介绍正统的西洋美术史的同时，复刻了英国的世纪末画家比亚兹莱和日本插画画家兼诗人的蕗谷虹儿（一八九八～一九七九）的画集。

蕗谷虹儿是大正、昭和年间在少女杂志等上面活跃的插画画家兼诗人。鲁迅介绍虹儿绘画的同时也翻译介绍了画中的诗。例如，鲁迅将《タンポリタンの唄》翻译如下。

　　　たたけ　タンポリン/まだまだ　春よ……/踊り　踊り子/まだまだ　春よ……

　　　捨てた　タンポリン/なぜ蹈んで　破った……/踊り踊り子/なぜ蹈んで　破った……

　　　破れ　タンポリン/なみだの　踊りよ……/捨てた　タンポリン/なみだの　踊りよ……

　　　拾えへ　タンポリン/まだまだ　春よ……/踊り　踊り子/まだまだ　春よ……

坦波林之歌　鲁迅译

敲起来罢　坦波林/还是还是　春天呀……/跳舞的　跳舞儿/还是还是　春天呀……

抛掉了的　坦波林/怎么一下　踏破了……/跳舞的　跳舞儿/怎么一下　踏破了……

破掉罢　坦波林/泪珠儿的　跳舞呀……/抛掉了的　坦波林/泪珠儿的　跳舞呀……

拾起来罢　坦波林/还是还是　春天呀……/跳舞的　跳舞儿/还是还是　春天呀……

出版《蕗谷虹儿画选》的时候，鲁迅从虹儿的诗画一体化的《睡莲的梦》（东京·交兰社，1924）等三册诗画集中选出了十二篇作品，还亲自翻译虹儿的诗。关于鲁迅热情洋溢地介绍虹儿的这方面，鲁迅批判以创造社的成员身份从事过插画创作的叶灵凤（1904—1975）剽窃比亚兹莱和蕗谷虹儿的评论经常被引用④。但是鲁迅在《〈蕗谷虹儿画选〉小引》中赞赏虹儿的画风"幽婉"这点更不能被忽略（《集外集拾遗》《〈蕗谷虹儿画选〉小引》）。

出版《蕗谷虹儿画选》的朝华社是1928年11月由鲁迅和柔石等几位年轻人一起创立的一家维持到1930年1月的出版社，该社出版发行了二十期文艺杂志《朝花》周刊、十二期《朝花》旬刊、两卷《近代世界短篇小说集》等。《蕗谷虹儿画选》是作为该社的版画选集《艺苑朝华》全四卷的第二卷出版的。根据鲁迅日记记载，他曾为朝华社提供资金共计五百七十元⑤。

尽管如此，鲁迅特意编辑翻译《蕗谷虹儿画选》，然后经由自己经营并担当核心编辑的朝华社出版这件事，不仅仅是出于对虹儿艺术的热爱，还因为他对大众媒体和美术之间的关联，特别是对书籍装帧以及报刊杂志的插画等流行文化抱有深厚的兴趣。

鲁迅对于比亚兹莱和蕗谷虹儿插画的这种热爱，发展到对木版画运动的提倡和实践上。鲁迅关注的是木版艺术——以低廉的成本就可以用一块版木印刷出一百页以上的画——所具有的复数性和民族性。1931 年 8 月东京成城学园美术教师内山嘉吉在暑假中来上海造访内山书店的经营者、兄长内山完造的时候，鲁迅拜托嘉吉作作为讲师给上海的年轻艺术家们开木刻讲习会。之后鲁迅还得到内山完造的支持，举办了外国版画展，鲁迅亦被称为中国现代版画复兴之父。

鲁迅认为木版画如果以民众现实为主题并加以优良的技术来表现的话，便很有可能成为革命的武器。另一方面，鲁迅还热心地收集日本版画画家料治朝鸣主办的登着手工版画的月刊杂志《白与黑》和印有机械印刷版画的版画杂志《版艺术》，同时也高度评价了其同仁谷中安规（1897—1946）。谷中是因"文学性浓厚的幻想性木版画"（《广辞苑第六版》）的插画而闻名，从这点上便能够理解鲁迅的兴趣从无产阶级艺术扩展到现代主义艺术[6]。

从现存的 1927 年日记中也能充分推测出刘呐鸥对电影的关注。主要在上海和东京生活的这一年，刘呐鸥几乎每天都是看着电影度过的。

刘呐鸥 1927 年 1 月在上海和施蛰存相识，4 月到 8 月在台湾和东京度过，之后分别于 9 月在上海和叶秋原、10 月在北京和冯雪峰、丁玲、胡也频等人相识，12 月返回上海。关于 1928 年夏天，刘呐鸥对居住在自己家中的戴望舒、及每次来上海必到刘宅留宿的施蛰存，滔滔不绝地讲述正在日本流行的文艺潮流时的样子，施蛰存是这样描述的。

刘灿波喜欢文学和电影。文学方面，他喜欢的是所谓"新兴文学"、"尖端文学"。新兴文学是指十月革命以后兴起的苏联文学。尖端文学的意义似乎广一点，除了苏联文学之外，还有新流派的资产阶级文学。他高兴谈历史唯物主义文艺理论，也高兴谈弗洛伊德的性心理文艺分析。看电影，就谈德、美、苏三国电影导演的新手法。总之、当时在日本流行的文学风尚，他每天都会滔滔不绝地谈一阵，我和望舒当然受了他不少影响。

最后刘呐鸥对戴望舒提议"我们自己办一个刊物吧"，"经过一二天的商量之后，决定了办一个像《莽原》一样的小刊物"⑦。

文艺杂志《莽原》是 1925 年 4 月作为报纸《京报》的周刊副刊由鲁迅编辑创办的。11 月一度停刊后，1926 年 1 月经未名社作为半月刊复刊，仍由鲁迅任编辑。同年 8 月鲁迅离开北京迁往厦门之后，韦素园接任编辑工作，最后该杂志于 1927 年 12 月停刊。把和鲁迅有着不解之缘的《莽原》作为自己创办文艺杂志的样本这点，不难看出当时刘呐鸥和戴望舒对鲁迅所怀有的敬爱之情。

刘呐鸥将新文艺杂志命名为《无轨列车》，并夸口说能出资"数千元"，在北四川路西宝兴路口创立第一线书店，刘呐鸥任经理一职。9 月 10 日半月刊杂志《无轨列车》发行创刊号，在该期上刘呐鸥发表了短篇小说《游戏》、在第二期上冯雪峰发表了论文《论革命和知识阶级》。

由于第一线书店被当局判定有"宣传赤化嫌疑"而受到停业处分，12 月前后创立水沫书店将《无轨列车》出版到第八期。1929 年 9 月 15 日，水沫书店创办了标榜为"唯一的中国现代文艺月刊"《新文艺》。第一线和水沫这两个出版社出版了刘呐鸥的

《色情文化》以及施蛰存、戴望舒、杜衡等人翻译的小说。

冯雪峰 1927 年 7 月和鲁迅互通书信，1928 年 12 月在柔石陪同下造访鲁迅，之后就经常出入鲁宅了。由冯雪峰牵线搭桥，经第一线书店翻译出版了鲁迅主编的《科学的艺术论丛书》。关于其间的情况，施蛰存是这样回忆的。

一天，雪峰来闲谈，讲起鲁迅正在译卢那卡尔斯基的《文艺与批评》。我们便灵机一动，想到请鲁迅主编一套介绍马克思主义文艺理论的丛书。我们托雪峰去征求鲁迅的意见。过了几天，雪峰来说，鲁迅愿意编一个这样的丛书，但不能出面主编，对外，他只能参加几种译稿，其他都和他没有关系。我们同意了鲁迅的建议，就请雪峰和鲁迅一起做一个计划，并拟定书目，分配译者。[⑧]

1929 年 9 月 15 日出版的月刊《新文艺》创刊号上，刊登着《科学的艺术论丛书》共十二册的广告，其中鲁迅负责了卢那卡尔斯基的《文艺与批评》、普利汉诺夫的《艺术论》、卢那卡尔斯基的《霍善斯坦因论》、藏原外村编的《苏俄文艺政策》这四册。根据前田利昭的说法是，该丛书的企划更加膨胀起来。

这个企划被公开后，其他出版社也竞相准备出版同样的系列。但是并没有几个翻译者能翻译出来。于是，水沫书店、再加上光华书店、大江书铺作出共出版十六册的计划，但由于受到国民党禁止出售的处分，只出版八册之后就宣布告终。水沫书店最终出版了五册。[⑨]

其中，水沫书店出版的鲁迅译作是卢那卡尔斯基的《文艺与批判》（1929 年 10 月）和藏原惟人编着的《文艺政策》（1930 年 6 月），另外大江书铺也出版了卢那卡尔斯基的《文艺论》（1929 年 6 月）。

刘呐鸥也将升曙梦翻译（东京·新潮社、1930 年）的弗里契作品《艺术社会学》进行了重译。据施蛰存说，这部译作受到了特殊对待。

刘灿波的《艺术社会学》篇幅很多，将近三百页，卷首还打算加二十多页铜板插图，况且这本书和戴望舒译的《唯物史观文学论》，左翼理论界颇有意见，认为它们还有资产阶级观点，因此没有把这两个译本编入丛书。⑩

关于此中经过三泽真美惠总结为，将"运用了历史唯物主义观点的文艺论"和"描绘大都市色情生活的作品"同时看作是"新兴"的这一价值观，并不一定被当时的左翼文艺家普遍认可⑪。但是正如前面所提及的，鲁迅至少对蕗谷虹儿的纯情和比亚兹莱的世纪末的颓废产生了共鸣。

刘呐鸥在水沫书店投入了一万元以上的资金，但是事态发展到"1931 年初，刘灿波的经济情况发生问题，他表示无法再投入资金，要求今后的书店自力更生"，加之是年国民党更加猛烈的言论压制这一"政治压力"，水沫书店停止营业。施蛰存新创建了东华书店，但第二年遭遇上海事变后，东华书店夭折。"从此以后，刘灿波不想再干文艺事业，他转而去从事电影，和我们的关系疏远了。"⑫

虽然刘鲁二人通过左翼文艺理论书籍出版事业而建立起的关系一时断绝，一年后两人因"猺山·春蚕论争"而再次结下不解之缘。

三、《猺山艳史》的实地拍摄及其评价和在上海的上映情况

1933 年 8 月 31 日，上海的报纸《申报》上登载了"国产电影

二十年来第一部蛮荒文化巨片/全沪影迷到新光去!"的巨大的半面广告。这是电影《猺山艳史》将要从第二天开始在新光大戏院上映的事前广告。虽然在之后长达两个月时间内,一直有类似的广告登在《申报》上,但信息量却数这天广告版面最大。因为几乎没有现存的有关《猺山艳史》的资料,就连故事梗概都不是很明了,所以这条广告成为了解这部电影的重要线索。接下来,就针对这条广告进行仔细的分析。

在左上的饼图片中,用猺族特有的布包裹着头发的女子面带笑容的洗着澡;右上的图片中,以背枪人群的剪影为背景,身穿中山服、头发漂亮地梳成三七分的男子和穿着猺族民族服饰的女子在面对着面。这两张图片之间用粗体字写着"猺女裸浴/争风舞蹈/游猎婚礼/盛大展览"四行大字,旁边的文章里竖排写着"剧旨……鼓吹大同提倡开化/取材……漠猺佳话编成艳史/摄影……云天烟雾尽入镜头/配音……特制猺乐别饶风趣"的介绍文。

从这两张图片和文字信息中,大概可以想象出以下的电影作品来——国民党的青年官员,打算进入到居住着少数民族猺族的山区,宣传多民族国家中华民国的大同理想和近代化。不料被光着身子在河里洗澡的年轻女子吓到,卷入在民族舞蹈过程中产生的爱情的纷争,参加狩猎和婚礼。把这样的经历作为爱情故事拍成电影,用摄影机捕捉猺族居住的大自然,再配上猺族的民族音乐。

报纸广告的中央,以险峻的群山的剪影为背景,以余白形式用类似行书体文字的"猺山艳史"四个字从右上到左下排列,下面写着制片人导演、电影公司名字"监制编剧 黄漪磋/导演 杨小仲/艺联影业公司猺山探险写实文化巨片",左侧竖着写着"罗慕兰/许曼丽/游观仁/孔绣云"四位主演以及"全体猺民参加"等演出者。

艺联影业公司是黄漪磋离开联华影业公司之后，于 1933 年在广州成立的电影公司⑬。新光大戏院是 1930 零年奥迪安电影公司在南京路四大百货公司街区附近的宁波路上新建的、在上海也是一流的电影院⑭。从该电影院开始上映《猺山艳史》的九月一号到五号这期间，黄漪磋在《申报》《电影专刊》一页先后五次连载了《猺山摄影记》，讲述得到广西省政府和瑶王的协助、在当地进行两个月拍摄的情况。

> 举凡猺山风景及猺人生活如舞蹈，游猎，婚礼，音乐，莫不尽量摄撮作是片之背景。时废历年亦将届，猺人俱作渡岁之准备，又况天寒岁暮，在在俱予吾人以思家之印像，而女儿辈尤归心似箭也⑮。

此外在《申报》上关于《猺山艳史》的还有两篇介绍、两篇评论、四篇"观众意见"（读者投稿?）。九月一号刊登的阿龙写的介绍文《喊口号与脚踏实地/〈猺山艳史〉的献词》高度评价了这部在"描写农民与劳工"的口号只流于形式、写实作品尚未出现的时候，这部以拍摄瑶族，运用写实主义手法拍摄的电影获得高度评价。

> 在大众化这年头儿，整个电影界的作风据说是转变了。从小资产层的恋爱圈里，"窜了一个箭步"突然间跃入农工阶级的生活圈里，这里有所谓被压迫者的呼号与压迫被压迫者的狰狞面目；撕破了绅士的礼帽，暴露了劳工的大腿。但是每一张影片的构成中心，都建筑在浮埠的地基上，情形是很

155

从前神怪武侠片一唱百和的盛势一样，同一的走上一条浮夸
的路线上。老实说，我们在画面所见到的中国农工生活，是
不是现在中国农工的真正现实生活？是不是现在中国有真实
性的人物？这种虚拟的革命性的青年农工在影片上加紧制造
着，但是真正的我们（？国）农工，还是在喊"天下太平"，
希冀风调雨顺、五谷丰登呢！所以大众化影片的演出，在真
正农工方面还是见不到的。

我不是说农工生活的影片不需要，实在的意思是要说我
们太缺少实验工作、有谁真肯到农村里去冷眼观察他们的实
生活，试问中国有没有像高尔基那样苦工出身的作家，（这是
一个例，许是中国也有。不过恕我脑钝，记不起来了！对于
人生、世俗、一切的一切，有过相当的磨难与经验呢？〔中
略〕

在这广大的雾围气里，我听到"猺山艳史"出映了。据
说这部片一尺一寸的摄制，都是实地到（？）广西猺山去工
作，所费的金钱与时间，是有惊人的数字。我以为，这种工
作在中国，许是第一次发现的奇迹吧！特别是到同种异族的
猺山去。他们脚踏实地的努力苦干，不怕艰险，不怕磨折，
鼓起他们不怕死的勇气完成这部工作，使猺民的忆念中镌下
一个佳好的迹象，在同种异族的仇视的心理下，预伏一架沟
通文化的云梯。我们且不要谈他的使命是多末重大，单只
"脚踏实地"的干，至少，比任何"喊口号"要实在得多了。[16]

另外九月登载的评论家凌鹤的《影片谈评/评〈猺山艳史〉》
高度评价描绘大自然的摄影技术，同时也承认其娱乐性和商业性
是无法避免的。

我们知道，电影对于自然界之运动，有着特殊的效能。一切自然界的景物，经过"电影眼"的透视，在我们眼前显出绘画的效果。云霞，树木，稻稼的和风，山河的激流，鸟的飞鸣，兽的奔驰，无一不是电影最好的资料。同样，将异地风光的风土人情，忠实而纯朴的介绍给我们观众，也是电影艺人应有的任务。〔中略〕

因此，我们设定《猺山艳史》的制作者，能够注意到这些，自然是好的现象。但是，这一影片的作者，其摄制本片的动机，我们无论如何也不能忽视。当然我们不能希望他们完全为介绍广西猺民之生活而牺牲，同时他们的营业的立场，亦应顾到的。我们承认电影这东西在现社会中始终逃不出企业的范围，所以将电影作为教育观众的利器，到底不是企业家愿意做到的事了。⑰

与之相对的，"观众意见"指出的大都是诸如：在险峻的山里还穿着皮鞋十分不自然、"字幕告诉说'猺民是耐劳刻苦……'但何以荒田遍野，不见一猺耕种？"⑱"影片中的黄朱两'同志'去的时候，是穿着那一套中山装，回来的时候，还是那一套中山装，这在半年之中，难道气候没有一些变化而他们的服装也没有更换吗？"⑲等细微之处的矛盾。他们大概是爱讲道理的左翼电影爱好者吧。在这里，还要引用其中一篇署名为"涌森"的《〈猺山艳史〉之我评》，这篇评论相对观察仔细且从正反两方面展开讨论。

《猺山艳史》叙述异族的风俗生活和偏僻地方的风景，使我们内地人士，能够知道奇异的事迹，并且引动观众们探险的兴趣，而使其于发展边疆和开化半开化民族加以注意，这是值得钦佩的。但我认为演出方面，尚有讨论的几点：
①全片对于猺民的起居饮食，没有相当的画面告诉我们。
②黄朱二人，沿途探寻路径，在三江墟时，老者向他们所述
朱孔二人被害情形，此处最好能插入几个画面。③开化猺民
的工作，演出不够。④黄云焕接到他蕙瑶妹妹的信时，这送
信人是那里的？因为猺山上没有这种服饰的猺民，难道是蕙
瑶遣来的吗？

至于表演：许曼丽的天真，和孔绣云的含情，确很动人，
游观仁汤德培，还属不错。洪馨铃饰老者的形态，很能
逼真。⑳

9 月 6 日的《申报》上还刊登了国民党政权授奖的报导，"南
京中央党部以《猺山艳史》之摄制，鼓励化猺工作，符合孙总理
提倡种族大同之意旨，特致函该片制作人艺联影业公司，予以嘉
奖云。"㉑

有种说法说刘呐鸥投资了《猺山艳史》的制作公司艺联影业
公司，并参加了该作品的外景拍摄㉒。这部电影上映后不久，刘
呐鸥在《电影时报》上写了三篇署名为"呐鸥"的评论。其中，
9 月 2 日刊登的《异国情调与猺山艳史》中说到"异国情调差不
多可以说浪漫主义的副产品〔中略〕因为交通的未发达，地理知
识的缺乏的原故，近东以及东方诸国竟在西洋人的脑中成为诗，
梦，美，神秘的憧憬对象〔中略〕然而时代移转了，经过了自然
主义及其他诸派别，我们终于在现代发见了自己了。〔中略〕西洋
之不能成为东方人之异国情调是恰如现在的东方只不是西洋异国
情调一样的〔中略〕于是人类底浪漫的想象底触手便向未开发的
国里进展了〔中略〕现在因机械文明和生活的干燥化，对于这一

方面的精神食粮的要求是比前人来的更激烈更尖锐化的"，在回顾了"异国情调"的历史性文脉后，先举出画家考甘的例子，又以《人猿泰山》《万兽之王》《摩洛哥》等好莱坞电影为例，认为"关于这一方面的反映，于艺术上最多在电影上看到"。同时，向上海摩登现代的读者们发出了去看《猺山艳史》的邀请："我们第一部异国情调作品《猺山艳史》也是根据上述那一种我们的需要完成的。摩登现代人而常感觉着某一种莫名其妙的寂寞的，别客气，请来尝尝这异味。"②

9月2日刊登的《〈猺山艳史〉的体裁》说，该片虽然是传统的叙述性电影，但是因为创造出"直传"型叙述方法，对于与"机械文明"相反的自然之爱被唤醒。因为文章比较短，以下全文引用。

内容精神的艺术形式化概有两种方法。一种是"叙述的"，另一种是"描写的"。电影剧的创成时代到连续剧以后的诸作品是叙述的居多。描写的是德国的写实主义作品出现以后的事。叙述是属于纵的，多以统一完整的手法激动人们，是演绎的，外心的方法。描写的是属于横的，这是个归纳的，求心的方法，如果没有完熟的艺术技巧，往往成为散漫的材料的陈列，不能够成为艺术品。

"猺山艳史"的体裁也是叙述的。聪明的编剧者之能创出简洁劲健的方式直传地感动观众是值得钦佩的。至少在专以过重的内容，炫学的粗材的罗列惑人的作品流行的时代，这个《猺山艳史》的出现，是有如警钟一样的。我们看了它之后只觉得其自然可爱，丝毫没有烦躁难过的感情，更不会像看了别的国产片一样大发奇痒。只就这一点，这《猺山艳史》

已够称赞的了。㉔

　　相当于《申报》刊登的《猺山艳史》的"观众意见"中批评"叙述"不足，刘呐鸥则主张这部作品的意义在于对大自然之美的描写上。这个观点和《申报》上刊登的阿龙和凌鹤两人评论是相通的。

　　《电影时报》九月五日刊登的《从"电影演技"说到许曼丽——〈猺山艳史〉女主角》一文，回顾了"传统派写实的演技"被德国表现主义和苏维埃俄国的蒙太奇理论打破的历史，称赞了《猺山艳史》女主角许曼丽的演技。

　　　电影无疑的是一种律动的照型艺术——une plastique Mou-vante et rythniee。最近人们到处都讨论组织伦理论以及导演术，但关于这演员的演技即如何用肢体造型的一项却仍被闲置着。偶尔在报上或杂志上发现一两篇谈及这方面的文章，但都不是关于演员的修养或学问的问题，便是一些对于某特定演员表露羡慕或嫌恶的东西，从未曾根本上的演技发掘着。

　　　占宁斯〔Emil Jannings〕常常被举为最好的演技所有者。事实上当我们看到他的"蓝天使"他的"爱国男儿"时，我们确是被他那净出于导演支配外的热技魅倒了的。他以写实的手法创造了许多新性格，描写了好些精神异状的人物，而他自己也以为已经在影坛上报仇了德京剧坛的健将 Wagner Krauss（占宁斯舞台上的劲敌）的剧术了。

　　　对于这类演技最初背反了的恐怕就是大战后的德国表现主义。他们用了一些造型的象征，一些印象的方法把写实的演技这个长时间建的殿堂一部部分解了。刺激观众，使其自唤幻想，自作幻想，这是他们的目的，银幕上只给出一条斜巷，两片灰色倾颓墙壁，一只竖着尾巴的黑猫走出来，月影，微风，再添了演者影像的最小量；一个瘦长的躯型，两个耸起的肩膀，背影，足迹，这些分解的大写，于是"僵尸深夜杀人"的恐怖的效果，便在观众的脑筋中发生了。这些例可在"The Cabinet of Dr. Caligari"、"Genuine"等表现派作品中丰富地找到。这是极度适合于附随于电影的暗示原理的，所以他们是成了。

传统派"写实的演技"第二次之被打破是由苏俄几个影艺人。Montage理论的发生逐给与了电影以新的生命。一切都服于Montage魔力的麾下。演技当然不能漏外。它得自创悲喜的感情，描写心理阐明内容意义，演员不过是提供素材而已。

除了"影戏眼"（Kinoki）之外，便什么都不承认了。然而时日的经过渐渐地使电影演技的存在性质明了了。演技虽然不可以是Foot light的遗产，但却也不是空洞洞的素材所能代替的东西。由表现主义，印象描写再进一步用同情使其圆滑柔化了，而另得一种脱了智能的外壳，忠实于自然和实生活的造型，即浪漫的演技。这才够称为脱离一切传统羁绊的，真正的ecranes que的演技，同时也是我们的女星许曼丽在"猺山艳史"里头所创的一个演型。我们得在她的肢体动作上领略Adolph Zukor起初发现了曼丽壁克福那时的，非智的非技巧的自然而生动的线条的投影，我们爱她那把生活游戏化，而把游戏生活化了的美艺的神情的发露。

我们愿以"真正的影星""美丽的小灵魂"这些菲薄的礼

物谨献给她，并希望她长以优美的律动的造型医治我们的艺术饥饿！⑩

　　《猺山艳史》受到了电影评论家如此高的评价，但电影爱好者的投稿却确褒贬不一，那么票房成绩到底如何呢？在当时的上海，新电影在首映影院上映一周后，依次在二线、三线影院公映。根据《申报》一九三三年九月到十一月这三个月刊登的广告，制作出上映影院及上映期间一览表后，得知共在十二家影院上映了四十六天。

9 月 1 日—7 日	新光大戏院	7 天
9 月 20 日—25 日	上海大戏院	6 天
9 月 21 日—25 日	中央大戏院	5 天
9 月 27 日—30 日	明星大戏院	4 天
10 月 25 日—28 日	东南大戏院	4 天
10 月 29 日—31（?）日	山西大戏院（《申报》	
10 月 31 日的广告未确定）		3 天（?）
11 月 1 日—4 日	东海戏院	3 天
11 月 5 日—7 日	九星大戏院	3 天
11 月 9 日—11 日	天堂大戏院	3 天
11 月 16 日—18 日	荣金大戏院	3 天
11 月 19 日—21 日	蓬莱大戏院	3 天
11 月 24 日—25 日	恩派亚大戏院	2 天

四、《春蚕》的制作及其评价和在上海的上映情况

　　程季华主编的《中国电影发展史》对《春蚕》作了如下介绍。

夏衍在创作了《狂流》之后，又以蔡叔声的化名，把茅盾的《春蚕》改编为电影剧本，仍由程步高导演，由王士珍摄影。

《春蚕》是茅盾在 1932 年到 1933 年间创作的，它和《秋收》《残冬》是三个相互关联，而又可以各自独立的短篇小说。在这些短篇里，茅盾以深刻的现实主义的笔触，勾画了三十年代旧中国农民贫困和农村破产的悲惨图画。《春蚕》的改编和摄制，是中国新文艺作品搬上银幕的第一次尝试，（中略）影片《春蚕》，和它的原著一样，通过老通宝一家为育蚕而奋斗、挣扎，终于失败的经过，再现了这一时代真实，再现了当时中国农民在帝国主义、封建地主、买办、官僚和高利贷者的重重压迫和层层剥削下，一步步地陷入破产的境地。㉖

上映两天前，在《申报》上刊登了事前广告。和《猺山艳史》上映前一天的广告相比，版面只有其一半，且没有图片，相对来说并不十分引人注目。但是有诸如"中国第一流大文豪与大艺术家合作的上上佳片""不是什么'一九三三代表作'这是世界影坛永久的奇迹"等充满自信的宣传标语。十月八日上映当天在《申报》登了占版面三分之二大的大广告，但只附有两张小图（饰演老通宝的萧英及饰演老二的郑小秋同饰演和老二要好的姑娘的高情苹），"◎农邨经济破产的素描/◎社会组织动摇的缩影/◎暴露洋货猖獗的狂流/◎暗示土产衰落的病根"——全面以无产阶级电影的视点进行内容介绍㉗。

《春蚕》上映时导演程步高给《申报》寄去随笔，如下叙述着"一·二八事变"后，小资产阶级价值观被唤醒后的亲身体验。

果然，到后来"一九一八"之后，"一•二八"的大炮，炸弹轰醒了我们。那天我为了拍新闻片，在江湾，在闸北跑。耳朵所听见的是日帝国主义的炮声，眼睛所看到的是残暴的屠杀。

因此，我那疲倦而颓废的人生受着了大的刺激。于是我有了新的感觉，而具有了坚定的自信。我痛恨帝国主义的残暴，我对贫苦的同胞们怀着绝大的同情。我开始知道现在是怎样的世界，也开始懂得中国现在所处的是怎样的一种地位。[28]

另外《申报》上关于《春蚕》登有介绍文两篇、评论三篇、"群众意见"四篇。"群众意见"都是"内容的实在，及表现的真切"等，主张应该积极地评价这部作品的长处。在这里介绍一下十月十四日刊登，署名为洛涛的《〈春蚕〉观后》。洛涛在九月十日写的《〈猺山艳史〉的我见》，已在前文引用。

由文艺作品改编电影的《春蚕》，在制作的大体上就值得我们非常佩服的：因为中国的影片老是停留在那种低劣的封建意识的趣味中，而不求长进；能够把影片引到现实，用现实的题材来描写，来批判，这才是我们影业今后的出路。

《春蚕》的故事，本来是中国农民破落中的一个片面。它写出了帝国主义经济的侵入使得中国民族工业或农业的破产；它写出了中国封势攻力怎样和帝国主义一同勾结起来向农民进建；它写出了农民的原始性的反抗。虽然还不曾见到由个人的走到团体的行动，但这影片已经尽了它暴露的作用了。我们所希望于中国影业界的，虽在"春蚕"还不会给以十分的满足，但至少"春蚕"是一部现实的，以生产做题材，而不是和风花雪月的鸳鸯蝴蝶法相提并论的。

整个的调子，当然比较的沉闷，但我们要知道这是农民生活的一面，乡村多少是深有平静的情调的。㉙

如上，《春蚕》在《申报》上，比起电影评论家更多的是电影爱好者的一致好评。程季华也说"影片《春蚕》放映后，在文艺界引起了广泛的讨论，认为这是一次成功的有意义的尝试，是1933 年中国影坛的一次重大的收获。"㉚，那么票房成绩究竟怎样呢？根据《申报》十月到十一月两个月间刊登的广告，制作了上映影院和上映天数一览表后，得知共在七家影院上映了二十五天。

该作品先是从 10 月 8 日（礼拜日）到 12 日（礼拜四）在新光大戏院上映。根据后叙中刘呐鸥的评论，"《春蚕》映出第一天（礼拜日）晚场，竟险些卖不了三百个座"㉛。如前面所说，在当时的上海，原则上新电影作品要先在一流电影院上映一星期，而《春蚕》仅仅只上映五天后就中途停止了。最后一天《申报》上的广告（6.7 cm×18.7 cm）不到第一天广告（20 cm×27 cm）的四分之一，但无产阶级电影的内容介绍全部消失这一点值得注意。大概是虽然以左翼言论进行了大宣传，但由于教条性的内容并没有聚集来多少观众，于是就提前两天停止上映了吧。

此后，10 月 21 日中央大戏院在《申报》上注销了"明天……本院上海第二家开映"的事前广告，虚张声势的说"此片在新光大戏院连映七天每日满座"，但也就四天之后草草结束放映。10 月 26 日，中央大戏院在《申报》上登了"今天独家开映""全国运动大会"的广告。11 月 1 日开始在明星大戏院上映，但也在四天后结束。之后在三线影院上映了四次，但都仅仅只上映了三天。无论从上映影院数量还从上映天数看，《春蚕》都不及《猺山艳史》六成，略显萧条。可以说《春蚕》的票房成绩远不及《猺山艳史》。

10 月 8 日—12 日	新光大戏院	5 天
10 月 22 日—25 日	中央大戏院	4 天
11 月 1 日—4 日	明星大戏院	4 天
11 月 5 日—7 日	光华大戏院	3 天
11 月 9 日—11 日	东南大戏院	3 天
11 月 13 日—15 日	新中央大戏院	3 天
11 月 16 日—18 日	东海大戏院	3 天

五、鲁迅 VS 刘呐鸥的"猺山·春蚕论争"

9 月到 11 月《猺山艳史》和《春蚕》这两部 1933 年的话题之作在上海上映并被广泛热议时，鲁迅在 9 月 11 日的《申报》《自由谈》一页发表《电影的教训》，内容如下。

但到我在上海看电影的时候，却早是成为"下等华人"的了，看楼上坐着白人和阔人，楼下排着中等和下等的"华胄"，银幕上现出白色兵们打仗，白色老爷发财，白色小姐结婚，白色英雄探险，令看客佩服，羡慕，恐怖，自己觉得做不到。但当白色英雄探险非洲时，却常有黑色的忠仆来给他开路，服役，拼命，替死，使主子安然的回家；待到他预备第二次探险时，忠仆不可再得，便又记起了死者，脸色一沉，银幕上就现出一个他记忆上的黑色的面貌。＊看客也大抵在微光中把脸色一沉：他们被感动了。

　　幸而国产电影也在挣扎起来，耸身一跳，上了高墙，举手一扬，掷出飞剑，不过这也和十九路军一同退出上海，现在是正在准备开映屠格涅夫的《春潮》和矛盾的《春蚕》了。当然，这是进步的。但这时候，却先来了一部竭力宣传的《瑶山艳史》。

　　＊这片子，主题是"开化瑶民"，关键是"招驸马"令人记起《四郎探母》，以及《双阳公主追狄》这些戏本来。中国的精神文明主宰全世界的伟论，近来不大听到了，要想去开化，自然只好退到苗瑶之类的里面去，而要成这种大事业，却首先须"结亲"，黄帝子孙，也和黑人一样，不能和欧亚大国的公主结亲，所以精神文明就无法传播。这是大家可以由此明白的。
　　　　　　　　　　　　　　　　　　　　九月七日。㉜

　　正如前面提到的那样，《猺山艳史》详细的故事梗概不详，不过从先前引用的《申报》九月十日洛涛《〈猺山艳史〉的我见》所述，"影片中的黄朱两'同志'去的时候，是穿着那一套中山装，回来的时候，还是那一套中山装"可以推断出：国民党的官员最终还是从瑶族的山上下来了，成为瑶王驸马的是瑶族的青年。鲁迅举出《四郎探母》的主角杨四郎是宋代的武将，被辽国俘虏后和辽国公主结了婚为例。从这点看，鲁迅是不是把《猺山艳史》想象成了与之相同的作品呢？查看鲁迅 9 月 1 日到 11 日的日记发现，九日记录着"寄黎烈文信并稿两篇"，可以推测出给《申报》《自由谈》的编辑黎烈文寄的两篇稿件中有一篇是《电影的教训》，但是完全没有迹象表明在 9 月 1 日之后的一周内鲁迅曾看过《猺山艳史》。㉝

　　说起来，鲁迅很可能也没有看过电影《春蚕》。《申报》9 月

6日《〈春蚕〉之试映》报导称"九月一日晚,茅盾原著小说《春蚕》改编为影片之《春蚕》在中央大戏院试映。程导演步高特请茅盾及新文学家如田汉,叶灵凤等十余人莅院参观。(后略)",并没有提及鲁迅的名字㉞。之外可能也举办过《春蚕》的试映会,但是鲁迅日记里没有任何关于该作试映的只言词组㉟。

为什么鲁迅会在《申报》《自由谈》上发表批判《猺山艳史》、称赞《春蚕》的评论呢?两部作品是在同一时期采用新兴的外景形式,拍摄的写实电影,上映前的评价都很高。但前者早五个多星期上映,凭借异国情调而引起轰动。因为后者的原作者茅盾是鲁迅的好友,所以鲁迅执笔介绍了《春蚕》,但是可能由于一开始就没有看过电影《春蚕》,于是就把继该作品之后上映、和屠格涅夫小说同名的电影《春潮》搭配着进行了简单的介绍吧。

《春潮》1933年由上海亨生影片公司制作㊱,蔡楚生编剧、郑应时导演,且因原著的电影小说在《新闻报》《艺海》上连载过㊲,所以1月19日到26日在新光大戏院上映后博得了大幅超越《猺山艳史》之势的人气,票房成绩好像也还不错。担任《春蚕》剧本的夏衍在回忆录《鲁迅与电影》中,关于《春潮》否定了鲁迅的见解,"实际上,这部片子是和屠格纳夫没有关系的"。夏衍在回忆录中也没有任何涉及鲁迅参加《春蚕》试映会的内容。顺便提一下,鲁迅日记中也没有任何有关《春潮》的记录,恐怕这部电影鲁迅也没有看过吧。

与之相对,鲁迅虽然没有看过《猺山艳史》,却看了大量类似的电影。比如前面引用过的《电影时报》9月1日刊登的《异国情调与猺山艳史》中,作为"现在因机械文明和生活的干燥化,对于这一方面的精神食粮的要求是比前人来的更激烈更尖锐化的"的结果、刘呐鸥为"人类底浪漫的想象底触手便向未开发的国里进展了"的电影列举的《人猿泰山》、《万兽之王》、《摩洛哥》这三部电影，是鲁迅在战间期在上海看过的大量美国电影中的三部⑱。晚年在上海生活的十年中，鲁迅无视同时代的中国电影，专门只看外国电影，尤其喜爱好莱坞电影，上海时代一共看了一百二十四部美国电影。对于平日过着简朴生活的鲁迅忙里偷闲乘坐包租汽车跑去电影院的样子，鲁迅的爱人许广平是这样描写的"客人也没有，工作也比较放得下来的时候，像突击一下似的，叫一辆车子，我们就会很快地溜到影院里座下来"。而且"因为再三的避难，怕杂在人丛中时常遇到识与不识，善意或恶意的难堪的研究"，所以"每次看电影都跑到'花楼'上去了"㊴。附带补充一下，首映影院新光大戏院的电影票价分五角、七角、一元等三种。假设鲁迅看过《猺山艳史》和《春蚕》的话，大概是花了数倍的价钱坐在上等席位上，俯视着"楼下排着中等和下等的'华胄'"吧。此外，二线影院上海大戏院的票价是三角、五角、八角，三线影院是两角、三角、四角㊵。

鲁迅喜爱的弟子萧红（1911—1942）这样回忆着鲁迅也推荐她看电影。

鲁迅先生介绍给人去看的电影：《夏伯阳》、《复仇艳遇》……其余的如《人猿泰山》……或者非洲的怪兽这一类的影片，也常介绍给人的。鲁迅先生说："电影没有什么好看的，看看鸟兽之类倒可以增加些对于动物的知识。"㊶

鲁迅对泰山系列电影情有独钟，从 P. Dempsey Tabler 主演的无声电影《泰山之子》㊷，到 Buster Crabbe 主演的有声电影《泰山之王》㊸，都持续关注。还曾邀请家人和内山完造夫妇，把一九三四年制作后不久就在上海首映的由韦斯默勒主演的《泰山情侣》看了三遍㊹。或许仅仅是范·戴克导演，韦斯默勒主演的第一部

《人猿泰山》才算是可以"增加些对于动物的知识"的电影吧，因为这部电影是该导演利用在非洲拍摄的猛兽电影《大探险》中未使用的胶片制作的副产品。而《泰山情侣》等是在好莱坞的布景里拍摄的，所以有关"对于动物的知识云云"应持保留态度。

鲁迅在《电影的教训》中"银幕上现出白色兵们打仗，白色老爷发财，白色小姐结婚，白色英雄探险，令看客佩服，羡慕，恐怖，自己觉得做不到……"的说法，大概是他归纳了平素在"楼上"的"花楼"上看惯的泰山系列等好莱坞电影的印象而得出的吧。出乎意料的是，鲁迅也许是被泰山及其恋人珍妮"白色英雄"和"白色小姐"的罗曼史所吸引也说不定。

诚然"鼓吹大同提倡开化"的《猺山艳史》充斥着蔑视少数民族的大汉民族主义的思想，但是对生动地反映了山区自然和瑶族民俗这一点，难道鲁迅不应该给予评价吗？至少和被鲁迅称赞"看看鸟兽之类倒可以增加些对于动物的知识"的好莱坞电影相比，由于《猺山艳史》不是内景拍摄而是外景拍摄较为写实的这一点，应该能带给鲁迅关于瑶族文化和其居住区自然的丰富视觉知识吧。而且对于"机械文明和生活的干燥化"异国情调能带来"浪漫的想象"这一点上，和泰山系列相比《猺山艳史》逊色了吗？话虽如此，这样的提问本身是没有意义的。原因在于鲁迅是在没有看《猺山艳史》的情况下进行批判的。

那么刘呐鸥对《春蚕》给予了怎样的评价呢？刘呐鸥的评论《评〈春蚕〉》刊登在《矛盾》第二卷第三期（1933 年 11 月 1 日出版）上。这一期成立了《映画〈春蚕〉之批判》小专题，除了刘呐鸥之外黄嘉谟和赵家璧分别撰写了《〈春蚕〉的探讨》、《小说与电影》。根据一九八八年中国发行的文艺杂志目录上《矛盾》的解说得知这个杂志是国名党派系的杂志。

该刊得到国民党官方的资助，编者在创刊号上发表《我们的话》中说："以我们锋利的矛，去刺破一般丑恶者那来遮隐他们罪孽的盾，更以我们坚实的盾，来抵抗一般强暴者用作欺凌大众的凶器的矛。"同时发表王平陵等人的文章，攻击"普罗文学"，赞扬"民族主义文艺"，其倾向是明显的。（中略）但是该刊也刊登了一些倾向进步或者当时处于"中间"状态的作家的作品，其中有洪深、欧阳予倩、彭家煌、陈白尘、熊佛西、王鲁彦、老舍、黎锦明、施蛰存、戴望舒、蹇先艾、徐迟等。⑤

刘呐鸥的影评是从"无论如何，电影《春蚕》是失败的作品"这一否定评价开始的。

艺术上的制作方针之不鲜明，也是本片失败原因之一。作品既然选用了，负责者也该任用几个比较 Savoir Fairo（社交等场合上临机应变的才能、机智）的人把它重行改编一下；应删得删，可视化的也得可视化，至少，也须使文字几号的文学飞跃成为以具体的行动为单语的感觉影剧，才能下手。

仿佛有人说：《春蚕》是一部纪录像片。但在片内关于蚕的生长或培养的纪录，我们从画面所看到的却极少，既不是整篇一贯的 Realism，又不成其为教育影片。再，据说《春蚕》是一部暴露农村经济破产的作品，这当然是很好的暴露 Photo Play 了，但这里头实在没有应有的"剧"底形成。材料是散漫底横陈，毫无剧底趣味和结构。价钱卖不到生产费是千古以来的平常事，用做顶点是力量非常薄弱的。在文学作品或者可以用心理描写使它强调，但在电影，这是个非视觉性的情形是极无谓的。总之，在电影《春蚕》里头，我们是找不出它的兴味之中心点的——既不在乎蚕，又不在乎人，似乎只在卖价抵不原价这个"不希奇"。

人物关系未经树立，出场介绍又省略了。这一来，观众的视觉便全部混乱了。假如金山是以过长的持续时间来强奸观众底注意集中力的话，那么，这部电影《春蚕》可以说是以未经认识的影像底跳梁来骚扰观众的思想路径，内容是完全使人咽不下去的。电影特质无疑地是靠开麦拉的位置和摄影角度之自由性来给观众以经济的认识和理解的，但是《春蚕》中；开麦拉越是活泼，观众的脑筋越混乱了。

坏的印象，缺乏电影的感觉性，效果等于零，这便是电影《春蚕》。[46]

刘呐鸥逐一指出了，没有成功地将原著改编为电影，也没有能够拍成养蚕纪录片，虽描写了农村经济的破产却没有应有的高潮，将赤字决算这样的日常事件作为高潮的无力感，省略出场人物之间的关系介绍而招致了观众的混乱等问题。作为专业的电影人，刘呐鸥是从正面批评了《春蚕》，与鲁迅偷懒省事的批评形成了对比。

三泽真美惠将"猺山·春蚕争论"之后刘呐鸥和左派电影界的对立关系，做了以下整理。刘呐鸥介绍着"当时中国还不为人知的、反对陈旧权威的前卫电影革新表现技术"，以把这种表现技术和被前卫派作家否定的"故事性"再次结合起来的电影为目标，在"唤起对电影的形式上的注意的同时"，主张"在艺术作品上有时'怎样描写'比'描写什么'重要"。不过，据现代中国研究者李今的说法是，《矛盾》《春蚕》小专题刊登的刘呐鸥和黄嘉谟的评论明确表明了电影思想性和左派的对立，在右派不断对左派电影发起的镇压中，黄嘉谟在 1933 年 12 月 1 日出版的《现代电影》

上发表《硬性影片与软性影片》，将重视思想性、宣传性的电影批判为"硬性电影"，电影是使用柔软的胶片制作而成的"软性的"东西，以"用眼睛去吃的冰激凌、用心去坐的沙发"打比方，强调电影的娱乐性，与之相对的"左翼电影人主张'电影的艺术价值和社会价值是相同的，它的价值在于所表现的思想上'"。尽管在这场"硬软映画论争"上刘呐鸥始终保持沉默，"正因为察觉到刘呐鸥电影理论里有吸引一线制作者的要素，为了阻止一线制作者们远离左翼电影评论家，全力攻击了刘呐鸥的理论，虽然他一直保持沉默（中略）虽然刘呐鸥在电影理论方面和偏重电影思想性甚至可以称为电影政治化的倾向间一直保持着距离，但在1930年代前期的上海围绕中国电影开展的政治中，对于左翼电影人来说这种'非—政治的'态度本身就是应该受到批判的'政治选择'"㊼。

正如前面引用过的三泽所说的那样，如此一来虽然刘呐鸥抱着"纯粹艺术之地""自由的电影制作"的梦想和国民党以及日本占领军合作，但是这个梦想却一次次破灭。

三泽真美惠介绍了，自称在南京国民党电影摄影场中曾任刘呐鸥部下的黄钢在刘呐鸥死后五个月的1941年2月7日在香港《大公报》上刊登的回忆录，其中黄钢记录了刘呐鸥对鲁迅的批判。"鲁迅，靳以，巴金……他评定他们都是"卑鄙的"；理由是：这些人的艺术事业，都沾染上了政治。"㊽

不过，这个回忆录的讲述者"我"在1939年秋加入北方战场的游击队，之前的十几个月待在重庆。并且"四零年九月六日（即刘呐鸥遭暗杀三天后），我在延安见到了刘呐鸥死去的新闻"。"我"把"九月六日"称为"今天"来写回忆录的，以"他生前之走向享受，恰好像我们此刻，走向为众人的义务的服务一样地倔强，一样的踊跃（完）"作为回忆录的结尾⑭。

中日战争开战后，据说有数千知识分子从沦陷区涌向延安，这其中和回忆录的作者黄钢一样，从南京经由重庆转向延安的青年一定不在少数。但是果真有像黄钢一样把回忆录在香港的报纸上连载九天的青年么？在延安称为"整风"的肃清运动和红色恐怖开始于1942年4月，但是被称为"汉奸"的刘呐鸥真的有左翼青年为他写肯定——虽然只是部分的——的回忆录吗？由于对黄钢这个人物的生平事实一无所知，有必要对黄钢的刘呐鸥回想录持谨慎态度。

总之，对于鲁迅不看电影就写文章批评、赞美这件事，刘呐鸥感到不快的可能性极大。另一方面，鲁迅读过刘呐鸥写的《猺山艳史》论和《春蚕》批判吗？《鲁迅日记》中没有提到过刊登刘呐鸥评论的杂志《现代电影》和《矛盾》，所以鲁迅看过刘呐鸥文章的可能性极低。尽管如此，耳闻过这些传言还是有可能的。

有可能鲁迅理解了刘呐鸥的《猺山艳史》评价和《春蚕》批判对自己的《春蚕》赞美和《猺山艳史》批判构成了高质量间接性反驳。之后鲁迅没有重提"猺山·春蚕争论"，就和比如说对创造社的叶灵凤展开的顽固致命反击相比，形成了天壤之别。1928年的革命文学论战之际，针对创造社的叶灵凤（1904—1975）用画讽刺画的等方式侮辱鲁迅，鲁迅猛烈的批判其"可惜有些'艺术家'，先前生吞'琵亚词侣'，活剥蕗谷虹儿，今年突变为'革命艺术家'早又顺手将其中的几个作家撕碎了。""新的流氓画家又出了叶灵凤先生，叶先生的画是从英国的毕亚兹莱（Aubrey Beardsley）剥来的"等给与强烈的讽刺⑮。鲁迅在"猺山·春蚕争论"之后的沉默，难道不是对作为电影人的刘呐鸥表达的敬意吗。

刘呐鸥和鲁迅这两位文化人，共有着从传统到现代这一转型期的苦恼、日中两国间的文化交流和战争、文学和电影以及美术这样跨多领域的活动等文明史的课题，同时活跃在战间期的上海。因为两人没有直接见过面，所以可以说"猺山·春蚕争论"才是他们之间唯一的对话机会。

说这里，三泽真美惠也记录着以下趣闻。

> 黄天始在《一段被遗忘的中国电影史（一九三七～一九四五）未发表手稿》（执笔年代不详，根据李道明先生提供）里，将一九三四年在北四川路的一家茶馆里刘呐鸥交给鲁迅一张一百元的支票的轶闻，以当时在那个茶馆的黄天始的弟弟——黄天佐耳闻目睹的形式来介绍，叙述了刘呐鸥对其作家朋友们有"通财之义"（同前：十六）。如果这是事实的话，那就是刘呐鸥经济援助了对自己并不友好的鲁迅[31]。

根据鲁迅日记，1930 年 1 月 25 日到 1931 年 7 月 13 日之间鲁迅从水沫书店共领取了六百二十八元九角的版税[32]。但是鲁迅日记上，这五次不是由柔石代领的，就是冯雪峰送到鲁迅家的，或是以支票（可能是邮寄）的形式收到的，没有直接从刘呐鸥（或者刘灿波）手上领取的记载。在施蛰存 1932 年 5 月创办的文艺杂志《现代》的定价是三角、上海四大百货公司之首的永安公司男性事务职员的月收入仅为五十元的时代，总额六百余元的版税、或者是一百元的支票都不是小数目。但是鲁迅的年收入在 1929 年和 1930 年的时候超过了一万五千元，1934 年、1935 年也超过了五千六百元。三四年前一百元左右的版税鲁迅都是叫下人代理受领或送达，却在 1934 年特地亲自从刘呐鸥手上领取的话，应该是有什么要事吧。但是从日记里没有任何记载的情况来看，鲁迅接收刘呐鸥"通财之义"的事，可以认为是没有根据的传闻。换个角度想，这样的传闻得以流传，可以推测刘呐鸥身边的人们期待作为代表着上海战间期的文化人鲁迅和刘呐鸥两人应该直接交流吧。

注　释

① 关于鲁迅传记，参照拙作《鲁迅事典》（东京三省堂、二零零二年）以及《鲁迅——東アジアを生きる文学》（东京：岩波书店、岩波新书，2010 年）。

② 有关刘呐鸥的传记，参考了许秦蓁《摩登·上海·新感觉：刘呐鸥（1905—1940）》（台北：秀威资讯科技，2008 年）和三泽真美惠的《「帝国」と「祖国」のはざま》（东京：岩波书店、2010 年）。本注之中三泽的著作的引用出自原著第 176 页。

③ 拙稿《台湾人「新感覚派」作家刘呐鸥における一九二七年の政治と"性事"——日本短篇小说集『色情文化』の中国語訳をめぐって》，许秦蓁译《台湾新感觉派作家刘呐鸥眼中的一九二七年政治与"性事"——论日本短篇小说集〈色情文化〉的中国语译》（康来新、许秦蓁主编《刘呐鸥全集：增补集》"国立"台湾文学馆，2010 年）。

④《鲁迅全集》第七卷《集外集》（北京：人民文学出版社，2005 年）《〈奔流〉编校后记（二）》，一九二八年七月。

⑤《鲁迅大辞典》同编集委员会编，北京：人民文学出版社，2009 年，"朝华社"一项。

⑥ 关于鲁迅和蕗谷虹儿、谷中安规参考拙作《中国文学この百年》（东京：新潮社，1991 年）所收录的"鲁迅と蕗谷虹儿""鲁迅と《版芸術》誌"章节。

⑦ 施蛰存《我们经营三个书店》（同著《北山散文集》上海：华东师范大学

出版社，2001 年，307—308 页。

⑧ 施蛰存《北山散文集》，313 页。

⑨ 前田利昭《"中国左翼作家連盟"像の再構成——施蛰存を中心に》东京：中央大学经济研究所年报第二三号（二），1992 年，124 页。

⑩ 施蛰存《北山散文集》，315 页。

⑪ 三泽真美惠《「帝国」と「祖国」のはざま》，134 页。

⑫ 施蛰存《北山散文集》，319—320 页。

⑬ 程季华《中国电影发展史》第一卷、北京：中国电影出版社，1963 年 2 月第 1 版、1998 年 8 月北京第 4 次印刷，246 页。

⑭ 上海通信社编《上海研究资料续编》，上海书店印行，1984 年 12 月第 1 版，547 页。

⑮《申报》1933 年 9 月 6 日黄漪磋《猺山摄影记（五）》。

⑯《申报》1933 年 9 月 1 日阿龙《喊口号与脚踏实地/〈猺山艳史〉的献词》。

⑰《申报》9 月 2 日凌鹤《影片谈评/评〈猺山艳史〉》。

⑱《申报》9 月 7 日赵子明《看了〈猺山艳史〉以后》。

⑲《申报》9 月 10 日洛涛《〈猺山艳史〉的我见》。

⑳《申报》1933 年 9 月 7 日"涌森"《〈猺山艳史〉之我评》。之外的"影片谈评"一篇和"群众意见"一篇，署名和题目分别是：9 月 1 日芳子《〈猺山艳史〉的几位主角》、9 月 7 日丁丁《〈猺山艳史〉之我见》。

㉑《申报》1933 年 9 月 6 日《中央奖励〈猺山艳史〉》。

㉒ 许秦蓁《摩登·上海·新感觉：刘呐鸥（1905—1940）》，73 页。

㉓ 刘呐鸥《异国情调与猺山艳史》。康来新、许秦蓁主编《刘呐鸥全集：增补集》，198—199 页。

㉔ 刘呐鸥《〈猺山艳史〉的体裁》《刘呐鸥全集增补集》，200 页。

㉕ 刘呐鸥《从"电影演技"说到许曼丽—〈猺山艳史〉女主角》、康来新、许秦蓁主编《刘呐鸥全集增补集》，201—203 页。

㉖ 程季华主编《中国电影发展史》，208—209 页。

㉗《申报》10 月 8 日《春蚕》广告。

㉘《申报》1933 年 10 月 14 日程步高《〈春蚕〉导演》。

㉙《申报》10 月 14 日洛涛《〈春蚕〉观后》。其他的"观众意见的刊登日期和署名、题目等分别是：10 月 13 日《"关于春蚕"及其"批评"的意见》、10 月 15 日《评〈春蚕〉》王雨明、《看〈春蚕〉后》其然。

㉚ 程季华《中国电影发展史》第 1 卷，211 页。

㉛ 刘呐鸥《评〈春蚕〉》，《矛盾》第 2 卷第 3 期（1933 年 11 月 1 日出版）。《刘呐鸥全集增补集》，206—207 页。

㉜《申报》《自由谈》1933 年 9 月 11 日《电影的教训》。这篇被收录在《准风月谈》的时候（上海兴中书局，1934 年 12 月）、对标记有 ＊ 的句子进行以下改订：看客→黄脸的看客、矛盾→茅盾、这片子→这部片子、关键→机键。另外北京人民文学出版社《鲁迅全集》第 5 卷中、从 1957 年版到 2005 年版都把《猺山艳史》改为《瑶山艳史》。再者孙用编《〈鲁迅全集〉校订记》（长沙：湖南人民出版社，1982 年）的第 359 页、作了"黄脸的看客、这部片子、机键"的修改，但是没有作"茅盾"和"瑶山艳史"的订正。

㉝《鲁迅全集》第十六卷日记（1927—1936）、北京：人民文学出版社。

㉞《申报》1933 年 9 月 6 日《〈春蚕〉之试映》。

㉟ 三泽真美惠在《「帝国」と「祖国」のはざま》314 页第 2 章注（94）中作以下叙述：陈梦熊的《鲁迅喜看〈春蚕〉试映》（《鲁迅研究月刊》1990 年 10 月号，80 页）中也指出《春蚕》的导演程步高在《回忆〈春蚕〉的拍摄经过》（1962 年）记述著鲁迅来看试映了（该资料蒙大泽理子、藤井省三二位指教），但是笔者没有见过程步高的《回忆〈春蚕〉的拍摄经过》（1962 年）。

㊱《鲁迅全集》第五卷《准风月谈》，311 页注（4）

㊲《申报》1933 年 10 月 19 日《春潮》广告。

㊳《人猿泰山》《万兽之王》《摩洛哥》各作品的原名和制作年份、以及根据《鲁迅日记》得知的鲁迅观看的年月日分别是：*Tarzan the Ape Man*、

1932 年、1933 年 1 月 15 日；*King of the Jungle*、1933 年、1934 年 4 月 7 日；*MOROCCO*、1930 年、1931 年 8 月 12 日。

㊴ 许广平《鲁迅怎样看电影》《鲁迅与电影（资料汇编）》北京：中国电影出版社，1981 年 9 月，170 页、167 页。

㊵《申报》1933 年 9 月～11 月各电影院广告。

㊶《萧红散文集》哈尔滨：黑龙江人民出版社，1982 年 3 月，161 页。

㊷ 即《野人记》（*Son of Tarzan*）ターザン第二世，1920 年制作，《鲁迅日记》1935 年 12 月 6 日。

㊸ *Tarzan the Fearless*，1933 制作，《鲁迅日记》1934 年 3 月 29 日。

㊹ *Tarzan and His Mate*，1934 制作。《鲁迅日记》1934 年 9 月 22 日、23 日，1935 年 2 月 16 日。

㊺《中国现代文学期刊目录汇编》，天津人民出版社，1988 年，1319 页。

㊻ 刘呐鸥《评〈春蚕〉》在《矛盾》第 2 卷第 3 期，1933 年 11 月 1 日、120—121 页。《刘呐鸥全集增补集》中也有收录。

㊼ 三泽真美惠《「帝国」と「祖国」のはざま》，135—139 页。

㊽ 三泽真美惠《「帝国」と「祖国」のはざま》，142 页。黄钢《呐鸥之路（报告）》收录在《刘呐鸥全集增补集》。引用部份来自该书 300 页。

㊾ 黄钢《呐鸥之路（报告）》《刘呐鸥全集增补集》，311—315 页。

㊿《鲁迅全集》第七卷《〈奔流〉编校后记》1928 年 7 月，169 页。同第四卷《二心集》《上海文艺之一瞥》，1931 年 10 月、300 页。

51 三泽真美惠《「帝国」と「祖国」のはざま》，314 页、注 96。

52《鲁迅大辞典》"水沫书店"一项。

（原载《现代中文学刊》2013 年第 1 期，本文经译者重新校译。）

《蝴蝶夫人》：从好莱坞电影
到施蛰存与穆时英的小说

中村みどり

（早稻田大学商学学术院）

上海在 20 世纪 30 年代初已成为亚洲最繁华的国际都市，虽然"一·二八事变"给上海带来了前所未有的民族危机，但是经济恢复后中国民族资本也逐步兴起，随之也诞生了中产阶段。[①]在当时中国的电影产业里从海外进口的片子占 80％，其中最多的是美国的好莱坞电影。[②]对于新生的中产阶级来说去电影院观看好莱坞的新片是最时髦的消遣之一。近年来，李欧梵、李今等文学、文化研究者已对 1930 年代上海摩登文化与好莱坞电影，以及这些文化现象与上海现代主义文学作品风格的密切关系作了较好的分析。[③]本论文主要通过 1933 年以日本主义小说为原作的好莱坞电影《蝴蝶夫人》在上海的上映情况与观众的反应，分析上海现代主义文学作家施蛰存与穆时英在作品里如何改写《蝴蝶夫人》，并指出他们作品所具有的特点，就是对从"西方"男性视点出发的民族意识的怀疑以及对文学的自由空间的追求。

一、歌剧《蝴蝶夫人》与日本观众

19 世纪末欧洲文化已经发展成熟，此时作为亚洲第一个兴起的近代国家日本正推行明治维新，谋求在万国博览会上向西方国家宣传浮世绘等日本独特的文化艺术。这些具有东方韵味的展品给西方艺术界带来了新的想象空间。在这样的背景下，日本主义开始流行，艺术家们争先创作以日本为舞台的绘画、歌剧或小说。④其中美国作家约翰·路德·朗在纽约文艺杂志《世纪杂志》上发表的短篇小说《蝴蝶夫人》（1898 年），不但被改编成话剧，而且还被意大利的普契尼改编成歌剧，成为深受世界各国观众欢迎的名作。本章首先梳理短篇小说《蝴蝶夫人》与歌剧《蝴蝶夫人》之间内容的差异，⑤然后论及 20 世纪 20 年代到 30 年代日本观众观看此剧心态的变化。

短篇小说《蝴蝶夫人》概要如下：在甲午战争爆发前后，美国海军舰队中途在日本长崎停泊，士官平克顿花钱娶了一个家境没落的武士家庭出身的日本少女蝴蝶。少女蝴蝶崇拜平克顿如神，她信仰基督教，讲英语，努力适应平克顿的生活习惯。她在平克顿回美国后也天真地相信他的诺言：歌鸲作巢的时候他再回来。蝴蝶生了一个儿子，一直坚贞隐忍地等待平克顿回来。然而事与愿违，平克顿在几年后再度到访日本时却带着美国妻子。知道事实的蝴蝶毅然拒绝平克顿拿出的赡养费，为了保持自己的尊严试图自尽。故事的结尾却暗示她没有失去生命。

根据日本主义小说的研究成果可知，⑥作家约翰·路德·朗是受到法国著名的日本主义小说《菊子夫人》（1887 年）影响，以在长崎居住过的作为传教士夫人的姐姐的见闻为原型写成《蝴蝶夫人》。这篇小说的背景本来很复杂，既有江户时期长崎开设外国人居留地的特殊历史，也有明治初期在九州叛乱遭到镇压的武士家庭的没落，还有美国对于在甲午战争中获胜的日本的牵制，即西方"大国"美国与东方"小国"日本在国际上权利不平等的关系。但是，小说《蝴蝶夫人》在改编成话剧、歌剧的过程中却大大地改变了原貌。比如，女主人公蝴蝶的身份变成了艺妓；她在最后决定把孩子托付给平克顿的美国夫人；自尽身亡等。此外，平克顿把蝴蝶比喻为用大头针别住作标本的昆虫蝴蝶，以此强调支配者平克顿与被支配者蝴蝶之间的关系。由于话题和歌剧将原作升华为东方艺妓为爱情牺牲一切的浪漫悲剧，所以受到了各国观众的欢迎而风靡全球。

可以说《蝴蝶夫人》是基于西方殖民主义及男性主义的立场记述的故事。但是，日本观众在初次接触此歌剧时却表示欢迎。1915 年三浦环在伦敦饰演歌剧《蝴蝶夫人》女主人公蝴蝶获得成功。这是日本的歌剧女主角初次登上欧洲舞台，其后连日本人饰演蝴蝶都被看作是提高日本国家威望的喜讯。⑦可以说此作品起到了日本人进入欧洲艺术界并占有一席之地的作用而受到欢迎。可是，到了 20 世纪 30 年代，日本与西方列强并驾齐驱，也加入了获取殖民地的竞争，有些人便提出从日本民族意识的立场出发大有必要改写《蝴蝶夫人》中西方男人花钱买日本女人而后抛弃的故事。日本国际文化振兴会还计划基于"日本精神"改编此歌剧。此外，还有人批判好莱坞电影《蝴蝶夫人》，并具体提出由日本人在好莱坞重新拍摄《蝴蝶夫人》大团圆版的计划。⑧在这十多年中，日本观众观看歌剧《蝴蝶夫人》的心态变化了。这种变化其实也代表了当时日本政府以及日本知识分子从摸索迎合欧美观众对日本东方韵味的需求到反驳这种需求，从而寻求树立独立国家形象的意识。

二、好莱坞电影《蝴蝶夫人》与上海观众

20 世纪 30 年代也是好莱坞电影的黄金时代。1932 年电影制作

大公司派拉蒙推出了由马里昂·格林导演，明星薛尔维亚·雪耐饰演蝴蝶，加里·格兰特饰演平克顿的《蝴蝶夫人》。本章将对好莱坞电影《蝴蝶夫人》在上海的上映情况与观众如何享受此片进行考察。

《Kineme 旬报》，1933 年 3 月 1 日　　　　《Kineme 旬报》，1933 年 4 月 1 日

此片 1933 年 3 月 1 日在日本大阪的松竹戏院首映。虽然开始时电影评论家也从演员的动作等指出了西方人对于日本风俗习惯的误解，但是对于精心制作的这部以日本为舞台背景的薛尔维亚·雪耐充满激情表演的影片还是给予了很高的评价。⑨卖座也很好，结果在大阪继续上映了一个月。⑩当时广告词上写着"永远让全世界观众赞扬、流泪的日本姑娘的纯情"。⑪从这句广告词可知上映策划人还企图借用西方人眼里的具有异国情调色彩的日本女人形象引起观众的兴趣。到了 4 月 1 日在首都东京首映时大肆宣传"现在就是蝴蝶夫人的时代了!!"，但是此片的人气却越来越小。关于此情况电影评论家分析：在大阪首映《蝴蝶夫人》时，在同一场上还有日本少女歌舞团的表演，因此观众一举两得，受到欢迎，其实此片本身并没有太大的吸引力。⑫由于在东京单独上映《蝴蝶夫人》，观众不断减少，所以一些电影院开始中止放映此片。⑬如

上面所述，后来还出现了把这部电影看作"国耻"的批判之声。

那么，上海的观众是如何欣赏电影《蝴蝶夫人》的呢？此片比日本早几天于 1933 年 2 月 24 日在上海首映。[14]当时上海的电影院分为专门首映好莱坞电影的首轮影院、二轮影院和三轮影院。首轮影院位于租界的繁华区，具有华丽的装修及先进的设备；二轮影院位于离租界繁华区稍远一点的地区；三轮影院位于工厂地区等中国人居住的边缘地区。[15]首映《蝴蝶夫人》的光陆大戏院与兰心大戏院是分别位于公共租界与法租界繁华地区的高级影院。[16]当时《申报·本埠新闻》的《电影专栏》每天介绍上海各影院上映的电影信息。下表是根据此栏电影广告而整理的电影《蝴蝶夫人》的上映情况：[17]

	上映期间	上映戏院		上映期间	上映戏院
1	2 月 24 日—28 日	光陆/兰心大戏院	11	7 月 1 日—4 日	辣斐大戏院
2	3 月 4 日—5 日	光陆大戏院	12	7 月 7 日—10 日	新中央大戏院
3	3 月 31 日—4 月 6 日	巴黎大戏院	13	7 月 14 日—15 日	恩派亚大戏院
4	4 月 8 日—14 日	上海大戏院	14	8 月 12 日—15 日	西海戏院
5	4 月 27 日—5 月 1 日	中央大戏院	15	9 月 2 日—5 日	虹口/蓬莱大戏院[18]
6	5 月 13 日—18 日	光华大戏院	16	9 月 13 日—16 日	山西大戏院
7	5 月 20 日—22 日	明星大戏院	17	12 月 15 日—18 日	北京大戏院
8	5 月 25 日—28 日	香港大戏院	18	12 月 22 日—23 日	黄金大戏院
9	6 月 17 日—21 日	东南大戏院	19	1 月 19 日—20 日	明星大戏院
10	6 月 25 日—29 日	东海戏院	20	1 月 21 日—23 日	新中央大戏院

从上面的一览表可知《蝴蝶夫人》在约二十家影院，从首轮影院到三轮影院上映了一年左右。巴黎大戏院的广告上有"五天看客一万八千余人"、"看得男女老少赞不绝口"等广告词。"[19]中央大戏院的广告上写着"上海戏院开映一个星期看客不下七万余人"。[20]此外，《申报》读者的投稿中也有"当初次在光陆兰心开映时，观众的拥挤，简直是人山人海，而这次呢？也不下于万人空巷的成绩"等字句。[21]这些数字也许是夸张的，不过至少可以说明此片受到上海观众的热烈欢迎。下面接着考察此片在上海风靡一时的理由。

《申报》，1933 年 2 月 24 日

首先要注意《蝴蝶夫人》是在"一·二八事变"爆发之后不久的 1933 年开映的。首映《蝴蝶夫人》的光陆大戏院与兰心大戏院的广告上有"派拉蒙公司特种巨片之最杰出者!"、"悲酸沉痛哀感绝伦大悲剧"、"赤裸裸介绍东洋艺妓院的花絮"、"写日本少女恋慕美国军官由享受温柔滋味写起写到被弃尝遍凄凉为止"、"从未见过全部东洋道具伟构"等刺激观众好奇心的词语。[22]二轮影院也引用同样的广告词进行宣传。这些词语不是介绍此片的跨国爱情故事，而是强调日本女人与美国男人恋爱后遭到抛弃。以西方与东方异国恋爱的悲剧来引起观众的兴趣，不少观众也同情多情

纯粹的日本女主人公。

《申报》，1933 年 8 月 14 日　　　　《申报》，1933 年 9 月 13 日

　　但是应该注意的是到了三轮影院，广告词变得粗俗了。后期上映《蝴蝶夫人》的东海戏院位于黄浦江沿岸的提篮桥地区，西海戏院位于苏州河沿岸的新闸路上㉓。这两家位于边缘地区的电影院的广告上写着"胆大大的直叙美国兵抛弃日妓"、"我们看了心中极痛快"、"我们看了心中极满足"。㉔此外，位于南市小西门的蓬莱大戏院的广告上有"日本艺妓院的秘密生活嫖东洋堂子"的词语。㉕不难想象，票价比较便宜的三轮影院的观众不像首轮影院的观众那样通过好莱坞电影追求西方的文雅、摩登文化，他们更需要通过电影得到明快的快乐。因此三轮影院的广告词更为露骨地刺激大众的兴趣，更加直率地表达了他们对电影《蝴蝶夫人》的感想，即观众处于西方"大国"美国的"强男"的位置将日本看成"小国"的"弱女"而得到的快感。

　　有意思的是虽然同是站在优越的位置，但是观众也有不同的反应。下面是一个观众在杭州观看《蝴蝶夫人》后的感想：

此片主旨在描写日本女子之温婉多情，及其在家庭中所表现于其夫之种种美德，颇见精彩，感人至深。惟在此全国一致热烈抗日期间，大礼堂电影院忽以此种足以软化国人敌忾之心之影片，映示大众，其用意殊不可解。此类影片，直接减少国人抗日热情，间接为倭寇宣传，吾人郑重唤起本市电影戏院检查委员会之注意，请问诸君："究属所司何事？"㉖

这种感想说明电影《蝴蝶夫人》中的女主人公的姿态，使观众特别是男性观众心动得连对日本的敌意都软化了。当时电影评论家说"西方人所能够了解的日本人，也只是温柔，礼貌，以至于绝对服从的性格吧，但是近代的日本妇女，并不见得还是如此"，㉗指出此片中的日本女人只不过是西方人对于东方女人形成的幻想。不过，把此片中的女主人公看成现实人物的观众也不少，在抗日战争发生之后也有人承认电影《蝴蝶夫人》的魅力：

美国好莱坞的电影公司，曾经抓到日本女人的多情而拍摄过一新哀艳影片，叫做《蝴蝶夫人》的，看过那张影片的人，对于日本女人是感到一种怎么样的憧憬啊！这倒并不是想有那么一个女人来体贴服侍，而是感到人间如果真有那样的女人的爱，而男子们如果不像那个美国水兵去玩一下女人的话，那真是一个甜美的世界了！不问我们是怎样一个偏激的爱国主义者，总是感到日本的女人是多么的悲惨！㉘

如上所述，当时在日本人气越来越小，对日本观众来说感到屈辱的好莱坞电影《蝴蝶夫人》，在上海却受到很大的欢迎。可以指出这是中国庶民本来喜爱鸳鸯蝴蝶派系的爱情悲剧，但同时可以分析其原因是他们站在美国"大国"的男人的优越位置，持两种态度欣赏此片的结果。一种是嘲笑将日本看成"小国"的"弱女"发泄反驳"敌国"的感情；一种是憧憬"纯洁多情"的日本女人而忘掉"敌国"的存在。^②对日本女人的嘲笑与憧憬看起来都是从男性视点出发。不过这两种欣赏方式后面还有不同的背景。在"一·二八事变"爆发之后不久的充满闭塞感的时代，观众需要发泄被压抑的民族意识，但是同时也依然需要保持着中国历来对邻国"扶桑"抱有某种诗意般的感情。从这两种观众态度可以看到中国近代以来对日本所抱有的两面的复杂心情。

三、上海现代主义文学中的《蝴蝶夫人》：施蛰存的　《蝴蝶夫人》与穆时英的 *PIERROT*

　　上海的现代主义文学是在 20 世纪 20 年代后期兴起的。它吸收了巴黎、东京等国际都市的文化潮流，以新的形式来探求现代都市的风景与人们的心理。它的特点是既有半殖民地的性质，也有世界主义的感性，它有受到西方列强影响的一面，也有反抗这些西方国家的另一面。^③本章探讨代表这一文学派系的作家施蛰存的短篇小说《蝴蝶夫人》与穆时英的中篇小说 *PIERROT*。这两篇小说都是在好莱坞电影《蝴蝶夫人》在上海上映后不久发表，下面要分析这些小说如何部分地引进、改写了《蝴蝶夫人》的故事。

　　施蛰存（1905—2003）生长在江南乡镇，对于中国古典文学造诣很深，也受到弗洛伊德的西方精神分析学与运用此理论的显尼支勒的文学作品的影响。他把这些东方的古典文学世界与西方的近代精神分析法结合起来，创作探究现代人深层欲望的作品。

施蛰存于 1933 年 11 月出版了作为"良友文学丛书"之一的短篇小说集《善女人行品》。此小说集是"一组女体习作绘"，收录的12 篇小说都是"描绘近年来所看见的典型的女人"，是"完全研究女性心理及行为的小说"，㉛女主人公大多是已婚者，她们用"善"字掩盖对异性的渴望，最后还是回到老式家庭里去。

有评论认为：施蛰存通过对这些普通女人的分析，让上海文学的以摩登女郎为中心的女性构型出现变化，即是女性形象摆脱了男性叙事中的色情欲望的折射，而获得某种主体性的开始。㉜《善女人行品》里的小说被评为有深度，常受到关注，㉝反而其中有一篇题为《蝴蝶夫人》的小说却很少涉及。㉞可是此作品的女主人公比其他作品更积极试图脱离传统的道德观而追求自己的幸福，因此，探讨施蛰存对女性的被抑制的欲望的叙述，就不能忽视此作品。

在施蛰存的《蝴蝶夫人》中，男主人公李约翰是研究蝴蝶的学者，他从美国留学回来后在上海某大学任教授。虽然李教授新婚不久，但是埋头于研究工作，失意的夫人便每天上街乱花钱买东西发泄郁愤。她有一天得到丈夫同意，开始跟他的同事——开朗活泼的体育教授陈君哲交往，后来逐渐发展为天天跟他一起出去。李教授某天在研究告一段落之后去找他夫人，却发现她不在，而在公园里与体育教授很亲密地交谈。小说最后的场面是体育教授轻松地用网球拍打伤几只蝴蝶，高兴地跟李夫人谈话，两个人走后李教授怜惜地捡起它们。

这些李教授捡起的蝴蝶就是他研究的那种"庄周蝶"。以前他还曾向夫人解释过这个蝴蝶是古代思想家庄周的化身：

"他吗？他有个美丽的妻子。据说，庄周是个哲学家。

哲学家是特别的富于想象。因为他底妻子太美丽了，他想象
出她一定有情人在外边。所以，据说每当他妻子出门之后，
他总是躺在床上运用他底哲学思想，使他底灵魂化成蝴蝶，
从窗间飞出去，追踪着他底妻。后来，不幸得很，庄周比他
底妻先死，他因为连灵魂都爱着他底妻，所以永久地化作了
这样的象征着纯洁的恋爱的蝴蝶，永久地追踪着他底美丽的
妻底身后。"⑤

　　小说最后的情节显示了"庄周蝶"与李教授相同的境遇，受
伤的"庄周蝶"暗示着李教授要被李夫人抛弃。

　　胡晶、何希凡分析小说《蝴蝶夫人》中的"蝴蝶"有几重意
味："蝴蝶夫人"即是研究蝴蝶的李教授的夫人。她结婚前被李教
授看成为"爱神幻化的美丽的蝴蝶"之化身，反而结婚后像"蝴
蝶的标本"一样被丈夫剥夺主体意识了，可是她认识丈夫同事陈
君哲以后如"蝴蝶"般飞走，争取自己的主体性，反而李教授却
同构于"庄周蝶"被夫人抛弃。胡晶、何希凡还指出女主人公的
行为彰显了现代女性蓬勃的生气⑥。这些分析有充分的说服力。
不过笔者认为此小说还可以从与中国古典文学以及好莱坞电影
《蝴蝶夫人》的关系解读。

　　施蛰存的小说《蝴蝶夫人》应该是基于两篇中国古典文学作
品创作的。一个无疑是《庄子·齐物论》中的著名的"蝴蝶之
梦"。"蝴蝶之梦"本来描写庄周在梦里变成为蝴蝶，他在醒来后
问是蝴蝶变为自己，还是自己变为蝴蝶，以此思索万物变化而本
质同一的道理。"唐诗"中的李商隐诗歌《锦瑟》也引用了此故
事。此外一个是明代的短篇小说选集《警世通言》中收录的《庄
子休鼓盆成大道》。这则故事中说，庄周遇到一个年轻的寡妇，她

在丈夫死后希望马上再嫁，由此怀疑自己美丽妻子田氏的节操。几天后，庄周突然患病而死，田氏日日服丧悲伤不已。当一个自称庄周弟子的英俊公子前来吊唁时，她却对那位公子产生了强烈的爱慕之情。为治愈公子老病不惜用斧头砍坏棺木要取庄周脑浆。这时庄周醒来，点明公子是自己隐身术的分身。田氏因此羞愧难当，上吊自尽。这个故事也是众所周知的京剧、越剧的著名剧目《大劈棺》《蝴蝶梦》的原著。⑪小说《蝴蝶夫人》中李夫人没有掩盖对异性的欲望、要抛弃丈夫——"庄周蝶"的态度与《庄子休鼓盆成大道》中田氏那种对于异性的强烈的渴望，对丈夫庄周采取的态度，是一致的。

另外，从小说《蝴蝶夫人》这个题目，也不难推想施蛰存对风靡一时的好莱坞电影《蝴蝶夫人》的在意程度。读者可以发现他的小说《蝴蝶夫人》中有当时在上海上映的电影《蝴蝶夫人》内容的影射。如李教授留美的经历让人联想到美国海军士官平克顿的国籍；李教授收集蝴蝶制作标本的行为也与平克顿把日本少女蝴蝶比喻为昆虫蝴蝶，要用大头针别住做蝴蝶标本，让她属于自己的台词吻合。然而，施蛰存的小说《蝴蝶夫人》中描写的却是一个中国妻子不服从丈夫，放弃贞女——属于丈夫的"蝴蝶标本"的身份而追求自己的幸福，与《庄子休鼓盆成大道》中的男女形象的改写一样，轻松巧妙地逆转了电影《蝴蝶夫人》中的男女角色。

1933年9月施蛰存在上海《大晚报》副刊的《欲推荐青年之书》栏目中填写《庄子》等而引起鲁迅的批判，此外，他还给学生推荐过《庄子休鼓盆成大道》后来被收录的《古今奇观》。⑫可以说重视中国古典文学内涵的文学性的施蛰存，⑬试图通过小说《蝴蝶夫人》，以赞扬"东方贞女"的中国古典文学作品和西方的日本主义故事为铺垫，塑造一个脱离"东方贞女"角色而得到主体性的现代女性形象，并分析一对夫妻每个人的被压抑的欲望。

穆时英（1912—1940）有上海出生长大的文化背景，他脱离中国传统文化，大胆地吸收西方与日本新感觉派的拟人法、电影摄影技术蒙太奇的手法等。用这些新颖的表现技巧，描写从摩登男女的恋爱到劳动者的悲哀，多层面、多角度地展现了现代都市上海的风景。他的文艺才华被称为"圣手"、"文学技巧的实施家"，他的作品被评为描写都市人的孤独，但是同时被指出观念上有一些衰颓。[40]穆时英的中篇小说 PIERROT 副题为"寄呈望舒"，分为上下篇，分别发表于施蛰存主编的文艺杂志《现代》第4卷第4期与第5期（1934年2月、3月），后来收入小说集《白金的女体塑像》（1934年）。

穆时英在小说集《公墓》（1933年）序文中就说明，"pierrot"指的就是虽然在繁华的都市里生活、脸上戴了快乐的面具，心底却蕴藏着没法排除的寂寞感，从生活中跌下来的人。此序文最后写上"敬献给远在海外嘻嘻地笑着的 pierrot，望舒"。刘涛引用穆时英的文章《戴望舒简论》指出，[41]穆时英认为同一文学派系的诗人戴望舒一方面是爽直的"本能的现代人"，另方面害羞、锐敏、有着"近于女性的灵魂的"两重人格，也认为两重人格既是他们的共鸣点，又是他们文学作品的一个基点。依据上面所述，可以知道"pierrot"既是指着戴望舒的人格，又是带有讽刺性的穆时英的自我形象，即是外面快乐而内心孤独的都市人。

PIERROT 的男主人公潘鹤龄是住在上海的作家。他身处都市生活喧嚣、颓废的气息中，心里感到无法弥补的空虚。可以知道他也是具有两重人格的都市人"pierrot"。潘鹤龄在他人身上不断地寻求理想，却屡屡失望。初次抱有幻想的对象是住在上海的日本恋人琉璃子。潘鹤龄知道她的背叛后深深地失望，于是离开上海回家乡。在家乡却发现他父母也只把他看作摇钱树而已。由此他再回到城市里投身于工人运动，却被伙伴出卖坐牢。出狱后伙伴都不理他，最后潘鹤龄只好"像白痴似的，嘻嘻地笑了起来"。

虽然分析小说 PIERROT 的论文不少，[42]但没有涉及男主人公的恋人设定为日本女人的理由。笔者以前指出戴望舒，徐霞村的诗歌中以及电影《蝴蝶夫人》中的日本女人形象对 PIERROT 中的日本恋人的影响[43]，下面再试图对电影《蝴蝶夫人》与 PIERROT 的关系进行考察。

潘鹤龄厌烦欲望横流的都市中的人际关系，他以为只有琉璃子可以安慰他，真正了解他。潘鹤龄眼里的琉璃子身上带有"东方女性的一种特性"的"感伤主义"、"在男子专制政体下的薄命感"、"温柔的美"、"东方的德"。[44]琉璃子的名字却暗示着潘鹤龄对她抱有的纯洁美丽形象将会像玻璃一样破碎。其实她并不忠实于潘鹤龄，还跟菲律宾海员恋爱交往，即让这两个男人来供养她。如潘鹤龄将琉璃子比喻为"蝴蝶夫人"赞扬她既坚贞又温柔那样，小说 PIERROT 的不少场面都与电影《蝴蝶夫人》的故事相似。请看：

> 琉璃子有玄色的大眼珠子，林檎色的脸，林檎色的嘴唇，和蔚蓝的心脏。她的眼是永远茫然地望着远方的，那有素朴的木屋，灿烂的樱花和温煦的阳光的远方的，那么朦胧地，朦胧到叫人流泪地，可是当她倚在他肩头的时候，便有了蔚蓝的，温存的眼珠子……
>
> （……温存的，蔚蓝的眼珠子，她的心脏的颜色的眼珠

子，在那日本风的纸灯笼旁边，那玲珑的松柏盆景旁边，那白木制的纸屏风旁边。

"要到明年樱花开遍了东京的时候才能回来啊！"

"请在衣襟上簪着一个异国人的思恋吧！"

把领带上的那支缀着珠子的别针给了她，便默默地坐着。

······

走的时候，看到她萧条的行装，又把钱袋给了她，黯然地望着她的，林檎色的脸。

把绢制的蝴蝶夫人放到他衣袋里：

"为她祝福吧！"那么太息了一下抱住了他的脖子。

在她的唇上说着："明年燕子筑巢的时候再不回来，我会到银座来做一个流浪者的，为了你；因为蝴蝶夫人似地哀怨着命运的不是你，倒是我啊！"

她的眼珠子里边有一些寒冷，是的，一些寒冷和一些忧郁，牧歌那么冲淡的忧郁——

"沙扬娜拉！"

而这些寒冷，这些忧郁也是潘鹤龄先生的······）

是的，这些寒冷和这些忧郁正是潘鹤龄先生的。

"沙扬娜拉！"⑤

这是小说开头潘鹤龄去看琉璃子的场面。可以分析括在括号里的字是叙述人位于潘鹤龄的视点，对这一对恋人密会——"演戏"的描述。琉璃子有"温存的，蔚蓝的眼珠子"、生活在"日本风的纸灯笼旁边""玲珑的松柏盆景旁边"与"白木制的纸屏风旁边"等过于传统的日本家具布置的房间里。PIERROT 中通过对充满浓厚的东方韵味的人物与景物的反复描写，使人很容易联想到好莱坞电影《蝴蝶夫人》中西洋人扮演的日本女人以及有日本特点的景致。此外，潘鹤龄告诉琉璃子"明年燕子筑巢的时候再不回来，我会到银座来做一个流浪者的，为了你"。不难发现潘鹤龄所说与《蝴蝶夫人》里平克顿所说的他回长崎的时期"歌鸲作巢的时候"的说法很像。而实际上，PIERROT 中琉璃子的性格与《蝴蝶夫人》中蝴蝶的为爱情牺牲一切的性格是截然不同的。如琉璃子把"绢制的蝴蝶夫人"送给潘鹤龄的场面那样，那个偶人其实就表明了她只不过为了从男人身上讨钱假扮"蝴蝶夫人"。潘鹤龄对琉璃子讲的台词："有蝴蝶夫人哀怨命运的不是你，倒是我啊！"也显示了遭到恋人背叛处于悲哀命运的，真正的"蝴蝶夫人"却是男主人公潘鹤龄自己。其实如潘鹤龄自言自语"明天会没有了琉璃子，没有了绢制的蝴蝶夫人似的琉璃子"㊻那样，他也感觉到他眼前的琉璃子不是真正的"蝴蝶夫人"似的贞淑多情的女人，而只不过是他幻想中的女人。

如上所述，穆时英比施蛰存更加意识到好莱坞电影《蝴蝶夫人》的主旨，通过小说 PIERROT 改写了《蝴蝶夫人》的故事，逆转工男女角色。小说 PIERROT 的特点是描写表面贞淑、其实奔放的日本女人的二重人格，在女人身上追求梦想的男人的失意，以及欲望横流的都市现代社会。更进一步地说，把背叛男性的女人设定为日本人，也是借"坏"日本女人形象强烈地讽刺了观看好莱坞电影《蝴蝶夫人》的中国观众对于"纯洁多情"的日本女性的追求。PIERROT 中男主人公对"蝴蝶夫人"所抱的"贞淑"形象、对"母亲"所抱的"崇高"形象以及对"工人运动"所抱的"神圣"形象，最后都被打破。可以推想在上海的现代主义作家受到左翼文坛批判的时代里，穆时英通过小说 PIERROT 讽刺这些过度被美化的道德形象以及这些形象后面存在的意识形态所具有的虚构性。

四、结　语

1933 年开映的，以西方日本主义小说为原作的好莱坞电影《蝴蝶夫人》引起中日两国观众的不同反应。日本有些观众从日本的民族意识出发把此片中美国男人抛弃日本女人的故事看作"国耻"，而中国很多观众则从中国的民族意识出发，借用美国男人的立场享受此片，并发泄对日本的反感，同时也解除日本带来的紧张而得到快乐。当时登载在《申报》上的短篇小说《病》中，一个上海的女青年由于讨厌"蝴蝶夫人"拒绝观看国泰大戏院上映的薛尔维亚·雪耐主演的好莱坞新片。[⑪]也许可以推想，作为现代女性的她不喜欢《蝴蝶夫人》所表现的从男性视点出发作为欲望对象的东方女人形象。那么，施蛰存与穆时英为什么在作品里改写《蝴蝶夫人》的故事呢？施蛰存与穆时英改写《蝴蝶夫人》的男女强弱的角色与国籍，试图把"蝴蝶夫人"变成为忠于自己欲望、脱离悲剧女主人公的角色的现代女性。同时也达到了不仅打破原作中西方男人投向东方女人的视线，还打破了当时中国观众通过好莱坞电影《蝴蝶夫人》投向日本的，模仿西方男人视线的效果，间接地批判观看好莱坞电影《蝴蝶夫人》的中国观众之中涌动的偏激的民族意识。施蛰存的小说《蝴蝶夫人》与穆时英的小说 PIERROT 比较起来，可以说施蛰存意识到中国古典文学与好莱坞电影完全不同，却尝试把都赞扬"东方贞女"的艺术作品融和起来，创作探讨现代人被压抑的欲望的心理小说，而穆时英更意识到让好莱坞电影中的东方女人形象逆转，探索包括民族意识内涵的民族观点与意识形态的问题。在当时特殊的政治环境中，这两位作家的自由主义文学观念，也足以说明他们在人们的思想容易趋于一元化的时代里，拒抗世俗的眼光，尝试性地拓宽了文学的表现空间。

注 释

① 连连：《萌生：1949 年前的上海中产阶级》，北京：中国大百科全书出版社，2009 年。

② 姜玢：《凝视现代性：三四十年代上海电影文化与好莱坞因素》，《史林》2002 年第 3 期。

③ 李今：《新感觉派和二三十年代好莱坞电影》，《中国现代文学研究丛刊》1997 年第 3 期；李今《海派小说与现代都市文化》，合肥：安徽教育出版社，2000 年；李欧梵：《上海摩登：一种新都市文化在中国》，毛尖译，北京：北京大学出版社，2001 年。

④ 马渊明子：《日本主义　幻想的日本》，日本：Brücke，2008 年，伊藤真实子：《明治日本与万国博览会》，日本：吉川弘文馆，2008 年。

⑤ 小川さくえ：《东方主义与性别〈蝴蝶夫人〉的系谱》（日本：法政大学出版局，2007 年）中详细地论述了《蝴蝶夫人》的故事从小说改编成话剧、歌剧的过程中如何变化。

⑥ 同上。

⑦《在英国舞台上施展妙技的环女土》.《原信子饰演蝴蝶夫人而受到美国剧坛的好评价》《在纽约受欢迎的新版〈蝴蝶夫人〉》，《读卖新闻》1914 年 11 月 19 日、1920 年 11 月 6 日、1926 年 9 月 11 日。三浦环也在自己翻译的《歌剧　蝴蝶夫人》（日本：音乐世界社，1937 年）中说，在世界听众面前表达"贞淑"的日本女人的心理是很荣幸的体验。

⑧《关于〈蝴蝶夫人〉的集体评论》《将环女土设为主角将〈蝴蝶夫人〉改编为电影》《〈蝴蝶夫人〉的国粹版》，《读卖新闻》1930 年 5 月 28 日、1934 年 4 月 20 日、1937 年 6 月 27 日。

⑨《试映室 蝴蝶夫人》，《Kineme 旬报》1933 年 3 月 1 日第 463 号。

⑩《主要外国电影评论　蝴蝶夫人》、松竹戏院的广告，《Kineme 旬报》1933 年 3 月 21 日第 465 号。

⑪ 东京帝国剧场的广告，《Kineme 旬报》1933 年 3 月 11 日第 464 号。

⑫《东都电影院节目及景况调查》，《Kineme 旬报》1933 年 4 月 11 日、4 月21 日、5 月 1 日第 467—469 号。

⑬ 同上。

⑭《申报》（《电影专刊》），1933 年 2 月 22 日、24 日。

⑮ 姜玢：《凝视现代性：三四十年代上海电影文化与好莱坞因素》，第 99 页。

⑯ 本论所述上海电影院的位置参考了木之内诚的《上海历史导游地图》（日本：大修馆书店，2011 年）。

⑰ 笔者确认的是从 1933 年 2 月到 1934 年 4 月的《申报》上的电影广告。

⑱ 虹口大剧院子 9 月 2 日起映，蓬莱大戏院于 9 月 3 日起映。

⑲《申报》（《电影专刊》），1933 年 4 月 5 日。

⑳《申报》（《电影专刊》），1933 年 4 月 27 日。

㉑ 礼垣：《关于〈蝴蝶夫人〉的几点》，《申报》（《电影专刊》），1933 年4 月 9 日。

㉒《申报》（《电影专刊》），1933 年 2 月 24 日。

㉓ 根据《上海市地方志办公室》http：//www. shtong. gov. cn/node2/node4/node2249/node4418/node20225/node24701/node62957/userobjectlail1039. html、《上海年华》http：//memory. library. sh. cn/，可知东海电影院初名为东海大戏院，西海电影院初名为西海大戏院。1933 年《申报》广告上写的是东海戏院与西海戏院，此两家戏院与上面的大戏院地址一致，由此可知戏院与大戏院为同一影院。

㉔《申报》（《电影专刊》），1933 年 6 月 27 日、8 月 12 日—8 月 14 日。

㉕《申报》（《电影专刊》），1933 年 9 月 3 日—9 月 5 日。

㉖ 罗斯：《蝴蝶夫人》，《越国春秋》，1933 年 5 月 13 日。

㉗ 凌鹤：《影片谈评　评蝴蝶夫人》，《申报》（《电影专刊》），1933 年 2 月25 日。

㉘ 飞马：《日本女人的命运》，《申报》（《自由谈》），1939 年 3 月 6 日。

㉙ 晚清文人黄遵宪、王韬的作品也显示，中国文人历来对日本女性抱有某种诗意般的情感，此时观众对于日本女性抱有的同情心理应该属于同一种感情。

㉚ 铃木将久：《上海现代主义》，日本：中国文库，2012 年，第 7 页。

㉛ 施蛰存：《善女人行品·序》，北京：中国国际广播出版社，2013 年，第 1—2 页。《蝴蝶夫人》以前没有单独发表，《善女人行品·序》中写到"最近的是一九三三年十一月"，由此可以推想《蝴蝶夫人》是为《善女人行品》新写的，而且有于 1933 年 11 月左右完稿的可能性。

㉜ 姚玳玫：《城市隔膜与心理探寻——从女性构型看施蛰存在新感觉派中的另外性》，《文艺研究》2004 年第 2 期。

㉝ 特别是《春阳》与《雾》。这些作品的女主人公，住在乡镇的老姑娘与寡妇来到上海受到了都市生活的冲击，心里感到对异性的渴望，反而最终还是在欲望中退守回到乡镇，施蛰存同情而又略带讽刺地再现了她们的内心。

㉞ 专门论及此小说的仅见胡晶、何希凡：《中国小说三重意味的剖析——论施蛰存小说〈蝴蝶夫人〉中女性意识的萌动》，《宜宾学院学报》2010 年第 10 期。

㉟ 施蛰存：《蝴蝶夫人》《善女人行品》，北京：中国国际广播出版社，2013 年，第 85 页。

㊱ 同上，第 71—73 页。

㊲ 黄钧、徐希博主编：《京剧文化词典》，北京：汉语大词典出版社，2001 年，第 313 页。关于《庄子休鼓盆成大道》的故事，承蒙日本中央大学饭塚容教授指教，特此表示感谢。

㊳ 施蛰存：《大学文科中国古典文学阅读书目》，《施蛰存全集》第 4 卷，上海：华东师范大学出版社，2011 年。

㊴ 施蛰存：《李商隐》，《施蛰存全集》第 6 卷，上海：华东师范大学出版社，2011 年。苏雪林在《心理小说家施蛰存》（《二三十年代作家与作品》，台

北：广东出版社，1979 年）中指出施蛰存创作的小说受到李诗的影响。

㊵ 苏雪林：《新感觉派穆时英的作风》，《二三十年代作家与作品》；许道明：《海派文学论》，上海：复旦大学出版社，1999 年，第 218—231 页。

㊶ 刘涛：《为艺术形式申辩——穆时英的两篇文学评论小议》，《中国现代文学研究丛刊》2009 年第 2 期。

㊷ 李欧梵解释"pierrot"为具有美学意味的游手好闲者，与流浪汉（Picaro）有亲缘性（《上海摩登：一种新都市文化在中国》，第 244 页）。许道明指出 PIERROT 的文章运用非凡的想象，色彩纷呈的结构艺术，描写都市人烦乱的心绪（《海派文学论》，第 226—227 页）。

㊸ 拙论《"一·二八事变"之后的日本幻想——穆时英 PIERROT 论》，王中忱、林少阳主编：《重审现代主义——东亚视角或汉字圈的提问》，清华大学出版社，2013 年。

㊹ 穆时英：PIERROT，《现代》1934 年第 4 卷第 4 期。

㊺ 穆时英：PIERROT，同上。

㊻ 穆时英：PIERROT，同上。

㊼ 代尼：《病》，《申报》，1935 年 2 月 23 日。根据《申报》上的广告，国泰大戏院从 1935 年 2 月 3 日起上映薛尔维亚·雪耐主演的《蛮女情深》。广告上写着"比《蝴蝶夫人》更伟大的作品"。

（原载《现代中文学刊》2016 年第 5 期。）

巴金与西班牙内战

山口守

（东京日本大学文理学部）

中国文艺界是如何看待西班牙内战的？作为以与中国现实直接相关的形式而备受瞩目的著名例子，是鲁迅在逝世前一个月发表的《答徐懋庸关于抗日统一战线问题》[①]。徐懋庸写下了攻击巴金及黄源的理由："我从报章杂志上，知道法西两国'安那其'（anarchy）之反动，破坏联合战线，无异于托派，中国的'安那其'的行为，则更卑劣"，寄送鲁迅。鲁迅对此严加反驳，前前后后的交锋进而在以"国防文学"论战为契机的抗日和统一战线这一语境中展开，波及到了迫在眉睫的中国现实问题。"国防文学"论战本身在这篇文章发表后，未几便走向终场，并似乎随着鲁迅的逝世而偃旗息鼓了。然而从文学史的见地来看，"国防文学"与"民族革命战争的大众文学"的对立，同胡风、周扬、冯雪峰等与之发生过关系的人物在社会主义中国的地位浮沉相联动，善恶是非几经变幻、逆转，评价颠扑辗转。现在通行的做法是指出胡风、周扬双方的宗派主义和周扬一方所受的共产国际的影响。然而其间存在着改头换面——伪装客观，假冒摆脱了意识形态——的意识形杰的干涉[②]，使得人们无从解明这个问题在 30 年代的中国曾是何等迫在眉睫的思想问题。尤其是巴金针对徐懋庸的攻击所作的反驳中包含的两个问题，即安那其主义（Anarchism）这一世界思想，与抗日统战一线这一迫在眉睫的中国现实问题，由于后者的凸显，遂招致前者所具有的同时代性变得模糊难辨。

以下先围绕着《答徐懋庸并关于抗日统一战线问题》，不是从文学史、而是从巴金一方出发加以整理。在"国防文学"论战的高潮中，巴金与黎烈文共同发表了《中国文艺工作者宣言》，关于其间经纬，巴金在《怀念黎烈文兄》③中说明了。虽这篇文章写于"文革"之后，但显而易见，巴金在"国防文学"论战中站在鲁迅方面，与周扬等共产党一派处于对立状态乃是事实，然而却并未因此而与当时个人关系良好的胡风等人采取集体行动。个中经纬巴金在其他文章中说明道："事前事后都没有开过会讨论，也不曾找胡风商量。胡风也拿了一份去找他的熟人签了名送来"④。亦即是说，在对立一方看来也许会觉得巴金是与胡风等人一起行动，而其实他们是各自独立、自主行动的。《中国文艺工作者宣言》说道："我们将保持我们各自固有的立场，本着我们原来坚定的信仰，沿着过去的路线，加紧我们从事文艺以来就早已开始了的争取民族自由的工作"⑤，就表明与强调"为了民族利益而团结一致"⑥的国防文学派不同，坚持了自己信仰的主体性。

因此至少在巴金的意识中，围绕着抗日战争与文学家的态度，从安那其主义的观点来看本来理论上是矛盾的，恐怕可以说他尽管思索处于民族亡危急之际何种大团结可能实现，但政治统一战线问题却是从一开初便目中所无的。这样的他竟被迫不得已地卷入围绕着统一战线的对立之中，恐怕还是出于对《答徐懋庸并关于抗日统一战线问题》中因身为安那其主义者而遭受的攻击、甚而至于引出法国西班牙的例子来议事的反感。读一下《答徐懋庸并关于抗日统一战线问题》，就能确认徐懋庸将巴金与安那其主义挂钩并施以攻击的有以下三点：1.巴金是安那其主义者。2.法国西班牙的安那其主义者反动，破坏统一战线。3.中国的安那其主义者更其卑劣。鲁迅（或冯雪峰）在《答徐懋庸并关于抗日统一战线问题》中，明辨这并非正面的批判而不过是诽谤中伤，以下列两个论点作出反驳：1. 巴金虽被呼为安那其主义者，但却与我们在一起行动，是热情的、有进步思想的优秀作家（因此仅仅贴个安那其主义者的标签是不成其为批判的根据的）。2. 西班牙的安那其主义者破坏革命的责任不能让巴金来负。鲁迅（或冯雪峰）在此对于安那其主义及西班牙革命的问题未作具体论述，但可以看出反驳的中心是针对"诽谤"而拥护巴金和黄源的人格。因而在反驳中未曾触及徐懋庸批判的第三点"中国的安那其"也许是理所当然。既然是"国防文学"论战高潮之中的文章，全部议论都收敛于抗日统一战线这一大主题，也可以说是势在必然。然而巴金本人的理解却有所不同。下面将具体地考察巴金的反驳，来思考他的思想性是如何表现于其中的。

　　针对由《答徐懋庸并关于抗日统一战线问题》而暴露于世的来自徐懋庸的攻击，巴金方面的反驳有三篇：《答徐懋庸并西班牙的联合战线》⑦是思想方面的反驳，《答一个北方青年朋友》⑧是针对当时中国文坛而谈此问题，《一篇真实的小说》⑨是私小说风格的文章。先看《答徐懋庸并西班牙的联合战线》，可知其反驳的内容乃是从不同于鲁迅（或冯雪峰）的立场出发，向徐懋庸所攻击的主要三点，进行了针锋相对的驳斥。其最大特征在于拥护安那其主义思想的立场。首先就自己是否安那其主义者，作了如下的说明："虽然我自己喜欢被称为安那其主义者，我到现在还相信着那主义，而且我对前面提过的那般人也很敬仰，但其实我已经失掉了这个资格，我这几年来离开了实际运动的阵营，把自己关在坟墓一般的房间里，在稿纸和书本上消磨生命。我的行为带了不少小资产阶级的坏习惯，甚至我的作品中也有一部分和我的信仰

多少有点冲突，这样我还配做一个安那其主义者吗?"[10]巴金在此
非常清晰地表明了自己的立场。即自己信奉安那其主义，曾经作
为安那其主义者参加过这个运动，现在脱离了运动成为了作家。
虽然至今依然信奉安那其主义，自己却已经没有资格自称安那其
主义者。这样坦诚地表明思想，是针对视安那其主义为无前提批
判他人之理由的徐懋庸等共产党一派的第一反驳。认为自己没有
资格自称安那其主义者，这近于忏悔似的告白，是解读巴金文学
和思想的关键词之一。

　　继之，针对徐懋庸攻击法国西班牙的安那其主义者破坏统一
战线，巴金仅仅简短地提及法国安那其主义问题，反驳的几乎全
部篇幅都是关于西班牙革命和内战的论述。其间恐怕有着下述事
实的影响：西班牙内战的爆发（1936 年 7 月）被视为反法西斯的
斗争而成为世界性的新闻，在正进行抗日斗争的中国也多方报道，
赢得了广泛的关注。即以曾在西班牙为人民阵线而战，后来转移
至中国的诺尔曼·白求恩（Nonrman Bethune）为例，便可勾勒
出一幅西班牙与中国共同进行反法西斯战争的同时代战线的图式
来。这样一种视点当然会成为共产国际那样的共产主义国际组织
积极宣传的对象，徐懋庸等上海的共产党一派也同样，既然已经
推展"国防文学"论战，恐怕自然是据此而发言的。巴金与他们
最大的不同，在于不是将西班牙革命作为与共产国际连体的先锋
政党主导的革命，而是作为工人农民等民众自治及自主管理的实
践，向中国作介绍的视点。这与下面将要论述的，即巴金对西班
牙革命的关心始于他作为安那其主义者从事活动的 20 年代，以及
巴金在驳斥针对中国安那其主义的非难时所言及的、中国农村中
安那其主义者的自主管理实践，有着重大关系。因此其反驳的主
要内容，便是对当时西班牙革命战争中安那其主义者，尤其是

CNT 和 FAI 所起的作用的强调。关于 ONT 是西班牙工团主义工会的联合体，未必就能称为西班牙安那其主义运动的全部，并且甚至有观点认为它在西班牙革命中左右摇摆的路线带来了负面的影响，但倘使放在应当如何投身抗日这样一种当时中国的统一战线语境中思考，巴金拿来作为反证的理由也可以理解。不妨说巴金是以 CNT 为例，从安那其主义的视点论述了统一战线问题。为了明确在西班牙革命中安那其主义的定位，巴金介绍了两个人物，即弗朗西斯克·阿斯加索①（Fransisco Asacaso）与白那文图拉·杜鲁底②（Buenaventura Durruti Domingo）。其实他们俩在巴金留学巴黎期间险遭法国政府驱逐出境而引发了广泛的抗议运动，故而其姓名为共有安那其主义理想的巴金所熟知。而且巴金在该文中还介绍了 1928 年他在法国时接到 FAI 的迭哥·阿巴德·德·桑地兰③（Diego Abed de Santillan）的来信。实际上巴金和桑地兰的交往穿过 30～40 年代至 50 年代还持续着。巴金 1950 年致 Rudolf Rocker④的书信中还提到他。

I know that once Santillan had translated his greatbiography of MB and even published several chapters in "Protesta — Supplement". But that's all, and I heard no more of it since seventeen or eighteen years.

When you write to Santillan, please tell him what I write you here and also ask him whether he can send one copy of his translation of Nettlau's <u>Documentos Ineditos</u> to me or not I got it once, but I pst it during the Sino — Japanese war in 1932⑤.

因此在巴金而言，30 年代的西班牙与 20 年代的西班牙通过安那其主义为媒介而一脉相承。这一点留待后述，总之巴金同鲁迅（或冯雪峰）一样对徐懋庸将"法西安那其的反动"当作攻击巴金的材料表示反感，同时又更进一步去拥护地球另一面遥远国度西班牙的安那其主义。对于一方面明言自己不能直接关与西班牙革命，另一方面又对西班牙革命表示共鸣的巴金来说，维系这两种立场的，是西班牙和中国彼此独立的个别战线上显现出的共同理想——安那其主义这一世界思想，而作为其前提存在的，是中国国内对于安那其主义的连带意识。即他认为，倘非国内这一固有空间之中拥护安那其主义的立场，则对西班牙革命的连带意识便无从谈起。这一点乃是巴金思想的特征，是针对徐懋庸仅仅因为巴金系安那其主义者便加以责难一事的反驳。进而追根究底，当撞着自己究竟能否称为安那其主义者这个问题时，他的认识便发展到倘无文学这一固有空间的苦战，则对思想领域中安那其主义的连带意识便无从谈起。在此先看看作为对徐懋庸的驳斥，他是如何为中国安那其主义辩护的："其实徐懋庸是不会看见什么'中国安那其主义者的卑劣行为的'，因为那种人从来不曾在文坛里混过，他们只在一些荒僻的地方沉默地埋头工作。他们不会写文章，不办杂志，他们的言行不见于小报。他们势力固然不大，但他们能够怀着热情的希望，坚强的信仰，自己牺牲的精神忍耐地工作。"[16]在接下去的文章里巴金表明了前面已有引用的忏悔意识，认为自己没有资格自称安那其主义者。贯穿着西班牙与中国、中国安那其主义者与巴金这两种对比的巴金的忏悔意识和连带意识，恰恰就是直面中国现实时，作为一个表现者而不断苦恼的巴金本人的思想，而非其他。可视为例证的文章，便是同一时期写的《一篇真实的小说》。在这篇文章中，通过他驳斥"国防文学"倡导者，以及共感于西班牙革命的形式而从中国出发传向世界的关心再度回归中国现实的意识回路，可以看出他的安那其主义信仰从固有出发走向了普遍、再从普遍回归固有的思想轨迹。故而在论及西班牙安那其主义的同时，同论述中国安那其主义两相联系的巴金的态度，在思想上是一脉相通的。事实上他对西班牙革命的关心并非始于"国防文学"论战。早在 20 年代他就已经发表过将西班牙革命介绍给中国的文章。而且是在作家巴金诞生以前，并且不是在中国、而是在旅居法国时写的，这一事实也成了确认安那其主义者巴金思想连续性的证据。

　　在西班牙 FAI 宣告成立的 1927 年，巴金与旅居巴黎的同志吴克刚、卫惠林一起，编辑以美国旧金山为中心展开活动的 R Jones 等华繁安那其主义团体平社（The Equality Society）的华语机关刊物《平等》（The Equality）。创刊号上发表有《西班牙无政府主义阿斯加索快被释放》[17]一文。这是现在能够确认的巴金关于西班牙安那其主义的最早的文章。在这篇文章中巴金介绍并表明过西班牙安那其主义运动和国际安那其主义运动是连接在一起的。当然这么一个立场也可以适用在中国安那其运动上面。而巴金再次就西班牙安那其主义撰文——这颇具有讽刺意味——则是后来为了驳斥来自"国防文学"论战时曾站在同一条战线的胡风的批判，就是《我的自辨》[18]。这篇文章中，巴金批判了胡风虽然未必同其他马克思主义者一样指责安那其主义等于反动，但却将安那其主义与人道主义混为一谈，把安那其主义、人道主义和虚无主义的帽子戴往一位作家的头上，然后又针对胡风要求作家今后更加接近新兴阶级的主观的忠告，表示新兴阶级倘若不是指一党独裁的苏联的工农阶级，而是指在西班牙 CNT 或阿根廷 FORA 领导下进行斗争的无产阶级，倒也可以同意，并毅然宣称这是因为自己的政治立场与后者相同的缘故。故而此处持续存在着与 1927 年巴黎时代相同的安那其主义的连带意识，并且这种意识是同中国这一语境相通的，这一点可以透过同一时期巴金在访问福建广东安那其主义者们活动地区途中写的《西班牙的梦》⑩来验证。这次旅行，巴金访问的是安那其主义者在福建泉州作为教育实践场所的黎明中学，以及在广东省新会相同的农村教育实践地——西江师范学校，正是这种在农村进行的安那其主义者们的理想教育和社会改造实践，才是《答徐懋庸并西班牙的联合战线》中巴金所写的那种自我牺牲与献身的姿态。因而可以说，在"国防文学"论战中，巴金乃是安那其主义者，他被置于法国及西班牙安那其主义者同列而遭受责难，是有其思想的一贯性作为其前提的，正是这一点，令巴金表现出有异于鲁迅（或冯雪峰）所驳徐懋庸的态度。

巴金于 1927—1936 年写下这些文章，然后于 1936 年发生"国防文学"论战。巴金关于西班牙内战及革命的著述，实际上多数是在此之后，尤其集中于 1938 和 1939 两年。这些著述的特点是多为翻译。西班牙内战于 1939 年以佛朗哥将军派的胜利而告终，巴金通过这些翻译，从安那其主义的视点介绍西班牙内战，其时正当革命一方陷入生死存亡的危急时期。不单单是"国防文学"论战中围绕着统一战线问题的政治对立的延续，巴金在此明确无误地表明了西班牙的反法西斯战争是与抗日战争共通的斗争的这一立场："南欧的西班牙在地理上固然和我们相隔甚远，但是它的命运和抗战中的我们的命运却是联系在一起的。愿我们牢记着西班牙的教训。"⑳如果我们仅注意这里所表明的西班牙内战和抗日战争的同时代性、同目的性，我们就会忽视一个重要的问题，那就是巴金思想的连续性。当他说到抗日时，并非仅仅出于拯救民族危难这样一种民族主义的立场，而是出于将抗日视为与法西斯之间进行民众斗争之一环的这样一种安那其主义的思想性。巴金在抗战初期几篇文章㉑里面皆有几次提到过这一立场，如"我们都知道西班牙的斗争不是普遍的内战，而是一个革命。我以为中国这次的抗战也含有革命的意义。"㉒巴金在这些文章里面一再强调抗战就是一个革命，并非只为着民族利益和国家主义而战斗。但这里还有一个难题：作为一个安那其主义者怎么处理中国这一"国家"概念。思考这个问题时不妨参照《生》里面的解释："这次的战争乃是一个民族维持生存的战争。民族的生存里包含着个人的生存，犹如人类的生存里包含着民族的生存一样。人类不会灭亡，民族也可以活得很久，个人的生命则是十分短促。所以每个人应该遵守生的法则，把个人的命运联系在民族的命运上，将个人的生存放在群体的生存里。群体绵延不绝，能够继续到永久，则个人亦何不可以说是永生。"㉓巴金在这里展开的理论方式便是不假设"国家"，而将"个人""民族""人类"连接在一体的群体论。巴金尚未开始写作之前，曾作为安那其主义者说道："弱小民族的存在是事实，我们不能否认事实"，"难道在无政府社会实现以前，弱小民族便永该沦为列强的奴隶么？"㉔不反对民族独立或民族这一概念。后来巴金在《〈幸福的船〉序》里这样解释了个人和群体的关系："孤立的个人在这世界中并不算什么。我觉得我的个人生命的发展是与群体生命的发展有连带关系、永远分不开的。所以把个人的生命拿来为他人而放散，甚至为他人而牺牲，并不是不可能的事。"㉕就是说民族是一个将个人引入到人类这一个框架的中介，同时包含了个人的群体。巴金基于安那其主义的思想性将西班牙内战和抗日战争视为一个革命、民众斗争之一环的其他证据之一，则是巴金翻译、介绍西班牙安那其主义所做的斗争的工作，直到抗日战争胜利后的 1948 年犹在继续，如《西班牙的曙光》㉖、《西班牙的血》㉗。两本都算是再版，但巴金还为两本书写了前记。

写到这里，剩下很多问题要进一步探讨，但篇幅有限，最后做一个简单的总结。仅仅只看"国防文学"论战高潮中因此理由而遭受了攻击，由此去把握巴金与西班牙内战及革命问题，其结果便意味着只是将巴金的思想放在围绕统一战线问题的政治对立中去进行思考。始于 20 年代在巴黎时对思想相同的同志的连带感、巴金对西班牙革命产生了共鸣，与巴金对福建广东安那其主义者们那种自我牺牲式的献身姿态所代表的中国安那其主义者的敬意相连动，导致了"国防文学"论战中巴金的政治性宣言，随后又将抗日战争定位为反法西斯战争，如此描绘出一条与战后相联结的思想轨迹。

（本文以 2004 年 4 月在新加坡大学召开的第一届中国现代文学亚洲国际会议提交论文和 2003 年 11 月在中国四川召开的第七届巴金国际学术研讨会提交论文为基础修改）。

附表：

西历	巴金的著作	中国国内动态	西班牙和国际动态
1879			西班牙社会党成立
1888			UGT 成立
1910			CNT 成立
1912		中华民国成立	
1920			西班牙共产党成立
1921		中国共产党成立	
1923			西班牙军人专制开始（ —1930）
1927	《西班牙无政府主义者阿斯加索快被释放》，《平等》1—1	四一二政变	FAI 成立
1931		九一八事变	西班牙第二共和制成立

（续表）

西历	巴金的著作	中国国内动态	西班牙和国际动态
1932		一二八事变 伪满洲国成立	CNT 总罢工，起义德国纳粹 为第一党
1933	《我的自辨》，《现代》2— 5《西班牙的梦》，《东方杂志》 30—15		
1934			加泰隆尼亚 Catalonia 自治政 府起义
1935			佛朗哥就任总参谋共产国际 第七次代表大会召开，通过反 法西斯统一战线策略
1936	《答徐懋庸并西班牙的联合 战线》，《作家》1—6《一篇真 实的小说》， 上海《大公报》副刊《文 艺》9 月 23 日《答一个北方青 年朋友》，《中流》1—3	西安事变	西班牙人民战线于议会大选 获胜 7 月西班牙内战爆发 CNT 和 ROUM 参加加泰隆 尼亚自治政府 国际旅到达马德里 德国政府承认佛朗哥政权
1937	《西班牙的斗争》R Rocker 作，巴金译，平社（《〈西班牙 斗争〉前记》）	七七事变 抗日战争爆发 南京大屠杀	格尔尼卡 Guemica 大轰炸 FOUM 干部均被捕 日本政府承认佛朗哥政权 西班牙共和国政府迁移
1938	《西班牙的血》Catelao 纸， 巴金编，平明书店（《〈西班牙 的血〉序》） 《一个西班牙战士底死》 Rudiger 作，巴金译， 《烽火》13，14 《战士杜鲁底》，《烽火》14 《战士杜鲁底》，E Goldman 等著，巴金译，文化生活出 版社 《西班牙在前进中》，《艺》 刊 1—2 《西班牙在前进中》巴金 编，平明书店， （《〈西班牙在前进中〉后 记》） 《西班牙的黎明》m 纸，巴 金编，平明书店 《一个国际志愿兵的日记》 A Milling 作，巴金译，《烽火》 15，16，17，18，19，20 《德拉伯司兵营》C Rosselli 著，巴金译，《文丛》2—4 《西班牙日记的片断》C Rosslli 著，巴金译，《文丛》 2—5/6		国际旅解散 巴塞罗那 Barcelona 沦陷

（续表）

西历	巴金的著作	中国国内动态	西班牙和国际动态
1939	《西班牙的斗争》R Rocker 著，巴金译，文化生活出版社（《〈西班牙的斗争〉前记》） 《一个国际志愿兵的日记》A Milling 作，巴金译，文化生活出版社（《〈一个国际志愿兵的日记〉前记》） 《西班牙》Saichy 著，巴金译，文化生活出版社（《〈西班牙〉后记》） 《巴塞洛那的五月事变》Saichy 著，巴金译，文化生活出版社（《〈巴塞洛那的五月事变〉前记》） 《西班牙的日记》C Rosselli 著，巴金译，文化生活出版社（《〈西班牙的日记〉前记》）		英国，法国政府承认佛朗哥政权 佛朗哥政权胜利，内战结束 西班牙政府退出联合国
1940			法国政府向德国纳粹政权投降
1945		日军投降	第二次世界大战结束
1947		国共内战爆发	佛朗哥为终身总统
1948	《西班牙的血》Castelao 绘，巴金编， 文化生活出版社（《〈西班牙的血〉前记》）		
1949	《西班牙的曙光》Sim 绘，巴金编，平明书店	中华人民共和国成立	
1975			佛朗哥死亡

UGT：Union General de Trabajadores Founded in 1888，Spanish trade union under Spanish Socialist Party，15 000 members in 1919.

CNT：Confederacion Nacional del Trabajo，Founded in 1911，revolutionary syndicalist made union，continued the anarchist tradition in Spain，756 000 members in 1919.

FAI：Fedaracion Anarquista Iberca，Fomded in 1927，underground organization of Spanist and Portuguese

anarchists for the most partimilitant members of
Confederacion Nacional del Trabajo（CNT）. 15 000
members in 1937.

POVM：Partido Oberero de Unificacion marxsta，Founded in
1935，the most influential Maixist party in the Civil
War，thorght to have a tendency to ward Trotskyite.

注　释

① 鲁迅《答徐懋庸并关于抗日统一战线问题》，《作家》1—5，1936 年 8 月
15 日，收《且介亭杂文末编》。据说因当时鲁迅卧病在床，该文系冯雪峰
秉承鲁迅之意执笔写成。

② 1981 年出版的《鲁迅全集》第 6 卷《答徐懋庸并关于抗日统一战线问题》
注 33 写道："当时参加人民阵线的无政府主义工团派在内部制造分裂，对
革命起了很大的破坏作用。"后来 2005 年出版的《鲁迅全集》第 6 卷《答
徐懋庸并关于抗日统一战线问题》注 33 却改写成："1936 年 2 月，由西
班牙共产党、社会党等组成的反法西斯统一战线组织'西班牙人民阵线'
在选举中获胜，成立了联合政府。同年 7 月，以佛朗哥为首的右派势力在
德、意两国法西斯军队直接参与下发动内战，1939 年联合政府被推翻。
当时有人将失败的责任归之于参加人民阵线的无政府主义工团派。"此见
解比 1981 年版《鲁迅全集》的注释客观得多，但模棱两可的态度依然不
消失，尚未明确地阐释"有人"是何人，或攻击无政府主义的原委如何。
现在诸多研究业已证明了那种反无政府主义的逻辑是站在当时共产国际
及斯大林立场的片面见解，比如 Abel Paz，Durutienla reolucion esqanola，
Barcelona，Laia，1986 基于无政府主义立场，进行了有力的反驳。

③ 巴金《怀念黎烈文兄》，1980 年 5 月 31 日至 6 月 2 日香港《大公报》副刊
《大公园》，初收《探索集》1981 年，香港三联书店。

④ 巴金《怀念胡风》，1986 年 9 月 21 日至 9 月 28 日香港《大公报》副刊

《大公园》，初收《无题集》1986 年，香港三联书店。

⑤ 这里引自《译文》1—4，1936 年 6 月 16 日。

⑥《中国文艺家协会宣言》，这里引自《作家》1—2，1936 年 7 月 10 日。

⑦ 巴金《答徐懋庸并西班牙的联合战线》，初收《作家》1—6，1936 年 9 月 15 日。

⑧ 巴金《答一个北方青年朋友》，初收《中流》1—3，1936 年 10 月。牵涉到此论战的大部分文章后来被删掉，像《巴金文集》和《巴金全集》里均无该部分。

⑨ 巴金《一篇真实的小说》，1936 年 9 月 23 日上海《大公报》副刊《文艺》，初收《我的幼年》1937 年，上海新生书店。

⑩ 同⑦。

⑪ Fransisco Ascaso, 1901—1936, leading figure of Spanish syndicalist movement, died in Barcelona.

⑫ Buenaventura Dumuti Damingo, 1896—1936, legendary anarchist, active in CNT, died in Madrid.

⑬ Diego Abed de Santillan, 1897—1983, leading figure of the Spanish and Argentinian anarchist movement.

⑭ Rudolf Rocker, 1873—1958, anarchist writer, intellectual leader of German anarcho — syndicalism, born in Mainz, Germany, died in New York, USA.

⑮ LiPeikans letter to Rudolf Rocker, August 24, 1950, Rudolf Rocker Aichive, International Institute of Social History, Amsterdam, The Netherlands.

⑯ 同⑦。

⑰ 巴金《西班牙无政府主义者阿斯加索快被释放》，《平等》1—1，1927 年 7 月 1 日。

⑱ 巴金《我的自辨》，《现代》2—5，1933 年 3 月 1 日，初收《生之忏悔》商务印书馆，1936 年 3 月。

⑲ 巴金《西班牙的梦》，《东方杂志》30—15，1933 年 8 月 1 日，初收《旅途随笔》1934 年，生活书店。

⑳ 巴金《〈西班牙〉后记》,《西班牙》,平明出版社,1939 年。

㉑ 例如,巴金《公式主义者》,《宇宙风》乙刊创刊号,1939 年 3 月 1 日。巴金《略谈动员民众与逃难》,初收《感想》烽火社,1939 年 7 月;巴金《杂感(二、极端国家主义者)》,《见闻》第三期,1938 年 9 月 5 日。

㉒ 巴金《杂感(二、极端国家主义者)》。

㉓ 巴金《生》,《文丛》1—6,1937 年 8 月 15 日,初收《梦与醉》,开明书店,1938 年 9 月。

㉔ 巴金《无政府主义与实际问题》,惠林、苇甘、君毅《无政府主义与实际问题》民钟社,1927 年 4 月。这里引自《无政府主义思想资料选》下册,北京大学出版社,1984 年 5 月。

㉕ 巴金《〈幸福的船〉序》,《马来亚》2,1931 年,收《幸福的船》,开明书店,1931 年 3 月,后收《生之忏悔》,商务印书馆,1936 年 3 月。

㉖ 巴金编《西班牙的曙光》,平明书店,1949 年。

㉗ 巴金编《西班牙的血》,文化生活出版社,1948 年。

(原载《中国现代文学研究丛刊》2007 年第 1 期。)

近代中国的"主体妓女"表象及其夭折

——探求于民国时期多种媒体中

江上幸子

（日本菲莉斯大学国际交流学部）

20 世纪末以来有关中国妓女的研究日益增多，其背后有几种因素。例如，对"传统文化"的怀旧、对改革开放以后买卖春蔓延的现状的思考。再有，以妓女作新视角，考察近代中国的性、身体和社会性别观，和试探上海的近代城市文化等。

本文拟考察中华民国时期，主要是 1920—1930 年代以上海为主的城市妓女表象。这时期跟其前后时期不同，近代化城市比五四时期更有媒体的多样化，市民意识与主体意识逐渐提高，女性的声音也丰富起来。1937 年日中两国全面开战，但"孤岛"上海继续繁荣，比 40 年代战争空气还淡薄，也没有达到民族至上主义。在此情况下，关于妓女的表现有较宽的自由空间。

虽然如此，如在下面详述，这时期对妓女的表象主要有两种，看作性道德堕落的女性而"侮蔑"的，与看作被剥削的牺牲者而"怜悯"的。而且，这两种表象似是对立，其实是表里一致的。可是，在当时的妓女表象中，虽是少数，也存在超越这两种视线而描写出具有主体性妓女的。

本文想要在民国时期多种媒体中寻找，Shannon Bell 所说的"不仅把妓女视为男性国家的牺牲者，还视为，在不能立即推翻的男性国家之规范制约中也坚持一定自立的社会行为人"①的妓女表象。为此，下面选择丁玲与老舍的小说、曹禺的剧本、阮玲玉的电影和《上海妇女》杂志而探求、分析它们独特的视线，并对其视线的夭折也加以思考。

一、有关民国时期妓女的研究概况

福士由纪在《中国——社会与文化》13 期的书评中说，"有关民国时期上海买卖春的研究有 4 种"，而对此进行如下介绍②：

第 1 种是，把买卖春或者妓女视作应该消灭的"帝国主义、封建主义和官僚资本主义等恶的产物"，因而强调悲惨与压迫，并称赞共产党的废娼政策。此种研究多在 1990 年代，也跟"中国公式见解"一致。

第 2 种是，把买卖春视作"中国传统文化"、把妓女视作"善于技能的艺人"，而讲述从发生以来的妓女和买卖春制度等的通史。"把以卖淫为主的近代娼妓业视作低级"，并"倾向于强调传统妓女与近代妓女的区别"。

第 3 种是，"把妓女视作近代上海的文化之一"，把近代上海文化"视作外国人与中国人、知识分子与劳动人民等共同构成的城市文化"而加以思考。

第 4 种是，"把卖春视作一种劳动形态"，有的"认为一个生活手段"，有的"讲述经营方法与文化的关系"。

此书评的介绍对象是 20 世纪末的研究。到了 21 世纪，虽是不多，在日本也有值得注目的研究。岩间一弘考察了 1910 年代上海由中国救济妇孺会进行的对被绑架或买卖妇女的救济活动，具体阐明了近代慈善事业的"公共性"含有"解放性与压迫性的两面"③。姚毅分析了 1920 年代《妇女杂志》上有关废娼的言论，指出了对妓女的"侮蔑/怜悯"表里一致的视线。④林红研究人民共和国初期的"买卖春根绝政策"，论及了公权力对私领域的介入以及对卖春妇女的人权侵害。⑤

近年欧美的研究在数量与质量上都凌驾于日本。其中有代表性的，并跟本文有密切关系的有，安克强《上海妓女——19—20 世纪中国的卖淫与性》（略称《上海妓女》）和贺萧《危险的愉悦——20 世纪上海的娼妓问题与现代性》（略称《危险的愉悦》）。⑥两书都用广泛的资料研究了有关买卖春的许多方面，《上海妓女》可说是考察妓女"现实"的实证研究，《危险的愉悦》则是对"支配"者的有关买卖春言论从"被支配"者的角度加以分析的言论研究。

本文是在这些成果的基础上进行研究的。探求"主体妓女"表象之前，先在第二节概述近代中国妓女表象的演变。

二、妓女表象在近代中国的演变

1. "美而雅"的消散：高级妓女的衰落与性的商品化

斋藤茂在他论述从"妓女源流"到清末的"传统妓女"一书中说，虽然人们一般看到妓女"人身贩卖、卖春等的负面"，但高级妓女是"具有优秀教养，通过跟文人名士的交流培养和推广时代文化，有时跟政治保持密切相关"，有时也成为妇女文学"旗手"。书中，他从中国传统文学作品中选出并介绍了一些成为"美的对象"又具有"才智"的、和"按自己的意志开拓命运"的"独立"的妓女们。⑦

安克强《上海妓女》通过考察 1849 年到 1949 年的上海买卖春，将其变化概括为"从高等妓院到面向大众的性行为"。该书说：19 世纪末的高级妓女给文人精英提供并不限于性关系的娱乐，作为"高级妓女文化"君临上流人士；但是到了 20 世纪，随着"经济的商业化"和上流人士的改组，高级妓女也变成了"消费对象"；此期间的普通妓女，虽然存在按多样需要的各种妓女，也随着要求同金钱相应服务的消费社会发展，排除了其他因素，倾向于专卖性行为；第一次世界大战以后，还出现了招待、按摩、舞女等"卖淫的补充形式"。安克强最后用"情欲化"与"商品化"两个词总结了此期间的买卖春变化。⑧

分析 20 世纪中国上层人士有关买卖春言论的《危险的愉悦》说：他们对上层妓女的记述带有"怀旧"感，但对"下层卖淫女"持有"鄙弃或惊恐的态度"，把她们视作"危险的妓女"；对他们来说，"高等妓院是维系许多商业利益的生意场，是产生城市男子气概的场所"，也是"争取自己的地位的社会空间"，为此高等妓女"在社交界占有一席之地"；有关高等妓女的文本中"重要的不是性交媾而是嫖客如何表现自己"，她们与嫖客交媾意味着"赎身""做妾"，就是救济的可能性；相反，下层妓女被认为是给"大范围的社区所带来的危险"，被批判为"法律和秩序的颠覆力量"，但在"被人贩子绑架并卖入娼门的故事"中，被描写成"受害者"。关于上海妓院与妓女的等级，该书还叙述，19 世纪末到20 世纪初存在按地段等的一定有序的区别，但在 1920 年代高等妓院走下坡路，1930 年代高级/下级已没有多大区别了。⑨

福士由纪在《危险的愉悦》书评中给了高评价的同时指出，虽然此书的优点之一是在高级妓女方面成功地"抽出了作为劳动主体的自立妓女表象"，但在下级妓女方面"并没有这样的印象"。⑩近代中国也有实在的著名"主体妓女"，即出身于最晚期高级妓院的董竹君和潘玉良，她们后来虽因妓女出身受到种种苦痛，但成为了杰出的女企业家和女画家。⑪本文拟于第三节介绍，包括下级在内的"主体妓女"的表象。

2."丑而恶"的侮蔑：对国民身体的管理与新性道德

上面介绍过对下层妓女有"法律和秩序的颠覆力量"之批判，《危险的愉悦》进一步指出，此批判"在有关性传播疾病的讨论中"更加明显，甚至责难为"邪恶"。⑫上海的公共租界于1860年代末为了防止外国人感染性病开始实行卖春管理，1918年提出了用法律禁止"不道德习惯"的卖春。⑬

另外，清末以后中国的变法派、无政府主义、革命派和五四知识分子等也一直提倡废娼。《危险的愉悦》论述，这些废娼论大多把买卖春看成"道德的堕落""中国文化的贫弱""恶习"，认为妇女的低地位是国力贫弱的表现，而妓女便是其象征，向来将废娼与"国家富强""社会改革"联系在一起。⑭

姚毅分析20年代中国的废娼论时也指出，废娼论展开的社会思想背景有二，"一是在恋爱、婚姻、家庭有关的新理念之下，接受西洋思想的新知识分子，提倡恋爱婚姻与禁止婚外性交，视买卖婚姻为卖淫制度的变相"，跟传统的娼妇观发生了很大变化。"二是民族卫生、民族健康成了新的价值判断基准"，他们认为"性病的蔓延不仅有损国家体面，而且降低国民素质，使国家积弱，甚至灭亡"。⑮众所周知，五四知识分子几次开展"贞操论争"等的性爱讨论，寻求新的家庭与男女关系而主张新性道德，为克服民族的危机也提倡优生学。⑯

姚毅还记述，在如此的社会思想背景中《妇女杂志》上也有侮蔑妓女为"污染源"的废娼论：妓女是"以花柳病为首的社会诸恶的根源"，"有伤国家的体制"，"诱惑男性"变成"堕民"；"对其他良民和家庭、社会、人类来说，有强大的破坏力和威胁性。她们侵蚀道德、扰乱社会秩序，是人种衰弱、民族灭亡的元凶，是应该被放逐的存在"；她们"意志薄弱""无智""低能""易被奢侈所感动"等。[17]

3. "弱而愚"的怜悯：被剥削阶级观与对主体权利的压迫

但是姚毅却指出，《妇女杂志》上虽有侮蔑妓女的言论，此种废娼论其实是《妇女杂志》上的少数派，而且并没有将妓女断定为"先天的或本能的""精神上的病态、变质"的言论，这与当时的欧美和日本不同，"与现代中国的卖淫妇像也有很大的差异"。她还说：在多数派的废娼论中，关于"卖淫发生的原因"也有列举"经济"要素的，也有列举"伦理"要素的；他们或者提起"因为家贫或被诱拐"，或者提起男性"伦理、道德的不健全"，从此主张改革社会制度、男女不平等和家庭制度等；其主张的原型便是李大钊所说的"根本的解决方法是改造逼良为娼的社会组织"；因此多数派进一步表明，不应该"从女性个人身上寻因"，"娼妓是社会诸恶的结果"，是"受害者""牺牲者"，而"娼妇自身可以免责"。[18]

《危险的愉悦》也记述，被绑架进娼门虽然仅仅是一部分，但做了重要而典型的话题，而且把她们描写为"受害者"，因此在1920—1930年代"受害者"成了妓女的主要形象。[19]

虽然如此，姚毅又指出，对妓女的"免责"一是因为多数派要回避"社会全体的改造被斥退到后景"，一是因为他们强烈主张"个人权利和个人自由意志"，并"将社会改造寄予个人的自觉与改造"的同时，将妓女排除在"个人"之外。也就是说，他们认为妓女是"无资格担当新性道德主体的一群"，因此"人权和自由的恩惠不能惠及娼妇"，妓女竟作为"不得解放"的存在而被"排除"。姚毅总结说，"娼妇个人的免责，其实是娼妇权利剥夺的巧妙言辞"，作为"受害者"的怜悯其实是与侮蔑表里一致的"修辞学"。[20]

对妓女的如此"侮蔑/怜悯"表里一致的视线，在以后的中国也继续存在。日中全面战争开始后，共产党为动员抗战与争取支持在各个边区进行广泛的妇女的组织化，其中发生了有关"破鞋"的争论。有不少妇女与"破鞋"活动在一起感到耻辱，对此女活动家表示反对说，"破鞋"就是被压迫者，应该团结。可是共产党里又有意见说，排斥"破鞋"这"受害者"就是"损失"，因为作为间谍可以"活用"。[21]

"侮蔑/怜悯"表里一致的视线，联续到人民共和国初期的"妓女解放"。上面已介绍，林红认为这"成功"的"买卖春根绝政策"是公权力对私领域的介入。据林红说，当时的纲领文件对妓女，一方面看作"旧社会里最压迫、最受害的牺牲者"而主张"教育与援助"，另一方面认为"带来社会治安的恶化、道德良风的损害、对人民身心健康的重大坏影响"的存在。这样，妓女"被送到感化院，在此受到治疗和政治再教育"，最后被宣传为"能够获得职业而回到了社会"。[22]但1994年的电影《红粉》却描写了反抗共产党这个政策的妓女。

三、民国时期多种媒体中的"主体妓女"表象及其夭折

1. 小说中超越"侮蔑/怜悯"视线的表象

民国时期的小说中，较早用独特视线写出妓女的是丁玲《庆云里中的一间小房里》（略称《庆云里》）[23]。陈思和很早就在他编的评论集《文学中的妓女形象》序文中，首先评论说《庆云里》是"另一类"妓女作品，然后论述：大多数"正统的""经典妓女题材"，或者"充满着人道主义同情心和正义感"，或者"怀着对

人类丑行的羞耻心和两性关系中的商品化倾向的愤怒";但都是"将描写对象置于一种被人可怜的地位上","以居高临下的姿态去施以人道主义的同情";如此的"滥用同情也是自我优越感的一种表现"。

陈思和的评论虽然非常尖锐,却把《庆云里》的独特性归因于主角阿英的"物欲的选择"。他对阿英的评价是"一旦物欲吞噬了人的灵魂","道德的尊严和人性的敏感都变得虚妄而淡薄了"㉔。与此不同的是李蓉和秦林芳的两篇论文。首先她们都同意陈思和所说的《庆云里》的独特性,并站在《危险的愉悦》的成果上认为,丁玲解构了"受害者"和"危险的妓女"两种妓女形象。她们然后又对陈思和"物欲"失掉"尊严"的观点,分别做了如下标新立异的分析。㉕

李蓉将《庆云里》概括为"愉悦模式"说,阿英并没有"悲壮色彩",也没有"伸冤抱屈","阿英主动、自觉地选择了妓女生活作为诸多可能生活中的一种比较适合于她自己的生活方式,身体的愉悦对阿英来说是最重要的接客动机,而不只是出于经济的考虑。传统的道德标准在阿英这里消失了"。秦林芳则认为,阿英是"能够进行自我选择、并且能够在自我选择中实现自我满足的自由的人",但也是丁玲通过"快乐"妓女阿英的"概念化构建",为了从正面阐扬"自己关于自由的理念"而"由幻想写出来的东西"。

这两篇论文可评价为,努力克服陈思和的评论中微微仍有的、对"受害者"以外的妓女责难为"不道德"的视线。虽然如此,在《梦珂》《他走后》等丁玲的同时期作品中,有人在婚后悲叹说"一个妓女也比我好!",有人对偏重性关系的自己苦恼地说"自己简直变得像个娼妓了"。也就是说,丁玲并不认为妓女是全面"自由"的人，也不肯定性欲的偏重。当然，丁玲承认妓女的相对自由，也肯定性的"愉悦"㉖，但是我认为，她们视阿英为"自由"或"身体愉悦"模特儿的观点稍微勉强。

《庆云里》的妓女们谈到"真决不定，是嫁人好呢，还是做生意好"，在《梦珂》，新女性说出"讲到旧式婚姻中的女子，嫁人也便等于卖淫"的同时，也说出"新式恋爱，如若是为了金钱、名位，不也是一样吗?"。我认为，丁玲把妓女与"良家女性"甚至"新女性"放在同一地平线上，视她们为都应该有"权利"寻求"自由"和"愉说"，但在目前社会没法实现，也不知实现途径的存在。

民国时期杰出的妓女形象就有老舍《月牙儿》的主角"我"。㉗上述的李蓉论文将"我"概括为与阿英对立的"苦难模式"，指出《月牙儿》描写了"原本是一名纯洁、对生活和爱情充满着美好幻想的女学生"，因"经济的困顿"不得不放弃女性的"独立、自强、自尊"。李蓉还断定，《月牙儿》是视妓女为"受害人"、视其行为作"恶"的"典型"文本。刘传霞也对中国近代文学中的妓女形象进行分类后认定，《月牙儿》是"五四以来妓女苦难叙事模式"。但是，她却认定"我"是"道德的妓女"而论述，老舍"将被侮辱和被损害的下层妓女作为聚焦点，在她们身上铺陈救国救民的宏大构想"，并传达"对现实的激烈反抗与批判之情"。㉘

《月牙儿》确实是描写下层妓女"苦难"的作品，但是"我"与典型妓女作品所描写的"受害人"大有差异。"我"并不是没有"个人意志"的"受害人"，而是一直用自己的意志与判断在苦境中坚持斗争、在孤独的斗争中也不忘对弱者的关怀，尽管察觉到自己终究会成社会败者却不放弃反叛精神。读者偶尔看见月牙儿时，会想到"我"的壮烈斗争而颤栗。《月牙儿》扣人心弦的描写，让我们领悟到老舍决不是责备"我"是"不道德"，而是对她"个人"跟霸权斗争到底的精神深表敬意。王春林与王晓俞的文章也论述过，老舍假托"我"的斗争表明了自己在困境中的姿势。㉙

老舍又在作品最后让"我"讽刺说，"新官儿非常地讲道德，要扫清了暗门子。正式的妓女倒还照旧作生意，因为她们纳捐；纳捐的便是名正言顺的，道德的"。"我"进感化院后也说，"他们教给我工作，还告诉我必须爱我的工作。假如我爱工作，将来必定能自食其力，或是嫁个人。他们很乐观。我可没这个信心"，"到这儿来领女人的，只须花两块钱的手续费和找一个妥实的铺保就够了"。Shannon Bell 论述，"妓女的话语可成为对霸权话语和反霸权话语双方的倒转话语"，"它可对这双方话语作出反应、进行挑战、又加以侵犯"，"倒转话语是被隶属于霸权话语的主体之话语"。㉚"我"正是"被隶属于霸权话语的主体"，她的话语是对"霸权话语"进行挑战的。

总的来说，"我"并不是典型的"受害人"，或放弃女性"独立、自强、自尊"的"恶"的行为人，而是极其有主体性的人物。也可说，《月牙儿》与陈思和所说的"将描写对象置于一种被人可怜的地位上""以居高临下的姿态去施以人道主义的同情"的作品大有差异。同时，写出"我"这样下层妓女的老舍妓女观，会与"侮蔑/怜悯"表里一致的视线大有差异。

2. 戏剧中的"主体妓女"表象

曹禺《日出》的主角陈白露是中国近代文学中有最大印象与魅力的妓女形象。㉛但是，甚至在较新的有关评论中，也受到五四知识分子的妓女观与革命观的束缚，仍有不太中肯的评价。

《日出》的世界是，如曹禺本身与茅盾等论者所说，资本主义社会的"恶"的"缩影",在此世界,"代表一种可怕的黑暗势力"的金八虽不"露面","却时时操纵场面上的人物".②舞台由两种场面构成,一是成了"交际花"的舞女白露在旅馆开的华丽沙龙,一是下层妓女从事与白露同业的妓院。一天,白露少女时代的恋人、现在立志要改造社会的方达生来,叱责从过去纯洁的优等生"堕落"成妓女的白露,同时,向她求婚和要求离开现在的处境跟自己同走。白露却拒绝方达生的建议,为了救出下层妓女"小东西"拼命尽力,但在最后,不仅不能救出"小东西"来,而且她"后援人"的银行家潘月亭也破产了,白露选择了服毒自杀。

安克强在《上海妓女》中记述,第一次大战后出现的"新颖的卖淫模式"之一舞女"在 20 世纪三四十年代到达巅峰状态","延续了过去高级妓女所扮演的角色",对当时的上流人士来说,与红舞女往来"是他们显示其社会地位的一个重要方面"。如上面引用过,高级妓女虽已变成"消费对象",但仍有"高级妓女文化"的余韵。③《危险的愉悦》还说,"这个时期,上海的旅馆业扩大了","原先提供社交和色情等"的高级妓院,转移到旅馆的房间。虽然如此,如上面的介绍,仍然是"维系许多商业利益的生意场"和"产生城市男子气概的场所",而新的高级妓女在上海社交场有一定的地位。④

白露便是近代化的高级妓女,她有意愿和意图活用其"地位",要"打开自己命运"⑤的同时,为了救"小东西"竭尽全力。虽然如此,最近的评论大半都与方达生的观点基本相同,视白露为"玩世不恭,自甘堕落"的"反面人物",相反,视方达生为充满着同情和救济心情的"正面人物"。⑥

但是,方达生的妓女观有五四以来的"侮蔑/怜悯"表里一致的典型视线,并且,立志改造社会的他却为了救济"小东西"一个人也不能发挥力量。曹禺也在《跋》里记述过，"立刻明了在这个戏里，方达生不能代表《日出》中的理想人物"，"他（方达生）说过他要'感化'白露，白露笑了笑，没有理他。现在他……要改造世界，独力把太阳唤出来，难道我们就轻易相信这个呆子么？倒是白露看得穿，她知道太阳会升起来，黑暗也会留在后面，然而她清楚'太阳不是我们的'，长叹一声便'睡了'"。㊲白露对方达生抱过一些期待，劝他留在自己那儿察看围绕妓女的世界，但终究看出来方达生缺乏对下层社会的敏锐洞察力，明白如此的社会改造者只是个堂吉诃德，不能把太阳唤出来，因此彻底奚落他而拒绝跟他走。

上面引用过，Shannon Bell 论述"妓女的话语可成为对霸权话语和反霸权话语双方的倒转话语"，"它可对这双方话语作出反应、进行挑战、又加以侵犯"。《日出》的特点便是，由白露这个"主体妓女"的形象，不仅仅"侵犯"了当时社会的霸权话语，也"侵犯"了以方达生为代表的反霸权话语。曹禺创造如此妓女表象的最大意义可说在于，解构了五四知识分子的典型妓女观，也解构了与此同根的他们之社会改造观。

3. 女性系列电影的妓女表象与阮玲玉

据说，曹禺受到 1935 年阮玲玉自杀的刺激而写出了《日出》。㊳1930 年代流行"女性系列电影"，1934 年到 1935 年陆续出现有关妓女的电影，其中《神女》（1934）和《新女性》（1935）都由阮玲玉当主角，博得了很高评价。

《百年电影经典》点评说，"妓女的形象并不鲜见，但《神女》中阮嫂这一形象十分独特"，"她有着作为妓女的卑贱更有着作为母亲的神圣庄严"，虽然"伟大与渺小，圣洁与污浊，水火不容的两极就这样极其残酷地统一于一体"，但是前者胜过后者，"她显出了伟大的人格"。⑧

《百年电影经典》也说,《神女》的艺术成就"要归功于阮玲玉传神的表演"。我跟许多论者一样当然承认阮玲玉的卓越表演,但上述的点评却可看得出"侮蔑/怜悯"表里一致的典型妓女观。我认为,阮玲玉由于传神的表演能使《神女》中的妓女成为,并不是视自己为"污浊",而是体现出只靠自己力量教养孩子的喜悦和自豪,甚至让人感到她坚强精神的主体人物,这便是《神女》与典型妓女作品完全不同的"独特"性。

周蕾谈到《神女》时介绍过,Paul Clark 对此电影的评价是"或许是世界电影中第一部直接描写女性赖以谋生的妓女行业,且不加道德说教的影片"。戴锦华对于《新女性》的主角韦明论过,"她已是完善意义上的近代社会中的个人"。

虽然如此,在电影中的社会里,连"主体妓女"也不能找到活路。周蕾论《神女》的妓女说,"就马克思而言,她是一个劳动者,其工作(提供性服务)乃是被占有,但与此同时受到将其服务商品化而繁盛同一社会的谴责,因此,妓女生活是现代社会劳动异化的象征"。戴锦华则对《新女性》评价说,在"左翼话语文脉"中"个人主义的实践被宣告'死亡'"。在现实的社会里,阮玲玉最后酷似《新女性》中韦明的自杀,戴锦华认为阮玲玉的自杀是"商业主义与明星制度下的女演员之悲剧"⑩。将电影主角的主体性深深印在观众心里的阮玲玉之表演,是她领悟女演员与妓女这两种职业的共通性,而共鸣于主角们壮烈斗争的结果。

末次玲子还指出《神女》中有不少妇女"都蔑视主角,与警察同样逼迫",并对此有以下论述。1928 年南京国民政府以卖春为"重建国家的障碍"而下禁令,但引起暗娼的增加与税金的减收,1933 年开禁。此后,"政府公认"的妇女组织马上表示反对,和"建议同警察协力揭发暗娼"。末次说,有关妓女电影的背景会有"当时由妇女组织开展的废娼运动"以及"电影界对此废娼运动的批判视线"。㊶

4.《上海妇女》杂志上的舞女表象

安克强在《上海妓女》说,官方认为"新颖的卖淫模式"之舞女,特别"使中国的年轻人堕落"而1928年下令全面禁止,但"没有办法禁止"。㊷马军《舞厅·市政——上海百年娱乐生活的一页》也说,虽有多次禁舞,但到"八一三事变"以后"藉孤岛的保护,舞厅业却依然繁荣不衰"㊸。

当时被称为"孤岛明星"的《上海妇女》杂志对舞女颇有关心,好几次刊登过有关文章。1937年上海陷落后,与政府或政党有密切关系的妇女杂志也大半移到大后方或停刊,但《上海妇女》却活用以往妇女运动的女性市民网络,1938年4月集结共产党、国民党、基督教、企业家等的女性知识分子而自力创刊。㊹

《上海妇女》1卷2期便登载蒋逸霄主编采访舞女的文章。两个舞女同时是东旦舞女补习学校的学生,名叫卫学书和杨敏诗。她们在4月开的"上海舞女界救难难民游艺会"演过话剧《舞女泪》受到了好评。卫学书也是上海舞业妇女联谊会的负责人,该会乃是参加于1937年11月成立的上海妇女界难民救济会的20多团体之一。㊺

2卷8期(1939)是"公演《花溅泪》特辑",刊登了此话剧内容的介绍、作者的话、女主角们介绍的3篇文章。《花溅泪》是由地下共产党员于伶撰写剧本,1939年2月在科尔顿大戏院公演。写内容介绍的朱文央慨叹说,"舞女为什么要受人轻视?男人为什么可以玩弄女人?"㊻

2卷9期有《上海妇女》社举办的"花溅泪公演座谈会"记

录。座谈会是由蒋逸霄主持，于 2 月召开，参加人除了有编委以及女演员蓝兰和东旦舞女补习学校朱立波以外，还有卫学书和杨敏诗。座谈会的谈话分作了三个方面，演和观话剧后的感想、分析剧中 4 个典型舞女的性格、讨论解除舞女痛苦的办法。下面介绍参加此座谈会时的卫学书和杨敏诗之发言。

女性知识分子们有的同情地说"舞界姊妹真是再痛苦也没有的了"，有的对剧中最后赴抗战救护活动的丁香评论说"是比较得最理想的"等。对此，卫学书和杨敏诗则介绍舞女的具体情况："《花溅泪》中的舞女还不够苦"，我们"也没有像戏剧中那样的自由"；即便是红舞女"舞客一旦要求你开房间，你能不答应吗？不这样你就别想红。她的贞操既被破坏以后，往往会存着横竖横的念头"；"我们是劳动的，两条腿比谁的都辛苦，打了胎又不能休息多久，在没有把握前，谁肯把性命去冒险？不敢打胎啊！真作孽"；"我很怀疑丁香在脱离舞女生涯后，她的生活费用是从哪里来的？她在学看护，大概没有薪水吧？在我们姊妹里，像丁香那样有进步思想的也有，自然是极少数，但真的像丁香那样干起来的却很不容易，因为她们有经济负担啊"。⑰

卫学书和杨敏诗在上述 1 卷 2 期采访文章中也坦率而详细地介绍过自己的经历和舞女的实际情况。总之，她们并不希望得到同情，她们指出女性知识分子缺乏认识，知识分子应该更加理解严酷现实，自己也承认舞女是劳动者。如此两人可算是 Shannon Bell 所说的"在不能立即推翻的男性国家之规范制约中也坚持一定自立的社会行为人"。同时可说，集结到《上海妇女》的女性知识分子，虽有理解现实上的不足，但她们的姿态和女性网络会为两人行动起来提供有力的支援。剧中红舞女米米唱的、补习学校老师作的歌词里有"我们是舞女，自由职业的女性，我们是舞女，中华民国的国民，我们不是没有灵魂，我们不是醉死梦生"一段。蒋逸霄总结座谈会时说，为解除舞女的痛苦，"彻底的需要根本改造社会，但目前可以做到的是办教育，灌输他们一些活得知识，打破孝的观念，……法律常识也是要紧的，像这样的养母女关系，就可以用法律手续脱离"。主要编委朱文央也把她们自己和舞女放在同一地平线上而记述，"虽然《花溅泪》中所写的，只是舞场的一角，而整个社会的男女关系，其实又何尝不跟这一样?"⑧

结　语

在近年活跃起来的有关中国妓女的研究成果上，首先确认近代中国的妓女表象分为"侮蔑"和"怜悯"的两种，其实是"侮蔑/怜悯"表里一致的视线。然后在民国时期的多样媒体中，寻找了超越其典型视线的妓女表象。或许能提示，Shannon Bell 所说的"在不能立即推翻的男性国家之规范制约中也坚持一定自立的社会行为人"。

丁玲把妓女和近代女性放在同一地平线上，描写为均在近代社会里有权利得到"自由""愉悦"而不可享有的存在。她的妓女表象，不同于陈思和所指出的"以居高临下的姿态去施以人道主义的同情"，也不同于姚毅所论述的、近代男性知识分子视妓女为"冷悯"对象进行"娼妇个人的免责，其实是娼妇权利剥夺的巧妙言辞"。老舍写出的"自立"地跟霸权体制搏斗到底的妓女，让我们感到作者对此抱有着超越侮蔑或怜悯的崇敬，以及同如此下层人们要共有斗争精神的愿望。这些妓女表象，均与五四知识分子的"侮蔑/怜悯"表里一致的典型妓女观大有差异。

曹禺的妓女表象，不仅与丁玲或老舍的表象共有着追求权利或跟霸权斗争到底的姿态，而且也解构了五四知识分子的反霸权话语。它向五四以来的"侮蔑/怜悯"表里一致的妓女观，以及同根的社会改造观做了"挑战"和"侵犯"。虽然如此，在最近有关《日出》《月牙儿》《庆云里》的评论中仍可看得出，五四知识分子典型妓女观的束缚。因有此束缚，作品的理解走进迷路，因又有对"革命"的幻想，进一步走到迷路深处。并且，随着此束缚和幻想在中国历史中逐渐增大，本文提示的具有魅力之"主体妓女"表象也在以后的中国文学中诞生得并不多，几乎可说夭折了。

因为自己也苦恼于性中伤，所以阮玲玉对妓女产生共鸣，表演出来不同于典型妓女观的形象，博得了大众媒体电影观客的欢迎。此背后也会有，电影界人对当时废娼运动里存在的"侮蔑/怜悯"视线的批判意识。集结到《上海妇女》的女性知识分子活用市民网络与妓女联合斗争，舞女们得到了信心，展现了有主体性的自我形象。她们并不是白露那样有"地位"的高级妓女，但不想得到别人的怜悯，拒绝被侮蔑，有时指出知识分子的理解不够，保持尊严而介绍了妓女严酷"劳动"的现状。女性知识分子则与她们站在同一地平线，不以居高临下的姿态而努力理解妓女世界，认识到了不能只靠五四以来男性知识分子所说的"社会改造"。

可是很遗憾，阮玲玉妓女电影和《上海妇女》中的如此非典型妓女观、视卖春为"劳动"的观点、与妓女共同斗争的姿势、"主体妓女"的自我表象等，还是受到典型妓女观的束缚而夭折，好像没有进一步地成长。最近才有宋少鹏的文章，把"从事性服务业"视为"劳动"而明确指出，对"底层女性"来说"性"往往是"她唯一拥有的劳动资料"，而且"选择相对自由和收入较高的性服务业是一种理性选择"，因此不能"对性从业者进行道德指责"。㊽虽然如此，这种言论似乎还是少数派。

注 释

①㉚ Shannon Bell：《卖春という思想》，山本民雄等译．青弓社 2001 年版，第 24、28 页。

②⑩ 福士由纪：《书评 Gail Hershatter. *Dangerous Pleasures — Prostitution and Modernity in Twenties-Century Shanghai*. Berkeley. Los Angets：University of California Press，1997》，《中国——社会と文化》第 13 期，1998 年 6 月 25 日。

③ 岩间一弘：《民国期上海の女性诱拐と救济——近代慈善事业の公共性をめぐって》，《社会经济史学》第 66 卷第 5 期，2001 年 1 月 25 日。

④⑮⑰⑱⑳ 姚毅：《"牺牲者"、"受害者"言辞的背后——以〈妇女杂志〉的娼妇论述为中心》，《近代中国妇女史研究》第 12 期，2004 年 12 月。

⑤ 林红：《中国における买卖春根绝政策——1950 年代の福州市の实施过程を中心に》，明石书店 2007 年版。

⑥ 安克强：《上海妓女——19—20 世纪中国的卖淫与性》，上海古籍出版社 2004 年版；贺萧：《危险的愉悦——20 世纪上海的娼妓问题与现代性》，江苏人民出版社 2003 年版。

⑦ 斋藤茂：《妓女と中国文人》，东方书店 2000 年版。

⑧ 参见《上海妓女》第一、二、三、四章和结语。

⑨ 参见《危险的愉悦》第二、三、四、五、六、七、八、九章。

⑪ 2003 年有潘玉良的电视剧，其故事梗概中说"她决不卖自己的身体"，这一点似乎是非常重要。

⑫ 参见《危险的愉悦》第九章。

⑬ 福土由纪：《近代上海と公众卫生——防疫の都市社会史》，御茶の水书房 2010 年版，第 47—48 页。

⑭ 参见《危险的愉悦》第十章，以无政府主义为例外。

⑯ 参见江上幸子《20 世纪 20 年代中国的性爱讨论——张竟生、丁玲等的非主流观点》，《丁玲研究》2015 年第 1 期。

⑲ 参见《危险的愉悦》第七章。

㉑ 参见江上幸子:《日军妇女暴行和战时中国有关杂志的报道——〈我在霞村的时候〉背景研究》,《丁玲与延安——第八次丁玲文学创作国际研讨会论文集》,陕西人民教育出版社 2001 年版,收入《探索丁玲:日本女性研究者论集》,人间出版社(台湾)2017 年版。

㉒ 林红:《中国における買卖春根绝政策——1950 年代の福州市の实施过程を中心に》,明石书店 2007 年版,第 84—95 页。

㉓ 丁玲:《庆云里中的一间小房里》,《红黑》第 1 期,1929 年 1 月 10 日。

㉔ 陈思和编:《文学中的妓女形象》,人民日报出版社 1990 年版。

㉕ 李蓉:《苦难与愉悦的双重叙事话语》,《文学评论》2006 年第 2 期;秦林芳:《"自由":丁玲早期小说创作的精魂——以〈庆云里中的一间小房里〉为中心考察》,《中国现代文学研究丛刊》2012 年第 9 期。

㉖ 参见江上幸子:《20 世纪 20 年代中国的性爱讨论——张竞生、丁玲等的非主流观点》,《丁玲研究》2015 年第 1 期。"一个妓女也比我好!"(《梦珂》,《小说月报》第 18 卷第 12 期,1927 年 12 月 10 日);"自己简直变得像个娼妓了"(《他走后》,《小说月报》第 20 卷第 3 期,1929 年 3 月 10 日)。

㉗《月牙儿》,《国闻周报》第 12 卷第 12—14 期,1935 年 4 月 1、8、15 日。

㉘ 刘传霞:《论现代文学叙述中妓女形象谱系与话语模式》,《妇女研究论丛》2003 年第 1 期。

㉙ 王春林、王晓俞:《〈月牙儿〉:女性叙事话语与中国文人心态的曲折表述》,《文艺理论研究》1996 年第 3 期。

㉛《日出》,《文季月刊》第 1 卷第 1—4 期,1936 年 6—9 月。

㉜㊲ 曹禺:《跋》,《日出》,文化生活出版社 1936 年版;茅盾:《渴望早早排演》,《大公报(天津)》1937 年 1 月 1 日。

㉝ 参见《上海妓女》第四章。

㉞ 参见《危险的愉悦》第四章。

㉟ 竹内好、冈崎俊夫编:《现代中国の作家たち》,和光社 1954 年版,第 165 页。

㊱ 马俊山：《"新女性"个性解放道路的终结——论陈白露的悲剧》，《中国现代文学研究丛刊》1984年第4期；朱栋霖：《论曹禺的戏剧创作》，人民文学出版社1986年版，第二章；陈坚：《〈日出〉的结构艺术》，《曹禺戏剧研究集刊》，南开大学出版社1989年版；宋炳辉：《陈白露：在黎明前逝去的女人》，陈思和编：《文学中的妓女形象》，人民日报出版社1990年版；张慧珠：《曹禺剧评》，北京十月文艺出版社1995年版，第三辑等。

㊳ 田本相：《曹禺传》，北京十月文艺出版社1988年版，第十四章。

㊴ 尹鸿、何建平编：《百年电影经典》，东方出版社2001年版，第46—47页。

㊵ 周蕾：《原初的激情：视角、性欲、民族志与中国当代电影》，孙绍谊译，远流（香港）出版公司2001年版，第44—47页；戴锦华：《中国电影的性别·政治——后冷战时代的文化政治》，御茶之水书房2006年版，第34—41页。

㊶ 末次玲子：《二〇世纪中国女性史》，青木书店2009年版，第280页。

㊷ 参见《上海妓女》第四章。

㊸ 马军：《舞厅·市政——上海百年娱乐生活的一页》，上海辞书出版社2010年版，第二章。

㊹ 《上海妇女》（1938.4—1940.6），主编是蒋逸霄，由董竹君出资，主要编委与作者有王季愚、郭箴一、夏莹（蔡楚吟）、韩学章、关露、姜平（孙兰）、许广平、黄定慧、黄碧遥、朱文央、朱素萼、武桂芳、茅盾、杨宝琛等。

㊺ 逸霄记：《生活自述——舞女卫学书与杨敏诗》。东旦舞女补习学校是朱立波受到许广平的协助开设，有国语、算数等学科。上海舞业妇女联谊会是1937年由共产党员蒋瑛的援助成立。上海妇女界难民救济会是1937年11月从上海妇女慰劳分会改名，许广平替离开上海的何香凝当代表。参见青竹：《纪舞女救难游艺会》，《上海妇女》第1卷第2期，1938年5月5日；《中国妇女运动史（新民主主义时期）》，春秋出版社1989年版；《上海妇女运动史1919—1949》，上海人民出版社1990年版；《上海妇女

志》，上海社会科学院出版社 2000 年版。

㊻ 铁怀（朱文央）：《介绍正在公演的花溅泪》；于伶：《铅样的心情（写在花
溅泪公演之前）》；蒋逸霄：《介绍几位女艺人（花溅泪这次公演的女主
角）》。关于于伶和《花溅泪》等，参照孔海珠：《于伶传论》，上海人民
出版社 2014 年版，第八章第四节。

㊼ 武桂芳记：《花溅泪公演座谈会》。

㊽ 蒋逸霄的总结在武桂芳记《花溅泪公演座谈会》记录中。朱文央的记述在
第 2 卷第 8 期《介绍正在公演的花溅泪》中。顺便说，1947 年国民党下令
禁止舞厅营业时，发生了包括舞女在内的几千人袭击社会局的舞潮案。参
见马军：《1948 年：上海舞潮案——对一起民国女性集体暴力抗议事件的
研究》，上海古籍出版社 2005 年版。

㊾ 宋少鹏：《性的政治经济学与资本主义的性别奥秘——从 2014 年"东莞扫
黄"引发的论争说起》，《开放时代》2014 年第 5 期。

　　（原载《中国现代文学研究丛刊》2016 年第 1 期，本文经作
者修订。）

论《妇女园地》对传统妇女观的批判

——中国 30 年代的女性主义论

前山加奈子

（骏河台大学）

《妇女园地》（以下称《园地》）是《申报》副刊《自由谈》的星期日版，是以"女性思想的中心，女性团结的工具，女性运动的先锋"为目标的刊物。它在对社会问题中的妇女问题（旧习惯的因袭、堕胎、男女共学、就业问题等）的报道，和反"妇女回家"论，娜拉论、女性运动论、女性的"出路"等问题的论争中，表现出了鲜明特征。三十年代前半期，女性运动处于低潮之际，《园地》明确了女性主义思想的观点，为以后的抗日救国、马克思主义妇女理论的传播开辟了道路。

一

中国发行的女性刊物中，以 1898 年上海的桂墅里女学会和同女学堂联合开办的《女学报》为最早。1899 年陈撷芬又在上海创办了《女报》，直至 l903 年广州出现《岭南女学报》和《女子学报》之时，女性刊物出现了一段时间的空白。但从 1903 年以后，面向女性的报纸和杂志犹如雨后春笋般出现。特别引人注目的是，1919 年《妇女》《妇女周刊》《妇女问题》[①]等刊物，以报纸副刊的形式出现。

《园地》创刊于 1934 年 2 月 18 日，第二年的 10 月 27 日停刊。由于是《申报》②的副刊，所以与《自由谈》有非常密切的关系。但将《园地》作为《自由谈》的特集号之一来考虑，不如将它作为《申报》的副刊之一来考虑较为妥当。这是因为在编印、出版黎烈文为主编时期的（1934 年 4 月 26 日～1935 年 10 月 31 日）《申报自由谈》（上海图书馆印，1981）的时候，没有收进《园地》。

《申报》的女性副刊，除了《园地》以外，还有《妇女生活》（1930 年 2 月 6 日至 1931 年 4 月 5 日）和《妇女专刊》（1936 年 1 月 11 日至 1937 年 8 月 7 日）。前者的主编不明，是除星期日以外的日刊，所用版面非常小。后者是《园地》停刊后，由周瘦鹃为主编开办的，从内容上看，与《园地》有些差异③。

二

《园地》的主编沈兹九，本名沈慕兰，1898 年生于浙江省。浙江女子师范学校 1 年级的时候，尊从"父母之命、媒妁之言"而订下婚约，并在双方家长所期望的 17 岁年龄结了婚。4 年之后，丈夫得急病死亡。师范学校毕业后，任教于小学校。由于与丈夫的友人说了话，遭到了亲属和周围人的讥难。在这种情况下，丈夫的兄长要求她"守寡"，并表示保证提供经济上的援助。沈慕兰拒绝了兄长的要求，于 1921 年秋天到日本留学，并在第二年的春天，进入东京女子高等师范学校读书。毕业后，收到了浙江女师的邀请信，于 1926 年下半年回到了杭州。沈慕兰虽然手执教鞭，但在家庭内、在社会上仍然是个年轻寡妇而受人戳点，以后虽然再度结婚，又终因思考方式不同，夫妻产生了裂痕。限于赡

养费的问题，丈夫没有提出离婚的要求。"九·一八"事变爆发之
际，丈夫提出归乡宣传孔子之道，在这种情况下，两个人终于分
道扬镳，沈慕兰又回到了杭州的娘家。在杭州任教不到一年的时
间，恰逢父亲的公司破产，这使她有机会接触到工人因失业而面
临的现实困难，促使她产生了对社会问题的关心④。以后，沈慕
兰在上海中山文化教育馆任编辑的时候，同馆的常务理事史量才
提出了关于任《园地》主编的邀请。

　　从沈兹九的前半生来看，五四运动虽然使中国女性有了进高
等学校的机会，有了有限的就职的可能，但在妇女得以进出社会
的反面，在家族关系和婚姻、社会习俗等领域里，封建思想的残
余还大量存在。三十年代的妇女解放论就是在这样的环境中产
生的。

三

　　在《发刊辞》上，编者沈兹九根据当时的生活状况，把妇女
分为"已由家庭解放到学校里、由学校到社会上来了"的少数人
和"依旧过着困苦的牛马生活"的农村女性、"度着无知无识地劳
苦生涯"的都市女性劳动者三类，她指出：受物质、文化之惠的
第一种女性们，"大多数都随着时代的骇浪，卷入了摩登之
途，……只知道迎头赶上西方的文明，因此做了帝国主义商品的
好主顾，不但做了承销外国货的奴隶，且又做了摩登玩物"。批判
知识妇女"醉心于恋爱至上主义、艺术至上主义，做着'爱'
'美'的迷梦"，关于摩登女性碧遥⑤也有同样的批判："在旧社
会，妇女虽然没有独立的园地，但她们也还附属于男子，帮着辛
勤地工作，可是新社会，摩登妇女变革了这些工作的命，所奉的

天经地义，是穿吃逍遥，于是她们成了男子园地中的蜂蝶，再坏一点说，便成了狐狸。"⑥

在考虑 1934 年在中国女性史和中国近代史上是一个怎样的时期这个问题时，应当注意到《园地》上倡导的女性主义已超出了五四时期以来的妇女救亡运动这样的新课题。这个问题反映在《园地》中，就出现了在创刊号上沈兹九把女性主义视为重点、碧遥则强调救国救民族这样两种意见。

四

《园地》所表现的内容，大致可以分为：①介绍国内外妇女的情况；②报道社会性的妇女问题；③评论妇女问题；④女性读者发来的各种各样的感想意见；⑤文艺作品（诗、短篇·中篇小说等）。第 1 类中，关于日本妇女的报道最多；第 2、3 类因为具有时事性和社会性这两方面的特点，所以，最能反映出《园地》的特性。

《园地》的评论文章中，最有特色的一点就是以劳动女性为理想的内容。这是以女性的自立"只能靠经济上的自立"这一最基本的出发点为原则而提出的论点，沈兹九属于这种从最现实状况考虑问题的人之一。

在《园地》里可以见到不少对育儿、教育等内容的报道和批评文章。其内容大多以劳动母亲为中心，在 15、18、25 期与师石君的论争中可以看到兹九的这种倾向。

师石君在 5 月 13 日的《申报》增刊上，通过《托儿所和儿童公育》一文，对女性就职后，不能专心育儿一事表示反对，并且对儿童公育一案表示怀疑。他的理由是，就前者而言，"妇女有育儿的天职。抚育儿女使身心健全，就是服务社会，而其价值，胜过在机关充当花瓶，或商场中当活牌的职位"。对后者而言，"结果恐将成为私生子与奸生子的尾闾"。

兹九针对这一论调，指出"中产以下的家庭妇女，已不得不向外谋求职业，以图一饱。于中上人家的妇女，既已有受教育的机会，一有知识技能，自然地也要发展她的本能。所以，妇女的从事职业，已是现下社会的必然现象了。一方既有职业妇女，他方即有代育儿童机关的必要。……对个人可谓分工，对社会可谓合作"，并说明托儿所与中国固有的育婴堂有根本的区别，就是中国式的家庭内部教育，也实存在着很大的弊害，提倡上海和其他各都市村镇都设立托儿所。

师石君再度在 6 月 2 日《申报》的增刊中以《再论托儿所和公育》一文对兹九进行反击，一方面他承认上海各公私团体有必要成立"劳动托儿所"，但另一方面却举出莫斯科集团保育婴儿死亡率高的问题。兹九在《在论托儿所》（18 期）中指出了师的上述矛盾点，说他对托儿所没有足够的知识，又说"现在中国的家庭制度，正待有托儿所，才能有一部分改善"。

这个问题的争论并没有至此完结，兹九又明确地指出 7 月 13 日师石君在《申报》增刊上发表的《三论托儿所与儿童公育》一文已被《时事新报》副刊《现代妇女》所批判，他的论点是主观的。"育儿出妇女问题之一角，亦是社会问题的一环"。针对师石君的把儿童公育误认为儿童国有，父母和孩子们的"膝下承欢"会被切断之恐，又进一步地做了说明："公育"的意思是国家出钱、科学的集团的养育子女，和国家出钱办小学校、中学、大学一样。

当时，像兹九一样，从女性解放的观点来考虑保育的社会化、共同化的知识分子还有很多。另一方面，师石君的看法无疑也是有一定程度的代表性的。在这以后《园地》仍然坚持普及托儿所的启蒙活动，对上海和南京的托儿所进行实地采访，向读者介绍其实际情况。

五

当时，各地的妇女团体对刑法 239 条通奸罪的不平等，向立法院提出修正意见，发起请愿运动⑥。

《园地》对于上述运动，坚持倡导在法律上的平等。但是当时的大多数中国人法律意识不高，特别是向没有权利意识的妇女来讲解法律，很难想象会有多少内容被理解。对女权主义者来说，竟将男女不平等的条目明文在法律上，是不能容忍的。虽然经过了许多曲折，在 11 月 30 日，立法院终于按照请愿一方的要求，修正了刑法第 239 条。

《园地》对刑法修正运动要求法律上男女平等是赞成的，此外，又提出了一些有意义的观点。如"目前，京沪各妇女团体代表之请愿运动，似乎并不图从根本上解除对妇女的压迫，他们本心上尚认为有用刑罚制裁妇女通奸之必要，但又觉得这种单方面的规定有伤绅士派妇女的体面，于是便花样翻新将妇女所受的'恶待'仍旧保留，而以报复的形式加男子以同样的'恶待'。通奸的事非法律所能禁止，一般的说起来，通奸之流行乃由于经济的原因男女间性生活之缺乏与不圆满所致"。明确了本来不应法制化的问题。"男子扶其经济上及社会上之优越地位，其通奸究能多得妇方之'容忍'"，"且数十年之风俗习惯，视男子之通奸为'不算什么'，女子则为大逆不道，或莫大的耻辱"。指出这不仅是法律本身的问题，而是现实的经济关系、社会观念本身存在着一边倒倾向的反映。

这一连串的法律修正请愿运动，主要是以南京和上海的知识妇女为中心展开的。由于当时的所谓女权扩张主义者以争取妇女在法律上的地位、权益保障和保持在议会中的女性议员席位为运动目标，所以，1949年以后的中国妇女解放运动史没有给予高的评价。这是基于活动的中心只限于部分女性——中产阶级以上的女性的权利扩张，而不是女性解放这一根本问题。

这个评价与日本、欧美的女性史评有很大的差异，法律上的地位和权益只被当成了资产阶级女性的装饰。可以说由于有把阶级斗争论和中共党史作为中心的历史观，才产生了上述片面掌握历史的结果。

六

《园地》针对法律与社会习俗之间的矛盾特别是对于各报纸揭载的有关事件进行了大量的讨论，不间断地揭发和批判守旧的封建习俗虐待妇女的事件。其中最令人触目惊心的是"连盟自杀"事件，从13岁至19岁的女学生等9人，由于不愿被逼成婚，而一起选择了一条投水而死的道路。

碧遥对此事件痛愤地指出：在十年、二十年前的话，暂时不论，"然而发生于今日，则更不止有二十分的痛心——杀人的封建婚姻，是这般的根深蒂固，任凭你摇来摇去，自新文化运动以来十余年功夫，竟没有摇落它些儿枝叶！当民国五六年我们做学生的时代，老听见贤妻良母，幽娴贞静的教训；……一出校门，大抵供了婚姻的牺牲。……十余年后的今日，女校中仍然起用贤女良母，幽娴贞静的教条，……不知道对于杀人的封建婚姻怎样反抗"。对在学校受过教育的人，也受包办婚姻这苦，而只能选择死的这种社会现实进行了批判，同时指出了女子学校存在的教育内容问题。

14、21、23 期指出，由于现社会是以男子为中心的社会，吃人的礼教的根还很深，所以在依据旧的道德观念来制裁妇女的时候，就表现出了它的非人道的本质。例如游街示众之后还进行活埋、沉江之类虐杀。斐在 23 期《关于婚姻自由》一文中进行了一段说明，婚姻自由，已明文规定在民法之中，并且刑法中有"自由妨害罪"这一条项，所以，可以申请救援。辛亥（1911 年）以前，父母强制婚姻没有被例为犯法，而现在则构成犯罪。因此，为适应这种社会条件，今后应该在学校教育中对一般青年女子进行法律常识的教育，而不使之饮恨而亡。又对法的教育进行了强调。

44 期指出："随着'复古'的风云，先有禁止男女同浴……之令，复有妇女们归回家庭的口号，……贞节碑坊，也许又会重新被遗老遗少们抬出来，做提倡旧道德，发扬固有文明的幌子吧……"。

七

《园地》创刊的 1934 年，正值中国妇女解放处于后退期。主要原因是上文提到的蒋介石的"复古"运动。这股逆流使得五四运动和大革命时期所取得的成果遭到贱踏，而呈现出复辟。

国民党政府标榜所谓"妇女国货年"，即不买外国货，专使用国货的运动，又因成效不显转而对妇女的服装和发型等进行管理，

《园地》尖锐地指出：这是企图把大量输入外国化妆品的责任转嫁到妇女身上。

不久在北平禁止妇女赤足裸腿，在广东禁止男女共学、同宿、同浴、同食、同行、共同出演电影。随着这股风头，各机关开始解雇女雇员。以上禁令是企图用道德观念来束缚妇女的自由"外"出。对其目的，苏丹有以下的分析：要粉碎女子的向上心独立性，尤其是要剥夺妇女的地位，一面叫她们回到家庭去，让出地位好给男子，以图稍稍缓和大量失业的恐慌；一面更叫妇女回到压榨机下去，甚至回到三从四德去，连绵地隶属于男子，隶属于淫威压力之下，辗转屈服在双重奴隶的桎梏中，准备做驯服的亡国奴。

使走向社会的妇女回到家庭，也就是从妇女手中夺取职业的时候，为了不使之有任何抵抗，而且带有一种荣誉感，需要制造出一个有效的思想环境。为此，蒋介石提出了"妇女回家"的口号。五四运动以来，女性以成为"社会人"为新女性，因此说"妇女回家"运动是一股明显的逆流。"开倒车"这句话在当时被普遍使用，又在另一个方面表明妇女在社会上、思想上的倒退。《园地》在20、26、42～48、53、71各期中展开了娜拉现象的讨论。正如前文所说，它指出了女性解放实现经济上的独立，应以成为职业妇女、劳动妇女为大前提。

30年代初，在上海女学生的面前，林语堂进行了以"女子的职业是结婚"为主旨的演讲。这个关于女性和职业的论述，便成为"妇女回家"之论战的导火线。

英指出"我们绝不愿去过那种桎梏的寄生的非人的生活，我们的'贤良'应该放在有益于社会的一切事业上，这样才能谋得女子的初步解放"。但是，受到高等教育的女性们，当时是处于一种怎样的状态下，对于这一点，关露在《受过教育的妇女到哪里去了》（42 期）一文中进行了如下的剖析：

"她们把曾经是十年窗下的功课用到什么地方去了，把实验室和图书馆里的收获交给谁了？不成问题的是这种妇女解放的结果，把大批受着'愚民'教育的深闺妇女，从柴米油盐酱醋茶的家庭中解放出来，完结了几年的男女平等的教育后，重新又把她们送到老家去，做一个新型式的'贤妻良母'"。指出迄今为止的妇女解放运动，并没有实现真正的女性解放。

当时，对于女性运动的意义和必要性的认识大多停留在如下观点上：与男性对抗，争取在各领域中的权利，包括获得社会、经济上的女性权利，削除"男女之间的阶级"等差，实现男女之间的绝对平等。另外，由于五四以来的女性运动成果表现在学校为"校花"，表现在机关为"花瓶"，只被当成装饰品的现实，而产生了对妇女运动的意义和存在的否定意见。对这种意见，罗琼指出，中国现阶段的妇女运动还处在女权运动阶段，在半封建半殖民地的中国，女权运动是无法解决当时的妇女问题的。妇女问题不可能脱离开整个社会而去个别解决。社会问题的发生，全部因于一定的经济，而问题的解决也只能因于在经济发展所能承受限度之内。

因此，"女子的职业是结婚"、"妇女回家"、"贤妻良母"的论争及活动，只能涉及中产阶级以上的妇女。而对于那些连初等教育也没有接受过的城市劳动阶级妇女和受水旱灾害及经济危机影响而流入城市的贫穷农村妇女，是没有任何关系的。劳动甚至卖身与出嫁不出嫁并不发生关系，对她们来说有的只是生存问题。

再从劳动妇女的角度来看，刑法 239 条的修正请愿，虽然表面上取得了胜利，但是为保护一般劳动妇女，要求劳动法的制定和实施是女权主义的重要活动项目之一。民国 20（1931）年颁布、实施的工厂法，其实只是一纸空文，为使其能够得到实施，《园地》进行了不懈的努力。

结　　尾

30 年代后期，拯救国家民族的危亡成为当务之急，妇女解放也卷入这一浪潮之中。阶级斗争虽然放在了比妇女解放优先的地位，但由于革命战争的需要，妇女解放也就成了经常出现的词语。1949 年新中国成立以后，终于有了男女平等的宪法和婚姻法。

日中两国 30 年代的女性主义，不能脱离战争而评论。日本 30 年代的女性研究已经有了很大成就，而对 30 年代中国女性的研究，至今还没有见到专论。包括日中 30 年代女性史的比较研究，是摆在两国中国女性史研究者面前的一大课题。

注　释

① 《妇女》是《北平日报》的副刊；《妇女周刊》是上海《时报》的副刊，张默君为主编；《妇女问题》是北京《晨报》的副刊。

② 《申报》创刊于 1872 年 4 月 30 日。详见徐载平、徐瑞芳《清末四十年申报史料》第 8 页，新华出版社，1988。

③ 周瘦娟从 1920 年 4 月 1 日至 1932 年 12 月 1 日任《自由谈》的主编，用紫兰主人等为笔名。与《园地》的反"妇女回家"论和以参加社会劳动为女性理想的一贯主张相比，《妇女专利》主张贤妻良母主义，接受了社会妇女"回家"的理论。

④ 《妇女生活》第 2 卷第 1 期。

⑤ 碧遥本名黄九如，30 年代初到日本留学，就学于东京女子高等师范学校文科。归国后，一边执教于浙江省女中、省立高中、江苏省松江女中、上

海麦伦中学，一边执笔妇女问题。是《园地》及《妇女生活》的主要执笔者和选稿者，此后的情况不明。可以推想是与沈兹九同窗的时候开始和《园地》发生关系的。

⑥ 谈社英《中国妇女运动通史》，第 269—279 页，南京妇女共鸣社，民国 25 年。

（原载《国外社会科学》1995 年第 3 期。此文为论文《〈妇女园地〉とその'园丁'たち——一九三〇年代中国のフェミニズム论》，《骏河台大学论丛》第 7 号之节译。）

被搬上银幕的文明戏

饭塚容 *

（日本中央大学文学部）

前　言

文明戏是 20 世纪初叶由曾经留学日本的一些学生受当时的"新派"戏剧的影响，回国后以上海为中心兴起的一种新型戏剧形式。由于当时的社会性背景因素以及上演母体内部纠纷等问题的影响，文明戏的流行期出人意料的短暂——在 1914 年到达了所谓的"甲寅中兴"这一顶峰之后，急剧走上了下坡路。

短寿早夭的文明戏中的几个剧目，之后由于被搬上了银幕而再次受到了注目。通过探讨被搬上银幕的文明戏，也许能够阐明作为二十世纪两种重要艺术形式的戏剧与电影间的关系，这可以说是一个颇具意义的研究课题。

然而，迄今为止，世间对文明戏这一艺术形式，似乎总难以拂去"通俗艺术"这一负面印象，因而没能将文明戏当作主要研究对象。在中国，正式对文明戏进行研究还是在进入 20 世纪 80 年代以后才开始的事；而其研究成果以具体的形式显现出来，也是近 10 年来的事。另一方面，在电影史研究领域里，谈到文明

---

*　本译文曾发表于《戏剧艺术》2016 年第 1 期。后收录于《中国戏剧——从传统到现代》（北京：中华书局，2006 年）。

戏对电影的影响时，似乎也被认为是一个趣味并不高尚的存在。

本文具体地考证、检验了将文明戏作品搬上银幕的过程，以此解明戏剧和电影之间自其草创时期就存在的不浅的因缘。

一、张石川与郑正秋

将文明戏搬上银幕的主要人物是张石川（1890—1953）和郑正秋（1889—1935）[①]。

张、郑二人初次联袂是 1913 年，在亚细亚影戏公司二人拍摄了电影。亚细亚影戏公司作为由美籍俄罗斯人布拉斯基在上海创立的中国第一家电影制作公司而闻名于世。继布拉斯基之后负责经营的美国人依什尔聘任张石川来当了中国顾问。在该公司，被授权拍摄电影的张石川最初打算拍的电影就是当时正在流行的文明戏剧目。虽然张石川本人似乎也有过参加文明戏公演的经验，但他还是向谙熟文明戏、并且在写脚本的同时作为演员及戏剧评论家都有实际成绩的友人郑正秋发出了求援信息。

这样，由郑正秋写脚本、张石川任导演的《难夫难妻》成了中国的第一部故事片。该片描述了封建婚姻给人们带来的不幸。参加该片演出的是文明戏的演员们，连女角都是由男演员来扮演的。影片公映的场所也是曾经公演过文明戏的"上海新新舞台"（首轮公映日期是 1913 年 9 月 29 日）。

由此彻底体味到了拍电影的乐趣的张石川，注意到了当时在上海的电影院里深受观众喜爱的美国喜剧片，于是也考虑要拍摄类似的电影。与其相反，无论如何都要执著于排演文明戏的郑正秋不久便离开了亚细亚影戏公司，成立了文明戏剧团新民社（1913 年 8 月），该剧团成员为朱双云、汪优游、徐半梅、王无恐、李悲世、张冶儿等。新民社成员非常擅长排演家庭剧，他们排演的主要剧目有《恶家庭》《珍珠塔》《家庭恩怨记》《空谷兰》和《马介甫》等。不久，仿佛是要与郑正秋唱对台戏一样，张石川也成立了民鸣社（1913 年 11 月），该剧团成员有许瘦梅、陆子美、钟笑吾、萧天呆、查天影等。特别值得一提的是，1914 年 3 月，顾无为加盟民鸣社并登台演出了《西太后》之后，民鸣社获得了空前的声望，与新民社一道支撑了文明戏最兴盛的时期。民鸣社的主要剧目有《西太后》《三笑姻缘》《刁刘氏》《双凤珠》和《珍珠塔》等。到了 1915 年 1 月，新民社由于经营能力衰微而被民鸣社吸收合并了。

张石川所率的民鸣社的成员同时也是亚细亚影戏公司的专属演员。他们白天在位于香港路的电影制片厂拍电影，晚上则登上民鸣社的舞台演出文明戏。同时，据说他们拍摄的电影还曾作为民鸣社公演时的幕间剧或余兴消遣来上映。由此可以窥见文明戏和亚细亚影戏公司电影之间的密切关系。

到 1914 年亚细亚影戏公司受第一次世界大战的影响而停止拍摄活动为止，张石川拍摄了《活无常》《五福临门》和《杀子报》等短篇喜剧电影。这些作品大多取材于中国传统戏剧、在此基础上融进外国喜剧电影的调料加工而成。中国志趣与西洋情趣融合在一起，这就是文明戏的特色之一。在上述一系列短篇电影中，也包括收录了当时的文明戏中某一场的纪录片《滑稽新剧》。

1916 年，张石川与管海峰一起成立了一家新的电影制片公司幻仙影片公司。在该公司，他拍摄的电影是由舞台剧改编的《黑籍冤魂》。这部描述鸦片中毒者的悲剧的作品，原是许复民根据清末小说家吴趼人的小说而改编成的舞台剧。1908 年，作为一部"时装京剧"，星月珊、冯子和、潘月樵、毛韵珂、夏月润、孙菊仙等在丹桂园首次演出了该作品。当年冬天，该剧在夏月珊等演员作为"戏曲改良"的据点而创设的新舞台上，一举成了受欢迎的剧目，甚至到了1916年公演依然持续。而无论从题材方面来讲，还是从演出形式上来讲（歌唱部分极少），该剧都与文明戏相当接近。本来，文明戏与改良戏曲之间的界限就相当暧昧。郑正秋对该作品的意义评价较高，将该剧的详细情节发表在《图画日报》上（1909年），之后又出版了单行本（文明书局，1911年9月）。实际上，1913年，张石川在亚细亚影戏公司最初想拍摄的电影也是这部《黑籍冤魂》。但由于和新舞台的夏月珊等演员没能达成协议，再加上依什尔惧怕来自鸦片商人的反对和报复，因此放弃了拍摄该片的计划，继而改拍了郑正秋新创作的剧本《难夫难妻》。

幻仙影片公司的《黑籍冤魂》由张石川任导演，由张利声、徐寒梅、查天影、洪警铃、黄小雅、黄幼雅、冯二狗等出任角色。参加拍摄的演员大多是民鸣社的成员；同时，张石川本人也在该片中作为演员参加了演出——这也是他平生唯一一次作为演员参加的拍摄。该片内容似乎相当忠实于舞台剧。剧本出色以及摄影手法提高等原因使该作品获得了好评。然而，由于资金周转不利，此后，张石川暂时淡出了电影界。

1922年，张石川重返电影界。回归的契机是与郑正秋、周剑云、郑鹧鸪、任矜苹一起创立了另一家新的电影制片公司：明星影片公司。明星影片公司首先拍摄了一系列喜剧电影。共有三部：一部是假定卓别林来到上海的喜剧片《滑稽大王游沪记》，一部是撮合了原为木匠的蔬菜店掌柜与一位医生之女成功地相亲相爱的《劳工之爱情》（又名《掷果缘》），还有一部是让卓别林和罗克的形象同时出现在影片中，打逗追逐、大闹特闹的《大闹怪剧场》。

这三部作品都是由张石川和郑正秋二人联手合作的，张石川任导演、郑正秋写剧本。其中，《劳工之爱情》的电影胶片是现存最老的故事片之一，依此可以判明当时演技的实际状态。

张石川和郑正秋联手合作的第四部作品，是电影《张欣生》（又名《报应昭彰》）据说就是根据文明戏改编的，不过实际上的具体情况似乎相当复杂。据朱双云在《初期职业话剧史》（重庆独立出版社，1942 年 6 月）中记述道，1919 年，张石川为了重振民鸣社的声名，重新在笑舞台上开始了公演活动。同年秋天，上海频繁发生的猎奇性事件，引起了民鸣社的关注，于是他们接连排演了《蒋老五殉情记》、《凌莲生杀娘》和《阎瑞生》②等纪实性戏剧，据说获得了很大的成功。1921 年，经营再度恶化的民鸣社打算将因贪图财产而杀害生父的张欣生事件重新搬上舞台，然而，虽然等到了案件的判决结果，但还是没有来得及，民鸣社终于在 1922 年 5 月宣布解散。张欣生事件判决结果公布后，张啸林、浦金荣、陈銎保等在其接手的笑舞台上以《张欣生杀父》为题进行了公演。而另一方面，在民鸣社没能将这一事件搬上舞台的张石川以此为题材拍了电影。这部电影的卖点似乎在于"用绞杀及蒸骨验尸等骇人听闻的场面"，然而，却反倒引起了观众的反感，受到了禁止公映的处分。

受形势所迫，张石川不得不开始修正拍片路线。为此，他采纳了郑正秋提出的创作"正剧长片"的主张而开机拍摄《孤儿救祖记》。该片描写的是一个寡妇的遗孤被蓄谋独吞家产的亲戚赶出深宅大院，在尝尽人世间的万般磨难后终于获得了幸福。影片在呼吁道德伦理的同时，也是一个令人感动的充满人情味的佳话。在这部影片中，张石川起用了全无演出经验的新人（也就是说，非文明戏出身者）王汉伦（1913—1978）和王献斋（1900—

1942)。这也许正是《孤儿救祖记》被评价为"更多地摆脱了文明新戏的夸张的舞台表演程式"③，"全片富于影戏色彩，减少了新剧化动作"④的原因所在吧。然而，若只看该片内容，毋宁说更接近于新民社和民鸣社所擅长的家庭剧。此外，扮演孤儿的郑小秋（1910—1989）是一位自小就作为童星与父亲郑正秋同登舞台的演员，其后也在明星影片公司的多部作品中扮演了角色。

因《孤儿救祖记》的成功而获得生机的明星影片公司又接连拍摄了多部与《孤儿救祖记》有着同一倾向的"社会派"电影，例如，以控诉阻挠寡妇再婚的封建制度的《玉梨魂》（由徐枕亚的小说改编）为开端，先后拍摄了《苦儿弱女》《诱婚》（又名《爱情与虚荣》）和《好哥哥》等。其中，《诱婚》的编剧是周剑云，而除此之外的剧本都是由郑正秋执笔创作的。

这期间，明星影片公司的阵容出现了一个较大的变化——几乎参加了所有影片的主要演员之一郑鹧鸪不幸于1925年猝死，取而代之的，是自美国归来的洪深（1894—1955）作为剧作家和导演进了明星影片公司。现代话剧的创始人洪深取代了文明戏出身的郑鹧鸪，这个意义非常重大。不过，明星影片公司的作品风格却也没有因此而产生急剧的变化。1925年下半年拍摄的影片，仍然是按照张石川与郑正秋等中心人物奠定的方针所创作的作品，比如《最后之良心》《小朋友》《盲孤女》《上海一妇人》《可怜的闺女》《空谷兰》和《早生贵子》。其中，《早生贵子》由洪深任导演。另外，值得注意的是，《可怜的闺女》和《空谷兰》是由包天笑（1876—1973）创作的剧本。这一年，包天笑作为剧作家被明星影片公司聘任。因了包天笑的加盟，"明星"的"家庭剧"路线越来越稳固充实了。之后，包天笑又提供给了"明星"两个剧本：一部是根据托尔斯泰的原作《复活》改编的《良心复活》，一部是根据自己的小说《一缕麻》改编的《挂名的夫妻》。

二、文明戏版的《空谷兰》

《空谷兰》是文明戏时代新民社和民鸣社的代表性剧目。[⑤]在探讨将文明戏搬上银幕的问题时，该剧也许是一个非常典型的例子。下面，让我们来追溯一下《空谷兰》由舞台上公演的文明戏而搬上银幕的经过。[⑥]

《空谷兰》首先是作为一部小说被翻译介绍到中国的，其蓝本为黑岩泪香（1862—1920）的翻译小说《野花》。《野花》从1900年3月10日至11月9日在《万朝报》上连载，之后由扶桑堂出版了单行本。似乎是从一部英国小说翻译过来的，然而对其原作却有多种说法，至少在目前还不能明确考证出是哪一部。

将《野花》易名为《空谷兰》翻译介绍到中国的，是包天笑。《空谷兰》从1910年3月2日至12月8日分234回在上海的报纸《时报》上连载，之后由有正书局出版了上、下册两卷本（共32回）。

排演文明戏版本《空谷兰》的是新民社和民鸣社。那么，包天笑与新民社和民鸣社又是在哪里相遇的呢？在包天笑的自传《钏影楼回忆录》（香港·大华出版社，1971年6月）中有一章题为《春柳社及其他》。在这一章里，包天笑记述了他与文明戏的关联，却没有提及新民社和民鸣社以及《空谷兰》；而郑正秋的名字也是在极具否定性的文字里出现的。原来，似乎曾有过这样一段插曲，包天笑的友人黄远庸（1885—1915）从北京来到上海，看了新剧后在《时报》上写了一篇剧评。由于该评论把新剧批得一无是处，惹怒了剧团。剧团为了报复他，故意让一名一看便知是黄远庸的人物在剧中登场，大骂其为"小官僚、小政客"。而设此计谋的，据说正是郑正秋。而另一方面，在《钏影楼回忆录续编》（香港・大华出版社，1973 年 9 月）中有一章题为《我与电影（上）》，是这样叙述的：

> "张石川、郑正秋等，就办了一个民鸣社，专演一种新派剧，没有音乐，不事歌舞，上海人称之为'文明戏'，也曾把《空谷兰》和《梅花落》两部小说作为他们戏剧材料，我那时不甚注意，随他们搞去。"

又是毫不客气的写法！那么，《空谷兰》真的是未经作者同意就被擅自搬上舞台的吗？似乎也并非如此。作为揭示包天笑与新民社的关联的资料，《初期职业话剧史料》中有如下记述：

> "顾无为加入民鸣社后，即为民鸣社编演《李莲英》一剧，因旗装戏之为创见，故营业特盛，新民社大受影响，时民国日报编辑叶楚伧，时报主笔包天笑，均参加新民社的写剧工作，天笑即主张编演《西太后》以为抵制，优游说：我们与其步人后尘，而演旗装戏，不如别开生面，而演古装戏。正秋因不接受天笑之建议，而编演武松、花木兰、貂蝉等等古装戏。《西太后》一剧，遂为民鸣继《李莲英》之后而连续上演。"

"旗装戏"是以清朝为时代背景的戏剧，在当时算是接近同时代的戏剧。与此对应的"古装戏"，则是所谓的历史剧。顾无为是当时的名角，郑正秋最初想请他进新民社，但由于王无恐因担心出现角色竞争而进行反对等原因，终未实现，因而使顾无为谢绝新民社之聘，毅然加入了民鸣社。汪优游当时是新民社的主要成员。当时，种种人际关系似乎相当复杂，据此也可以管窥到包天笑对郑正秋似乎是抱有成见的。然而，无论如何，这个时期（大约是1914年）包天笑参加了新民社脚本的创作却仍是不争的事实吧。而另外的一份资料，义华的《六年来海上新剧大事记》[7]里的记述与此事实是一致的：

> "（1914年）二月间，（去了湖南的）汪优游等复至新民，仍以弹词剧与沪人相见，营业反较减。于是别出心裁，以新小说编演新剧如《空谷兰》、《梅花落》等相继出观。"

在文明戏的剧目中，取材于"弹词"的也很多。在此后，新民社从5月下旬到8月初赴汉口举行公演。在那里，《空谷兰》似乎也获得了好评。在《初期职业话剧史料》中有下述记载：

> "新民社在汉口，虽处这五六七月的大热天，但营业却始终不衰，那时汉口的习惯，夜场是五点钟开幕，我还记得上演空谷兰的那天，下午一时，便开始上客，四点钟已拉铁门，其盛况可想而知。"

文明戏版本的《空谷兰》，完整形式的脚本目前已经不复存在，但在《传统剧目汇编·通俗话剧》第6集（上海文艺出版社，1959年2月）里有方一也的口述版本（共7幕14场）。下面，先简要介绍一下该戏的内容：

陶正毅与其女儿陶纫珠每日里在家牵挂着奔赴战场的长子时介。这时候，时介的朋友、子爵纪兰荪来到了陶家，带来了时介战死的噩耗。兰荪并向陶纫珠求爱，请她按照时介的遗言所嘱和自己结婚，于是二人订了婚。

兰荪的母亲青柳夫人和兰荪的表妹柔云在家里等待着兰荪的归来。青柳夫人希望柔云和兰荪结婚，柔云也怀着同样的期待。因此，一听说兰荪和陶纫珠要结婚的事，就以门不当户不对为理由进行反对，然而兰荪却不为之所动。兰荪和纫珠结婚后，纫珠遭到青柳夫人和柔云的苛待。不久，兰荪夫妇的儿子良彦出世，为此雇了一个照顾良彦的女佣翠儿。

由于柔云背地里不断向兰荪讲纫珠的坏话，纫珠无法再呆在纪家，决意回娘家，于是和翠儿一起向火车站赶去。就在纫珠去取儿子良彦的照片的时候，身穿纫珠的衣服的翠儿不幸被火车轧死。匆匆赶到现场的兰荪以为死去的是纫珠。

青柳夫人再次撮合兰荪与柔云的婚事，起初竭力拒绝的兰荪终于在母亲的泪水前面软下来，答应和柔云结婚。在兰荪夫妇即将开办学校时，为了聘任教师田先生举行应征面试。继春海夫人和芦泽娘等几个滑稽奇怪的人物应征之后，幽兰夫人（实际是纫珠）登场了。田先生决定录用幽兰夫人。于是，幽兰和良彦以师生关系的方式重逢了。

柔云生了自己的孩子后，便开始虐待良彦。良彦生病，幽兰整日不离左右地在一旁护理。柔云企图下毒药杀害良彦，在偷换良彦的药时，被幽兰发现，幽兰告诉柔云自己就是纫珠。柔云乘马车匆匆逃跑，路上出事故而死。幽兰将事实真相对青柳夫人与兰荪和盘托出，良彦投进了母亲的怀抱。

在该剧整个 14 场中，有一半采取了文明戏常用的"幕外戏"方式，意即在暂时落下的幕前继续演戏的手法。趁此时间，幕里面也许在准备下一场的布景吧，在聘任教师面试那一幕喧闹场面，也充分体现了文明戏的特色。

要了解舞台剧《空谷兰》，还有另外一条线索，就是范石渠编集的《新剧考》（中华图书馆，1914 年 6 月）里收录的《空谷兰》的故事情节，其构成与《传统剧目汇编》版的《空谷兰》有相当大的不同。首先是全剧共 30 幕，格外地多。这是早期文明戏常见的倾向，所说的"幕"，实际上就是场面的分隔而已，而并不是伴随着背景更换的"分幕"。幕数变多，可以想见是因为该剧从头到尾都是照搬原作的缘故吧。实际上，这里所展示的情节几乎就是原封不动地将小说描了下来，情节构成实在是幼稚。恐怕这一剧情属于早期形态，而在反复演出的过程中，逐渐地被整理成了象《传统剧目汇编》版的《空谷兰》那样的形式吧。

那么，由新民社和民鸣社排演的舞台剧《空谷兰》演出效果如何呢？欧阳予倩在《谈文明戏》⑧一文中，介绍了《空谷兰》的剧情梗概后，又作了如下分析：

"这个戏的情节许多是巧合和人为的曲折，没有什么思想性，艺术性也不高，只是夫妻母子间感情的描写有动人之处，合乎当时一般小市民的胃口，所以比较卖座。"

由于这是在上个世纪五十年代的回顾，因此措辞有些严厉。但令人感到意味深长的，是继此之后的分析：

"这个戏的几个主要的演员像凌怜影的纫珠，汪优游的柔云，王无恐的兰荪，都有特点，都能够创造出角色的鲜明形象，尤其像汪优游，扮一个大户人家的、读过书的、能说会道的、聪明泼辣的尖嘴姑娘，有独到之处，有些观众一连看好几遍，有的甚至能把台词中的警句背下来。"

此外，作为同一时代的评论，还有下述文章：

瘦鹃《志新民社第一夜之空谷兰》《志新民社第二夜之空谷兰》[9]；

钝根《新民舞台之空谷兰》《观新民舞台之空谷兰》[10]；

野民《新民民鸣社之空谷兰》[11]；

铁柔《新民之前后空谷兰》[12]。

据此可知，在实际公演的舞台上，多半分为上本、下本两部分，共分两天演完的。

瘦鹃的剧评是针对新民社的初次公演（1914 年 4 月 25 日、26 日）而写的，与欧阳予倩一样，瘦鹃也高度评价了凌怜影扮演的纫珠、王无恐扮演的兰荪、汪优游扮演的柔云等演员的演技。特别是纫珠和良彦的离别与重逢的场面尤其精彩，感动得观众热泪潸然。良彦一角，幼儿期是由明玉（王无恐的儿子）扮演的，长大后则是由雪梅扮演的。

铁柔的剧评似乎也是为初次公演而写的。徐半梅（1880—1961）扮演了一位女教师，在聘任教师面试那一场大显了身手。正如前面所谈的剧情梗概所预想的那样，这一场似乎也许是为了逗观众发笑而设计的。徐半梅除了作为一名喜剧演员而活跃于舞台上以外，作为一名小说家也广为人知。他与包天笑相交甚笃，携手一起翻译过文学作品等。也许是他来斡旋新民社和包天笑的合作。铁柔说：

　　"择师一幕大足令我轩渠。半梅饰芦泽娘，硕大痴肥，
胭脂满颊，其形状已极可笑，及开口则新名词连珠不断，又
复嗓音尖脆，举动矜持，无怪笑声满座，掌声雷动也。幻身
之春山夫人，其口吻则俨然一村学究，背诵孔明《出师表》
一节，极抑扬讽诵之妙，亦足令人捧腹也。"

　　幻身大概就是以饰演旦角闻名的王幻身吧。此外，药风（即
郑正秋）还在该剧中扮演了一位老律师。

　　钝根的剧评是针对新民社的重新公演（11月8日、9日）而
写的，与瘦鹃的剧评内容差不多。只不过他记的是徐半梅扮演了
新公爵、郑正秋扮演了青柳夫人。

　　野民的剧评是针对新民、民鸣的合作纪念公演（1915年
1月19日）而写的。这一天是上本、下本从头一直演到尾，
因此前一半似乎处理得相对简略了些。纫珠一角在前一半里由
凌怜影扮演，而后一半则是由陈大悲来扮演的。此外，据说后
一半的良彦是由身高体壮的查天影扮演的，怎么看都不像是个
孩子。

　　除此而外，还有一种说法是春柳剧场也排演了《空谷兰》，但
尚未得到考证确认。还有，女子新剧也于1915年在小舞台（笑舞
台）公演了《空谷兰》，由林如心扮演纫珠、朱天红扮演兰荪、李
痴佛扮演柔云[13]。

三、被改编成电影的《空谷兰》

　　关于电影版的《空谷兰》，在《钏影楼回忆录续编》中的《我
与电影（上）（下）》一章里，有较为详细的记述：

"（1924 年）有一天，郑正秋便到我报馆里来了，他说：
'明星影片公司要拜托先生写几部电影上的剧本，特地要我来
向你请求'"。

对于口口声声称自己是写电影剧本的外行而不明确答复的包
天笑，郑正秋提出了下述具体建议：

"明星公司同人的意思，请你先生每月给我们写一个电
影故事，每月奉送酬资一百元，暂以一年为期，但电影故事
可以慢慢地写，最好先把你的两部长篇小说《空谷兰》与
《梅花落》，整理一下，写一个简要的本事，我们很想把你的
两部小说拍为电影，想不见拒吧。"

好奇心旺盛的包天笑接下了这份工作，在 7 天内完成了剧本
《空谷兰》与《梅花落》。然后，明星影片公司决定由两大女星张
织云（1904—?）和杨耐梅（1904—1960）来出任角色。

电影《空谷兰》（1925 年制作，上下二集，无声电影，黑白
片）的摄制组成员以及角色分配如下：

导演：张石川　　　　　　摄影：董克毅
出场演员：
张织云（饰纫珠・翠儿）　　杨耐梅（饰柔云）
朱飞（饰兰荪）　　　　　　黄筠贞（饰青柳夫人）
宋忏红（饰陶父）　　　　　郑小秋（饰良彦）

《中国无声电影剧本》（中国电影出版社，1996 年 9 月）、《中

国电影大辞典》（上海辞书出版社，1995 年 10 月）和《中国影片
大典 1905—1930》（中国电影出版社，1996 年 10 月）所介绍的这
部电影的剧情梗概，与小说以及文明戏有一些出入。首先，电影
设定的背景是，出身杭州名门的子弟纪兰荪，与嘉兴人时介同赴
美国留学。时介在美国因病突然去世，因此，纪兰荪在回国后，
带着时介的遗物去嘉兴探望陶父和纫珠。至此，《空谷兰》已经完
全拂去了西洋翻译小说的痕迹，变成了一个纯中国的故事。同时，
由于外景地选在杭州、嘉兴等风光明媚的江南名城，使电影拥有
了新的魅力。据包天笑回忆，外景地选定在杭州西湖，是因为张
石川的下述主张而实现的。

> "电影不比戏剧，戏剧只是局促在舞台上，所以都是内
> 景。电影与其在摄影场里造房子、搭布景，不如到外面适应
> 的地方，多拍外景为宜。"

演员们多半都是第一次去杭州，个个欣喜若狂。这次外景拍
摄，据说包天笑也一道同行。

电影《空谷兰》一公映，获得了意外的成功。票房收入超过
了 13 万元，创造了无声电影时代的最高纪录，为明星影片公司的
财政打下了坚实的根基。另外，主演张织云因为这部电影一举成
名，在 1926 年 8 月在上海新世界举办的"电影博览会"上，张织
云被投票选为第一代电影皇后。[14]包天笑曾分析说，这部电影成功
的主要原因，在于张石川的导演才能和广告宣传的效果。

然而，也有一部分否定性的评论。比如，陈源的《空谷兰电
影》（收录在《西滢闲话》，新月书店，1928 年 6 月）。陈源在评
述了"这一个片的毛病比较的少些。摄影的技术显然进步了"之

后，又严厉地批评道"空谷兰这样的剧本，根本就没有多大的意思"，"原文写的既然不是中国的人情风俗，所以有许多地方，也不是中国思想所有的"。

此后，明星影片公司于 1934 年以有声电影的形式重新拍摄了《空谷兰》。摄制组成员中，导演张石川和摄影董克毅没有改变，而出场演员有胡蝶、高占非、宣景琳、严月娴和郑小秋等。关于重拍《空谷兰》的动机，张石川有过如下记述：

> "我们时常感到产生剧本的困难，闹着剧本荒，是不可讳言的事实。因此，我们有重摄《空谷兰》的动机。因为《空谷兰》这种剧本，可以不受时间性的制限，虽然以前已经摄制过无声的，现在不妨把它改成有声，使之增大戏剧的效果。
>
> ……以前无声的《空谷兰》，有许多精彩的场面都没法使它尽量阐发，而有声的中间却得到了充分的传达，比如剧中良彦在母像前哭诉，纫珠与兰荪夫妇的争辩，柔云在良彦病中的大声呼喊，以及宴客时的歌唱等等，都能用音响效果来完成剧情的要求，就是很好的例证。"⑮

进入 30 年代以后，明星影片公司接连摄制了几部以所谓的"左翼电影"为中心的引起轰动的影片，然而，由于国民党政府在思想上的压制日益强化，明星影片公司不得不放弃"左翼"思想路线，因此，为了唤起昔日之梦的重现，着手重拍的，就是在思想方面无可挑剔的《空谷兰》。剧本稍微改动了一些，起用的演员是胡蝶、高占非这样的头牌明星。

然而，同是 1934 年，《空谷兰》的另一种翻版也完成了拍摄，这就是天一影片公司拍摄的《纫珠》（有声电影，黑白片）。剧本由于丁勋创作，摄制组成员以及角色分配如下：

导　演：邵醉翁　高利痕　　　摄　影：周诗穆
出场演员：

范雪朋（饰纫珠·翠儿）　　　陈秋风（饰纪兰苏）

叶秋心（饰柔云）　　　　　　朱天虹（饰纪母）

魏鹏飞（饰陶正毅）　　　　　崔　恩（饰良彦）

天一影片公司创立于 1925 年，主办人邵醉翁（1898—1979）出身于文明戏。1923 年，民鸣社解散后，邵醉翁曾与张石川一起组织成立了和平社，在笑舞台排演文明戏。一年后，张石川离开和平社，此后，邵醉翁一直独自支撑着和平社和笑舞台。⑩即便如此，一部作品在同一年里竞相出现两种重新拍摄的电影也是一件罕见的事。可以说，《空谷兰》的魅力在那个时期仍未减退。

四、《梅花落》的戏剧版与电影版

在新民社和民鸣社排演的改编自包天笑原作的文明戏剧目当中，与《空谷兰》比肩的，还有一部《梅花落》。《梅花落》的蓝本也是一部外国小说，包天笑的中文译本最初是在《时报》上连载，连载结束后，由有正书局出版了单行本（上下两集，共 16回，1910 年发行）。也有一种说法称《梅花落》是从日文版译本转译过来的，但详情不甚了了。新民社首次公演的《梅花落》比《空谷兰》要早，是在 1914 年 3 月 1 日至 4 日。关于这部作品的

内容构成,《新剧考》记载得十分详细。下面内容仅是梗概:

意大利的贵族穆德身侯爵的女儿圆珠失去双亲、无依无靠之时,被坏男人葛兰荪拐骗到咖啡馆和酒吧当歌女。后来,葛兰荪杀害了船主李尔敦,夺走了李尔敦身上的钱财;圆珠此时趁机逃跑。李尔敦的朋友李尔巽发誓要为李尔敦报仇。

丧妻独居的男爵常勃德本来领养了侄子克朔作养子,但由于克朔品行不端,常勃德一怒之下将他赶出了家门。昏倒在积雪皑皑的山里的圆珠被常勃德救起,常勃德还为她出了学费,送她进音乐学校读书。

被赶出家门的克朔去找朋友柯林森商量对策,柯林森打听到了常勃德和圆珠结婚的消息。克朔写下了悔过书求得常勃德的原谅,被批准返回男爵宅邸。柯林森为了挑拨常勃德夫妻的关系,决定利用名门小姐、一直暗恋着常勃德的冰娘。冰娘把圆珠约到公园;而柯林森谎称常勃德从马上摔下来而把圆珠骗到荒郊野外的古塔里并且过了一夜。这一切全部被葛兰荪看在了眼里。

常勃德对圆珠大怒,提出还是要把财产留给克朔。而冰娘正中下怀,觉得时机已到,劝常勃德和圆珠离婚。被迫离开常勃德宅邸的圆珠去找了常勃德的朋友、也是李尔敦的伯父李公佐,对他讲述了事情的原委。

柯林森与克朔密谈,商议杀害常勃德。葛兰荪刺探出了这个秘密。柯林森悄悄潜入常勃德的宅邸,往常勃德的杯子里投了毒药。不料,偶然来访的李公佐喝下了那个杯子里的酒。匆匆赶来宅邸的李尔巽贸然断定这是圆珠投的毒,于是将她告上法庭。圆珠作为嫌疑犯被关进了监狱。葛兰荪来探监，告诉圆珠能够证明她的清白的只有自己，并为此向圆珠勒索金钱。同时，葛兰苏还告诉圆珠她的生父还健在，目前正在北极探险。

李公佐虽然保住了性命，却留下了残疾。李公佐和常勃德一起去瑞士旅行，冰娘也同行。柯林森将一包毒药交给冰娘，谎称是起死回生的秘药，要她给常勃德服用。日渐消瘦的常勃德发觉到有人给自己投了毒，开始怀疑冰娘。

而入狱时已经怀了身孕的圆珠生下了女儿明玉。由于缺乏足够的证据，圆珠被释放了。冰娘为了证明自己是被冤枉的，喝下了那份"秘药"，一命呜呼。独自带着幼女明玉四处漂泊的圆珠在一座港口城市被慈善家顾重宝救助了。顾重宝听了圆珠的身世遭遇后，一经调查，得知那艘北极探险船正停泊在本地港口；而船主正是意大利侯爵穆德身。

圆珠在巴黎的剧场一边唱歌，一边继续寻找生父。偶然和李公佐一起来巴黎旅行的常勃德发现了圆珠。常勃德向圆珠谢罪，并请求复婚。趁圆珠去剧场的空隙，葛兰苏带走了明玉。圆珠拿着明玉的照片去侦探事务所求助，事务所的老侦探却从抽屉里拿出了一张和明玉长得一模一样的女孩儿的照片。原来，这是当年圆珠被葛兰苏拐走后，父亲委托老侦探帮助调查时留下的照片。

葛兰苏将明玉带到意大利乡下的一个渔民家里监禁起来，并向常勃德索要酬金。正巧这时，去北极探险归来的穆德身侯爵路过此地，看见了貌似自己女儿的明玉。

葛兰苏被逮捕，穆德身侯爵和侦探一起奔往那个渔民家救出了明玉，侯爵与圆珠终于重逢。

在李公佐和常勃德等人举行的宴会上，曾往酒里投毒的柯林森与克朔被当场逮捕。柯林森和葛兰苏被判处死刑，克朔被判处无期徒刑。圆珠与常勃德回到了伦敦的宅邸。

这部剧的幕数也非常多（共 34 幕），大概是以一种名为"连台戏"的形式分数日演出的。首次公演时，共分 4 天演完，每天 4 集，一共 16 集。

此外，在《新剧杂志》第 1 期（1914 年 5 月）上，秋风编辑《剧史》里，也有《梅花落》的简介。只是在这里，"葛兰苏"被记作"葛兰孙"，"穆德身"被记作"穆德尔"，想来大概是排版错误。

关于公演的具体情形，有观看了首次公演的瘦鹃[⑰]的剧评和笠民的剧评。[⑱]

瘦鹃高度评价了凌怜影扮演的圆珠，特别指出第一夜在酒吧和雪原上的高歌、第二夜痛斥柯林森的场面、第三夜在法庭上的狂态、第四夜在音乐会上的充满热情的歌唱时演技的精彩。瘦鹃还指出，王无恐扮演的常勃德、汪优游扮演的柯林森、陈素素扮演的冰娘、张冶儿扮演的克朔、傅秋声扮演的葛兰苏、郑药风（正秋）扮演的李公佐等都是各胜其任。扮演明玉的童星，也十分令人感动。

笠民也赞扬了凌怜影在雪原上的高歌以及婚礼那一场时的演技。同时对王无恐威风凛凛严斥侄儿的那场戏也赞赏有加。只是在笠民的剧评中，汪优游扮演的人物被记作"波临顿"、张冶儿扮演的人物被记作"那克脱"，是否是笔误呢？

另外，在其他剧团排演的文明戏剧目中，还有春柳剧场的《梅花落》。首次公演日为 1914 年 9 月 16 日[⑲]。据广告词介绍，该剧"春柳编成新剧"，共 10 幕。原作虽然同为包天笑的小说，但

"一夜演完"。只不过 9 月 25 日、26 日的重新公演分成了上、下两本。

下面将话题转向《梅花落》是如何被搬上银幕的吧。据前面引用过的《钏影楼回忆录续编》介绍，受明星影片公司委托的包天笑在创作《空谷兰》的同时，也动手写了《梅花落》。1927 年摄制的《梅花落》（上·中·下三集，无声电影，黑白片）的摄制组成员以及角色分配如下：

导　演：张石川　郑正秋　　　　摄　影：董克毅
出场演员：

张织云（饰圆珠）　　　　　　萧　英（饰常勃德）
朱　飞（饰常克朔）　　　　　王献斋（饰柯灵森）
宣景琳（饰冰娘）　　　　　　王吉亭（饰葛兰苏）
张慧中（饰岳尔生）　　　　　谭志远（饰李大卓）
龚稼农（饰李敦）

下面依据《中国电影大辞典》和《中国影片大典 1905—1930》的记述，来比较一下电影与文明戏的不同吧。从整个剧情来看，一个最大的改变就是故事的舞台背景改成了中国，意大利、瑞士、伦敦、巴黎等地名以及北极探险的剧情都没有出现。"李尔敦"和"李尔巽"的名字被分别改成了"李敦"和"岳尔生"。大概是因为他们是朋友关系，原来的名字却过于相似，容易被误认为是兄弟的缘故吧。剧情设定这二人共同经营海运业。李敦的叔父（伯父）也被改名为李大卓。而冰娘也不过是一个水性杨花的轻佻女人，从一开始就是瞄准常家的财产而参与柯灵森（柯林森）和克朔的阴谋的。圆珠的父亲名为穆淡庵；在圆珠幼年时代就把她拐骗走的葛兰荪原是穆家的男仆。

受到《空谷兰》成功势头的影响，明星影片公司几乎是动用同一班人马摄制了《梅花落》，但其票房成绩却远远不及《空谷兰》。

1942 年，大成影片公司又重新摄制了新版电影《梅花落》。剧本和导演由屠光启担任，出场演员有王熙春、贺宾、黄河和张琬等。大成影片公司成立于 1940 年，负责电影制作的主要人员是朱石麟、桑弧和屠光启。

五、从《贵人与犯人》到《姊妹花》

20 世纪 30 年代，郑正秋在明星影片公司搬上银幕的文明戏作品，还有一部《姊妹花》。在郑正秋众多的作品中，《姊妹花》也堪称其代表作，在中国电影史上的价值也很高。而且已经公开发行了 VCD 因此影片本身能得以确认。此外，能够用来作蓝本的文明戏脚本以及一些资料也多少被保存了下来，基于上述理由，这部作品也可以作为被搬上银幕的文明戏作品的一个典型。

文明戏版的《姊妹花》别名为《贵人与犯人》，以后者的剧名表示的作品与《空谷兰》一样，也在《传统剧目汇编·通俗话剧》第 6 集里收录了方一也的口述版本（共 6 幕）。首先，先归纳一下这部脚本的梗概：

> 主人公是日夜盼望着丈夫林桃哥（渔民）归来的渔妇赵大宝。林桃哥收获了大量的鱼虾欢喜而归，到家后得知大宝怀孕的消息更是欣喜若狂。大宝的母亲赵大妈也非常高兴，然而林桃哥的父亲林老老却为生计的艰难而担心。大

宝的母亲牵挂着因染指违法生意而去了上海就再无音讯的丈夫和二女儿二宝，每日以泪洗面。大宝尽力安慰着母亲。出海打鱼的林老老被一个军人枪击负伤，回到家就咽了气。为了逃离军阀和土匪带来的混乱局势，林桃哥一家搬到了济南。

在钱督办的公馆里，督办的七姨太（也就是二宝）因为生了个男孩子便骄横起来，连督办也拿她没办法。作品还描述了其父（摇身一变成了买办商人的赵伯良）与官界相互勾结的场面。督办任命赵伯良为军法处长，令他严厉取缔革命党的活动。

赵大宝与林桃哥已经有了两个孩子了，生活的负担非常重。林桃哥除了白天的工作以外，晚上还要出去卖报纸和革命性书籍。一个月后，林桃哥积劳成疾，终于病倒。大宝为了补贴家用，决定到钱督办公馆去当奶妈。

七姨太和佩英（钱督办之妹）面试大宝后决定雇用她。但是，若去钱公馆上工的话，大宝就要三年不能回家，林桃哥因此反对，然而大宝决心不改。不久，赵大妈去钱公馆找大宝，告诉她林桃哥住院的消息。大宝求七姨太帮忙筹措医疗费，不仅遭到拒绝，还挨了七姨太的打。毫无办法的大宝欲偷走婴儿佩戴的金质"长命锁"，被佩英发现了。由于佩英大嚷大叫，大宝顺势将佩英推出去很远，不料佩英因此丧命。赶到现场来的赵伯良将大宝带到了警察局。

赵大妈来见赵伯良，求他帮忙救出大宝。赵伯良生怕失去现在的地位和二宝攀上的高枝，拒绝帮忙，而给了赵大妈一些钱打算就此打发走她。然而赵大妈威胁说要揭露赵伯良的真相面目，赵伯良无奈，只好同意一家四口面谈。大宝大声哭叫，宣泄着胸中的郁愤，质问赵伯良到底谁是真正的犯人。闻听此言，二宝终于醒悟过来，表示一定要救出姐姐。于是，抛下还死死赖在处长位置上的赵伯良，母女三人一起走了出去。

无论是时代背景，还是故事情节的展开，抑或是主题的设定，不管哪一方面都充分体现了文明戏的特征。同时，台词也是经过反复推敲后写下的，充满幽默感。

由于《姊妹花》被搬上银幕一事非常有名，文明戏剧本的作者也被认为是郑正秋，实际上也的确有这样的记载。[20]然而，郑正秋的新民社却一次也没有排演过此剧。《姊妹花》作为春柳社的公演剧目，于1914年4月26日、27日的舞台公演似乎是首次演出。[21]据《申报》的广告介绍说，"一束缘小说为英人李来姆原著，日人撷取其中事迹编演成剧，声名甚盛。兹经本剧场陆镜若君精心考订妥善定名。"陆镜若（1885—1915），毋庸赘言，自然是文明戏春柳社的中心人物之一的陆镜若。春柳社于同年5月8日再次公演了《姊妹花》，据这一天的广告词宣传曰，"前次排演因情节离奇，幕数过多，不得已分二夜连演，一时大受识者欢迎"，"兹特精益求精，删繁就简，准定一夜演全"。那以后，似乎又再次公演了好几场。

电影《姊妹花》是1933年由明星影片公司摄制（有声电影，黑白片）的，摄制组成员以及角色分配如下：

导演·编剧：郑正秋　　　　摄影：董克毅
出场演员：
胡　蝶（饰大宝·二宝）　郑小秋（饰桃哥）

宣景琳（饰母亲）　　　　谭志远（饰钱督办）

　　查阅一下《中国新文学大系1927—1937》第17集（上海文艺出版社，1984年5月）里面收录的剧本以及电影VCD，可以发现电影版的《姊妹花》大体上是忠实于文明戏的。只不过故事背景设定为二十年代，革命色彩淡化得相当多。

　　电影《姊妹花》获得了空前的成功。在上海，最初的公映是为期60天的长期公演；再次上映时也长达40天；而第三次上映也持续了10天以上。此外，在全国18个省的53个城市以及香港、南洋群岛的10多个城市都相继公映，创下了总收入达20万元的最高纪录。

　　下面要介绍的西谷郁的论文《中国电影最初的转折点——关于〈姊妹花〉的论争》（《九州中国学会报》第39卷，2001年5月），是围绕《姊妹花》的宣传战略和作品评价所引起的论争而进行的先行研究。笔者将依此为线索，继续进行论述。

　　西谷郁是这样论述的：

　　"《姊妹花》的报纸广告在开始公映的几天前就大规模地登出了。当时，明星影片公司招聘了年轻的左翼电影人等进入脚本委员会，以期实现经营方针的彻底改变，但却并没有显现出太大的改善效果。所以，对《姊妹花》，可以说是作为一部赌上公司命运的作品而进行大规模宣传的。例如，在京剧名角梅兰芳于2月23日、24日两天的公演期间，明星影片公司演出了配合《姊妹花》公映的特别宣传节目，推动了《姊妹花》公映的成功。这样，1934年2月13日，《姊妹花》在作为初次投入使用的当时大剧场之一的新戏院开始上映了第一场，到 4 月 13 日为止，创立了日日满座的纪录。据《申报》广告介绍，在当时约为 300 万的上海人口中，有相当于十五分之一的、约 20 多万男女老少，'中外老少全部'去了剧场。"

如上所述，在当时上海最有影响的《申报》上，把《姊妹花》作为一部新春贺岁片展开了积极的、大规模的广告战略，因而才创造了前所未有的成功记录。

是否可以说，《姊妹花》的这种广告战略，作为振兴电影的战略方法第一次扎根落土，从而改变了一般中国人对中国电影的印象。

该论文的论据皆出自当时的《申报》报道。在此之前的一段里，西谷记述道，由于张石川和上海的黑社会"青帮"头子杜月笙（1888—1953）以及国民党政府都有交往，正因为有了这样的社会关系，明星影片公司的电影事业才获得了成功。

在票房收入方面获得了绝对胜利的《姊妹花》，社会上的评价却是褒贬参半。西谷郁一边引用收录在陈播主编的《三十年代中国电影评论文选》（中国电影出版社，1993 年 12 月）里的当时的评论文章，一边分析道，评论的焦点在于对最后一个镜头的解释上。也就是说，总括起来说，批判性意见即集中在这一点——"最后一个场面由于不是悲剧，而是大团圆，因此好像较容易被观众接受，但这是迎合观众心理的'旧派'电影人的做法，与左翼电影所期望拍摄的悲剧迥异"。

面对这些批判，郑正秋本人的回答就是《〈姊妹花〉的自我批判》一文。郑正秋说："我有十多年的舞台经验，我有十多年做字幕的经验，我能在对话里写得事事逼真，处处充满了情感"，表达了他足够的自信。若借用西谷郁总结出的论点的话，那么应该说"郑正秋始终是将如何有效地把自己的心声传达给观众这一电影实践当作首要目标的"。

就这样，在国内引起争议的《姊妹花》与新版《空谷兰》一道，作为代表当时的中国电影的作品，也被介绍到了海外。

1935 年，苏联为了纪念电影事业创业 15 周年，在莫斯科举办了国际电影节。据说，中国派出的代表团由"明星"、"联华"、"华艺"和"电通"四家电影制作公司联合组成，团员共 7 名，携 8 部电影赴会。[22]明星影片公司派的代表是周剑云夫妇和女明星胡蝶，他们携《姊妹花》《空谷兰》《春蚕》和《重婚》，2 月就从上海出发了。在这届电影节上，联华影片公司出品的《渔光曲》作为中国电影第一次获得了国际性的"荣誉奖"，但《姊妹花》和《空谷兰》也在电影节上放映，并受到了欢迎。周剑云一行归途遍访了德国、法国、英国、瑞士和意大利，沿途与各国电影界人士进行了交流，首次将中国电影介绍到了欧洲，出访成果丰硕，一行人于 7 月回国。在德国和法国也放映了《姊妹花》和《空谷兰》，据说获得了很高的评价。

此外，1953 年在新大陆影业公司拍摄的香港电影里也有一部名为《姊妹花》的作品，[23]剧本由李晨风创作，导演是秦剑。虽然一些资料注明了"原著：同名舞台剧"、"取名自战前影后胡蝶主演的同名电影"，但内容却迥异，讲的是一对孪生姐妹幼年时失散，一个被贫寒的父母抚养，一个被富裕的父母抚养。长大以后，姐妹二人却偶然地爱上了同一个男人。历尽种种曲折后，男人与富裕家庭的那个女子结婚。其后，贫寒家庭的那个女子作为佣人到他家工作。从这个剧情来看，该影片是一部与明星版的《姊妹花》截然不同的作品。

结　语

　　上面，以《空谷兰》《梅花落》和《姊妹花》为中心探讨了一下文明戏被搬上银幕的实际经过。最后，还想加进若干补充。

　　本文立足于作品在电影史上的意义之高以及资料积累之多这一视点，主要集中在了明星影片公司制作的3部电影上。事实上，除此之外，在其他电影公司拍摄的作品中，也有受到文明戏影响的作品。特别是1926年国光影片公司拍摄的《不如归》，是由春柳社的代表作改编拍摄的，非常值得注目。据《中国无声电影剧本》以及《中国影片大典1905—1930》里记载，《不如归》的导演为杨小仲，剧本由陈趾青创作，同时注明了"根据日本作家德富芦花同名小说改编"。出场演员有汪福庆、沈化影、严工上、金学均等。比较一下电影的故事梗概和文明戏的脚本^⑥，便可发现剧情结构多少有些不同。这也许是因为文明戏不是改编自小说，而是改编自"新派"戏剧的脚本（由柳川春叶改编）吧。另外，剧中人的名字也不一样，如果以"原作→文明戏→电影"这一顺序来表示的话，那么，人物变更顺序应为：川岛武男→赵金城→方少珊、川岛浪子→康幗英→姚孟娴。就《不如归》这部作品而言，文明戏与电影之缘并不太深。

　　1921年，商务印书馆活动影戏部制作的《猛回头》，笔者起初以为是由一部较有名的文明戏（原作为佐藤红绿的《潮》）搬上银幕的，但是，考证了剧情内容后，发现根本没有任何关系。

　　中国电影界的特征之一，便是戏剧人的多半同时也是电影人。首先，张石川和郑正秋便是如此。继他们二人之后，洪深、田汉、

夏衍也不例外。也许可以说是社会形势促使他们戏剧和电影两把
扇子一起扇，同时，也可以说是戏剧和电影这两种艺术形式一边
相辅相成、一边作为一种大众娱乐或大众启蒙的手段而发挥了作
用吧。关于戏剧和电影之间的因缘，不仅仅限于文明戏时代，对
于其后的历史时期，似乎也有必要进行考证和检验。

注　释

① 张石川和郑正秋以电影界时代为中心的活动记录，来源于下述资料：

程季华主编《中国电影发展史》，中国电影出版社，1963 年 2 月初版，
1998 年 8 月新版。

何秀君口述《张石川和明星影片公司》，《文史资料选辑》第 69 辑，中国
文史出版社，1980 年 3 月。

郦苏元、胡菊彬：《中国无声电影史》，中国电影出版社，1996 年 12 月。

刘思平《张石川从影史》，中国电影出版社，2000 年 5 月。

② 《阎瑞生》于 1921 年由中国影戏研究社搬上了银幕。

③ 《中国电影发展史》。

④ 舍予《观明星摄制之孤儿救祖记》，《申报·自由谈》，1923 年 12 月
26 日。

⑤ 据濑户宏的《新民社上演剧目一览》（摄南大学国际语言文化学部《摄大
人文科学》第 9 号，2001 年 9 月）统计，新民社的上演次数为 15 次，进
入了该剧团的前 3 名。同时，在濑户宏的《民鸣社上演剧目一览》，翠书
房，2003 年 2 月统计，民鸣社的上演次数也是 29 次，列为该剧团的第
6 名。

⑥ 关于《空谷兰》的小说、文明戏和电影的不同版本，可参看饭塚容的论文
《围绕〈空谷兰〉谈起——论黑岩泪香的作品〈野花〉的变迁》，中央大学
文学部《纪要》第 170 号，1998 年 3 月。以下记述中，有几处与该论文
重复。

⑦ 被收入《鞠部丛刊》，上海交通图书馆，1918 年 11 月。

⑧《中国话剧运动五十年史料集》，中国戏剧出版社，1958 年 2 月。

⑨《申报·自由谈》，1914 年 4 月 28 日、30 日。

⑩《申报·自由谈》，1914 年 11 月 11 日、12 日。

⑪《申报·自由谈》，1915 年 1 月 24 日。

⑫《剧场月报》第 1 卷第 1 期，1914 年 11 月。

⑬ 刊载于《申报》1915 年 4 月 9 日的广告以及《上海话剧志》，百家出版社，2002 年 2 月。

⑭ 刊载于《上海电影志》，上海社会科学出版社，1999 年 10 月。

⑮ 张石川《重摄〈空谷兰〉经过》，原载《文艺电影》第 1 卷第 3 期，1935 年 2 月。在《张石川从影史》中，被作为附录收入。

⑯ 刊载于《初期职业话剧史料》。

⑰《志新民社第一夜之梅花落》《志新民社第二夜之梅花落》《志新民社第三夜之梅花落》《志新民社第四夜之梅花落》。分别刊载于《申报·自由谈》1914 年 3 月 4 日、5 日、6 日、7 日。

⑱《剧场月报》第 1 卷第 1 期。

⑲ 以濑户宏的《申报所载春柳社上演广告（中）》，《长崎综合科学大学纪要》第 29 卷第 2 号，1988 年 11 月为线索，确认了《申报》的广告。

⑳ 例如，在李晋生的《论郑正秋》，《电影艺术》，1989 年第 1—2 期里就提到"《姊妹花》是郑正秋在自己编的两幕舞台剧《贵人与犯人》的基础上改编拍摄的"。

㉑ 以濑户宏的《申报所载春柳社上演广告（上）》，《长崎综合科学大学纪要》第 29 卷第 1 号，1988 年 9 月为线索，确认了《申报》的广告。

㉒ 初次刊载于《社会月报》创刊号，1934 年 6 月。收入《三十年代中国电影评论文选》。

㉓ 根据《张石川从影史》等资料记载。

㉔ 参见《香港影片大全》等 3 卷，香港电影资料馆，2000 年 5 月及《图说香港电影史》，香港三联书店，1997 年 4 月。

㉕ 由马绛士改编。初次刊载于《鞠部丛刊》，后收入《传统剧目汇编·通俗
话剧》第 2 集以及《中国早期话剧选》，中国戏剧出版社，1989 年 3 月。

（原载《戏剧艺术》2006 年第 1 期。后收入《中国戏剧——
从传统到现在》，中华书局 2006 年版。）

论上海戏剧协社的《威尼斯商人》演出

濑户宏

（摄南大学）

1930 年 5 月，戏剧协社第 14 回公演上演了《威尼斯商人》（顾仲彝译、应云卫执导），这是莎剧在中国舞台上第一次严肃正规的演出。目前还没有对这次公演的正式研究①，因此本文首先分析这次公演的背景，再根据笔者的调查总结这次公演的特点，进而考察中国第一次严肃正规的莎剧上演选择《威尼斯商人》的原因以及中国接受莎剧的特点，并明确这次公演的意义。

I

首先，对公演当时即清末民初（19 世纪末—1949）时期中国接受《威尼斯商人》的情况②做一概述。

最早将《威尼斯商人》的故事内容以中文介绍到中国的是 1903 年出版的《澥外奇谭》（译者不详，达文社）。该书选取兰姆《莎士比亚故事集》中的 10 篇进行翻译，在第二章将《威尼斯商人》翻译为《燕敦里借债约割肉》。次年，林纾、魏易合译《吟边燕语》（商务印书馆）出版。这是《莎士比亚故事集》的全译本，《威尼斯商人》即《肉券》一篇。《吟边燕语》得益于林纾精妙的译文，被广泛阅读，以《吟边燕语》为蓝本的改编上演也兴盛一时。与此相对，《澥外奇谭》因不是全译本等原因，在《吟边燕语》盛行前已被遗忘。

1924 年发行的曾广勋译《威尼斯商人》（新文化出版）是中国最早的剧作全译本③。自曾广勋译文开始，《威尼斯商人》的译名被固定下来。接下来出版的是顾仲彝译《威尼斯商人》，本章主题中的戏剧协社公演以此为演出本。1930 年由新月书店出版，次年由商务印书馆再版。该书以长段序文介绍了莎士比亚及《威尼斯商人》。

之后，至 1949 年中华人民共和国建国前，共有以下译本出版：

1933 年　陈治策译《乔装的女律师》（出版社不详）

1936 年　梁实秋译《威尼斯商人》（上海商务印书馆）

1942 年　曹未风译《微尼斯商人》（贵阳文通书局）

1947 年　朱生豪译《威尼斯商人》（世界书局）

这些译本中，梁实秋译本被收入台湾版莎士比亚全集，朱生豪译本被收入大陆版莎士比亚全集，都得到广泛阅读。

中华人民共和国建国后主要译本如下：

1954 年　方平译《威尼斯商人》（平明出版社）

《威尼斯商人》是剧作，只有通过演出才能完成其艺术使命。早期的《威尼斯商人》的上演情况如何呢？

中国最早上演《威尼斯商人》是在 1896 年 7 月 18 日，圣约翰书院学生在夏季学期毕业典礼上用英语演出了法庭一幕④。这也是至今为止有记载的最早的学生莎剧演出。校园里的英文莎剧演出超出了本文的讨论范围，故不再做详细探讨。

关于汉语演出，如第一章所介绍，1911 年前后城东女学上演了《女律师》。之后，文明戏改编上演了《肉券》。据笔者调查，首演是 1914 年 4 月 5 日新民社的《女律师》，此后民鸣社、笑舞台等剧团也多次上演该剧。1914 年 5 月 5 日，文明戏全盛期的六大剧团联合演剧时，该剧也是上演剧目之一⑤。文明戏是中国传统戏曲与话剧的中间形态，多数情况下演员根据记录故事梗概的幕表进行即兴演出。《吟边燕语》二十则皆被改编上演，1914 年文明戏全盛期出版的范石渠编《新剧考》（中华图书馆）中收录了《肉券》的详细幕表。虽然我们知道《肉券》是当时最受欢迎的剧目，然而通过幕表可知，以当时中国人对西方的认识来改编的剧本，不仅无视原作且荒诞滑稽。例如故事地点不在威尼斯而在伦敦，也没有明确说明夏洛克是犹太人等。

不过，1919 年出版的郑正秋编《新剧考证》（上海中华图书集成公司）收录的梗概基本上贴近《吟边燕语》，也明确记述了夏洛克是犹太人。这可能显示了 5 年间中国在西方理解方面的进步。

1919 年五四运动后，同年 12 月有报道显示，景贤女校等学校上演的《肉券》作为学校演剧对外公演⑥，但改编的具体内容如今已经无从知晓。

1930 年，戏剧协社上演《威尼斯商人》。戏剧协社的公演和此前文明戏等上演的《肉券》截然不同，是莎翁原作的完整翻译演出。此外，国立剧专（国立戏剧学校）也曾演出过两次《威尼斯商人》⑦。

在中国《威尼斯商人》接受史上还需要强调一点，民国时期（1912—1949），特别是民国后期，中国话剧的主流是左翼戏剧，这期间的莎剧上演很分散。但正如中国研究者指出"从《威尼斯商人》在中国的传播看，该剧已经成为中国的舞台上演出最为频繁的一部外国戏剧和莎剧"⑧，《威尼斯商人》确实是清末民国时期被上演最多的莎士比亚戏剧。据孟宪强《中国莎学简史》记述，清末民国时期《威尼斯商人》一共被上演了 8 次，当然该数字遗漏了许多文明戏时期的公演。文明戏时期上演次数尚不明确，但可以肯定超过 10 次。而据《中国莎学简史》统计，《罗密欧与朱丽叶》的上演次数排第二位⑨。

Ⅱ

戏剧协社为何在 1930 年决定上演《威尼斯商人》呢？

戏剧协社 1923 年 1 月 14 日成立于上海⑩，因此也被称为上海戏剧协社，报纸、广告常称该其为戏剧协社。1924 年，戏剧协社成功演出了洪深根据英国作家王尔德《温德米尔夫人》改编并导演的《少奶奶的扇子》，并成为开创中国话剧历史的剧团⑪。这次公演后戏剧协社成为上海最有影响力的剧团，但 20 年代后期，因内部矛盾而导致剧团实力下降，在艺术上也陷入混乱。我们先简单了解这次演出之后剧团的发展情况⑫。

1924 年 12 月（7 日、14 日、21 日、22 日、25 日），戏剧协社在主要活动据点中华职业学校的职工教育馆（南市陆家浜路）上演了（第 8 次公演）由欧阳予倩《回家以后》、汪仲贤《好儿子》、徐半梅《月下》三个一幕剧构成的集锦作品⑬。直到第 12 次公演，协社的演出都在职工教育馆举行。

1925 年戏剧协社又上演了由欧阳予倩改译自易卜生《玩偶之家》、洪深执导的《傀儡之家庭》（第 9 次公演）。戏剧协社为这次公演投入了很大的精力，但受到五卅惨案的冲击，几乎没有引起反响。

1926 年 1 月（10 日、17 日）第 10 次公演上演了洪深改译的《黑蝙蝠》。讲述的是资本家和强盗的故事，但具体内容已无从考证⑭。

同年 10 月（10 日、16 日、17 日、23 日、24 日）第 11 次公演上演了《第二梦》。《第二梦》由洪深改译自詹姆斯·巴里⑮的戏剧 *dear brutus*，是一部人生哲理剧⑯。将人生视为第一梦，第二梦里实现重新来过的人生，但即便如此人类也不满足，表现了人类对人生的永不满足。如今，巴里作为《彼得潘》的作者为大家所熟悉。《第二梦》在 11 月（14—16 日）又再次上演（第 12 次公演）并取得了成功。然而，据戏剧协社成员顾仲彝回忆，这部剧的内容对于上海的观众来说"似乎太高深太难懂一点，很多人看了有点莫名其妙。"⑰。

此后戏剧协社内部产生分歧，公演一度终止。钱剑秋、王毓清等成功演绎了《少奶奶的扇子》的女演员们纷纷离开戏剧协社，洪深也远离了戏剧协社，应云卫成为剧团负责人。应云卫（1904—1967）出生于上海，七岁丧父后，在老家宁波的私塾念书。1915 年，11 岁的他再次来到上海，一边工作一边读夜校。1919 年，在五四运动的影响下开始参与演剧活动，并参与策划了戏剧协社的成立，是剧团的核心成员之一。戏剧协社在 1933 年后停止活动，而他依然在戏剧、电影两方面发挥重要作用，抗日战争时期在重庆组织了该时期重要剧团之一的中华剧艺社，作为社长、导演非常活跃。他属于对共产党抱有好意的无党派戏剧人士，中华人民共和国成立后历任上海江南电影制片厂厂长，主要从事电影导演活动，但也持续参与话剧演出。文革初期，被扣上"反动学术权威"的帽子，当作造反派批斗至死⑱。

在应云卫的领导下，戏剧协社于 1929 年 5 月 25 日、6 月

2日，时隔3年再次举行公演即第13回公演，上演了《血花》。该剧是汪仲贤根据萨特《祖国》，结合当时北伐结束后的社会形势改译而成的革命剧⑲。其时大多数知识青年不支持国民党，而该剧富有赞美国民党的色彩，"这出戏的上演大家公认是失败"⑳。

为了脱离困境，戏剧协社在此时选择上演西方名剧。顾仲彝说（〔〕为笔者补充，下同）：

> 〔民国〕十八年冬经过再三的讨论，便决定以排演欧美古典剧来重振协社的旗鼓。当时决定这计划有好几层理由：
>
> 一，中国剧本的病乏，不能不向欧美翻译，而欧美现代的剧本真正有搬演到中国舞台上的非常少（因欧美现代物质文化与中国社会根本不同，道德精神意识观念都不相同，改译剧本所以十九是很勉强的），最妥当的办法莫如专演欧美成名已久之古典剧，无时代性，无国别之迥异；
>
> 二，协社之组织以研究为基础，欲穷究西洋戏剧之精华，自以从古典派剧本入手为最稳妥（名剧传诵已久一切参考模仿较易），所以在十八年的除夕酒筵上遂决定从世界第一名剧家莎士比亚入手。㉑

顾仲彝的言论表明了《威尼斯商人》与《第二梦》《血花》的不同之处，即从改编剧走向了翻译剧。顾仲彝关注到了这样一个问题，中国话剧界此前的改编剧无法在舞台上严密再现西方戏剧的内容，因此他首先以介绍原汁原味的西方戏剧为目标。当然，他也对观众能否接受现代戏剧而感到不安，因而选择了声望已固的莎士比亚，以莎剧作为戏剧协社的上演剧目。顾仲彝的提议被戏剧协社接受，可见当时的时代变化。戏剧协社上演《威尼斯商人》在戏剧史上有两个意义：既是莎剧在中国舞台上第一次严肃正规的演出，也是中国第一次严格上演外国翻译剧。

之后，应云卫在中华人民共和国建国后回忆戏剧协社转换艺术路线一事时，说法与顾仲彝一致[22]。从哲理剧《第二梦》，到资产阶级革命剧《血花》，再到西方古典剧《威尼斯商人》，戏剧协社经历了迂回曲折的艺术路线，是早期中国话剧摸索尝试的一个典型。再者，同时期还出现了辛酉剧社的《文舅舅》、复旦剧社的《西哈诺》等翻译剧[23]，但戏剧协社《威尼斯商人》的影响力最为突出。

顾仲彝不仅是《威尼斯商人》的翻译者，也在戏剧协社中有着参与演出决定、准备的重要作用，因此在这里做简单介绍。顾仲彝（1903—1965），出生于浙江省余姚县，曾就读于省立中学、南京高等师范英文科。受五四运动影响开始关注演剧。戏剧协社上演《威尼斯商人》时，顾仲彝是上海暨南大学的教师。抗日战争时期他坚守上海继续开展戏剧活动，建国后调入上海市文化局，1957年成为上海戏剧学院教授，开设西欧戏剧史、戏剧概论等课程，1965年因癌症逝世。逝世后，《编剧理论与技巧》（中国戏剧出版社、1981）、《顾仲彝戏剧论文集》（中国戏剧出版社、2004）相继出版[24]。

Ⅲ

戏剧协社为何在诸多莎士比亚作品中选择《威尼斯商人》作为上演剧目呢？顾仲彝等人说明了为何选择莎士比亚，却没有说明选择《威尼斯商人》的原因，当时的公演报道也是如此。本章第6节将详细考察《威尼斯商人》的选定问题，首先先确认演出过程。

　　当时上海发行的报纸《申报》《民国日报》中，除《威尼斯商人》公演相关上演广告外，还刊登了《申报》20 篇、《民国日报》9 篇相关的报道及剧评⑥。第一篇报道刊登在 5 月 1 日的《申报》上，大致内容为《威尼斯商人》即将上演，为了准备 16 世纪意大利的服装而花费大量经费且进行了严格的考证，并在应云卫家中进行公演前的彩排。此后，《申报》在 5 月 6 日、10 日、公演首日 17 日，《民国日报》在 5 月 3 日、9 日做了介绍性报道。虽然有戏剧协社积极推动的原因，但也足以表明公演引起了当时上海的文艺界、知识阶层的关注。因参演演员人数众多，不仅戏剧协社的演员，还邀请了交通大学、沪江大学、爱国女学等上海主要学生剧团的成员参演，演出经费超过了 3 000 元。

　　这次公演作为戏剧协社第 14 次公演在 1930 年 5 月 17 日、18 日、24 日、25 日（均为周末）4 天间进行。虽然中国戏剧史上的记载是 4 次公演，但据上演广告"日场：下午 2 点 30 开始、夜场：晚 7 点 30 开始"，可见共上演了 8 次。剧场在位于北四川路的中央大会堂。广告上没有演员表，但顾仲彝译《威尼斯商人》序言中介绍了演员情况。

　　　　威尼斯公爵（威尼斯公爵）——陈仁炳

　　　　摩洛哥王子（摩洛哥亲王）——唐吉春

　　　　阿拉冈王子（阿拉贡亲王）——吴桢

　　　　安东尼（安东尼奥）——黄一美

　　　　白山奴（巴萨尼奥）——陈宪谟

　　　　沙衲尼（萨莱尼奥）——赵伯成

　　　　萨履诺（萨拉里诺）——杨隽

葛兰西（葛莱西安诺）——王剑侯

罗伦助（罗兰佐）——孙敏侯

夏劳克（夏洛克）——沈潼

邱伯（杜伯尔）——宋文标

高棣（朗斯洛特·高波）——杨子宽

老高棣（老高波）——陈仁烈

李乃德（里奥那多）——钱汝霖

白赛泽（鲍尔萨泽）——王宝梁

濮茜亚（鲍西娅）——虞岫云

南丽莎（尼莉莎）——顾秀中

夏惜凯（杰西卡）——苏宛君

书记——孙弼伍

贵族——陈学新、程泽民、葛志良、孙洵、徐仲蓉、王玉书

6 年前《少奶奶的扇子》参演演员中只有扮演巴萨尼奥的陈宪谟参与了这次演出，可见戏剧协社成员的流动性之大。

对这次公演的好评诸多，例如"演员却也还有纯熟的成绩，这是使人极佩服而且是不能不说很进步的"（《申报》5 月 25 日）、"在我们观众的脑海里也是难以泯灭的"（《申报》6 月 6 日）。因此，在约一个月之后的 6 月 21 日、22 日，作为第 15 次公演在位于四马路（今福州路）的丹桂第一台再次上演了该剧⑥。首演剧场稍稍偏离上海中心，但再演地点就在上海首屈一指的繁华地带了。一直以来，据应云卫的回忆，这次再演时间为 1930 年 7 月，但根据上演广告可知应该为 6 月。报纸上没有特别报道再演时演员的变化情况。据《申报》7 月 17 日、21 日的报道，在中华职业

教育社定期大会兼全国职业教育机关联合大会的游园会上，有演出《威尼斯商人》。中华职业教育社是戏剧协社所属的中华职业学校的上级团体。此后不再有上演相关的信息。

另一方面，在首演当时的报道中还有另外一种评论。《申报》5 月 24 日报道"如某大学一部份自命为无产阶级之学生公然揭贴标语。攻击此种贵族色彩过于浓厚之戏剧演出。"有一位花了 6 角（相当于 3 次餐费）观看该剧的学生投稿表示，花费 3 000 元布置的舞台"除过对于少爷小姐的消遣尽了能事外，还有什么意义与价值呢"（《民国日报》5 月 21 日）。值得注意的是首演当初也有反对意见。然而，报道反对意见本身也反映了反响之大。"似已引起艺术界之论战。该社诸君亦足以自豪也。"（《申报》5 月 24 日）

Ⅳ

这次公演的剧本是前文已经提及的顾仲彝译《威尼斯商人》。据书中序言，上演之际对内容做了一定调整，但基本上忠于原文。顾仲彝这样概括自己的翻译特点："不过有一点是可以自信得过的，就是莎士比亚剧本上有什么我就译什么，决不删改，决不妄添一语，以符忠实二字"，并说"我用散文译，是因为便于上演"（同）。没有译为诗歌体是为了便于上演，考虑到当时中国话剧短暂的历史中几乎没有诗剧，这也是不得已的选择。再者，顾仲彝在序文末尾表示"如果这次侥幸而能有相当的成绩，我就预备续译 Romeo and Juliet, Macbeth, Hamlet……等等呢个，戏剧协社也预备接续演下去。"（同）。可见，戏剧协社打算以《威尼斯商人》为莎剧公演的开始，接下去仍会继续。

关于这次演出的责任者，戏剧活动家应云卫，报纸上刊登了如下文章：

> 最近他更努力于提倡用国语在中国表演莎翁的剧本，（中略）他对于剧里的服装——欧洲十六世纪的服装——和当时威尼斯城的风俗习惯，而至于一双手套一个烛奏都详加研究，他不愿像现在的中国舞台剧只凭着空想和揣测便估定了数百年前人民的服装和一切的风俗习惯。（《申报》5月26日）

在当时的理解水平下，应云卫仍以准确再现西洋风俗为目标，译者和导演之间见解是一致的。

演员方面，出演夏洛克的沈潼受到了一致好评，6月22日的《申报》中有一篇以他的名字为题的报道，题为《威尼斯商人中之沈潼》，另外还有4篇剧评、报道对他做出了具体的评论。本文介绍其中两篇：

> 但是比较能给观众印象深刻的，还是要算沈潼君饰的夏劳克，十足的流现出他老奸巨滑的酷残，使别人倒运而反倒运到他自己头上来的晦气。（《申报》5月25日）

> 其中以沈潼君的夏劳克为最妙，可谓尽善尽美。当他在威尼斯法庭上的一幕，表情那是多么难演，而沈君演得竟是多么体贴入微，真笔难形容。（《申报》6月6日）

除此之外，言及演员的报道很少。关于鲍西娅的演员虞岫云有这样的评论："虞岫云的濮茜亚尚属不差，可惜讲话太快，有许地方来不及传神，可谓美中不足也"（《申报》6月6日）。关于逃离夏洛克的杰西卡（苏宛君饰演），有一段结合中国现实做出的剧评："她是现代中国一部分女子的典型，中国的女子，像她这样的受到顽固的家庭和无理的礼教的两重压迫的，正不知有多少。"（《申报》6月24日）其他就是关注夏洛克悲剧性的评论了。

　　如前文所言，尽管有一些批判性的意见，但报道、剧评在整体上都充满好意。可以说戏剧协社对演出的认真投入打动了观众的心，圆满完成了演出。

　　如今看来，1930年戏剧协社的演出态度不过是模仿西方。可模仿也不是那么简单，在舞台上用母语来表现西方故事需要相当大的努力与智慧。可以说，直至1930年，中国戏剧乃至中国社会对西方的理解终于可以让这个公演成为可能，并以演出成功的形式进一步深化了这种理解。此时，距1903年《瀚外奇谭》介绍莎士比亚时已经过去了近30年。

V

　　然而，顾仲彝在《威尼斯商人》序言中言及继续上演莎士比亚作品，最终却没有上演。这是为什么呢？

　　直接原因在于，为服装道具花费大量经费造成大额赤字，剧团财政窘迫⑦，而协社的下一次公演也是3年之后的事了。

　　另外，顾仲彝的译文相当晦涩难懂，笔者在通读顾仲彝译本之后也有同感。顾仲彝译本出版后从未再版过，可见译文质量确实有问题。剧评当中，虽有赞赏演员演技的文章，却没有评价顾仲彝译文的报道。也许顾仲彝也自知翻译莎剧的能力有限，此后没有再翻译过莎剧。

当然，最根本的问题在于 1930 年的时代背景对上演莎剧非常不利。顾仲彝在 3 年后发表的《戏剧协社的过去》一文中这样说道：

> 可是上演的结果虽得观众们一致的赞美，但批评家方面却颇不满意于戏剧协社走入离开时代和环境的路上去。确然，民十九（1930 年）后中国各方面都更现恐惶窘迫困苦颠连的境况，农村破产，工业凋敝，民众失业，日益增加，匪盗横行，灾兵连年；国外帝国主义的狰狞面目愈益显露，国内封建势力的扩大增厚压迫愈甚。在这风雨飘摇烟雾瘴气的环境中古典派已失掉了重心，唯美派已失掉了需要性。加之"九·一八事变"后更使热心青年奋臂而起，安分学子投笔从戎。协社于是不能不重定计划，替时代替环境尽一份极其迫切的义务。⑧

顾仲彝所说的新计划是指上演左翼话剧。《威尼斯商人》上演前一年，1929 年发生的世界经济危机也给中国造成了巨大的影响，如引文中描述的那样，中国社会陷入一片混沌之中，尤其是知识分子深感危机。1934 年出版的茅盾长篇小说《子夜》等生动地反映了这种社会状况。中国话剧在此背景下也发生巨变，1929 年 10 月，艺术剧社诞生，这是中国最早打出"无产阶级话剧"旗号的话剧团体。在文学界，经历 1928—1929 年的文学革命论争后，1930 年 3 月中国左翼作家联盟成立。此前一直以浪漫主义风格著称的南国社成员田汉在 1930 年 5 月《南国》杂志上发表了长篇评论《我们的自己批判》，公开表示向"左"转，给戏剧界带来了重大影响。受此影响，戏剧界也在 1930 年 8 月成立了左翼戏剧联盟。正如前文所述，此时的《威尼斯商人》公演有指出其不合时代潮流的批判。

经过 3 年的沉默与准备后，戏剧协社于 1933 年 9 月（16—18 日），在"九·一八事变"2 周年之际上演了特列奇亚科夫（Sergei Mikhailovich Tret'yakov）的《怒吼吧，中国!》，这次同样是翻译剧而不是改编剧㉚。

这里需要指出，戏剧协社决定上演《怒吼吧，中国!》并不是因为剧团财政状况有所好转。据应云卫在建国后的回忆，当时剧团的财政依然吃紧，主要依靠借款和预售票筹备资金㉛。在这种艰难情况下，《怒吼吧，中国!》成为戏剧协社最后的公演㉜。戏剧协社在经济万般困难的情况下坚持演出的剧目是左翼话剧，而不是曾经公开预告过的莎剧，可见时代思潮的影响。

中国再次上演莎剧在 7 年之后，1937 年 6 月 4 日业余剧人协会上演了《罗密欧与朱丽叶》、同年 6 月 18 日国立戏剧学校上演了《威尼斯商人》。

Ⅵ

最后一个问题，为何戏剧协社最初的莎剧公演选择了《威尼斯商人》? 通过第 3 节可知，公演指导者顾仲彝、应云卫，以及公演相关的大量报道、剧评，都没有触及选择《威尼斯商人》的原因。此后国立戏剧学校（国立剧专）也计划在每年的毕业公演时上演莎剧，并且第一次毕业公演也选择了《威尼斯商人》，但仍然没有特别说明选择《威尼斯商人》的原因。我们只能判断 20 世纪 30 年代中国上演《威尼斯商人》有着不言自明的理由。

第 1 节已经介绍，《威尼斯商人》是清末民国时期在中国最受欢迎的莎士比亚作品，甚至一提到莎士比亚首先会想到《威尼斯商人》。然而，在21世纪的中国或者日本，最受欢迎的作品已经不是《威尼斯商人》，而是《哈姆雷特》等剧作，于是如今就会为当时选择《威尼斯商人》感到不解。要充分回答戏剧协社为何选择《威尼斯商人》这个问题，首先需要思考《威尼斯商人》为何在清末民国时期的中国备受欢迎。在笔者所知范围内，中国学者的研究中虽然叙述了《威尼斯商人》是最受欢迎的剧目，却没有分析原因。《威尼斯商人》受欢迎的原因，在研究上还是盲点。

虽然笔者也还没有找到解决这个问题的决定性证据，但有一些线索。我们需要思考介绍莎士比亚作品时的译名，改编上演时使用的剧名，以及选择了哪几场演出等问题。剧名和选择演出的场面集中反映了当时中国人最关心《威尼斯商人》的哪些内容。

首先来分析作品译名。全译本出现前，在兰姆的《莎士比亚故事集》的中文译本中，题目被译为"燕敦里借债约割肉"（《澥外奇谭》）和"肉券"（《吟边燕语》），这反映了译者对人肉抵债的关注。两者关注点一致，可知当时的中国人将《威尼斯商人》视为外国传奇故事来接受，这是该剧作受欢迎主要原因。

其次是演出剧名。包笑天改编、城东女学上演，以及文明戏时代的剧名为"女律师"。之所以强调"女"字，是因为受到辛亥革命影响，改编者高度关注女性独立以及男女平等问题。五四运动以后，女校改编上演《肉券》大概也是出于同样的原因。根据当时的报纸，同时期并没有《铸情》（《罗密欧与朱丽叶》）、《鬼诏》（《哈姆雷特》）等其他著名莎剧的改编上演。

再者，《女律师》中的"律师"一词表现了当时中国人对《威尼斯商人》中审判内容的强烈兴趣。中国最初的《威尼斯商人》

上演虽然用的是英语但依然选择上演审判场面，可见对审判情节的关注。中国传统戏剧、民间戏剧中有包青天惩戒恶人等断案戏。《威尼斯商人》的内容，特别是第 4 幕，夏洛克即将胜利之时，人肉判决发生了逆转，充满了断案戏特有的紧张感。可见，中国人对《威尼斯商人》的喜爱与对断案戏的喜爱是相联系的。

鲍西娅在法庭上女扮男装的情节也引起了人们的关注，例如《梁山伯与祝英台》等，中国有不少女扮男装的故事。

这样看来，这部作品既有以肉抵债的传奇性，又有女性独立的进取性，更有断案戏特有的紧张感，这些特点使得清末民国时期的中国人在莎翁众多的作品中尤其钟情于《威尼斯商人》，戏剧协社应该也是出于同样的考虑才选择此剧。

有意思的是，在莎翁作品中，日本人也有最爱《威尼斯商人》，喜爱的原因基本相同。关于明治时期日本接受《威尼斯商人》的情况，河竹登志夫指出"（《威尼斯商人》）很快成为最受欢迎的作品是因为人们异常关心人肉抵债"[32]。20 世纪上半叶，日本与中国接受莎剧的情况十分相似。

河竹登志夫是日本莎剧接受史研究中贡献最突出的学者，在此顺便指出其研究中的一点误解。他说"据我调查，到 1973 年剧团"榉"的演出《威尼斯商人》为止，《威尼斯》共上演 56 次，比第二位的《哈姆雷特》多出十多次。二战前这个差异就更加大了。《威尼斯》最受欢迎这一点应该是日本仅有的特殊现象了"[33]。然而清末民国时期的中国也是如此，并非"日本仅有的特殊现象"，这关系到河竹登志夫比较戏剧研究的重要观点——"日本的近代是特殊的[34]"。河竹登志夫研究的学术价值极高，今后也将持续对日本戏剧研究界产生巨大影响，在此有必要进行说明。

Ⅶ

当然，我们也有必要指出《威尼斯商人》接受史上中国与日本的不同。在日本，直至 19 世纪 60 年代末，将《威尼斯》视为犹太人夏洛克悲剧的观点并不常见。1968 年剧团民艺上演浅利庆太导演的《威尼斯》，河竹登志夫评论道"此次公演站在犹太人的立场上，表现了夏洛克的悲剧性。在日本《威尼斯》接受史上是特殊的现象，令大家记忆犹新"⑤。

与此相对，中国在早期就注意到了这一点。顾仲彝译《威尼斯商人》的封面突出了夏洛克。戏剧协社的公演虽然还未着重关注悲剧性，然而和演员演技相关，表现出对夏洛克的极大关心。

19 世纪 30 年代，中国对莎士比亚的关注并不是很多。在笔者所知范围内，涉及《威尼斯商人》的文章也只有杂志上的两篇⑥，这两篇文章都表现出对夏洛克悲剧性的高度关注。其中一篇为 1935 年《文学》第 6 期刊登的洪深译《威尼斯商人第六幕》。这是美国诗人 Louis Untermeyer 的名著滑稽改编作，发表于 1935 年。⑦讲述审判后改信基督教的夏洛克对审判结果强烈不满，却又不得不与安东尼奥成为商业伙伴，坚强地活着。"你看，六年以前，我是众矢之的，在耶稣教的威尼斯城里，被人嘲笑，被人唾弃！无理的恶徒画了鬼脸跟着我行走，戏弄我，并且撬起我的犹太式的长袍。""我上次开审虽什么一回事呢？可笑，奇丑的趣剧。主张割一磅肉不准有血——假如卖肉的人对你作这个主张的话——"，洪深注意到这些内容并且很快进行翻译介绍，反映了中国知识分子对夏洛克悲剧性的关注。

另一篇是钦文的《威尼斯商人》（《华文》第 7 期、1937）。从发表时间来看，大约是受到国立剧专公演的启发而作。指出"（《威尼斯商人》）是喜剧。可是悲感得很：只是夏洛克的话"。"妨碍我的买卖，离间我的友好（中略）为了什么缘故呢？为了我是一个犹太人。"文章引用了包括这句话在内的第 3 幕第 1 场中将近 20 行的、夏洛克充满民族怨恨的台词。

国立剧专公演时，也有关注夏洛克悲剧性的剧评，"如果从作为弱小民族的中国人来看，对这部作品又可以作出新的解释。如果站在被侮辱的犹太人夏洛克的立场来看，这部作品就是一部悲剧。"⑧。尤其在 1931 年"九·一八事变"日本侵华战争开始之后，对夏洛克悲剧性的关注更加明显。从文明戏时期对民族性的漠不关心，到对夏洛克的关注，再到对民族性的重视，中国接受《威尼斯商人》的过程与中国知识分子对社会现实的认知变化相互印证。

然而，这种与中国现实相结合去接受《威尼斯商人》的方式，也需要首先在正确理解该剧的基础上进行介绍与翻译，才有可能成功并具有说服力。戏剧协社的《威尼斯商人》公演是一个划时代的转折点，作为中国第一次严肃的翻译剧演出，它的成功在中国莎学发展史、中国现代话剧史上的意义比以往公认的更加重要。

注　释

① 言及这次公演的研究著作有：周兆祥《汉译〈哈姆雷特〉研究》（香港、中文大学出版社、1981），孟宪强《中国莎学简史》（东北师范大学出版社，1994），曹树钧、孙福良《莎士比亚在中国舞台上》（哈尔滨出版社、1989），李伟民《中国莎士比亚批评史》（中国戏剧出版社、2006）等，但都止于概论性、片断性的内容。

② 这个时期中国对莎士比亚的接受情况可以参考第一章。

③ 本文中《威尼斯商人》译本列表参考注 1 中所列书籍制成。如序章中所言，20 世纪末期开始，中国涌现了大量的莎士比亚戏剧新译本，希望日后能整理出所有的译本目录。

④ 钟志欣《清末上海圣约翰大学演剧活动及其对中国现代剧场的历史意义》（袁国兴主编《清末民初新潮演剧研究》广东人民出版社，2011）。

⑤ 这次公演的具体情况请参考第一章。

⑥ 景贤女校的公演被刊登在 1919 年 12 月 17 日《申报》上。

⑦ 国立戏剧学校上演《威尼斯商人》的具体情况请参照第五章。

⑧ 李伟民《中国莎士比亚批评史》论上海戏剧协社的《威尼斯商人》演出。

⑨ 孟宪强《中国莎学简史》指出，清末民初时期《威尼斯商人》共上演 8 次，《罗密欧与朱丽叶》共上演 5 次。

⑩《申报》1923 年 1 月 12 日、同年 1 月 15 日报道。

⑪ 详见濑户宏《中国話劇成立史研究》第 13 章。

⑫ 上演日期参照《申报》刊登的演出广告。修正了应云卫回忆录中的错误。

⑬ 汪仲贤《好儿子》收录在《剧本汇编》第一集（商务印书馆、1925）中。欧阳予倩《回家以后》、徐半梅《月下》收录在《剧本汇编》第二集（商务印书馆、1928）中。

⑭《中国现代戏剧综目提要》（南京大学出版社，2003）中也没有提及。该书由董健主编，是研究民国戏剧文学最详细的书籍。

⑮ 詹姆斯·巴蕾（James Matthew Barrie，1860—1937）。

⑯ 顾仲彝《戏剧协社的过去》。《第二梦》收录于《剧本汇编》第二集。

⑰ 顾仲彝《中国新剧运动的命运》（《新月》第 1 期，1933）。

⑱ 应云卫的介绍主要依据：张逸生、金淑之《记忆云卫》（《中国话剧艺术家传》第 3 集，文化艺术出版社，1986）、《应云卫生平大事记》（《戏剧魂 应云卫纪念文集》应云卫纪念文集编辑委员会出版，2004）。

⑲ 顾仲彝《戏剧协社的过去》（《戏》1933 年第 5 期）。

⑳ 同上。

㉑《威尼斯商人》（新月书店）序言。之后对此序言的引用不再一一标明。

㉒ 应云卫《回忆上海戏剧协社》（《中国话剧运动五十年史料》第二集，中国戏剧出版社，1985 年）。

㉓ 辛酉剧社《文舅舅》（1930 年 5 月 31 日）、复旦剧社《西哈诺》（同年 6 月 10 日、11 日）。有机会将另外讨论这些公演。

㉔ 顾仲彝简历主要参考曹树钧《顾仲彝平生纪事》（《顾仲彝戏剧论文集》中国戏剧出版社，2004）。

㉕ 通过《申报全文数据库》检索《申报》报道内容。报道题目参见本书参考文献。本文引用《申报》《民国日报》相关报道时不再标注题目。

㉖ 根据《申报》上刊登的演出广告。

㉗ 根据顾仲彝《中国新剧运动的命运》、应云卫《回忆上海戏剧协社》。

㉘ 顾仲彝《戏剧协社的过去》（《戏》1933 年第 5 期）。

㉙ 邱坤良《人民难道没错吗?〈怒吼吧，中国!〉特列季亚科夫与梅耶荷德》（国立台北艺术大学，2013）中详细介绍了《怒吼吧，中国!》的上演情况。

㉚ 同㉒

㉛ 1935 年 1 月 25 日《申报》报道戏剧协社决定在 27 日召开会员大会以期今后积极公演。此后，《申报》中不再有戏剧协社相关报道。

㉜ 分别在河竹登志夫『続比較演劇学』（南窓社、1974 年）531 页、536 页中。

㉝ 河竹登志夫『続々比較演劇学』南窓社、2005 年、407 页。

㉞ 河竹登志夫『日本のハムレット』南窓社、1972 年、1 页。

㉟ 同㉜

㊱ 根据收录了清末民国时期 7 000 余种期刊的全文数据库"大成老旧刊全文数据库"的调查结果。

㊲ 中文译名为《威尼斯商人第六幕》，英文原题为 The Mer * chant of Venie Act Ⅵ。作者为 Louis Untermeyer，洪深音译为路易斯、乌推茂易。作品被收录于 1935 年发行的 Untermeyer 作品集 Selected Poems and Parodies

中。未见原文。

㊳《新京日报》1937 年 6 月 16 日。

（原载《莎士比亚在中国：中国人的莎士比亚接受史》，广东人民出版社 2017 年版。）

柳雨生与日本

——太平洋战争时期上海"亲日"派文人的足迹

杉野元子

（日本庆应义塾大学文学部）

一、停战后的上海

1945 年 8 月 15 日，日本接受《波斯坦宣言》，无条件投降了。日本战败的消息无论对于国民党统治区和共产党解放区的人民，还是日本占领区域内坚持抵抗日本以及始终采取不合作态度的人们来说，都是一个特大的喜讯。然而那些与日本军、日本政府以及汪精卫政府有着各种关联的中国人，却陷入了被判定为"汉奸"的恐惧之中。

武田泰淳在短篇小说《野兽的徽章》（1950 年）中写道：

> 战后的上海，这两个字（即"汉奸"笔者注）就好像摇摇晃晃地被运送着的死猪那白白的、厚厚的皮肤上带着殷红血污的刀口，无论在喧嚣的街头还是寂静的密室，都紧紧地依附着人们，挥之不去。这比在日本人们常听到的"战犯"二字具有更严厉的色彩，它散发着让人不能容忍的臭气。它充满了邪恶、探秘、背叛、非人间的怪异以及难以原佑的可

怕的一切，并将这一切凝聚在一起。只要是中国人，都无法
从这丑陋的身躯旁毫不战栗地、无动于衷地走过。①

武田泰淳于 1944 年到上海，在上海迎来了战争的结束。小说
里描述的战后上海的状况，应该是他的亲身经历。

随着抗日战争的结束，对"汉奸"的处理，便成了亟待解决
的问题。1945 年 8 月蒋介石国民政府接收上海之后，立刻在 9 月
初着手搜捕汉奸。11 月 23 日公布了《处理汉奸案件条例》十一
条，明确了对汉奸进行法律制裁的范围。12 月 6 日又公布了《惩
治汉奸条例》十六条，对汉奸的适罪量刑做了规定。同时，把揭
发汉奸的最终期限限定在 1946 年年底，对汉奸的逮捕和治罪便急
速地展开了。

据 1947 年《上海年鉴》记载，上海高等法院检察厅 1946 年
度新受理的汉奸案 1 287 起②。1948 年《中华年鉴》记载，从
1945 年 9 月到 1947 年 10 月间，一审判决的刑事案件中，根据
《惩治汉奸条例》而判决的案件，全国一共 20 001 起。其中上海
926 起；南京 521 起；江苏省 2 048 起；浙江省 3 711 起③。

柳雨生（原名柳存仁，字雨生）就是在战后以上海为中心的
惩治汉奸的风潮中被捕入狱的。

太平洋战争爆发时，柳雨生还是上海文坛上不见经传的无名
之士。但是不久却突然崭露头角，成了风云人物。1942 年到
1944 年，连续出席了三届"大东亚文学者"大会，结交了一些日
本作家。为此，战后他被定性为文化汉奸，判处三年徒刑。

关于柳雨生的先行研究，有刘心皇《抗战时期沦陷区文学史》
（台湾成文出版社，1980 年）；Edward M. Gunn "*Unwelcome
Muse：Chinese Literature in Shanghai and Peking 1937—1945*"

（Columbia University Press、1980 年）；陈青生《抗战时期的上海文学》（上海人民出版社，1995 年）；徐迺翔、黄万华《中国抗战时期沦陷区文学史》（福建教育出版社，1995 年）；周海林《〈风雨谈〉包含着的真实与虚构》（《沦陷下北京 1937—1945 交争的中国文学和日本文学》，三元社，2000 年）。这些研究都集中于太平洋战争时期，而且对日文史料挖掘得不够。只有在周海林的论文中提到了 1942 年 11 月 1 日《日本学艺新闻》上有关大东亚文学者大会的有关报道。

本文不仅使用了中文文献，更广泛地搜集了日文文献中关于柳雨生的记述。利用日文文献中柳雨生自身的文字，以及与柳雨生同时代文人的那些错综复杂的言论去梳理柳雨生迄今为止漫长的、跌宕起伏的人生之路。本文拟从太平洋战争爆发前、战争期间和战后三个时期考察柳雨生的政治活动、文学活动和心理活动。考察柳雨生是如何决定去协助日本，实际上又有哪些作为，协助日本造成的他战后的命运。通过这一考察，进一步研究太平洋战争中，中日两国作家在日本和中国的大舞台上展开的交流和摩擦，以及在建设"大东亚共荣圈"的旗号下，日本对中国文化方面的干涉和侵略。

二、太平洋战争爆发前

柳雨生 1917 年出生在北京④。少时便打下坚实的古典文学的基础。1928 年移居广州，一年后又迁至上海，就读于东吴第二中学和光华大学附属中学。从中学时代就开始在鸳鸯蝴蝶派杂志上发表侦探小说，之后又对西洋文学和中国新文学产生浓厚的兴趣，在《论语》、《人间世》等杂志上发表散文多篇。中学毕业前，还出版了《中国文学史发凡》。

1935 年，柳雨生考入北京大学国文系。1937 年 7 月 7 日抗日战争爆发后，北京大学南迁长沙，而柳雨生"因为家庭的关系"，没有随北大南移，而是回到上海，转入光华大学，"大学的后两年，就在光华借读"⑤。母亲故去，父子相依为命的状况大概是促成柳雨生返沪的原因。在光华大学期间，柳雨生和同学创办了学术杂志《文哲》。大学毕业时，仍然获得了北京大学的毕业证书。毕业后，柳雨生先后在《大美报》、《大美晚报》、《文史周刊》、《西洋文学月刊》任职，又在光华大学史学系、太炎文学院执教，以维持生计。1940 年 8 月，柳雨生的随笔、小说、古典文学研究论文集《西星集》由宇宙风社出版。

1940 年 8 月 28 日柳雨生离开上海，原计划经由香港去内地，结果滞留香港，就任香港文化检察官。柳雨生在《谈自传》中谈到在香港期间，"曾与邹韬奋、茅盾、长江笔战，后自悔，即止。"⑥论战的具体内容没有谈及。茅盾和邹韬奋都是 1941 年 3 月来香港的，到港后茅盾"首先发现的，就是报纸杂志（当然是进步报刊）上的天窗比三八年开得更多更大了。我研究了这些天窗，看得出香港政府那些检察官的水平确实有了提高。"⑦邹韬奋来港后，《大众生活》于 5 月 17 日复刊，但是在稿件审查时，经常被删节，杂志出现很多空白。柳雨生和邹韬奋、茅盾、范长江的"笔战"或许是由于柳雨生作为文化检察官，限制了他们的言论而引发的。

三、太平洋战争爆发到日本战败

1. 从香港到上海

1941 年 12 月 8 日，日军偷袭了夏威夷珍珠湾，太平洋战争爆发了。日军进攻香港，与英军交战，并于 12 月 25 日占领了香港。不久，柳雨生就离港再次回到上海。他在《海客谭瀛录》中写道："港岛以民国三十年十二月二十五日重返亚洲人之手，翌年三月十七日予抵广州，苦住至四月二十八日始得附'筑后丸'返沪。"⑧大概是囿于日军在上海严厉的言论统治，柳雨生的这段记述简单而暧昧，似乎没能充分表达出自己的心声。

日军占领下的上海，实施着严格的言论管制，只看当时的文献，很难了解人们生活的真相。如果柳雨生在战后能够写一些当时的回忆文章，会有很高的参考价值，可惜的是没有这样的文字。聊可庆幸的是研究苏青的学者提出、笔者也深以为然，并认为这给研究柳雨生提供了线索的一个重要的发现，那就是战后不久苏青创作的自传体小说《续结婚十年》（四海出版社，1947 年）中的一个人物的原型就是柳雨生。小说虽然不是史料，但它对我们了解柳雨生人生变迁的细节不无参考价值⑨。

苏青是日本占领下上海非常有人气的女作家。在她的代表作《结婚十年》（天地出版社，1944 年）和《续结婚十年》中，大胆地描述了自己的生活经历和真情实感，引起社会强烈的反响。《续结婚十年》是以 1942 年到 1946 年为时代背景，其中出现了柳雨生化身的人物潘子美。小说的主人公"苏怀青"（苏青的化身）以第一人称"我"这样记述着潘子美自港返沪前后的情景：

> 另有一个青年作家潘子美，本来是在香港做事的，后来香港发生战事，他尽失所有，把辛苦储蓄下来预备私费留美的汇票，一旦也化为乌有了。他在香港做过小贩，后来搭难民船逃到上海来，与他年近古稀的老父抱头大哭一场，结果

老父便不肯放他进内地去，只好留在上海，做《中国报》的编辑。[10]

从小说的记载可知，柳雨生最后决定留在上海而未去内地，是因其父而为之，并不完全是他的初衷。

2. 汪精卫政府宣传部

1940 年 3 月，汪精卫的南京国民政府成立了。1942 年 5 月回到上海的柳雨生参加了这个傀儡政府，曾先后担任宣传部编审、新国民运动促进委员会秘书等。[11]在此期间，他在报刊上发表了《新国民运动与青年训练》（《中华日报》1942 年 6 月 15 日）、《大东亚主义的再出发》（《中华周报》1942 年 7 月 11 日）等文章。1942 年 12 月太平书局出版的《新国民运动论文选》里收录了柳雨生的论文《新国民训练的开始》和《释新国民运动纲要》两篇。[12]《释新国民运动纲要》是关于 1942 年元旦汪精卫发表的《新国民运动纲要》的解说，文章里柳雨生主张"日本对英美帝国主义的战争，它的终极的目标，不仅是为日本本身争取最后的胜利，并且是为整个东亚民族，争取解放与独立。在这个千载一时的机会，中国自然也要乘机奋起，和友邦日本并肩协力，团结一致，驱逐英美帝国主义的势力于东亚之外"。[13]柳雨生作为汪精卫政府宣传部的一员，在这一时期，不断发表为汪精卫政府代言的文章。

3. 第一届大东亚文学者大会

1942 年 11 月 3 日到 10 日，在日本东京和大阪召开了大东亚文学者大会。中国方面代表共十二人，其中华中地区代表有周化人、许锡庆、潘序祖、周毓英、丁雨林、龚持平、柳雨生等七人以及南京政府宣传部顾问草野心平。柳雨生是中国代表中年龄最小的。4 日和 5 日的会议在东京的大东亚会馆举行，4 日上午的议题为"树立大东亚精神"，柳雨生在会上做了发言，发言的最后，他总结道："我们东亚文学家确信，我们一定要打倒他们的思想（指英美的侵略思想，笔者注），在确立指导精神方面尽我们的责任，全东亚的文学家应该为树立东亚新精神而共同努力"。[14]

柳雨生在日期间，结识了很多日本作家，菊池宽（1888—1948，小说家、剧作家）就是其中之一。菊池宽对柳雨生很是赞赏，他说：

> 华中地区的代表柳雨生，二十七岁，颇有才华。专攻英国文学和中国文学。他的诗也曾发表在报刊上。据说林语堂识其才能，曾建议他去美国深造，因父亲年事已高，不能久离而未能成行。柳雨生聪明好学，像这样的年轻人，如果使其来日两三年，研究日本，将来会对日华亲善发挥重要作用。[15]

严谷大四（1915—2006，文艺评论家）对柳雨生也有很高的评价：

> 中华民国代表柳雨生是位年方二十七岁的英俊青年。戴着一副银丝眼镜，更显得聪颖。他身材不高，和日本人相似。性格温和，却又蕴之刚毅。菊池先生对他十分赏识，带他去高级饭庄，还让他留宿家中。柳雨生能说流利的英语和简单的日语。我也和他成了朋友，我们用简单的日语和英语交谈。他回国后，还有两、三次书信往来。[16]

柳雨生回国后，于1943年3月在《古今》第19期上发表了他访日随笔《异国心影录》。在这篇随笔中，他详细地记述了在日本期间与日本作家交流的情况。不久，中村利男在1943年4月的《大陆新报》上撰文，指责柳雨生的《异国心影录》观察肤浅，看到的不过是东京文人的皮毛。[17]对此，柳雨生反驳说："我在《异国心影录》里直率地提议应该接受日本对中国作家的诚意、亲善以及日本国民的善意的愿望。如果不了解日本的诚意和日本国民的善意愿望，相互理解和亲善只是表面的形式而已，东亚解放战争中的合作也只能以浅薄、脆弱的结局而告终。"[18]柳雨生在《异国心影录》里称赞菊池宽的《超乎恩仇之外》是有高度艺术价值的作品，"这篇故事的题旨，虽然是讲的人与人之间的恩仇关系，可是我觉得国与国之间的关系，不论是理智的看法还是感情的冲动，也未尝不可从这篇小说里，悟出一番大彻大悟的道理。"[19]对此，陈生青则尖锐地指出："柳雨生的意思很明显：当时日本的入侵中国，实际上是为了帮助中国摆脱英美的奴役，为了中国强盛，而中国人民尤其是中国作家，在理智和感情上都应当感谢日本，放弃抗日，学习中川实之助的《超乎恩仇之外》，与日本携手实现'大东亚共荣圈'的美好理想。"[20]周海林也认为"《异国心影录》以抒情的文字叙述了大东亚精神的真髓"。[21]

的确，《异国心影录》充分地显示了对日本寄予深情厚谊的"亲日派"作家的真实面目，然而与此同时，作为"亲日派"，他也不无难以名状的苦涩。这在《异国心影录》里也有流露：

> 我这一次到日本去，在这个时候，心境的异样是显然的，其寂寞和虚空也是显然的。整个世界都在无边的战火中强烈燃烧着，人类的聪明和智慧使自己建设起了一半符合理想的世界，但是虚伪和自私又毁灭了它。整个世界的人类在这场

剧烈的搏斗中显明的划分成两个坚固的壁垒，每一边的人都想着，都自以为自己是懂得真理和正义的，而对方则全是自私和欺骗。但是，真正的真理，照我个人的愚昧的见解，不应该决定于灿烂的战场，烽火连天的疆场，却应该决定于暮色苍茫的微光底下，刚才落过一阵阴凉的秋雨，青苔满地的翠岩深穴，里面偃卧的瞑目静思的赤脚哲人的语言。可是这一位哲人，大约总是不大愿意开口的。②

来到法西斯天皇制的日本，柳雨生情绪"异样"，内心充满"寂寞"和"空虚"。对自认为手中握有真理和正义、执著地期待着大东亚战争胜利的日本人，述说着战争的虚妄和愚昧，和当时的风潮唱着反调。

《异国心影录》里"寂寞"一词出现了很多次。例如，在菊池宽家中吟诗时，"我的诗的意境，和他的咏史不同，却是寂寞而真诚的，寂寞是我自己的心境，真诚是我对别人的态度。"③柳雨生在写《异国心影录》时，也是怀着寂寞的情绪，但是"虽在苦痛的寂寞中，里面的话是没有一个字不是出于肺腑的。"④

刊登了《异国心影录》的《古今》是朱朴于 1942 年 3 月创办的。由于朱朴是汪精卫政府的要员，周佛海又给该刊以很大的支援，因此该刊被看作是汪派期刊。⑤这样的刊物通常是不会发表不利于中日亲善的言论的，柳雨生《异国心影录》的主旋律仍然是"中日亲善"，只是与此同时，内心深处却也回荡着寂寞与空虚。

4.《风雨谈》创刊

1943 年 4 月，柳雨生创办了《风雨谈》。《风雨谈》从创刊号到第 16 期（44 年 12 月和 45 年 1 月合刊），每期 140 页左右，是大型文学杂志。但是，从第 17 期以后页数骤减，如第 17 期只有

32 页。这是因为日本方面战况恶化，物价高腾，纸张不足造成的。1945 年 8 月在出完第 21 期后停刊。第 9 期的《编后小记》里，柳雨生强调了该刊的编辑方针："其一，本刊的理想是一个纯文艺的刊物，并非是一个综合杂志。……其二，本刊注重创作甚于翻译，注重优秀的作品甚于作者的声名，注重正确的批评甚于棒场的阿谀。"⑯这不啻向太平洋战争爆发后毫无生气的上海文坛掷一巨石，也由此可略见柳雨生的胆识。《风雨谈》是由在日本陆军报道部管理下的太平出版印刷公司印刷、发行的。因属纯文学杂志，所以正面论述政治、战争的时评和露骨地鼓吹"大东亚精神"的"亲日"作品一律不予刊登。《风雨谈》曾刊登过周作人、柳雨生的散文，潘序祖、丁谛的短篇小说，路易士、南星的新诗，谭正璧、罗明的剧本和谭惟翰、苏青的长篇小说。

河上彻太郎（1902—1980，文艺评论家）谈到和为出席第二届大东亚文学者大会再次来日的柳雨生见面时的情景：

> 那天晚上（1943 年 9 月 5 日，笔者注）同样也有客人深夜来访，也是十二点左右。我回到房间正在浴室里洗衣服，就听见柳雨生的声音："河上先生，您在洗澡？"他好像早就在等着我了。入座后，他说："今天和您谈谈上海文化界的情况"。他很直率地介绍了上海的事情。……他去年参加了第一届文学者大会回国后，立即退出了新国民运动促进会，并且在上海从事新闻报道工作。这些都是基于这样的信念：目前，如果排除了文学运动，真正的文化运动就无法开展。他对自己于今年春天创办的《风雨谈》情有独衷，他说了很多其实与我毫无关联的、办杂志中的问题和不足，并说：从第 7 期开始，我要把刊物办得更充实，到时一定请您过目。不管怎

样，一个二十七岁的青年，在事变以来，能动员起这么多文学家，其功不可没。他还说：今后他要重新开始笔耕生活，而且希望把所有作品都只刊登在《风雨谈》上。㉗

柳雨生在 1942 年 5 月以后的一个时期里，作为汪精卫政府宣传部的一员，发表了很多政治言论。但是，自从创办了《风雨谈》，柳雨生决意作为一名作家，立命于文坛。柳雨生在 1943 年 5 月 4 日的《大陆新报》刊登的《东亚文学的斗士》一文中，更明确地表述了自己的意愿："其实，长期以来我都坚定地决心做一名东亚新文学的斗士。我是一个文人，不是政治家。我对政治已然失去了兴趣。然而，当今的时局，仍处在全力爱国，全力报国之际。因此，文学才应该成为这一运动的原动力。"柳雨生在太平洋战争中发表的时评和政论的文章，能让人看到一个"和平运动斗士"的形象，但是，从小说和随笔中，却很难看到他作为一名"东亚文学斗士"的"雄姿"。

在太平洋战争期间，柳雨生共出版了收录着二十四篇随笔的《怀乡记》（太平书局，1944 年 5 月）和收有九篇短篇小说的《挞妻记》（杂志社，1944 年 11 月）。《挞妻记》所收《排云殿》（原载《春秋》第 3 卷第 6 期，1944 年 7 月），是以二十年代的北京为舞台，描写了良家女子和青年大学生的恋爱故事。作者以细腻酣畅的笔致描写了小说里人物的言行举止和心理活动。陈青生评价柳雨生的《挞妻记》"大多描写男女婚姻爱情故事"，"以展示和品味人生的温馨情趣为主旨"。㉘

《怀乡记》里除了最后三篇——《异国心影录》、《海客谭瀛录》和《女画录》写的是为参加第一、二届大东亚文学者大会而两次访日时的见闻之外，其他的随笔有母校北大旧识的逸话，中国各地的风俗习惯，观剧的感想等等，再也不见有和日本以及时局有关的内容。柳雨生在太平洋战争期间写作的小说和随笔中，最能窥见其"东亚文学斗士"姿态的也只有上述三篇随笔了。关于这三篇随笔，陈青生酷评："虽多谈中日文学和日本风俗，却意在歌颂当时的帝国主义日本，美化并鼓吹日本帝国的'大东亚圣战'和'大东亚共荣圈'称霸构想。"㉔《异国心影录》如前所述，反映了作者寂寞的心绪。1943 年 8 月写就的《女画录》，记载的是这一年里虽不断地参加与日本文学家的座谈会、茶话会，但交流只限于表面，毫无实际成果。作者失望的心情溢于言表。柳雨生在《怀乡记》的序文里曾言及这三篇随笔，他说："我深信除了作者本身，别人是不会明白此中有真意，欲辨已忘言的。爱读它的人们可以触摸到它阴郁的清处，可以熟谙了作者的寂寞和心苦。"㉚柳雨生仅有的这三篇"亲日"文学作品中，也都浸透着"寂寞"、"苦恼"和"失望"。

5. 第二届大东亚文学者大会

第二届大东亚文学者大会于 1943 年 8 月 25 日在东京召开，会期三天。与会中国代表十七人，其中上海代表有周越然、邱韵铎、陶亢德、鲁风、柳雨生、关露等六人。㉛27 日柳雨生在大会上介绍了在中国文学杂志的出版动向、日本文学的翻译状况和影剧界的新趋势。28 日晚柳雨生又出席了九段军人会馆举行的第二届大东亚文学者大会大讲演会，作了题为《告日本文学界》的讲演。讲演的中文版和日文版分别刊登在《中华月报》（1943 年 11月）和《文学报国》（1943 年 9 月 20 日）上。讲演中柳雨生称："如果日本没有发动大东亚战争，我们也许还可以苟且偷安，做着低卑的奴隶；现在战争到了这样紧张的阶段，如果中日两国不能抛弃私心，真实合作，同生共死，我们想想我们自己的前途！"讲演多有"亲日"的言辞。

大东亚文学者大会结束后，代表们于9月1日离开东京，游览了名古屋、伊势、大阪、奈良和京都。7日抵下关，从下关回国。途中织田作之助（1913—1947，小说家）曾在大阪车站迎接代表一行。事后他描述了当时的柳雨生：

> 两辆大轿车把代表一行送到新大阪宾馆后，已到吃午饭的时间。柳雨生极其熟练地迅即更换上和服，来到大厅。一边微笑着应对与他打招呼的日本代表，一边向食堂走去。脚上穿着黑色二指袜和日本草展。一切都在不经意之中，而"不经意"里又有一切。[32]

柳雨生更衣换履的真实目的不得而知，可留给织田作之助等日本文人的是柳雨生热爱日本文化、性格开朗又擅长交际的良好印象。

9月6日下午，在游览途中的京都，河上彻太郎、林房雄、小林秀雄、沈启无、蒋义方、草野心平以及柳雨生等七人就设置翻译机构、留日文学进修生、加强中国的出版业务、建立统一的中国文学团体等事宜进行了磋商。柳雨生回国后，为建立统一的中国文学团体一事四处奔忙。1944年1月，在南京政府宣传部召开的中国文学协会成立筹备会上，决定派遣宣传部顾问草野心平、南京代表龚持平、上海代表柳雨生去北京。1944年2月柳雨生等三人赴京，与华北文学者就成立文学协会一事进行了磋商。1944年4月1日《大陆新报》报道：中国文学协会将于5月"集中国作家代表200余人，在南京召开盛大成立大会"。然而，由于种种原因，该计划未能实现。[33]

6. 第三届大东亚文学者大会

1944 年 11 月，第三届大东亚文学者大会在南京召开，中国代表四十多人出席了会议。其中上海代表有周越然、包天笑、付彦长、张若谷、杨光政、路易士、陶晶孙、潘序祖、柳雨生、邱韵铎、杨之华、顾凤城等十二人。这一时期，日本在马里亚纳海战惨败（1944 年 6 月）、塞班岛失守（1944 年 7 月）、英帕尔战场节节败退（1944 年 3 月至 7 月），战局急剧恶化。大会开幕的前一天，又传来汪精卫死去的消息。正如冈田英树在论文中指出的："武者小路实笃和周作人两位最重要的人物缺席，大会又没有文学团体主办，人们对第三届大会态度冷漠，因此无法期待这是一次会有成就的大会"。㉟大会就是这样在没有取得任何实质性成果中拉上了帷幕。

四、日本战败之后

苏青《续结婚十年》第 17 章"惊心动魄的一幕"里，描写了鲁思纯（陶亢德的化身）和潘子美被捕的场面：1945 年初秋的一个夜晚，苏怀青被某局的人带到某处，指令苏怀青去鲁思纯和潘子美家，将他们引出家门，被苏怀青拒绝。当局惧怕要逮捕鲁思纯和潘子美的消息泄露，便把苏怀青也押上车，一同来到鲁思纯和潘子美家门前。直到将两人逮捕后，才放苏怀青回家。

金戈在《陶亢德受捕一瞬》一文中写道：某夜，当局有关人员接到逮捕陶亢德和柳雨生的命令后，分头行动，只用了一个小时二十分钟，两人均被逮捕。㊱《续结婚十年》和《陶亢德受捕一瞬》两文记述的内容略有龃龉，但陶亢德和柳雨生在同一天晚上，同在家中被逮捕应该是没有疑义的事实。

1945 年 12 月 17 日，上海高等法院在提篮桥上海监狱里设立临时看守所和临时法庭，所有的汉奸案均在那里审理。1946 年 4 月 4 日的《申报》载：4 月 3 日七十一名大汉奸被押送提篮桥上海监狱。这七十一人当中就有柳雨生。1946 年 5 月 16 日，开始公审柳雨生。5 月 17 日的《申报》刊载了审判时的照片和柳雨生的罪状：

> 柳雨生系文化汉奸，广东南海人，三十岁……（字迹不清，笔者注），翌年五月返沪省亲，即投入伪宣传部任编纂部职务，为林柏生奔走，拉拢文化作家。并任中华日报编辑，一再发表谬论，宣扬"和运"。并为敌营文化机关"太平出版公司"，编纂《新国民运动论文集》。该书曾译成日文，颇为敌方称道。且在伪职任内，出席"大东亚文学者大会"，……（字迹不清，笔者注）。

6 月 1 日的《申报》报道：5 月 31 日对"文化汉奸"柳雨生以"通谋敌国，图谋反抗本国"罪，判处"有期徒刑三年，褫夺公权三年，全部财产除酌留家属必须之生活费外没收。"该报还报道："柳逆闻判含笑。其妻笑逐颜开"。

在对汉奸的裁判中，陈公博、褚民谊等汪精卫政府的要员被判了极刑；被视为文化界巨头的周作人，由首都高等法院判处有期徒刑十四年。后经上诉，最高法院终审判决有期徒刑十年。柳雨生周围的人物，如出席了第一届大东亚文学者大会的上海市社会福利局局长周毓英、中央电讯社主编许锡庆都被判处有期徒刑八年。出席了第二届大东亚文学者大会的《中华周报》主编陶亢德被判有期徒刑三年。柳雨生作为上海具有代表性的"亲日"作家，而且出席了三届大东亚文学者大会（连续三届出席该大会的中国人只有柳雨生一人），只被判了三年。这一结果，也许出乎本人意料之外。

从 1945 年 3 月到 1947 年 1 月一直居住在上海的堀田善卫（1918—1998，小说家），于 1959 年旧地重游。他撰文谈到有关柳雨生的往事：

在上海，事实上 8 月 11 日战争就结束了。从那天开始，我这个既没钱也没势的人，却逢人便悄悄地说：那些帮助过日本的中国人的命运让我心痛，好像自己的胸膛被利刃刺穿了一样。其实我本人和他们只有一面之识，可我对参加过大东亚文学者大会的柳雨生、陶亢德那样的曾经帮助过日本侵略者的文人们的命运，由衷地惦念。……柳雨生当时二十八岁（我自身二十七岁），柳、陶二人 1946 年因叛逆罪被判刑三年。从他们在法庭上的态度，从他们不像有的汉奸那样，用"通敌救国"来为自己辩解，就能看出他们不想袒护自己以往的罪过。陶亢德一家战后不久就去向不明。至于柳雨生，在 1946 年的一年当中，室伏女士和我有时在夜幕中，把回国同胞留弃的日用品悄悄地送到他家。以前我们没有什么交往，见面也只有过一次，可我禁不住要去。当时我做的事如果败露了，我和室伏也许会以协助汉奸罪被送上法庭。我已经做好了那样的准备。室伏和我一边警觉地注视着四周，一边静静地向柳雨生的妻子、母亲和孩子的住所靠近。每当这时，我常常想的是大东亚文学者大会的发起人、组织者，也就是把这两人招到东京来的、有身份的作家们对他们现在的处境又该做何感想？他们二人在 1949 年中国人民解放军进入上海

之前不久刑满释放。我站在印刷厂的门前，木然而立。我仔
细回想着当时自己做的那些事情。与异国交往，则非敌即友。
柳雨生、陶亢德都"死"了，作为文学家，他们"死"了。
陶亢德长我很多，处世老到，可柳雨生很年轻。在中国文学
史上如果还能被记上一笔，恐怕也只会是出卖灵魂的叛变文
人。战时倥偬，他们又没能留下更多的作品，因此他们完全
可能被文学史所忽视。㊱

河上彻太郎 1964 年在追述大东亚文学者大会中国代表时写道：

> 那时的"中国代表"现在的状况如何呢？一想起这些，
> 就好像有一股冷风从我良心的间隙穿过。上海来的柳雨生身
> 材矮小，留着短短的胡须，菊池由衷地喜欢他。政治真是可
> 怕的事。我 19 年 11 月（昭和 19 年 11 月，即 1944 年 11 月，
> 笔者注）去上海的时候，正是收获螃蟹的季节。柳君请我喝
> 酒，吃螃蟹。在那通货膨胀的年月，受此招待，刻骨铭心。
> 这位年轻人写信时用蝇头小楷，字迹非常漂亮。㊲

堀田善卫和河上彻太郎都认为，在共产党政权下，往日的
"汉奸"，又已结束了作为文学家的生命，因此，无论是精神生活
还是物质生活一定都会很困难。他们在为柳雨生而忧虑时，堀田
善卫偶然在草野心平的《夏威夷日记》（《风景》，1970 年 4 月
号）里看到了柳雨生的消息。日记中有这样一节：

> 7 月 2 日（星期二）
> "第二次讲义" 2PM→4：40 柳雨生（存仁）突然出现了，

让我大吃一惊。旧友突如。⑧

堀田善卫立刻致书草野心平说："柳雨生还活着这是最近让我大惊不已的事"。草野心平在1970年4月25日的《东京新闻》上撰文《柳雨生尚在人世》，描述了与柳雨生重逢的经过。草野心平1968年6月访问香港时从旧友处得知柳雨生在悉尼大学任教。那之后，收到柳雨生从美国的来信。草野心平和柳雨生相约于1969年的6月到9月，草野心平赴夏威夷讲学期间在夏威夷晤面。

> 7月2日，我的第二次讲义将要开始的时候，柳存仁突然出现了。是柳雨生，十有八九是柳雨生。和当年一样戴着金丝眼镜，身材消瘦，英俊潇洒。与当年不同的是多了几许白发，而且与人交谈时使用的是英语。他进了我的教室，坐在学生们当中。……Young教授请我们一起吃了叫威洛斯的夏威夷料理。他还来过两三次我的公寓，但是我几乎没有问过自从当年一别之后他的情况。他在牛津大学获得了文学学位，所以他也一定去过英国。他也没有特别地向我询问过什么。

战争期间，草野心平和柳雨生都隶属于汪精卫国民政府宣传部，三届大东亚文学者大会他们二人都参加了。但是由于草野心平是日本人，不被问罪；而柳雨生因为是中国人，便以汉奸罪投入牢狱。当草野心平得知柳雨生现在生活工作于海外时，便多少会觉得释然吧。尽管经历了那动荡而曲折时代的异国的旧友，不愿追问彼此战后的状况，然而他们的沉默却意味着未曾忘记抹消不去的战争的伤痕。

柳雨生于 1952 年从大陆移居香港。在皇仁书院做中文科教师，并热心于学校的演剧活动。柳雨生在香港期间发表了小说《庚辛》（香港大公书局，1952 年）、学术专著《中国文学史》（台湾东方书局，1958 年）、话剧剧本集《在舞台的边缘上》（香港龄记书店、1959 年）等等。1962 年，柳雨生放弃了香港的安定生活，赴澳大利亚国立大学中文系任教，担任为期三年的特聘讲师。1966 年任副教授，1982 年退休。在澳大利亚，柳雨生在中国小说史和道教史的研究中，业绩卓著，成国际知名学者。他的代表作有 *Buddhist and Taoist Influences on Chinese Novels*（Wiesbaden：OttoHarrassowitz，1962 年）、*Chinese Popular Fictions in Two London Libraries*（香港龙门书店，1967 年）、*Selected Papers from the Hall of Harmonious Wind*（Leiden：E. J. Brill，1976 年）、*New Excursions from the Hall of Harmonious Wind*（Leiden：E. J. Brill，1984 年）、《和风堂文集》（上海古籍出版社，1991 年）、《和风堂新文集》（台湾新文丰出版社，1997 年）、《道家与道术——和风堂文集续编》（上海古籍出版社，1999 年）。1998 年受母校北京大学的邀请，来校讲演。2000 年论文集《道教史探源》由北京大学出版社出版。1992 年为奖励柳雨生的学术贡献，澳大利亚政府授予他澳大利亚勋章（AO）。

五、协助日本的实情

太平洋战争爆发之前，柳雨生使用的是他的原名"柳存仁"。战争期间，他用"柳雨生"的名字发表文章，"雨生"本是他的字。战争结束后，他又恢复使用"柳存仁"的名字。柳雨生出狱后，大概要告别自己的过去，开始新的人生，所以才终止了"柳雨生"的使用。1968 年他的描写从清末到 1925 年之间旧式家庭生活变迁的长篇小说《青春》由香港星岛日报社出版。这本书，是柳雨生以自己的家庭为背景写成的，从中可窥见柳雨生少时的生活环境。但是，他从未写过有关自己战争时期的回忆文章。

在柳雨生为数极少的、言及战争时期的文章里，有回忆周作人的《知堂纪念》（1989 年）。文中，柳雨生评论周作人的作品"也许就是因为它貌似闲适，所以作家在'忍辱与苦'的年代里能够借着'确信是儒家的正宗'的幌子笼罩之下，说出几句清醒的话来"。对周作人"最可感谢的其一就是要人们珍重本国的文字"，"他所要对付的，是敌人的亡人国家必先亡它的语言文字的重大危害"。其二他提倡学习历史，从历史中汲取教训。"岂明先生便教人们不要忘记读历史，尤其是近代史"。其三是"利用儒家的老招牌，为人民大众争取生存权利"。㊴柳雨生实际是在为周作人的"汉奸"罪名昭雪。

柳雨生在北大就学时，曾听过周作人的课。他任《风雨谈》主编时，经常在卷首刊登周作人的文章。移居香港后，也与周作人有书信往来。柳雨生与周作人的交往维持了很多年。正如谭正璧评价柳雨生："读了他的文章就会联想到周作人先生"。"柳雨生君的散文，很受周作人先生的影响。"㊵柳雨生有与周作人相同的语言才能，他精通英语、日语，德语和法语的水平也很高。学问方面也与周作人一样，博览群书，学贯中西，学术研究涉及历史、宗教、文学、语言诸多领域。对柳雨生来说，周作人是值得尊敬的师长，因此，无论文笔还是做学问的风格，受周作人影响都很深。

虽然柳雨生和周作人都被判定为"汉奸"，但是，他们在战争中协助日本的程度和内容却不尽相同。木山英雄认为，战争期间就任伪北京大学文学院院长、伪华北政务委员会教育总署督办等伪职的周作人，"他的儒学的修炼和风度已经达到相当的境界，丝毫看不出他只是被到来的命运轻易地戏弄，或者利用眼前的机会获取私利的痕迹"。[41]与周作人相比，柳雨生年轻，缺乏生活经验和社会阅历。周作人做出留在卢沟桥事变后被日军占领的北京的决定时，已经是五十三岁；而柳雨生由于卢沟桥事变被剥夺了学习的机会，又由于太平洋战争的爆发，失去了香港生活的安宁，最终回到日本占领下的上海时，只有二十五岁。

柳雨生回上海后，立刻就职于汪精卫政府的宣传部，积极地从事政策宣传。他在《异国心影录》谈到自己的个性时说："我的个性虽然并不是与历史政治绝缘，而生活环境的束缚，也往往与整个局势有关，但是我更爱好单纯的生活的愉快，生活的美，以至于最超妙奇特的所谓止于至善的境地。"[42]柳雨生从中学时代，就开始了散文和小说的创作，甚至出版了文学史的著作。对于有这样经历的青年来说，"文学"无疑是能给他带来无限喜悦的"至善的境地"。然而，战争破坏了原有的社会秩序，让一切都呈现着迷茫。年轻而又才华横溢的柳雨生憧憬着那个破碎了的"至善"的文学"境地"，但是他没有仅仅停留在憧憬，他作为"和平派"积极参与政治。1943 年前后，他又重返文学舞台，在因有名望、有实力的作家纷纷离沪而人才匮乏的上海文坛上崭露头角。1942 年 11 月被选为最年轻的代表，参加了第一届大东亚文学者大会。并由此拓展了在日本文坛的人脉关系，开始竭力于中日作家之间的交流与合作。

柳雨生在战争期间的随笔《学优》里说：

我想人生如剧场，如舞台，我们大家都在唱戏，上智的

圣贤豪杰也是我们，奸宄欺诈的强豪也是我们，都要看我们
自己怎样做法。既然登上了舞台，为人为己，都要轰轰烈烈
的做上一番大事业。[43]

他决心与日本合作，是出于他对时局的判断。他认为救国的
方略不是"抗战"而是"和平"。他把自己置身于汹涌动荡的历史
激流之中，力图成就"和平救国"的"大业"。但是，正如有些学
者指出的，"日本的'和平运动'带有极强的'谋略'色彩，因
此，致使很多妥协派成了'汉奸'"。[44]中国最终不是通过"和
平"，而是通过"抗战"赢得了胜利。这也就决定了妥协派们的汉
奸命运。准确、恰当地解析柳雨生——这个生活在日军占领下上
海的早熟的文学青年——充满矛盾的人生历程，并不是一件容易
的事。但是，作为时代悲剧的一个角色，站立在历史的舞台上，
他从自己的灵魂深处感受到的那种"寂寞"，却是实实在在的。

堀田善卫指出"对于汉奸，不应该只是简单地认为：他们都
是自愿地投靠到日本方面来的，是咎由自取。"[45]把曾经与日本合作
过的人一律定性为汉奸，埋葬在历史的烟尘里，是最容易的方法。
然而，笔者认为，对他们当中每个人做具体的分析，分析他们的内
心世界，寻求他们的行为动因，最终得出具体的结论。这样，历史
研究和文学研究才能不断深化。这也将是我今后研究的课题。

注　释

① 武田泰淳《野兽的勋章》《新潮》第 545 号，1950 年 10 月，第 174 页。收
　　录于《武田泰淳全集》第 3 卷（筑摩书房，1971 年）。

② 周钰宏主编《民国三十六年上海年鉴》（华东通讯社，1947 年，第 D3 页）。

③ 杨家骆主编《大陆沦陷前之中华民国——民国卅七年份中华年鉴—第二

册》（鼎文书局，1973 年）第 483 页。

④ 柳雨生 40 年代以前的经历散见于《中华日报》《大陆新报》和《申报》的报道和柳雨生《怀乡记》（太平书局，1944 年）所收随笔。50 年代以后的经历可见张秉权、何杏枫编《香港话剧口述史》（中文大学出版社，2001 年）所收柳雨生采访录《柳存仁〈站在舞台的边缘上〉》。

⑤ 柳存仁《记约园观书》《道家与道术——和风堂文集续编》（上海古籍出版社，1999 年）第 355 页。原载张芝联编《约园著作选辑》（中华书局，1995 年）。

⑥ 柳雨生《谈自传》《古今》第 10 期，1942 年 11 月 1 日，第 6 页。

⑦ 茅盾《我走过的道路（下）》，人民文学出版社，1988 年，第 255—256 页。

⑧ 柳雨生《海客谭瀛录》《风雨谈》第 6 期，1943 年 10 月，第 149 页。

⑨ 笔者认为，《续结婚十年》中关于苏怀青、潘子美和鲁思纯的描述酷似苏青、柳雨生和陶亢德的经历，故而断定苏怀青、潘子美和鲁思纯应是苏青、柳雨生和陶亢德的化身。持这一看法的还有王一心、李伟。见王一心《苏青传》（学林出版社，1999 年），李伟《乱世佳人——苏青》（上海书店出版社，2001 年）。

⑩ 苏青《续结婚十年（影印本）》（上海文艺出版社，1989 年）第 19 页。原载《续结婚十年》（四海出版社，1947 年）。

⑪ 苏青《续结婚十年》里潘子美的经历是从香港回到上海之后，就做了报社编辑。1942 年 10 月 22 日的《中华日报》登载的介绍出席第一届大东亚文学者大会代表的简历中，柳雨生的职务是"宣传部编审、新国民运动促进委员会秘书"。1943 年 8 月 7 日的《大陆新报》介绍了第二届大东亚文学者大会代表的简历，其中柳雨生任"国民政府新国民运动促进委员会设计委员、国民政府宣传部编审、中华日报主笔、西洋文学月刊编辑、风雨谈月刊社社长、上海杂志联合会常务理事"。因此，柳雨生任职于《中华日报》不是在他刚回到上海，而是 1942 年 11 月以后。

⑫《新国民运动论文选》有日译本：《中国新国民运动论文集》（朝岛雨之助译，太平书局，1943 年）。

⑬ 柳雨生《释新国民运动纲要》《新国民运动论文选》（太平书局，1942年）第 170 页。

⑭《特辑大东亚文学者大会》《日本学艺新闻》，1942 年 11 月 15 日。

⑮ 菊池宽《话的屑笼》《改造》第 20 卷第 12 号，1942 年 12 月，第 95 页。收录于《菊池宽全集》第 24 卷（高松市菊池宽纪念馆，1995 年）。

⑯ 严谷大四《中国代表的横颜》《私版昭和文坛史》（虎见书房，1968年）第 30 页。原载《非常时日本文坛史》（中央公论社，1958 年）。

⑰ 中村利男《大陆的浪漫精神（二）》《大陆新报》1943 年 4 月 26 日。

⑱ 柳雨生《东亚文学的斗兵》《大陆新报》1943 年 5 月 4 日。

⑲ 柳雨生《异国心影录》《古今》第 19 期，1943 年 3 月 16 日，第 90 页。

⑳ 陈青生《抗战时期的上海文学》（上海人民出版社，1995 年）第 261 页。

㉑ 周海林《〈风雨谈〉中包含着的真实与虚构》《沦陷下北京 1937—1945 交争的中国文学和日本文学》（三元社，2000 年）第 115 页。

㉒ 柳雨生《异国心影录》《古今》第 19 期，第 82 页。

㉓ 柳雨生《异国心影录》《古今》第 19 期，第 89 页。

㉔ 柳雨生《异国心影录》《古今》第 19 期，第 90 页。

㉕ 陈青生《抗战时期的上海文学》第 364 页。

㉖《编后小记》《风雨谈》第 9 期，1944 年第 1、2 月合刊，第 173 页。

㉗ 河上彻太郎《中国代表的决意》《文艺》第 11 卷第 10 号，1943 年 10 月，第 21 页。

㉘ 陈青生《抗战时期的上海文学》第 247 页。

㉙ 陈青生《抗战时期的上海文学》第 260 页。

㉚ 柳雨生《序》《怀乡记》第 3 页。

㉛ 上海的六名代表中，邱韵铎、鲁风、关露三人是中共地下工作人员。

㉜ 织田作之助《举措，充满了爱》《文学报国》1943 年 9 月 20 日。

㉝ 冈田英树《第三回大东亚文学者大会的实相》（《沦陷下北京 1937—1945 交争的中国文学和日本文学》第 80 页）中指出，成立中国文学协会计划的失败的直接原因是由于周作人认为沈启无参与了片冈铁平对周作

人的批判，因此发表了"沈启无破门声明"的影响。张泉在《沦陷时期北京文学八年》（中国和平出版社，1944年，第114页）中阐述计划失败的原因是"广大作者对于官办机构表示厌恶，不愿参与把文艺和政治紧紧绑在一起的'文学运动'"。

㉞ 冈田英树《第三回大东亚文学者大会的实相》《沦陷下北京1937—1945交争的中国文学和日本文学》第81页。

㉟ 金戈《陶亢德受捕一瞬》《捕奸录秘》（青年文化出版社，1948年）。转引自刘心皇《抗战时期沦陷区文学史》（成文出版社，1980年）第99—101页。

㊱ 堀田善卫《关于异民族交涉》《堀田善卫全集》第9卷（筑摩书房，1994年）第177—180页。原载《季刊现代艺术三》（美焉书房，1959年6月）。

㊲ 河上彻太郎《大东亚文学者大会的时节》《河上彻太郎全集》第2卷（劲草书房，1969年）第439页。原载《周刊读书人》1964年4月6日。

㊳ 草野心平《日记》《风景》第11卷第4号，1970年4月，第21页。

㊴ 柳存仁《知堂纪念》《道家与道术——和风堂文集续编》（上海古籍出版社，1999年）第313—318页。原载《明报月刊》第281—282期，1989年。

㊵ 谭雯《柳雨生论》《风雨谈》第14期，1944年8月，第36页。

㊶ 木山英雄《周作人和日本》《谈日本文化》（筑摩书房，1973年）第280页。

㊷ 柳雨生《异国心影录》《古今》第19期，第81页。

㊸ 柳雨生《学优》《怀乡记》第81页。

㊹ 刘杰《汉奸裁判》（中央公论社，2000年）第265页。

㊺ 堀田善卫《上海的思考》《堀田善卫全集》第14卷（筑摩书房，1994年）第445页。原载《中国文化》1947年6月。

（原载《中国文哲研究通讯》2011年第3期。本文为作者提供的新译本，此译本曾刊载于公众号"论文衡史"，2020年7月17日。）

蓝 衣 少 女

——张恨水、张爱玲笔下的女学生想象

滨田麻矢

（神户大学大学院人文学科研究科、文学部）

一、序　　言

　　张恨水的理想可以代表一般人的理想。他喜欢一个女人清清爽爽穿件蓝布罩衫，于罩衫下微微露出红绸旗袍，天真老实中带点诱惑性，我没有资格进他的小说，也没有这志愿。①

　　张爱玲（1920—1995）在她的散文里，再三提到代表民国时期的章回小说大家张恨水（1897—1967）。虽然张爱玲对五四以后的新文学一直抱持着冷漠的态度，但对通俗文学却似乎感到很亲切②，尤其是张恨水，对她来说是很特别的存在。在有关张爱玲的研究中，也有不少人论及她跟张恨水的继承关系③。这些先行研究大都在张恨水与张爱玲的小说中找出共同的通俗性，并在张爱玲的叙事手法中发现到跟鸳鸯蝴蝶派截然不同的新颖。本文基本上承继着这些观点，同时要在张恨水的文本中确认"张恨水的理想"也就是"一般人的理想"的少女想象后，再看张爱玲怎样

把这"理想的少女"的想像表现出来。首先探讨张恨水的代表作《金粉世家》（1935）与《啼笑姻缘》（1930）中的女学生形象后，再看看张爱玲的处女作《沈香屑——第一炉香》（1943）中的类似场面，从登场人物的视角来做比较。最后参照张爱玲的自传性创作《小团圆》以及其他有关的文本，检证"理想的少女"的内涵。

二、张恨水笔下的清秀女学生

首先看看张恨水《金粉世家》，下面引用的是主人公金燕西第一次见到女主角冷清秋的场面。

> 偶然一回头，只见上风头，一列四辆胶皮车，坐着四个<u>十七八岁的女学生</u>，追了上来。燕西恍然大悟，原来这脂粉浓香，就是从她们那里散出来的。在这一刹那间，四辆胶皮车已经有三辆跑过马头去。最后一辆，正与燕西的马并排儿走着。<u>燕西的眼光</u>，不知不觉地，就向那边看去。只见那女子挽着如意双髻，髻发里面，盘着一根鹅黄绒绳，越发显得发光可鉴。<u>身上穿着一套青色的衣裙</u>，用细绦白辫周身来滚了。项脖子披着一条西湖水色的蒙头纱，被风吹得翩翩飞舞。<u>燕西生长于金粉丛中，虽然把倚红偎翠的事情看惯了，但是这样素净的装饰，却是百无一有</u>。他不看犹可，这看了之后，不觉得又看了过去。只见那雪白的面孔上，微微放出红色，疏疏的一道黑刘海儿披到眉尖，配着一双灵活的眼睛，<u>一望而知，是个玉雪聪明的女郎</u>。④（下线由笔者所加，以下同）

金燕西是逐渐衰败的大望族金家的花花公子，他的形象有点类似贾宝玉。华丽的佳人他已经看腻了不稀罕，但是对他来说，冷清秋的蓝色"清秀"装束与一看就明白的"聪明"是大大的冲击。在这篇小说的前半部，女学生清秋的服装不是白色、灰色就是蓝色青色、都很朴素，而燕西接收到的印象一直是"干净""伶俐""淡雅"等等，十分好意的。这些"不显眼也干净的装束"与"谦虚谨慎陪衬的教养"，是张恨水创作中的少女独特的魅力，这些特征无疑是对"女学生"这个近代的存在给予的期望。但值得注意的是，尽管作者再三强调清秋这个学生会写一笔漂亮工整的字，好歹会做近体诗，但她的学校生活几乎从没有出现过，她的同学也很少出现。小说忽视学校这作为近代的公共空间，转动故事齿轮的主要人物都不是（女）学生们而是围绕金府的各种阶层的人物，总的来说，除了清秋以外，女学生几乎不出现。可以说，在这篇小说中，清秋接受学校教育的意义只在给她一个"规规矩矩的女学生"这新奇的身份。事实上，不久后清秋接受燕西的求婚嫁入金家时，因为"女学生"这带着教养的身份，好比贾政一般严厉的家长金铨也很温暖地欢迎她。我们还可以看到，虽然女主角是"女学生"这样近代的角色，但这篇小说本身以大家族金家为中心，根据很古典的人际关系展开故事。这样的情节与叙事，跟继承五四新文学理想的女作家截然不同：她们以浓密而封闭的女学校共同体作为小说生成的舞台，反复地书写对毕业、结婚的忌避⑤。

在这篇小说中，叙事者将少女从学校这个空间切割开，而只欣赏她的"像女学生"的属性。这样的视线，于张恨水在上海红得发紫的小说《啼笑姻缘》中也可以看到。这个故事的开头，是财主家的少爷樊家树在北京天桥里对唱太鼓书的女主角沈凤喜一见钟情，给了她颇为可观的小费。当天的凤喜虽然穿着干净齐整的"旧蓝竹布长衫"，但拿到家树的钱不久后，她倒开始打扮得"像女学生"。

> 看她身上，今天换了一件蓝竹布褂，束着黑布短裙，下面露出两条着白袜子的圆腿来，头上也改挽了双圆髻，光脖子上，露出一排稀稀的毫毛。这是未开脸的女子的一种表示。然而在这种素女的装束上，最能给予人一种处女的美感。家树笑道："今天怎么换了女学生的装束了？"凤喜笑道："我就爱当学生。樊先生！你瞧我这样子，冒充得可以吗？"家树笑道："岂但可以冒充，简直就是么！"

经过这对话后，家树设个方法，再不让凤喜在街上唱，还叫她上职业训练学校念书，他要把凤喜变成不折不扣的女学生。不但如此，他叫她们一家搬进幽静的文教区，还惦记她的衣食住行，他的目的是把凤喜培养成自己心目中的理想女性。这个态度，可以算是一种皮格马利翁现象，家树的理想也跟金燕西一样，他承认自己喜欢"清新淡雅"的"女学生"。《啼笑姻缘》中还出现长得跟沈凤喜一模一样的富豪令媛何丽娜。她一心一意地爱着樊家树，但无奈家树对她的西式华丽的穿着，在交际界中捧得什么似的样子，都无法隐藏反感。在张恨水的小说中，同时期的上海作家（比如穆时英）书写的那样艳丽的摩登女郎只不过是敬而远之的配角。可是，虽然这样能动/西式的女性受到忌避，我们也不能断定张恨水写的"女学生"主角都是清秀谨慎而听话的消极存在。

在《金粉世家》的开头，清秋的出现好比是薄暮中的一朵百合花，可是她自己也估算了燕西献给她的爱情，而策划着实现自己的希望，也是一个难对付的角色。比如，虽然她纳闷着燕西接连不断地送她珍贵的衣服和装饰品，却也不想退还这些礼物。此外，在《啼笑姻缘》中，实现梦想而当了真正的女学生的凤喜"吵着要家树办几样东西：第一是手表；第二是两截式的高跟皮鞋；第三是白纺绸围巾"，因为"同学都有，她不能没有"。家树都买了之后过两天，她又要他买自来水笔与玳瑁边眼镜。由此我们可窥见 30 年代北京女学生的时尚，同时，也可了解到对女主角凤喜来说，打扮得像女学生是比学习更重要的事。

事实上，人们不一定把"女学生装束"看作清秀可爱的。根据谢黎的研究[7]，在 1920 年代初期的上海，女学生挣脱传统的女性观而自由地出入公共空间，不如说是接近妓女的存在。换句话说，当时的妓女是对传统女性观的叛乱者，同时也是新潮时尚的旗手，女学生积极地吸收她们的装饰，而导致一般女人都模仿她们的打扮。

有一个例子可以说明"女学生"的服装比教养受到重视：《啼笑姻缘》连载结束三年后，1933 年 9 月 26 日，《申报·自由谈》登载了《论〈女学生〉》一文。笔者许钦文说，有个报纸上介绍到的"女学生"是他所认识的女人，她居然是个文盲，记者怎么会把她当作是女学生呢？

　　考查她被这样称呼的原因，无非是短发，革履和长统袜的关系。可见这种所谓"女学生"，只是服装新式的少女的意思。如今所谓"女学生"的，好像都有着两条粗壮的腿，会拍网球，打排球，还会在水中游来游去；会高声着小嘴巴唱歌，又会飘动着旗袍跳舞。

许钦文所想的"所谓女学生"的魅力跟张恨水的女主角颇为不同,可能是以"粗壮的腿"代表的健康而轻快的形象。但无论如何,我们可以确认,在当时社会里造成女学生想像的,与其说是少女们的学识,不如说是她们的服装(包着没缠过脚的丝袜与皮鞋)或发型(清秋被同学的再三劝告才决心第一次的断发)。张恨水创造的女学生形象跟这样的认识有密切的关系,她们远远离开"学校"这个公共空间而从服装、教养、谈吐等等的角度来传达出"理想的女学生形象"。

三、眼光未到的所在——张爱玲的初期小说

那么,张爱玲怎样描写女学生呢?她自己也是上海圣玛丽亚女中的毕业生。众所周知,她的处女作《沉香屑——第一炉香》(1943)给沦陷时期的消沉上海读书界带来意外的惊喜。女主人公葛薇龙正是个女学生,她避开上海的战火来到香港的中学念书。下面是她第一次出现的场面:

> 葛薇龙在玻璃门里瞥见她自己的影子——她自身也是殖民地所特有的东方色彩的一部分,她穿着南英中学的别致的制服,翠蓝竹布衫,长齐膝盖,下面是窄窄的裤脚管,还是满清末年的款式;把女学生打扮得像赛金花模样,那也是香港当局取悦于欧美游客的种种设施之一。
>
> 薇龙对着玻璃门扯扯衣襟,理理头发。她的脸是平淡而美丽的小凸脸,现在,这一类的"粉扑子脸"是过了时了。她的眼睛长而媚,双眼皮的深痕,直扫入鬓角里去。纤瘦的鼻子,肥圆的小嘴。也许她的面部表情稍嫌缺乏,但是,惟

其因为这呆滞，更加显出那温柔敦厚的古中国情调。她对于她那白净的皮肤，原是引为憾事的，一心想晒黑它，使它合于新时代的健康美的标准。但是她来到香港之后，眼中的粤东佳丽大都是橄榄色的皮肤。她在南英中学读书，物以稀为贵，倾倒于她的白的，大不乏人；曾经有人下过这样的考语：如果湘粤一带深目削颊的美人是糖醋排骨，上海女人就是粉蒸肉。薇龙端相着自己，这句"非礼之言"蓦地兜上心来。她把眉毛一皱，掉过身子去，将背倚在玻璃门上。⑧

把这个女主角出场的描写来跟张恨水写的同样场景做比较的话，我们可以发现几个有趣的事实。首先，我们已经看过张恨水写的女学生极其纯洁，可是太平洋战争前夕的香港却把女学生打扮得像赛金花模样（至少叙事者这么想）。薇龙穿的制服，可能是现在香港也能看到的像越式旗袍的。对这个制服，叙事者看到香港当局取悦于"欧美游客"的意图。像就这样，薇龙在镜子里发现自己的商品价值。再说，她知道自己是个白净的上海美少女，她模模糊糊感觉到自己与"粉蒸肉"的类推——作为一个食物，有天她会被人吃掉消费。

第二点，在张恨水小说中，发现女学生（样的）美少女，描写她、欣赏她的行为是归于男主人公（与跟他拥有共同视角的叙事者）的。值得注意的是，张爱玲的文本中，薇龙是自己照玻璃门而叙述自己的容貌。张恨水创造的两个女主角都以自己的美貌为抵押，而从男主人公那里拿到钱，可是薇龙后来堕落，她终于一边以自己的容貌换成钱，一边将这笔钱都花在并不爱自己的浪子乔琪乔的身上。下面看看她们两个初次见面的场景。

乔琪乔和她握了手之后，依然把手插在裤袋里，站在那里微笑着，上上下下的打量她。薇龙那天穿着一件磁青薄绸旗袍，给他那双绿眼睛一看，她觉得她的手臂像热腾腾的牛奶似的从青色的壶里倒了出来，管也管不住，整个的自己全泼出来了；连忙定了一定神，笑道："你瞧着我不顺眼吗？怎么把我当眼中钉似的，只管瞪着我！"乔琪乔道："可不是眼中钉！这颗钉恐怕没有希望拔出来了。留着做个永远的纪念罢。"

薇龙早已知道乔琪乔是臭名昭著、有着复杂血统的花花公子，可是这以前没有跟他交谈过。尽管如此，对乔琪的外貌，除了"绿眼睛"以外没有什么描写。薇龙并没想要描写初次见面的乔琪是什么样子，反而意识到接触他以后她自己发生了什么变化：小说开头联想到"粉蒸肉"的薇龙，这次把自己比喻成管也管不住地"从青色的壶里倒了出来"的"热腾腾的牛奶"。虽然讲这篇小说故事的视角主体是薇龙自己，但她意识到自己的客体性——她已成为被看、被欣赏、被品尝的存在。《金粉世家》与《第一炉香》，两篇都包含着青年男女"一见钟情"的情节。张恨水写的男主人公并没有在乎女人怎么看自己，他作为积极的主体而行动，他欣赏、描写、评价女学生，为了获得她起了种种行动，跟他完全相反，张爱玲写的女主人公一直被男人眼光里的自己捕捉捆绑起来。下面我们继续看看被乔琪宣布"不能答应你结婚，我也不能答应爱你，我只能答应你快乐"的时候薇龙怎么反应。

薇龙抓住了他的外衣的翻领，抬着头，哀怨似的注视他的脸。她竭力地在他的黑眼镜里寻找他的眼睛，可是她只看见眼镜里反映的她自己的影子，缩小的，而且惨白的。她呆瞪瞪的半晌，突然垂下了头。[10]

跟一见钟情时一样，薇龙还是不能主动地注视、形容他，她只能知道乔琪所看的自己是缩小而惨白的。虽然小说赋予她讲故事的视角，但她却只能谈被乔琪玩弄着的自己。最后，薇龙选择跟着伯母当高级交际花，"不是替乔琪弄钱，就是替梁太太弄人"。正像小说的开头预告的那样，她成了殖民地香港取悦于人的妓女，作为美味的"粉蒸肉"而被人吃掉。

为了比较，简单概括《啼笑姻缘》的分别场面。凤喜利欲熏心，决定嫁给军阀将军。她跟家树告别，交给他大额支票的时候，家树领悟到她的选择并不是被别人强逼而是自愿的，于是哄笑着将支票撕个粉碎，祝福凤喜的"飞黄腾达"而大步走开。家树的如此明确爽快，让读者感到精神上的发泄。关于这个明快的情节，许子东这么写过[11]：

> 在《啼笑姻缘》里，读者可随樊家树的品味去选不同的女性。但在张爱玲那里，男主人公（尽管留学归来见多识广）对那些和她们"拖手"接吻做爱的女人的了解，还不如我们读者多。

本文一直探讨着张爱玲小说的女主角没有发挥作为"看的主体"的功能（换句话说，男女主角的非对称性）。许文亦从别的角度来论证男女主角的"沟通不可能性"。许钦文又举了例子说丁玲也写过张恨水型的"能够沟通的关系"，所以张爱玲的"沟通不可能性"不是由作者的性别来的。那么，这个女主人公的曲折的眼光（要看到玻璃/眼睛里反映着的"客体的自己"）与彻底的"不沟通"是从哪里来的呢？

四、"理想的少女"

现在我想再回头看看本文开头的引文，从别的角度来探讨张爱玲所说的"理想少女"形象。关于张爱玲本身的女学生时代，她的老师同学都说她又瘦瘦，又没烫发，穿着过时，是很不显眼的存在[12]。张爱玲晚年发表的自传性散文《对照记》中，我们可以看到这个时候的她——从又肥又大的旗袍里伸出竿子一样细长的手脚的"女学生"张爱玲[13]。

距这张照片大约五年之后，在香港念书的她为了太平洋战争的爆发而辍学回上海，开始创作。胡兰成谈到对这时候的张爱玲的印象：

> 我一见张爱玲的人，只觉与我所想的全不对。她进来客厅里，似乎她的人太大，坐在那里，又幼稚可怜相，待说她是个女学生，又连女学生的成熟亦没有。
>
> 后来我送她到衖堂口，两人并肩走，我说，"你的身材这样高，这怎么可以？"只这一声就把两人说得这样近，张爱玲很诧异，几乎要起反感了，但是真的非常好。[14]

这个描写不用说采用张恨水式的眼光——他打量、欣赏、评价女人。对年轻的女性他敢说"你的身材这样高，这怎么可以？"即使她表示反感，却更厚着脸皮说"但是真的非常好"。后来胡兰成跟她坠入情网，结婚。可是胡兰成的不忠实无法改，他反复地背叛妻子，不久就离婚了。

虽然胡兰成很饶舌地记录自己的背叛与张爱玲对那背叛的反应，可是张爱玲一直没有提到这个恋爱。一直等到在张死后才刊行的自传性小说《小团圆》里，我们才听到她自己的声音。值得注意的是，《小团圆》中也不怎么提到胡兰成（小说中的名字是邵之雍）的容貌，而且没有描写张爱玲（小说的名字是盛九莉）怎么爱上她，只说她——捡了他剩下的烟蒂放信封里留下来，由此间接见到她对他的执着。小说中的邵之雍不久后到武汉谋事，跟十七岁的女护士小康发生了暧昧关系，这个情事跟胡兰成自传《今生今世》的记述一致（《今生》中的名字是小周）。无论什么时候都有男子气概的邵之雍，无所顾忌地把自己新恋情告诉九莉。

> 她笑道："小康小姐什么样子？"
>
> 他回答的声音很低，几乎悄然，很小心戒备，不这样不那样，没举出什么特点，但是"一件蓝布长衫穿在她身上也非常干净相。"
>
> "头发烫了没有？"
>
> "没烫，不过有点……朝里弯，"他很费劲的比划了一下。
> 正是她母亲说的少女应当像这样。⑮

我们于此又见到穿"蓝布"的清秀少女了。小康是个护士而不是女学生，但她的氛围不能否认地带着张恨水写过的理想少女的因素，"天真老实中带点诱惑性"。

那么，胡兰成他怎么谈这个新情人？《今生今世》叨叨不绝地从头到尾论述了这"婚外恋"，下面来看看跟本文论点有关的几个地方："那周小姐，女伴都叫她小周，我不觉她有怎样美貌，却是见了她，当即浮花浪蕊都尽，且护士小姐们都是脂粉不施的，<u>小周穿的一件蓝布旗袍</u>"⑯。"她的做事即是做人，她<u>虽穿一件布衣，亦洗得比别人洁白，烧一碗菜，亦捧来时端端正正。</u>"⑰

穿着简陋而清洁的衣服，灵活勤快的十七岁少女。她的魅力跟"身材太大"而"连女学生的成熟都没有"的张爱玲有天壤之别。胡兰成又这样写："我与爱玲说起小周，却说的来不得要领。一夫一妇原是人伦之正，但亦每有好花开出墙外，我不曾想到要避嫌，爱玲这样小气，亦糊涂得不知道妒忌。"⑱

当然，张爱玲"糊涂得不知道妒忌"很可能与事实不符。更进一步说，胡兰成很可能也知道事实不符而故意这样写。关于这点本文不打算更加以推断，而要回到《小团圆》中所写的"母亲说的少女"。丈夫背叛自己而去爱的少女，她的形象让主人公想起了收藏在心里的"母亲"的记忆。

本文的篇幅不容许详细论述，可是《小团圆》对母亲抒发的感情甚至比对胡兰成还复杂，对母亲的情结一直束缚着九莉无法摆脱。"母亲说的少女"这词遥遥地和小说的前半部相应。

> 她（母亲）常说"年青的女孩子用不着打扮，头发不用烫，梳的时候总往里卷，不那么笔直的就行了。"九莉的头发不听话，穿楚娣（姑姑）的旧蓝布大褂又太大，"老鼠披荷叶"似的，自己知道不是她母亲心目中的清丽的少女。⑲

看《对照记》登载的照片，我们就知道张爱玲的母亲黄逸梵是带着纤细而华丽的佳人。《小团圆》中出现的母亲，跟父亲离婚后在上海社交界过着浮华生活的同时，对不机灵不能讨好人，又"不是心目中的清丽的少女"的女儿九莉越来越烦躁。女儿对她母亲只能缄默，心里就觉得"想到跳楼，让地面重重地摔她一个嘴巴子。此外也没有别的办法让蕊秋（母亲）她是真不过意"。[20]

不施脂粉，也不烫发，只在蓬松的卷发里带点丝丝女人味的理想的少女。对张爱玲来说，母亲期望自己的"理想的女儿"形象一定跟张恨水写的少女重复了。民国时期，清丽可爱的女学生想象成为"一般人的理想"而扎了根。这同时意味着，不会成为理想少女的绝对多数的女孩子（像九莉）被疏远。经过跟母亲的长期纠葛后，张爱玲总算独立而获得了作为文学者的名声，她宣布她没有资格也没有志愿进张恨水的小说是1943年的事情。但是，前一年她发表的处女作《第一炉香》的女主人公还是穿着蓝色衣服的美少女。张爱玲创造了带着张恨水式美貌的女学生葛薇龙，然后闯进而阐释女主角内面的焦躁和无奈，以及最后作为食物被消费掉的郁闷的感觉。

五、结　　语

本文探讨张恨水与张爱玲的小说中的"理想的美少女""蓝衣的女学生"意象。我们可以说，代表一般人理想的前者带着对皮格马利翁现象的欲望，后者则描写了被推崇为"美少女"这样的消耗品的空虚。

［本文日文版已在《高田时雄教授退休纪念东方学纪念论集》（京都：临川书店，2014年）发表。中文版后收录于《今古齐观：中国文学中的古典与现代》］

注　释

① 张爱玲：《童言无忌·穿》，《天地》7、8期合期。参考的文本是张爱玲：

《流言》（上海：中国科学公司），第1—12页。

② 参考神谷まり子：《论张爱玲与上海近现代通俗文学——平襟亚，周瘦鹃，朱瘦菊与社会小说》《国士馆大学教养论集》72号（2012年），第21—23页。

③ 比如刘霞：《张恨水与张爱玲小说创作比较论》，山东师范大学硕士论文（2006年），王旸：《试论张恨水与张爱玲小说创作的同质性》，兰州大学硕士论文（2009年）等。

④ 张恨水：《金粉世家》（上海：世界书局，1935年）。本文参考的是《金粉世家》上中下（太原：北岳文艺出版社，1993年），第15页。

⑤ 关于女作家写的女学生生活，参照拙稿《女友达の话 陈衡哲と凌叔华による女学生の物语》《桃の会论集》3集，（2005年）以及《女学生だったわたし——张爱玲"同学少年都不贱"における回想の叙事》《日本中国学会报》64集（2012年）。

⑥ 张恨水：《啼笑姻缘》（上海：三友书社，1930年）。本文参考的是《啼笑姻缘》，（太原：北岳文艺出版社，1993年），第44—45页。

⑦ 谢黎：《チャイナドレスをまとう女性たち》（东京：青弓社，2004年），第96页。

⑧ 张爱玲：《沉香屑——第一炉香》，《紫罗兰》第二、第三期，1943年。本文参考的是载（编者资料）：《张爱玲典藏全集》（台北：皇冠出版社，1943年），第130—131页。

⑨ 同注⑧，第155—156页。

⑩ 同注⑧，第168页。

⑪ 许子东：《一个故事的三种讲法——重读〈日出〉〈啼笑姻缘〉和〈第一炉香〉》，载王晓明编《二十世纪中国文学史论》（上海：东方出版中心，1997年）第二卷，第509页。

⑫ 汪宏声：《中学时代轶事》《语林》1卷1期，转载季季、关鸿编《永远的张爱玲》（上海：学林出版社，1996年），第125—132页。

⑬ 张爱玲：《对照记》（台北：皇冠出版社，1994年），第31页。

⑭ 胡兰成:《今生今世》(名古屋:名古屋ジャーナル社,1958 年)。本文参考的是(台北:三三出版社再版,1990 年),第 275—276 页。

⑮ 张爱玲:《小团圆》(台北:皇冠出版社,2009 年),第 228 页。

⑯ 同注⑭,第 212 页。

⑰ 同注⑭,第 214 页。

⑱ 同注⑭,第 232 页。

⑲ 同注⑮,第 134 页。

⑳ 同注⑮,第 144 页。

(原载《今古齐观:中国文学中的古典与现代》,2016 年。)

张爱玲和日本

——谈谈她的散文中的几个事实

池上贞子

（迹见学园女子大学）

在日本，对于中国现代文学的研究，除一小部分外，主要是以反映中国大陆的研究动向者居多。人们对于张爱玲的作品引起注意，只是最近的事情。80 年代后期，中国大陆实行改革开放政策，随之，张爱玲的文学引起了文学界的注视，在日本，也开始出现热中于她的读者及研究者。

我自己是从 80 年代中期起开始阅读她的作品的。曾经发表过几篇很肤浅的论文，也翻译过她的作品。今天，能够在众多张爱玲研究专家的面前发言，我感到高兴、光荣。同时，我心里也充满了害怕和羞涩的心情。我衷心希望在座的诸位能对我不吝赐教。一个日本人有幸得到在中国人面前发表自己见解的机会，因此，我选择了张爱玲和日本这样一个题目。这次，因为篇幅和时间的关系，我仅想把我在日本国内调查到的张爱玲散文中和日本有关的几个事实向诸位披露一下。如果能对诸位的张爱玲研究提供一点线索，我将感到十分荣幸。

一、《忘不了的画》

张爱玲是怎么看日本和日本人的呢？她在小说中正面谈及日

本及日本人的地方很少，在散文中也只是一鳞半爪地涉及到一些。其中有代表性的作品有《忘不了的画》(《杂志》1944、9)《谈跳舞》(《杂志》1944、11)《双声》(《天地》1945、3) 等。胡兰成写的《今生今世》中，记载了他从日本大使馆馆员池田（笃纪）那里借了版画和浮世绘，与张爱玲两人一起鉴赏时的情景①。《忘不了的画》描写的便是她看到那几幅名画时的印象。开头部分

图 1　青楼十二时　丑刻

写的是她自己喜欢的高更和美国画家的画，后来谈到日本的美人画"青楼十二时"中的丑时的画。"青楼十二时"画正如张爱玲所描写的那样，表现的是艺妓一天二十四小时的生活。是江户时代日本有名的浮世绘画家喜多川歌麿的作品。从子时到亥时共十二张。丑时的画如图一所示，这一张是"青楼十二时"中的代表作，描绘的是深夜去厕所小解的妓女的形象。她右手拿着手纸，左手拿着蚊香或是线香。也许那是为了除味吧？有人解说道，那正在穿倒放着的草屐的、女性的身材修长的姿态，并非是出自歌麿的手笔，而是他受到竞争对手鸟文斋荣之的启发创作的。

张爱玲写那篇散文时似乎并非是边看画边写的，而是凭借着自己的记忆。她的文章是这样描写的，"深宵的女人换上家用的木屐，一只手捉住胸前轻花衣服，防它滑下肩来，一只手握着一炷香，香头飘出细细的烟。有丫头蹲在一边问候着，画得比她小许多。……"她描写的是几张画？也许在她的记忆中，把巳时和丑时的画混在一起了。（图2）

上面说的再当别论，张爱玲对于画家的态度、即画家对于艺妓"那倍异的尊重和郑重"，她觉得"难以理解"。即，她认为在中国，艺妓出色是由于个人的因素，而在日本，是由于制度形成的。在这里，她所说的制度化，是否亦可以理解为形式化、集团化？日本传统文化的继承方法中有一种叫"家元制度"，也许那其中有着日本人共通的特质。在这里，她提出一个结论：

> 这样地把妓女来理想化了，我能想到的唯一解释是日本人对于训练的重视，而艺妓，因为训练得格外彻底，所以格外接近女性的美善的标准。不然我们再也不能懂得谷崎润一郎在《神人之间》里为什么以一个艺妓来代表他的"圣洁的

图 2　青楼十二时　巳刻

Madonna"。

　　然而，对于这部小说，日本人的通常的理解是，那位女性虽然原来出身艺妓，却恪守妇德十分圣洁，因此被作为 Madonna②。

　　再，还有一个是她所谈到的"山姥与金太郎"。与此题目相同的日本画及浮世绘很多，从她描写的情况分析，看来仍旧是喜多川歌麿的浮世绘。请参照图3。

图3　山姥与金太郎

图 4　山姥与金太郎

二、《谈跳舞》

张爱玲在《谈跳舞》一文中谈完了西洋和中国的舞蹈后，也谈到了日本的东宝歌舞团。东宝歌舞团指的是创立于1935年日本剧场专属的舞蹈团——"Nichigeki dancing team"日剧舞蹈团。1940年，为了避开英语改称为"东宝舞蹈队"。③1943年3月至6月在中国公演，其后他们参加了日中合作的电影《万紫千红》的摄制。张爱玲当时在上海可能看到的东宝舞蹈队的一般公演，其日程如下：

> 四月八日～十八日　南京大戏院
>
> 五月六日～十二日　上海剧院
>
> 五月十五日～二十一日　南京大戏院

此外，东宝歌舞团还为军队首脑、日本和汪精卫政权的要人举办招待公演，为在附近驻防的日本部队也举办了慰问演出。一般公演的节目有上述三种，至于其中有没有什么变更，情况不明。不过，团长涩泽秀雄，东宝会长（他作为随笔作家在日本也很出名）在四月九日的日记中，对那天演出的节目作了详细的记述。④

东宝舞蹈队的日程安排得很紧，每天连着打通宵，他们参加了李丽华主演的电影《万紫千红》的摄制后，于6月17日踏上归国的旅途。虽然有人说这是当场偶然决定的，但是，实际上，好像在决定去中国公演时，已经制定好了与中国联合摄制中日的第一部音乐舞蹈电影的计画。⑤

当时，是张爱玲在英文杂志《二十世纪》发表影评的时期，她谈到了《万紫千红》。最近，在《联合文学》1987年3月号上，陈炳良先生翻译介绍了《万紫千红》和《燕迎春》。该杂志的53页上介绍了当时的英语广告"WITH TAKARAZUKA OPERATIC REVUEW Show Girls"，即：是和宝塚歌剧团共演的。诸位知道，宝塚歌剧团和日剧舞蹈团（这时叫东宝舞蹈队）是完全不同的两个团体。据有关人士确认，当时，宝塚歌剧团没有在中国举行过公演。不知道这是无意中出现的失误，抑或是有意识这样写的。我个人以为，在那几年前的1939年4月至6月，前面提到的涩泽秀雄身为团长曾带领宝塚歌剧团去美国公演，《纽约时报》当时高度评价说，她们是"Charming looking girles"，也许英语广告那样写和宝塚歌剧团在美国广为人知有关。⑥

此外，张爱玲看过日本电影《舞城秘史》（原题《阿波の踊子》），1941年由东宝电影制片厂牧野正博导演，主角由长谷川一夫、入江たか日子担当，在日本于同年首次上映。我不太清楚在上海上映时的情况，现在有自1943年2月13日起至18日在上海大华大戏院（ROXY）上映时的记录。⑦《狸宫歌声》（原题是《狸御殿》，这是系列片，根据情况分析可能是《歌ふ狸御殿》）1942年在大映由木村惠吾导演，由高山广子主演，在日本同年11月首次上映。在上海的上映，可能是1943年，在大华大戏院，因为从1943年1月开始，大华大戏院专门上演日本电影。

三、《双声》

正如大家所知道的那样，《忘不了的画》和《谈跳舞》这两篇散文收在《流言》里。其半年后写的《双声》中，有相当大的部分谈的是对于日本文化的想法。这篇作品属于散文，可是，写法有些独特，怎么说好呢，就是写得有些调皮。作品中所设定的场面是以貘梦（指的是张爱玲的密友法蒂玛吧？）和张爱玲两个女性在咖啡店喝着茶闲聊为主线。也可以说是一篇小小说，或是双簧戏的剧本。即，内容是散文，而形式却是小说。作者并非直接对读者阐述自己的主张，而是站在第三者的立场，自己描述自己和朋友谈话的情景。

看她们谈到日本的部分，貘梦好像是说日本的文化幼稚，没有耐人寻味的地方。说点题外的话，当年和鲁迅先生有深交的内山完造在上海时，曾经为了中国人和日本人之间相互沟通，费尽了心机。内山完造写过《彼此的常识》一文。⑧写的是在一次中日座谈会上，大家列举的中国人和日本人彼此最基本的常识，对此内山一一加了解说。至于日本人对中国人的看法，如果在座的诸位有想知道的，会后容我单独告诉您。下面是中国人对日本人的看法。

（日本人胆小、性急、阴险、小气、对中国人持侮辱观念、用人朝前，不用人朝后、酗酒、好打人、太严厉难以接近、表面和气并不是真心、理论浅薄、办事虎头蛇尾、不可信赖）最后还要加上一条（幼稚）。

张爱玲在《谈跳舞》一文中谈到，她看"狮与蝶"时感受到的恐怖，她接着说，"这种恐怖是很深很深的小孩子的恐怖。还是日本人顶懂得小孩子，也许因为他们自己也是小孩。他们最伟大的时候是对小孩说话的时候。……"

这样看来，刚才介绍的貘梦的话，也许代表了当时中国人比较普遍的见解。不过，张爱玲尽管同意貘梦的话，不过，她也发表了自己的独到见解。

对于我，倒不是完全因为他们的稚气。因为我是中国人，喜欢那种古中国的厚道含蓄。他们有一种含蓄的空气。

他们有许多感情都是浮面的。对于他们不熟悉的东西，他们没有感情；对于熟悉的东西，每一样他们都有一个规定的感情——"应当怎样想"。

可是，同西洋同中国现代的文明比较起来，我还是情愿日本的文明的。

张爱玲和貘梦又以和外国人结婚的日本女性以及居住在美国的日籍侨民为例，谈到日本女性。我作为一个日本女性，对她们的那些见解感触颇深。

从张爱玲对于日本的物品（版画、服装、漆器……）的嗜好，以及胡兰成谈到的她的癖好（作为中国人她有洁癖，用钱仔细）等特点来看，是否可以认为，她的那些见解是因为与她自己的性格有相通的部分，或者是有与此相容的部分。探讨日本人和张爱玲个人性格的之间的异同，张爱玲完全是以个人的感情去感受日本及日本文化的，在审美感上可以说她与日本人有着共通的地方。然而，不同的是，日本人的审美感是约定俗成的（用张爱玲的话说是制度化了的），即，日本人都是用相同的眼光看待问题，而张爱玲在中国却是独自一人和日本及日本文化产生着某些共鸣。

一些中国人也许甚至认为日本没有什么文化，像张爱玲那种自尊心强的人竟然认真地面对日本文化，这无疑与她当时的处境有关，也是由于她那讨厌"制度化"的个性形成的，因此，她在批判的同时，亦给了日本一定的评价。她把自己感觉好的东西统统归为好的一类。

然而，从"因为我是中国人，喜欢那种古中国的厚道含蓄。

他们有一种含蓄的空气"的句子看来，位于她脑海深处的依然是中国。以前，在谈到她的人生时，我写过"她的这种思想既使她保持了自己的个人主义，又以此避免了当汉奸，维护了自己作为中华民族一员的节操和荣誉"⑨。关于她的感性，似乎也可以这样说。也许，正是因为这个，她才保住了自己的面子。胡兰成曾经说过，她是"民国世界的临水花人"⑩。这个评价主要是指她的为人以及对于文学的影响，不过，我认为在她的"民族性"上也可以这样说的。

四、《星期五的花》和阿部知二

据《双声》原注的解释，说貘梦的貘字，是从"阿部教授"讲的日本有食梦的动物"貘"那些话受到启示，才用了这个字。其实在日本，关于貘各种书籍有很多解释，其中最有名的是国语词典《广辞苑》（岩波书店），它是这样解释的：

> 中国想像中的动物。形似熊，鼻如象，目如犀，足像虎，毛有黑白斑纹，头小，传说食人恶梦。铺其皮寝，可避邪气。

《双声》中有两人谈及阿部教授的小说《星期五的花》的段落。看她们的谈话，好像她们在这篇小说里没能找到值得一谈的东西。

这里所说的阿部教授指的是阿部知二（一九○三～一九七三）。他在当时已经是以《冬天的旅馆》、《北京》等小说而知名的作家。阿部曾在明治大学讲授英国文学。他的作品风格是以人道主义为基调，被称之为"主知派文学"。他第一次是一九三五年，到北京、满洲（中国东北）旅行，后来多次访问大陆。自一九四四年九月起，至次年的三月，他曾在上海的圣约翰大学任教。关于阿部去圣约翰大学赴任一事，阿部知二的研究家竹松良明氏说"因为那是一所基督教大学，尽量想多聘用日本人教师，否则，校方担心日本军队会进行封锁。通过前一年阿部来上海的关系招聘了知二。"⑪

《星期五的花》最初于 1939 年发表在河出书房发行的杂志《知性》上，后来，收录在改造社刊行的《新日本文学选集第十六卷》（1941）里。战后编集的《阿部知二作品集》（河出书房、1952）全五卷是阿部本人编集的，《星期五的花》收在第一卷里。在解说中他是这样写的：

> ……很偶然的原因，被译成英文在上海出版了。⑫我记得从一个不知名的中国女性那里来了一封信。还有一个人，她是中国和印度的混血，我在上海期间，她对我说，《星期五的花》浅淡柔弱，在那里使人感受到东洋的脆弱。

阿部知二所说的中国和印度的混血，无疑指的是獏梦，即法蒂玛。阿部对她的印象似乎挺深，他在写关于圣约翰大学的学生的作品《追忆》时，獏梦以 M 在文中出现。

> 这样，两个年级三十几名学生的大多数，不知不觉之中和我成了朋友。其中最好斗的是一个父亲是印度珠宝商，母亲是中国人的叫 M 的女学生。考试结束后，休春假时，她到我那周围住的都是军属，寒酸的宿舍来看我。她的英语说得很快，很难听懂。她发表了对日本及日本人最彻底的嫌恶感

情后，把我带到她的朋友，一个从香港逃难来的女作家的家里。那个叫 C 的年轻作家生活很苦。听说她是李鸿章的曾孙，穿着十分华丽。我和 M 一边倒着白开水，和她坐在没有一丝热气的房间里谈论文学。几天后，我受邀去看她写的剧作的演出。情节我不太明白，好像是以日军侵占香港为背景，描写年轻的姑娘和海外华侨恋爱的故事。⑬

就是说，张爱玲通过法蒂玛与阿部相识，在张爱玲家谈了文学。而且，张爱玲把自己写的《倾城之恋》改编成剧本，在剧场上演时，曾经邀请阿部去观看。据我现在的调查，这是唯一的阿部谈到张爱玲的地方。

《星期五的花》的大致情节是这样的：

> 战争期间，在东京的郊外住着一位即将步入老年的大学教授。自从车站前新开了一家花店后，突然，他开始买花回家。他买的并非是年轻时喜欢的白花和蓝花，而是色彩艳丽的红花。而且，总是在星期五买花。妻子和女儿十分惊喜，可是，正在准备应考的儿子却总是以看透了似的讽刺的目光看着他，使他感到难堪。教授买花好像和花店女主人的存在有关。有一段时期，他终止了买花，那是因为他在花店看见有一个别的男人的身影。不久，那个男人的身影消失，他又重新恢复了买花。儿子照旧用讽刺的目光看着他……。

故事情节的确很单纯，不过，从阿部知二的创作思想、创作经历以及 1939 年这一特殊的年代考虑，他描写的并非是单纯的小市民生活。自 1930 年代中期起，在日本，军国主义的风潮日渐浓厚，在市民生活上投下阴影。对于作家这一类喜欢自由思考、自由表现自己思想的人来说，那种空气显得格外沉重。1935 年以后，阿部屡次去中国，其背景很多也就是在于此。

阿部被称为主知派作家，他的写作作风是排开"思想"（在此是指左翼思想）和政治性。在无产阶级文学占主流的 30 年代前期，他被看作是消极派或态度暧昧派。然而，当无产阶级文学受到镇压，处于崩溃状态时，时代变成军国主义一边倒，这时，他那种相信自己的"知"，我行我素的作风，被视为危险的思想。他自 1938 年至翌年发表的长篇《风雪》，在那里可以体味到他的自由主义立场对于法西斯主义的抗争。在描写战争和报国思想为主题的作品充斥于市的时代，他却在那里描写老教授对花店的女主人怀有好感，每个星期五肯定去买花这类琐事。在什么花呀恋爱呀都被看作软弱的东西而被加以否定的时代，他的作品无疑是一种对抗的象征。那么，儿子的目光又象征着什么呢？读者也许自然能够得到各种答案。不过，从文学的角度分析，单单理解为那目光只是看透了父亲的秘密似乎更耐人寻味。

实际上，在阿部的创作经历中，这一类构思的小说还有几篇，譬如，他在更早时期写的出名作品《日德对抗竞技》（一九三〇）中，就可以看到。当时，日本处在发扬军国主义那种兴奋状态中，国民把体育选手的肉体以及动作单单与体育锻炼结合起来，而主人公却从近代美的角度来欣赏，不仅如此，作品深处还有一个人在旁边自始至终观看着主人公的心理。

我今天要谈的不是阿部的文学，再说这也不是我的研究题目，做不了详细的探讨。我只是想说，《星期五的花》不是一个简单的童话故事。当时的时代非常严酷，举目所及到处讲的都是国家大事，而一些作家却往往面向更普遍存在的人性主义。在上海沦陷

区和北京，当时也有一些只描写日常生活琐事的作品，张爱玲也
是这样说的：

> 我写作的题材便是这么一个时代，我以为用参差的对照
> 的手法是比较适宜的。我用这手法描写人类在一切时代之中
> 生活下来的记忆。（《自己的文章》）

张爱玲与阿部作风不同，不过，他俩却有着共通的"冷彻的
知性"。前面提到的两人相遇并直接谈论文学时，互相之间有没有
留下什么印象呢？对于有着很深的英国文学造诣的爱玲，英国文
学研究家阿部又是怎么想的呢？也许，阿部因为法蒂玛对日本及
日本人怀有深恶痛绝的感情，而爱玲又是法蒂玛介绍的，他心里
也许存在着一层芥蒂。我对这方面的研究尚处于开始阶段，未知
的地方很多。不过，我期待能在两个作家相遇后的作品中再找到
相互间有关联的地方。

以前，我曾经搞过上海沦陷区文学中，日本的田村（佐
藤）俊子和打进日本方面的地下党女诗人关露以及由她们编集发
行的中文杂志《女声》。[14]当时，我参考了和她们相识的阿部写的
短篇《花影》。我深深感受到阿部对周围状况的观察力之敏锐，小
说的主人公是用真实姓名写作的，而他的态度充满了诚实和同情
心。我总觉得对于爱玲，他应该再有一些深入的评述。也许是
因为他读不了爱玲用中文写的小说，妨碍了他？抑或是因为他
察觉到当时爱玲的微妙立场，有意不写以示同情，现在尚不清
楚。阿部在战前，曾避开政治及某种意义的"思想"，战后，他
作为和平主义者和人道主义者竭尽全力发挥自己的作用，不但
是文学，他还积极地参加社会活动。一九五四年的十月初，他

作为学术文化视察团的一员，受到大陆的邀请，再次访问了上海和北京。

结 束 语

我本来计划最后谈一谈小说《浮花浪蕊》和张爱玲几次乘船旅行体验的关系，但是，由于篇幅的关系，只得留待别的机会再谈。这次，作为"张爱玲和日本"这样一个大题目的绪论，我在这里主要介绍了几个事实。分析张爱玲如何把这些事实写成作品，我认为这也是接近张爱玲文学的一种方法，因此，在这里向大家作了报告。谢谢。

注 释

① 胡兰成：《今生今世》（台北，远行出版社，1976 年），页 187。初版在日本发行。

② 谷崎润一郎（1886—1965），以唯美主义知名的著名作家。《神人之间》在杂志《妇人公论》从 1923 年一月号至十二月号之间，断断续续刊载。主要情节是某恶魔般的作家知道朋友对一个新人艺妓怀有恋情，却娶为自己的妻子，通过颓废的、自私的生活，长年折磨妻子和朋友。

③ 涩泽秀雄：《战中日记：昭和十八年》、《侧面史百年》（时事通信社，1967 年）；清水晶，《上海租界电影私史》（新潮社，1995 年）等都提到。

④ 涩泽秀雄：《"皇军"慰问》（东宝书店，1944 年），页一。

⑤ "东宝舞蹈队到中国中部慰问公演决定后，在当时的中华电影企划部，积极推进由东宝舞蹈队出演、日中电影界第一部的合作音乐舞蹈影片的摄制准备工作。"（中国电影……《万紫千红——中华电影的报告二》，与注⑤同。第 228 页）。

⑥ 涩泽秀雄，《宝塚渡美记》（阳春堂，1939 年）。

⑦《电影旬报》1943 年 6 月 1 日号。第 21 页。

⑧ 内山完造（1885—1959），从一九一〇年代中期起，在上海开书店，以与鲁迅等中国文学家有交情而出名。《彼此的常识》，《中国四十年》，羽田书店 1949 年所收。第 50—51 页。

⑨《张爱玲和胡兰成》，《文学空间》，29 号，1989 年所收。第 89 页。

⑩ 与注①同。第 188 页。

⑪ 竹松良明，《阿部知二——大路晴天》（神户新闻综合出版中心 1993 年），第 166—167 页。

⑫ 即 "FLOWERS ON FRIDAY" *The XXth Cen-tury* 7 卷 6 号，1949 年 12 月。第 362—365 页。

⑬ 阿部知二，《追忆》（《新时代》，1949 年 6 月号原载：《漂白》，创元社 1951 年所收。第 147—148 页。

⑭《田村俊子和关露——华字杂志〈女声〉》（二十世纪文学研究会编，《文学空间》23 号，1992 年 7 月，第 82—103 页）。

（感谢川喜多纪念映画文化财团的小池晃、大映德间的田村祥子、竹松良明、涩泽史料馆为本文写作提供的大力协作。）

（原载《四海》1997 年第 1 期，本文补充了作者提供的四幅插图。）

关于郑超麟的狱中吟

木山英雄

（一桥大学）

1997 年春天邓小平逝世，电视上连天播放的纪念节目里，出现了一个意外的人物。在邓小平的传记片中，已年过九十的老革命家在回答采访，讲述着年轻时的传记主人公。知道老人的名字叫郑超麟时，我顿时唱叹不已。因为恰恰在这之前不久，我弄到了此人的诗集《玉尹残集》（湖南人民出版社 1989 年）的复印本，而且在书肆还偶然买到了他的回忆文集《怀旧集》。

仅靠托派的残存者这一奇特的履历，郑超麟就有足够的资格成为少数中的少数，而且他的人生道路本身是非同一般地坎坷不平的。1952 年，他因托派残党的一致检举，作为主犯被逮捕，在狱中度过了二十七年的光阴。虽然释放后他恢复了公民权，并且被提名为上海市政协委员，但作为被捕入狱理由的"反革命"一项，虽经本人再三申请，却依然没有得到平反。郑于 1998 年以九十八岁的高龄去世。据熟悉中国的托派历史、这次为我提供了很多材料的长堀祐造氏所言，1979 年他的被释放是伴随着邓小平体制的确立而下的指示，进入政协也是邓小平斟酌处理的。与此"宽容"的处理构成明显对此的是：《毛泽东选集》（可视为忠实地反映各个历史阶段有关党史的公认见解之经典）1991 年版的注文里，托派关于"反革命"方面的说明未施任何改动。虽然关于抗战中被毛称为"汉奸"之事有了一定的改变，说这是受到当年第

358

三国际内部将他们看作日帝密探的"错误的论断"的影响而造成的。由此看来，共产党仅仅把这桩早就失去政治上的现实意义的案件限定为个别未决犯（属"首犯"的郑超麟和尹宽二人不知为什么一直未下判决）的人身待遇问题而加以处理，却似乎没有对于他们彻底排除托派这个左翼反对派的历史作全面的总结。这里还留着有历史认识上的某种暧昧性或因这种暧昧性而产生的某种制约，但是这个问题在此暂且搁置不论。被释放后的郑超麟境遇如何？除了老一代人依稀还记得这个布哈林《共产主义 ABC》译者的姓名而外，大部分的知识分子连郑超麟这个名字都很陌生，他们竟怀着惊奇或一种无以名状的敬意迎接了他。专门研究中共党史的研究机构或研究者也将他看作少有的活着的见证人而欢迎他。郑本人也似乎享受能够自由地公开谈论他拿自己的后半生赎来并坚守着的思想和运动的信条。出狱后的他恰恰碰到了东欧、苏联等国家的解体，但是他的信仰丝毫也不见得动摇过。因为他认为这不过是斯大林派的"一国社会主义论的破产罢了"（《怀旧集·九十自述》）。按照这种逻辑，我猜想，对于本国的文革他也得这样评价吧。

《怀旧集》就是一本记录他被释放后的言论的集子，虽属内部发行，但在书店也可以自由地购买。写于 1945 年，未刊行以前被定为"反革命"证据之一的《郑超麟回忆录》（长堀氏等最近将译出）如今也变成宝贵的党史资料，1986 年同样以"内部发行"的方式出版，同时还出了香港版。我们首先依据这些来看看此人的简历吧。

郑超麟 1901 年出生于福建的书香门第，中学毕业之后，受当时统治当地的国民党军阀陈炯明之命，随"赴法勤工俭学运动"的高潮被派遣到法国留学。在前往法国的轮船上，初次接触五四新文化运动的思想。虽然他对于之后成为托派同志的陈独秀之偏激的传统批判感到反感，但是，所有这些成为了他西欧留学的某种思想准备。在法国，如文字所示，他一边努力地"勤工俭学"，一边参与主要推进勤工俭学运动的早期无政府主义者和新兴的共产主义派的学生之间的争执。1922 年他在巴黎和周恩来、邓小平等一起参加旅欧少年共产党，通过这一关系，他于第二年到莫斯科的东方劳动者共产主义大学留学，成为正式的共产党员，并于 1924 年回国。之后，国共两党合作的北伐国民革命及其分裂、分裂后共产党的武装起义、围绕着这一失败的内部斗争等等，由于当时在陈独秀或瞿秋白领导下的党的宣传部里工作，他对于这一系列沾满鲜血的政治过程，有过详尽的体验。在当时，他对由国民党来实现全国的统一抱有期待、命令共产党员加入到国民党中活动、而蒋介石反共武装政变之后，又不承认革命的退潮，反而指示发动极左暴动……对于这一过程，第三国际的指导应负重大的责任。为要配合这种指导，当时中共领导人陈独秀既被迫处处追随国民党，然后又不得不背负北伐挫折的责任，结果，被瞿秋白及其他的所谓莫斯科派排斥而下台。这时期，信赖陈独秀及其人格且又对于同志们之乐于搞组织阴谋免不得有些隔阂的郑超麟，不久在从无产阶级世界主义的立场出发，和斯大林的一国社会主义诀别的托洛茨基之中国革命论中找到了历年积累下来的诸多疑问的解决。他担任直接接受了托洛茨基的影响而回国的年轻反对派和陈独秀的中间媒介之角色而加入了托派，并任托派的中央委员之一，于 1929 年被共产党开除。实际上，从这之后直到中日战争的数年间，他本人几乎都是在南京的中央军事监狱里度过的，即使好不容易恢复人身自由，第二次国共合作之下进行的抗日民族战争中，托派也几乎都没能出头。这期间在南京的被囚，再加上解放后的被囚二十七年，他在监狱里共呆了三十三年。作为政治犯，据说这样的例子在全世界也是未曾有过的。因为如此，他的作为革命家的生涯，总的来说，看起来总像被烟霞笼罩住似的缺乏尘世现实感，这是无可奈何的。但是，这也可能和他的各种品格有关系吧。他因口拙而不喜出风头，自认为唯有"出版与翻译"这一宣传工作才是自己擅长的能事；在同志间被取了个"教授"的绰号：自己和别人都承认他缺乏组织方面的野心。

诗集《玉尹残集》是共产党时期的长期狱中生活之产物。虽说作者的经历和我在这个连载文章中欣赏过的以"右派分子"为主的人们之间几乎没有交叉的地方，但在诗集问世的前后过程中，似乎可以窥见到两者之间并非无缘的某种征候。在收入这本诗集的"骆驼丛书"的小系列里，也收录了荒芜的《纸壁斋诗集》、黄苗子的文集等，看来，这个丛书的责任编辑似乎有着某种特别的偏好。他就是最早为聂绀弩的诗作作过注解的朱正。朱正在《玉尹残集》里以编者的身份特意附了篇介绍诗人及其诗作的后记，强调从诗词中看得出郑超麟即使受监禁也没有改变信念的事实。朱正还在另外一篇纪念老共产党员作家楼适夷诞辰九十岁的文章里写道：楼适夷二十年代在党的夜校里受到郑超麟的教育，三十年代在南京监狱再次相会并接受其德文翻译的指导，因有如此机缘，他在自己的家里给朱看了这本诗集。朱也希望能让它尽快公诸于世，但同时把此时由于其特定的倾向性已引起注意的丛书里收入托派的作品的危险性也告诉了楼，请他写一篇兼带有"排除障碍"性质的序文（《祈祷"老顽童"长命百岁》）。

据诗集卷首的"自序"所言，在狱中，他决定要从事离政治最远的音韵学或语法研究（这让人想起在国民党监狱里埋头于文字学的陈独秀之先例），为此在查阅许多旧诗词集中，不禁"技痒"而开始以词为主的创作。从1959年到1961年，他写得最多，约有四百余首诗词作品，加上德国艾沈都夫（1788—1857）的一本诗选的全译，共编为八卷的《玉尹残集》（"玉尹"音通"狱吟"）。但是包括这本集子在内，所有在狱中写作的政治和音韵学方面的著作，还有西方中长篇小说、学术书的译稿，总共有十几册在文革时期统统被烧毁无遗。之后十几年间，追忆所得的八十四首"残余"，再加上出狱后的十几首，他把这些重新编起来而题为《残集》云云。该文篇末他很简洁地谈了他的诗论，他说道："我是个'形式主义者'，首先注重格律和声韵，然后讲究内容，内容虽好，但格律和声韵不合，这种诗词，我不会录存的。我也以此标准看待别人所作诗词。"贴"形式主义"的标签，原系斯大林主义式艺术统治惯用的老套子，那么，在这里我们可以看到他有意的嘲讽。但是，他对于"形式"的观点并不是仅仅止于"嘲讽"的层面。且看"楼序"所引郑超麟书简里的一段话："五四文字革新，散文成功了，现在没有人再写古文，但诗失败了。……在中国，我还没见到哪一首新诗像鲁迅的旧体诗那样广受传诵。所以我严肃对待旧诗词，不敢打油。"他的关于旧体诗自称为"守旧派"（谢山《苦口诗词草·郑超麟序》）式的观点本身是具有一惯性的。上文里"认真"一词在原文中用的是"严肃"，这相当于日本人冠在音乐上的"古典"或冠在文学上的"纯"吧。那么，标榜这样"严肃"的态度而排斥"打油"的诗观，究竟在带有十分鲜明的二十世纪时代烙印的政治犯之诗作中如何起作用呢？这倒是一个颇为有趣的问题。

幸而以狱中作诗之事为主题的一首诗被保存了下来，即以《诗人行·六十自寿》为题的七五杂言的古体诗十一韵。因为篇幅略长，这里只稍作说明。郑超麟小的时候憧憬着当诗人，无缘无故地装扮严肃的姿态（即"无病呻吟"，"五四文字革新"即文学革命所责难的旧文学恶弊之一），只是绞尽脑汁吟咏"愁思"。后来被现实这一"严师"所促，和"浪漫女神"告别，专门过问世事的"是非"而"斗争数十年"。但是在狱中保住了性命之余读起诗词来，他"不觉旧技发痒"。其实，少年时苦苦追求的"愁思"无异乎此时此地的"惆怅"，而在这个如天一样膨胀的"愁思"下，他终于"少年雅志今得酬"。他将这种围绕诗作和"愁思"之间的一巡因缘，与自己年龄的甲子一巡相重叠，用以代替花甲祝酒，如此趣向"自寿"本身可以说是比较典型的应景诗风格。但是，在此我们也不妨想起，他尽管掌握着几种外文，翻译了艾沈都夫、施托姆、海塞、陀斯妥也夫斯基、梅勒日科夫斯基、福楼拜、纪德等作家的诸多作品，也绝没有把自己当什么文学家之类。作为革命家进行诗词创作开端的这种"愁思"决不会是一般的陈词滥调，特别是他的"惆怅"，想来与为友人伸冤而被杀害的魏朝嵇康的《忧愤诗》（可说是狱中诗之先驱）里所说"虽曰义直，神辱志沮"颇为相似。《诗人行·六十自寿》以下面两句为结束语：

　　诗成无人赏
　　留与秋坟听鬼唱

　　结句取于唐朝李贺的"秋坟鬼唱鲍家诗，恨血千年土中碧"（《秋坟》）。李诗中"鲍家诗"据说是指六朝宋鲍照的葬歌（《代蒿里行》）。但是依我之感，李贺将烈士的血三年以后化成碧玉的故事（《庄子》）写进诗去，其最后一句执着之念的意境才与郑超麟当时的联想更相称。二十世纪第一年出生的人的花甲应是1961年。
　　那么，我们来看看《玉尹残集》开卷的第一首词。

齐 天 乐

重门不锁凌云梦，清霄独游天际，一月含情，众星眨眼，唤我同来游戏。浮云远避，觉两腋风生，四围浪起。恣意翔翔，穿梭星月似鲂鲤。

时时回顾大地，但朦胧一片，陵陆沧水。扬子长江，希麻拉雅，衣带枕函而已。他州类是，笑蛮触相争，血流千里。接续高飞，远方星更美。

"衣带枕函"指狭窄的河流（所谓的"一衣带水"）和身边的枕头，即言只隔很短的距离。"蛮触相争"即《庄子》里的寓言，把无益的争战比作蜗牛的左上角的国家（触氏）和右上角的国家（蛮氏）之间的小气的争战。开头的"重门"暗示身在狱中，天界眺望到的风景则与国际主义者特有的感怀相重合。除此之外，其他地方似乎效仿传统的"游仙诗"风格。但是，我们应该注意到，在集子整体的编排上，它该与接下来的第二首具现实性的词恰好构成一对。

绛 都 春

生涯何似？似生圹砌就，盘旋圹里，一息尚存，渴饮饥餐离人世。此身本有千丝系，剑斩断血淋心碎。有情翻羡，山中块石，不知年岁。

憔悴，鬓蟠腰瘦，幸方寸未乱，是非能理。两耳尚堪，透过重墙闻歌戏。寂寥尚有心园憩，任采撷愁花恨蕊。词成付与秋坟，赚谁落泪？

"生圹"指生前造的墓。"砌"指为了造墓把石头瓦片等垒起来。对于很关心死后的地下生活的民族，"营造生圹"是一点都不稀奇的风俗。如果是敌人，也许会嘲笑自己给自己挖墓穴的情境，他却拿"一息"以下两句所披露的紧贴生存的感觉来承受。"有情"取自晋人感叹流亡落魄的名言（《世说新语·言语篇》），即人既然不能避开"有情"，流亡落魄的嗟叹也是免不了的。通过这个用典，作者似乎冷静地观望着朝夕在狱中度过的大半生涯的感受和因革命而"剑斩"各种牵连所带来的内心的伤痕。山中的石头原本是最"无情"的东西，不仅如此，古人不是也吟咏"山中无日历"而憧憬着世俗的时间之超越吗？下段的"心园"是幻想中的庭园，狱中作诗这种行为犹如在这里采摘"愁""恨"之花。最后两句是上述《诗人行》结尾的变形。

蓦 山 溪

婆心苦口，劝我随声和。委曲愿求全，奈鸿沟未容越过。毫厘千里，一念判人禽。辞苦盏，就甜杯，父母徒生我。

鸿沟纵越，心计依然左，不见旧相知，竟低头，然然可可。徒劳争取，照样十三年。抬望眼，企天鹅，何处来宽大？

"婆心"即禅家所谓老婆心切，俗语里用"苦口婆心"这一词语来形容费口舌地进行关照。这里竟用来比喻执拗地强迫他屈服的压力，颇具辛辣之妙。但是，尽管"委曲求全"即万事妥协以保自身，立场的隔阂也终究是无法消除的，也不能简单地屈就于一瞬间的动摇和苟安而落入禽兽之道。下段以一个接一个地屈服的同志们的例子来说明即使叛变了结果也是枉然。"然然可可"一句在此人爱诵的辛弃疾的词里也有例子，与"唯唯诺诺"同义。下面"徒劳争取，照样十三年"两句，我想他在这里是说：以建国后也和他一起留在最后的托派指导部、被判无期徒刑的何资深为首，用承认托派为国民党特务的形式而妥协的人，直至作诗时的十三年间，不是依然被关押在狱中吗？顺便说明一下，郑超麟曾经评何为马基雅维利主义者，也有过一些争执，最后以上述何的妥协为契机，与他绝交了（《怀旧集·记何资深》）。"天鹅"即白鸟，俗语里有句"癞蛤蟆想吃天鹅肉"。这一名称与求而不得的高峰之巅的花的意象相通。

贺 新 郎

潮退江河下。痛年来，工农处处，血花飘洒。果实累累收获近，大盗突临深，强占取田园庐舍。痛定追思沉痛处，觉原先指向生偏岔：认寇盗，作姻娅。

一场争辩分朝野。有宏音，重申遗教，列宁恩马：革命聊绵无绝处，直至落成新厦。纵异曲同工华夏。茅塞顿开眸乍展，但高歌不管相和寡。三十载，一朝也。

这一首宛然是中国托派运动史的写真。第一句是说第一次国共合作发动的北伐国民革命的退潮。很少写论文的郑超麟由于在自己编辑的杂志《布尔什维克》上发表了国民革命退潮论而受到党中央的批评（《回忆录》），这就是他接受托洛茨基主义的远因。正因为如此，他也必须以这"潮退江河下"一句开始全首。正如刚才已稍微谈到的，他认为必须承认国共合作的失败和革命的退潮，以无国境的无产阶级的世界性联系为根基，重新构想已经资本主义化并被纳入现代的世界体系框架里的中国革命。站在这种观点来回顾，在革命高扬阶段抢夺其果实的"大盗"即蒋介石及其领导的国民党反共派，非但不是亲戚，倒是绝对不能合作共谋的阶级敌人。下片的"宏音"是指在第三国际的总部苏联，和斯大林的一国社会主义决裂而下野的托洛茨基的言论，即大声音之谓。郑超麟的意思是说，唯有托洛茨基的言论才是正统地继承了马克思、恩格斯、列宁的教诲，继续战斗直至犹如新大厦落成的无产阶级世界胜利一日到来的"不断革命论"。包含成语"异曲同工"的一句，即主张中国的革命也在原则上并非"不断革命"的例外。"茅塞"一词来自《孟子》，即把无法通行的被芜草覆盖的山路比喻为悟性的不明。和"顿开"一起作为成语使用。在《回忆录》里他也这样谈到，把由于党内的纠纷而产生的困惑一扫而空、决定自己今后生涯的托洛茨基的中国革命论，是来得"仿佛有甚么电光闪过我的头脑"。

丁　字　碑

朔风猎猎白雪飘，道旁屋楼百丈高。楼顶红旗褪颜色，地道人出势如潮。

游魂躯体烟飘渺，顽固未化花岗脑。鲜花在手踏雪行，逢人问讯丰碑道。

忆昔来游正少年，弹痕尚见学宫前。楼低街窄称简陋，人物风流胜神仙。

昔穷今富文易白，大树遮阴果可摘。不见种树当时人，树下藏血斑斑碧。

行行渐次见丰碑，碑身洁白如凝脂。鲜艳花枝碑前置，碑上试寻黄金字。

累累名姓有若无，纵行横行尽丁字。

有些地方类似文字谜的这首诗，付了一篇出狱后写的小文说明诗作的由来。依据这一小文，事情缘由是这样的。1961 年，赫鲁晓夫继历史性的斯大林批判之后，提出在莫斯科建造恐怖政治的牺牲者的纪念碑时，托派的国际组织"第四国际"发来了电报，提出纪念碑上必须用"金字"刻上托洛茨基的名字。具讽刺性的是，在两年后的中苏论争中双方互称对方为"现代托派"的新闻报道中，郑超麟才初次知道竟有此事，为第四国际还在活动一事而感动。与此同时，他想像着，不管什么时候都不觉得意外的枪毙执行之后，化成游魂，首先要到莫斯科的纪念碑前献上鲜花。但是，所有这些因为不能在诗中明确说出来，所以用"丁字碑"代替了"T 字碑"。至于这首诗里其他部分，稍加少量的注释就可以了。"丰碑"是雄伟的颂德碑。"花岗（岩）"在俗话里面比喻顽固的头脑，是毛泽东语言之一，这里反用它来表示对主义与运动的坚定不移的忠诚之意。"学宫"是学校的旧称。这一句回忆曾经于东方劳动者共产主义大学留学时所看到的十月革命时市街战的遗迹。"风流"一词在广为人知的毛泽东的词（《沁园春·雪》）也使用的，其含义为政治性的胸襟和文化修养的兼备。这里的用法于语义上与毛相同。他记得当时还打头阵的托洛茨基此人的"如同一只凶猛的狮子"般的演说（《回忆录》）。"昔穷今富"以下四句即是说，既然生活水平今胜昔，在书本上容易强调革命之硕果，然而谁看见树下正埋有许多被处刑的"种树人"之"碧血"？尽管这首诗的要旨在于他拿自己的生命做代价的政治思想的表白，但其表白偏偏只能是诗，我想，这说悲惨是悲惨的，然而说一种拯救亦无不可。

梦 江 南

年少日，豪气欲凌云。曾学狙公驯养术，亦曾随众作狙群，茅果四三分。身名隐，佳句爱沉吟，"青史古人多故友，传中事实半非真。"此意共谁论！

"狙公"指养猴之人。"术"指所谓"朝三暮四"的故事（《庄子·齐物论》）。作者敢说，自己在掌握与此类似的政治权谋的同时，也充分地扮演过被操纵的角色。这到底是一种率直的述怀。至于下片的在狱中经常吟诵的"佳句"，我并未觉得是初次看到，但也一时找不到其出处。反正，其意思是说，从历史人物生平的知情者来看，可以说他们的传记有一半都是谎言。不用说，这是针对站在胜利者的立场上所写的共产主义运动史而发的一种抗议。话虽是可以如此说，但是郑超麟对于历史的思念已经超越了由于党派性而生的恩怨遗恨之域，更进一步倾向于对共产主义运动史整体甚而至于历史本身的观照。上面所写到的关于何资深的"马基雅维利主义"，他也是把它作为何资深一人、湖南人甚至"全国人、全人类"共有的事来谈论。

安 公 子

大地生机转，坚冰溶化空场畔。一齿动摇妨咀嚼，赴狱中医院。一冬来蛰处心凄惋，结芳邻只有高年伴。更剩目残肢，曲背弯腰愁惨。

候诊厅堂满，众中忽见少年犯。两两三三相戏谑，似书场宾馆。又瞥见捧心颦黛纤腰软，杜丽娘病态添娇艳。觉一颗冰心，宛被春风吹暖。

虽说诗人有特别的经历，但仅仅采取一些与他的政治信条有直接关系的作品而加以评判并不是我的本意。实际上，他的作品中也有不少吟咏狱中的日常生活或作为老同志在狱里狱外继续支持丈夫和运动的妻子（刘静贞）的作品。在此，我想把描写监狱附设诊所候诊室里之场景的这首选出来欣赏一下。下段的"捧心颦黛"是指春秋时代的美人西施因为有心脏病，总是捧着胸皱着眉头的习惯，"杜丽娘病态"是指明代的汤显祖的戏曲《牡丹亭还魂记》里曾死过一次又复生的女主人公的风情。"冰心"一词如王昌龄诗句的"一片冰心在玉壶"那样，通常用来比喻清澄的心境。然而这当然不会是热衷于那么潇洒的自我称赞的时候，而是正以冰冻的心情在看望互相戏谑的男女青年囚犯们。但是其带有幽默的眼神倒温暖得深深感动人。

八 十 自 寿

> 劫余生命岂祯祥？惹得纷纷议论扬。
>
> 山上雪人留足迹，圹中莲实发清香。
>
> 水杉婀娜庭园际，班达凄惶竞技场。
>
> 何若无声诸化石，不言亦足话沧桑。

首联是说出狱之后世上仍有关于评价托派的议论纠纷，未雪冤情的厄运。议论主要是围绕着陈独秀的再评价问题而展开的，对由于怀疑陈独秀之托洛茨基主义信仰而企图恢复其名誉的意见，他表示了特别强烈的反应（《怀旧集》）。颔联指高山的雪地上发现了"野人"的足迹、从古墓出土的莲花的种子发芽开花等经常被宣扬被报道的新闻。颈联指被认为是世界上稀少植物的落叶大乔木的绝艳风姿，和被众多目光注视的珍贵兽类熊猫之惊慌失措的样子。这两组对句稍有重复之嫌，但是，从中可以读出，作者通过前代的遗物或珍奇的动植物当中自然存在着的差异和对比的列举而提示其可笑的同时，也要诉说被抛在人间以外而与时代脱节的困惑甚至焦急。尾联表示了这样的思念：如果是同样的遗物，自己倒不如化为客观地显示自然变动之痕迹的化石一样的保持沉默、不容置疑的历史物证而贯彻始终更好，尽管郑超麟能够把革命的过程和结果的负面都归咎于斯大林式的一国社会主义或毛泽东式的农民战争主义①。我也不敢断定他在此时是否自认为活得太久，结果，不管是斯大林、毛泽东式的现实还是托洛茨基式的理念，都只能看作已过去了的革命年代的同一个钱币之正反两面。但是，不管如何，我们从这首诗里可以看出如同突然接触外界的"遗物"一样有什么崩溃掉了。这里有着过去狱中吟里始终未曾出现过的自嘲。这首诗里有以往的作品里极罕见的"打油"风格大概与此是有关系的。反过来回顾这本集子，我认为郑的狱中吟始终保持着以刚毅朴讷之仁拒绝低徊于文人式之"愁思"的诗风。在此，不妨顺便介绍一下《回忆录》里有趣的小插曲。那是在共产党中央宣传部工作时的事。当时创造社突然把他们的旗帜从"浪漫主义"和"艺术至上"转变为"革命"，郑超麟被派遣前往指导，但他对此却完全不感兴趣。他回忆说："连现实主义我都认为过时了，何况浪漫主义？我特别不喜欢郭沫若的诗，因为白话中夹杂着文言辞藻。"我想，这一段可能是从自觉到在马克思主义者大多是民族主义者的国度里却属少数派的自身感受中激发出来的自白。有着这种感受的人关于旧体诗所主张的"保守派"的"形式主义"，我想还是很有趣的。我对词这一门学问特别不在行，但如果允许我这个外行直说，郑超麟词里的那些"内容"以及和"内容"分不开的直率的措辞，无论如何也不能叫作所谓词的本色。从这一角度而言，他所标榜的"形式主义"，也可能是为了不管什么题材都要通融无碍地纳入诗词里面而故意采用的策略。如果更进一步说，郑超麟如此"策略"，尽管与启功式真正内行人之大胆口语化的游戏不同，仍可算得上是用"严肃"的手法，把旧格律的生命抛露在时代的挑战面前的又一个实验吧。

注 释

① 《回忆录》承认毛泽东领导的湖南农民运动作为从苏联独立出来的唯一称得上是"革命"之名的斗争，与此同时，也责难以农民式的红军为主体的这种斗争路线的"土匪"式"堕落"。而且，他还在《送灶歌》为题的三十一韵长诗里强烈地揶揄了人民公社运动中充分表现出来的权威主义式盲从性。

（原载《当代作家评论》2001 年第 1 期，本文为修订版。）

"新中国"的母女

——"文化大革命"后的茹志鹃小说

松村志乃

（日本近畿大学国际学部）

一、前　　言

茹志鹃（1925—1998 年）是曾经活跃于 1950 年代到 80 年代的上海作家。丈夫是新加坡出生的表演家王啸平（1919—2003），王安忆（1954—）则是他们两人的次女。

年少时失去双亲的茹志鹃在贫困的生活中由祖母一手养大。从浙江省武康县的武康中学毕业之后，她与哥哥一起参加了新四军，并加入了中国共产党。虽然从 40 年代初她就一点点地开始了创作，但实际上直到 1949 年后发表的《何栋梁与金凤》（1950）才真正算得上出道之作。[①] 在此之后，她一边参与《文艺月报》的编辑工作一边进行创作。反右派斗争（1957）中丈夫王啸平受到批判时，茹志鹃在地方文学刊物上发表的《百合花》（1958）受到了茅盾的称赞，从而受到世间瞩目，转型为专业作家。[②] 此后受到文艺批判的牵连，一段时间就此搁笔。后来在文化大革命之后重新开始创作，其中广为人知的作品有尖锐地批判了大跃进时期的农村行政矛盾的作品《剪辑错了的故事》（1979）。

文革后的在迎来第二次创作时期的同时，其女儿王安忆登上文坛之事也备受关注。当时的文艺杂志里经常会有王安忆和茹志鹃在同一期杂志联袂登场的情形。[3]1983 年母女同期参加了爱荷华大学的"国际创作工作坊"，并将留美期间的日记以旅行记《母女同游美利坚》（1986）为题联名出版。[4]那时刚开始从事写作的作家王安忆，大多数作品还只是习作的水平。母女联袂参与文学活动，也许多少带有些茹志鹃提携王安忆的意味。但是时至今日，建国初期的"文艺工作者"茹志鹃之所以被人津津乐道，毕竟是因为已经成为文艺界重要人物的王安忆这一存在。[5]

母女在结束访美之后，90 年代初期的王安忆在苦恼之中停笔了一年。停笔之后再次创作的首个作品《叔叔的故事》（1990）中痛苦地描写了年轻作家"我"的苦衷，即对从事"新中国"建国的"父兄一代"（上一代）人既尊重又失望的感情，以及不得不离开作为精神支柱的他们。另外在长篇作品《纪实与虚构》（1993）中写了两个故事，以作者本人为原型的"我"的成长故事和寻找"我"母亲即茹家系谱的寻根故事（其中也有母亲茹志鹃的寻根故事）。由此表现了对文学自身的怀疑和书写故事的不安。[6]另外在同一年里，她还写了关于从新加坡归来参加社会主义革命的父亲的寻根故事《伤心太平洋》（1993），但这部作品在日本并不太为人所知的。

因从"父兄一代"离开而丧失了精神支柱的王安忆，选择的题材却是双亲的寻根故事，这实在耐人寻味。这是因为在摸索作为文学者的存在方式的 90 年代初的王安忆讲述了，在对上一代人进行思考的时候不可避免地要触及到作为文学者的父母的存在，并且王安忆与双亲的关系同时也是置身于中华人民共和国这一政治氛围中的文学者同行的关系的故事。她想要通过文学对上一代人遗留的时代课题进行回答。

　　本论文在考察上述王安忆的文学活动的基础上，试图对其母亲茹志鹃的小说进行解读。在将王安忆的文学中对上一代人的思考纳入视野的同时，进行茹志鹃文学的解读，由此或许可以更为明确地看出两者是在何种意义上相互反目、相互理解并相互回应的。"叔叔"那一代的茹志鹃如何表现晚辈一代的，他们不得不遗留下来的历史课题是什么。通过茹志鹃与王安忆的文学来思考"新中国"的母女关系，从更长远来看，也许可以成为"五四"时期诞生之后被革命思想熏染的一群"新女性"们，在1949年之后如何构筑母子关系的一个典型吧。在此，本论文以《儿女情》（1980）、《着暖色的雪地》（1981）为中心，探讨文革后的茹志鹃文学中是如何书写亲子关系的。

二、茹志鹃的小说世界

　　在进入正题之前，简单地对茹志鹃的小说世界进行一下整理。

　　1950年代初期的茹志鹃小说大体上可以分为两类。一类是描写伴她度过青春期的解放军生活相关的作品。茹志鹃的军队题材小说在50、60年代的当初新颖之处在于，并不是将带领共产党取得胜利的军队士兵视作英雄，而是将他们视作迷途的"普通人"来进行书写。但也正因如此，茹志鹃受到了批判。

　　文革之后茹志鹃回忆说，《百合花》是在家人陷入危机的状况时，一边儿回顾令人怀念的解放军时期一边儿写下的作品。[⑦] 解放军对于身为孤儿的茹志鹃来说曾是来之不易的"家"。[⑧] 它也是光辉的青春与胜利的记忆，并成为她日后理想主义的基础。《剪辑错了的故事》中，老干部甘书记的解放军时代无私的奉献与他之后对权力献媚的样子形成鲜明对比，这样去进行书写也是源于她对解放军的特殊情感。

50 年代初期的茹志鹃文学的另外一个系谱是书写生活在"新中国"的人们。《阿舒》（1961）中生动地描写了为社会的建设而烦恼、奋斗的农村姑娘阿舒。⑨《静静的产院》（1960）中描写了掌握新技术的新人助产师和对新人的行为感到困惑的同时情绪高涨地投入工作的中年助产师的姿态。⑩这些作品的大多数是在建国后培养起来的年轻一代与中年一代的对比中，表现了生活在新社会的人们内心的活动。

文化大革命后的茹志鹃的小说也可以大体分为出两大体系。其一描写的是怀抱着社会主义理想却在与其相背离的现实中苦恼、纠结的人们。大多数的主人公是茹志鹃这一代人的共产党员中坚分子。文革后的代表作《剪辑错了的故事》描写了在社会主义理想被逐渐歪曲的现实面前为此苦恼的农村老党员老寿这一形象。⑪另外文革前夕写下的作品《回头卒》（1964）作为过渡期的作品明显地留有文革后茹志鹃小说的特征。⑫《回头卒》描写了被周围所左右、逐渐远离 50 年代初期理想的农村干部陆阿根的苦衷。

文革后的茹志鹃小说的另外一个系列是《儿女情》（1980）等，以有了孩子的茹志鹃这一代人的苦恼与奋斗为题材的作品。主人公大多是共产党员，同时也是王安忆等文革后知识青年一代的父母。也就是说，只有这一系列的小说，才可以被视作为思考建国初期文学者茹志鹃与知青一代的文学者王安忆之间关系的线索。⑬

另外担任过上海杂志《儿童文学》编辑的茹志鹃也有一些儿童文学作品。在此介绍一下比较有名的《黎明前的故事》（1957）。⑭故事发生的舞台是"解放"前夜的上海。过着平稳生活的少年兄妹某一天突然双亲被带走，生活为此被搅乱。为了找寻双亲而在上海的街上游荡的这两个孩子，在一个公共设施里见到了母亲。可是他们从那里带回家的却只是沾满父亲的血的被子。终于盼到了上海的"解放"，然而回到孩子们身边的却只有母亲。父亲曾经是共产党的通信员。对于父亲的工作一无所知的兄妹得知闯进家里来乱翻、惨杀了父亲的是国民党，于是认为国民党是恶，共产党是善。

这个故事在日本也被翻译为儿童故事书。但是在今天的日本，很难将这种带有政治偏见的残酷物语作为儿童读物来推广。但这是知青一代的，也是王安忆（当时三岁）身边的故事。在这样的故事的陪伴下长大的童年经历，留存在90年代王安忆对上一代人的既尊敬又失望这一感情的最深处。

描写80年代的知识青年一代对上一代人掺杂着尊重与失望的复杂感情，最初出现在王安忆90年代之后的文学作品中。然而，茹志鹃在文革后相当早的时期就书写了自己这一代人与孩子一代的不和，如《儿女情》、《着暖色的雪地》等小说。接下来我们看一看在这些小说中，是如何描写文革后亲子之间的冲突的。

三、亲子的争执（一）——《儿女情》(1980)

《儿女情》的舞台是文革后70年代末的上海。[15]我去看望临终状态的战友（亲友）田井。早年丧夫独自一人把孩子带大的田井在文革中虽然被剥夺了从教的工作，但她一直想通过各种关系并花光自己所有的钱让儿子蒯池成"龙"。然而直到文革结束的当下，成人之后的蒯池不仅没有从事有前途的工作，还说要与母亲厌恶的女孩结婚。蒯池的恋人汪稼丽是个既化妆又喜欢穿时尚服装的上海女孩。⑯不避讳地将她称之为"妖精"的田井内心里决定不把财产留给儿子。

蒯池将照顾病床上的母亲的事情托付给我，便去参加汪稼丽哥哥的婚礼了。因为汪稼丽的双亲无视他的存在想让女儿与"十级干部的儿子"交往。蒯池解释说，都怪母亲地位（十五级干部）不高，所以平庸的自己无法出人头地，与来日无多的母亲不同，自己不得不活下去，所以想与女友一同过上"好的生活"，所以希望能得到"我"的理解。但是即便"我"能理解蒯池身处的境地，也无法理解他所谓的"好的生活"。

完全拒绝孩子一代人的新价值观的田井，现在正处于垂死的边缘。"我"能想到的，可以给病床上的田井带来安慰的唯一方法是回忆她生活中最愉快最光彩的时代，也就是作为共产党员最光辉的时代。

> "我，我在想你押俘虏的事。"仓促之间，我一下说出了她一生的高潮。那真是火似的青春，火红的年代啊！果然，她嘴角牵动了一下，高兴了。"老是'过去''过去'，还有个完没有？"脑子里忽然出现了蒯池的声音。"没有完，也不能完。离了过去，你妈妈只有一个你了。……"这是我心里的答辩。唉！自己也觉得声气很粗，内容却相当无力。⑰

想起自己最为光辉的时代，田井重新恢复了活力。但在"我"脑海中的却是——实际上他们并没有这样说——孩子这一代人是在泼凉水。

田井的儿子蒯池是知识青年一代，在追求极致的理想社会的文革中尝尽苦头的他，认为母亲一代人所讲述的理想是吃不开的。

他的恋人汪稼丽的确是个好打扮长于世故的上海姑娘，但她并没有接受比贫困的自己条件更好的男性，并为此努力着，所以决不是田井所说的坏人。田井在汪稼丽身上所用的骂人话"妖精"，不如说讲述的是时代与田井自身的不协调。

那么，为什么父母一代人如此难以接受年轻一代呢？这是因为年青一代的生活方式拒绝了父母一代人创造出的社会主义的历史——上一代人光辉的青春记忆。取代了"义无反顾地扎根于天下"的革命理念成为女友的人生意义的儿子，原本应该成为田井革命精神的后继者。然而，他们却背离了上一代人的人格之根本——包括"炽火般的青春"、"炽热燃烧的时代"这些过去的荣光在内的理想主义。如今绽放着赤红色的只有王稼丽的口红和耳饰了。

"我"既无法容忍也无法否定年轻一代，只能在心里反复进行着自问自答：

> （中略）我身边的一个生命正在消逝。在这更深夜静里，生活并停步，依然走向前去。生活在走向前，它将走到哪里去？……我在窗前站住了脚，苦苦地思索起来。……那双涂了眼圈的眼睛，又出现在我面前，（中略）。她闪着眼睛，说到："朝啥地方去？七十年代朝八十年代去，八十年代朝九十年代去，年纪轻的要走上来，年纪老的要走下去，一代换一代。挪无产阶级勿是巴望一代要比一代生活得好［哦］？"
>
> "也许是的，我不知道。……"我嗫嚅地说着。⑱

"我"在已经失去了革命生活的一切迹象的战友面前内心悲痛地哭了起来，然而尚未接受失去了理想的年轻人的田井却正在走向死亡。"我"从战友走向死亡的身影里感受到了生活在革命时代里的我们这一代人的谢幕之时正在临近。

故事最后的场景是，没等到蒯池回来就陷入病危状态的田井说，终究还是想将自己的一切交给儿子。"我"一边儿祈祷一边儿等着蒯池的到来。

> （中略）我直起腰来，按着自己衰老的心脏，看了看表，已经十点正了，蒯池快回来了，田井也许能等到他，当面交割一切。熟悉的人，带着我所熟悉的事，即将成为过去，我也是快要过去的人了，未来是属于贾铭华的，也属于蒯池，汪嫁丽，当然也属于那个十级干部的儿子。[19]

在"我"看来田井热切期待着的是将"一切交给"儿子。但是交出"一切"的对象顺序，排在最开始的却不是蒯池，是让田井自豪的学生贾铭华。经过一番努力最终入学北京大学的贾铭华是像画里描绘的那种，带着献给恩师的自己作的椅子来看望恩师好青年。"我"首先提到的是贾铭华的名字，之后是蒯池和汪稼丽，再之后是 10 级干部的儿子。

田井所说的"全部的财产"并不是金钱或是物质意义上的财产，而是象征着上一代人所担负着的"一切"。看上去"我"抑制住对年青一代的不信，想要交出"一切"，但实际上在最后仍然是在寻求着革命的后继者。小说的最后并没有描写田井把自己的"一切交给"儿子的场景，这仿佛是对"我"这种心情的隐喻。

对被灌输的共产主义正义没有丝毫怀疑的年轻孩子们，文革后要求为自己成为时代的牺牲而讨个说法，他们矗立在上一代人的面前。"我"感受到包括田井在内的我们这一代人越来越不像是革命者了，为把回忆留给一个更接近于革命者的生活方式的年轻人，必须向选择了否定父辈一代人的生活方式的孩子们坦白"一切"。这样一来，即便这样的"儿女情"会招致孩子一代的不信任，但这其中也描绘出了面对即将到来的新时代，让渡出主导权而退场的老革命家母亲的悲哀。

四、亲子的争执（二）——《着暖色的雪地》（1981）

《儿女情》之后第二年发表的《着暖色的雪地》与《儿女情》一样描写了至死也未能相互理解的母子。[20]

得到大学录取通知的陆橙得到了恋人父母的认可，充满了幸福感。但是他那想要结第三次婚的母亲却无法理解。董毓德的丈夫（也就是陆橙的父亲）是右派知识分子。过早失去丈夫的董毓德在文革中为了帮助因右派的父亲而受到迫害的儿子摆脱困境，与劳动人民陆阿才结了婚。但是她与人虽好但没受过什么教育的阿才在情感上无法交流，文革后与曾经的右派知识分子章珉孕育出了爱情，正在考虑第三次结婚。然而未能如愿以偿便身患重病的董毓德在自己未能留下些什么的叹息中走近着死亡。

其实这篇小说还有另外一个版本。那就是《丢了舵的小船》[21]（1981）。《丢了舵的小船》从构成上看，更为聚焦于毓德与章泯（这篇小说中"珉"字改成了"泯"）的内心纠葛。在这里，董毓德和章泯因想要挽回失去的青春而走到一起，但他们却不想破坏当下的生活，最终的结局是各行其道。

这两篇小说从不同的视角书写了共同的主题，但最终收入到茹志鹃小说集的却只有《着暖色的雪地》这一篇。对于这一点，桥本草子提出了这样的质疑，《丢了舵的小船》中"清楚地描绘出，两个中年知识分子的青春已经再也无法挽回的现实"，"在整体性的状况中关注不同的个人命运"这一点也值得称赞，因此"我的结论是，《雪地》（作者注：《雪原》的原题）是未完成稿，而《小船》对作者来说应该是令其满意的成稿。"②

的确，描写了身处社会边缘的知识女性之悲哀的《丢了舵的小船》中的人物形象也更易把握，容易产生情感带入。那么为什么茹志鹃收入到小说集里的却只有《着暖色的雪地》呢？

这两部作品最大的不同在于儿子陆橙的存在感。在《丢了舵的小船》中，儿子橙橙还是小学生，无法介入到母亲与章泯之间。但是《着暖色的雪地》中的陆橙却是以其中主人公之一的角色登场的。高考结束后，他坚决地抗拒着想要与继父离婚的母亲，继父从小时候起就疼爱他，并在文革中支撑了一家人。然而董毓德并没有向儿子说明与阿才再婚的原因，由此母子之间的不和一直没能得到消解。也就是说，《着暖色的雪地》把重点放在了母子之间的不和上，并没有对董毓德的恋人章泯和再婚对象阿才进行全方位的描写。从总体上来看，如果说《丢了舵的小船》是右派知识分子典型的爱情故事的话，那么《着暖色的雪地》可以说与《儿女情》一样，描写的是母子不和的故事。

因此，在《丢了舵的小船》和《着暖色的雪地》之间，茹志鹃把后者收入小说集，从这一做法可以推断，当时茹志鹃的创作中主要关心的问题是文革后上一代人与下一代人之间的错位与不和。但是茹志鹃为什么执着于书写两代人的不和呢？

文革后，压抑人性的时代终于迎来了解冻，为个人记忆发声的文学承担起了人道主义的复归。当时，遭受迫害却真诚地生活着的知识女性的故事因为赢得广泛的共鸣而受到人们的关注。例如谌容的《人到中年》（1981）描写了一位不幸的眼科女医，她没

有得到应得的评价但仍旧真诚地面对工作，甚至连对家人的爱都忘却了，而赢得了广泛的读者。㉓

那么这类的小说中，是如何描写中年一代的父母如何看待孩子这一代人的呢？戴厚英的《人啊，人!》（1980）以知识女性孙悦和曾经被打为右派的知识分子何荆夫之间的爱情故事为主线，描写了文革后中年一代的知识分子的群体像。㉔对于"新中国"有良知的知识分子、同时也是女儿的母亲孙悦，以及度过了燃烧着革命理想的青春期的右派知识分子何荆夫来说，想要生活在新时代的年轻一代是新时代的象征。最后颇具象征性地，是年轻人鼓励着孙悦和何荆夫。另外张洁的《爱，是不能忘记的》（1979）的故事设定是，30岁的女儿读到了去世的母亲的日记，从中得知母亲心里深深地隐藏着对一位高级干部男性的爱恋。㉕在这部小说里的女儿也是带有开明的思想、作为最为理解母亲的人而登场的。

在"五四"以来的中国现代文学的传统中，身着新思想的"新青年"们，从传统的家族制度中将人们解放出来，勇敢地与帝国主义战斗、迈向革命，正所谓走在时代最先段的人们。因此建国初期的茹志鹃小说，"新中国"的年轻人是作为象征着新时代的希望而登场的。在之后的文革后的小说中也是同样，与被社会的动荡折腾得疲惫不堪的大人相比，孩子一代用灵活的想法去应对事物，时常作为思想开明的一方而登场。原本在文革后的"新时期"文学中，建国后培育的知识青年闪亮登场，文学由此迎来了建国以来最为繁盛的时期。在这个意义上，"新时期"文学中对年轻人的肯定书写，不如说是水到渠成的。在这其中，茹志鹃表现的却是对新一代人的不信任以及对他们成为主角的新时代的困惑，所以她表达了被时代抛弃的自己这一代人走向死亡的苦恼。

然而，当时的茹志鹃的作品中，也有将年轻人描写为希望的象征的小说，那就是《一支古老的歌》㉖（1980）。主人公是作为上海文化系统副局长的父亲。他想要利用自己的关系，将下放到松花江的女儿泱泱调回到上海。但是泱泱却告诉他在那里有和她许诺了未来的男人（冒华），所以她没有理睬父亲的劝说。无奈之中前往松花江去劝说女儿的父亲看到的却是一心只顾保住自己权势的昔日的战友与同事的身影。与此成为鲜明对照的是真挚地对待人生的泱泱、冒华。从两个年轻人的身影上仿佛看到了曾经歌唱《松花江上》燃烧革命希望的年轻时的自己这一代人。被两人打动了的父亲对妻子说想要搬到松花江来住，重新获取作为艺术家的生命力。在这里让他重新想起革命歌曲的下一代人，作为革命精神的继承者，让他预感到了光明的未来。

那么《一支古老的歌》的光明的结尾意味着什么呢？这篇小说是由女儿的父亲写给妻子的信的方式推动故事进行的。然而却没有写到妻子的回信或是回答。女儿的母亲虽然有一定的存在感，却完全没有出场，由此反而给读者留下印象。这不由得令人想到，母亲的背景化与小说光明的结尾之间或许存在着一些关联性。也就是说，正是接近茹志鹃自身形象的人物的不登场，才使得小说可以以充满希望的结局作结吧。相反，当聚焦于母亲这一角色时，茹志鹃的笔下便不由地描写起生活在文革后的中国社会里的父母与孩子的纠葛。㉗

到死也没能被孩子理解的孤独的共产党员母亲这一形象里，强烈地投射出茹志鹃自己的心境。另一方面，《一支古老的歌》通过将父亲作为主人公而让母亲退到幕后的方式，迎来了充满希望的结局。这一预见到家族和社会的光明未来的故事，或许是茹志鹃所怀有的希望的展现。

五、革命者母亲的意志——《家务事》(1980)

那么孤独地咽下最后一口气的共产党员母亲与到最后都未能理解母亲的孩子，究竟意味着什么呢？

在短篇小说《家务事》里，描写了将幼小的孩子一个人留在家里，怀着不舍的心情前往干部学校的文革中的母亲的故事。⑧"我"的丈夫被下放到远方，有一天，大女儿也前往农村去了。"我"也不得不在第二天将幼小的淘淘留在家里，只身前往干部学校。送走了大女儿的"我"，勉强支撑着疲惫的身体，想要做一些淘淘喜欢吃的菜。但是忽然发现淘淘发起了高烧。慌忙中"我"想起如果能拿到医院的诊断书的话，可以延期几天动身出发，于是放心下来。然而第二天，前往出发地点去提交延期证明的"我"不知道为什么没能提交延期证明，而是就这样直接前往了干部学校。

"我"为什么突然决定去干部学校了呢？这一点是这篇小说的最大的问题。表面上看起来，在出发地点"我"感受到了来自社会和同事的无声的压力，于是在催促中被带到了干部学校。如果是这样的话，那么问题在于"我"的软弱。然而事实上，她在车里想到幼小的女儿的可怜样子，心理发出了悲痛的哀鸣。然而即便在途中有机会返回，"我"也并没有想要回去。并且随着时间的流逝，"我"的内心逐渐恢复了平时那样的平静。也就是说，"我"并不是因为周围的压力而前往干部学校的，而是用顽强的意志压抑了在家庭与事业之间的动摇的情绪。

原本"家务事、儿女情"是指家中的一些琐碎的事情、对孩子的母爱。建国之后的文学中，这些被视作没有什么价值的题材。㉙因此 60 年代初期，在批判茹志鹃小说的时候就用了上述的这句话。㉚当时她并没有接受批判，考虑就此搁笔。但文革后，却故意将这句话用作了小说的题目。从这一背景来看，短篇小说《家务事》并不是母女之爱的故事。文革结束后不久便挑战性地使用了被批判时的话语的这篇小说中，描写出了作为革命者和母亲的茹志鹃的意志与自豪。

但另一方面，被"弃之不管"的"孩子"是怎么想的呢？作为《家务事》后续的《儿女情》，讲述的是凭空想象因追逐理想而被弃之不管的孩子强烈反抗的故事。出于理想主义而意志坚定地抛弃孩子的母亲内心里却并没有消除对弃之不管的孩子的歉意。这些在《黎明前的故事》那样的将革命理想正当化的故事的阅读中长大的孩子们，在文革之后已不再相信上一代人讲述的那样的理想主义了。茹志鹃那一代人无论如何也不能理解下一代人心目中的"好的生活"的"好"，但是也能深刻理解被上一代人的时代践踏的孩子一代的愤懑。但是，在上一代人看来，自己投入了青春、支撑着自己人生的理想主义是无法放弃掉的。正如《儿女情》、《着暖色的雪地》的结尾所展现的那样，放弃理想主义意味着他们自身的死亡。因此，母亲是无论如何也无法接受年轻人和属于他们的新时代的。

文革之后的茹志鹃在其文学中描绘了一边儿咬紧牙关养育孩子一边活在理想中，努力不被当下的时代所抛弃的革命者母亲的意志与自豪。在这里表现了被时代捉弄的同时不得不在超越上一代人之中求生存的知识青年一代的苦闷，以及虽然理解却并不接受他们的做法的上一代人的悲哀。

六、小结——王安忆的回应

本文最后想以作为反抗一代的王安忆对茹志鹃这一问题意识的回应作结。

如上所述，90年代的王安忆在《叔叔的故事》中，描写了在与追求共产主义的理想而来的上一代人的诀别的同时，与作为精神支柱的上一代人脱离关系的年轻文学者的不安。另外在《乌托邦诗篇》（1993）中，以与茹志鹃一同相遇的台湾共产主义作家陈映真为原型，表达了对帮助了"孩子"的知识分子的深切敬意与怀念之情。再有，同年发表的《纪实与虚构》中，书写了对文学本身的怀疑与不安。

90年代后半以来，王安忆不再书写这种对作为文学者自身的存在方式发问的小说了，但是这样一种问题意识本身却持续存在着。《长恨歌》（1995）是一部都市小说，以老上海的王琦瑶为主人公，描绘了40年代到80年代的上海。相对于被都市上海的魅力深深地感动着的王琦瑶而言，建国之后诞生的女儿薇薇则是作为文革之后"粗野时代的记号"而登场的。[31]王琦瑶对这样的女儿并不满意，没有将唯一的财产——金块交给女儿。所以最后，女儿这一代的青年人杀害了王琦瑶并偷了金块逃走了。小说以不能接受孩子的上一代人的"财产"被下一代强行夺取的方式告终。

在十多年之后的《启蒙时代》（2007）讲述的是以1968年的上海为舞台，知识青年一代的少年时代的精神成长的轨迹。[32]高级干部的儿子、知识青年世代的年轻人南昌，持续反抗着下台之后并不想真诚地面对社会和家人的父亲。[33]然而最后，南昌与说出自己也没有可以交给你们的"光"的父亲和解，心情舒畅地下放到

农村去。也就是说，虽然没有"财产"但"孩子"原谅了"父母"，小说结束于这样一种象征性的结局。㉞

南昌的父亲说道，自己并不是革命者，而是出生于旧社会的家庭，读过四书五经，然后才染上革命思想的小资产阶级知识分子。茹志鹃的《儿女情》中也有"我"乱想被田井骂为"资产阶级"的"小市民"的汪稼丽回骂"你才是'封建思想'"的场景。也是就是，田井和"我"被视作既是革命思想又是封建思想的存在。这样一种自我认识与将自身的认同放置在封建文化和革命思想两个方面的南昌的父亲有着惊人的相似之处。

《启蒙时代》最后的场景中，父亲南昌坦白道没有可以留给下一代的"光"——象征意义上的"财产"。因为父亲的告白在充满着虚假粉饰的革命话语中格外具有诚意，所以南昌原谅了父亲。如此一来，在茹志鹃的《儿女情》发表三十年后的《启蒙时代》里，王安忆首次表达了对父母一代人的宽容。

将作为文学者自身的存在方式放置在私人关系中持续追问，这并非易事吧。然而即便距离去世已过去10年之久，也依然存在着回应着自己问题意识的人，这绝对是幸福的事情。80年代初期的茹志鹃的散文《也谈王安忆》中一开始就谈到，因为读了之后总忍不住想说一些多余的话，所以自己并不怎么阅读王安忆的文学作品，即便如此作为最先发现女儿才能的人——在下放的农村收到女儿的来信，读之后感觉到女儿有文学才能，对王安忆的文章特色有着详细的分析。㉟尽管看起来像是对王安忆的文章严厉的批评，但不难想象这其中也包含着茹志鹃对女儿莫大的骄傲。或许，茹志鹃在那时已经预见到，王安忆将通过自身的文学创作持续回应上一代人留下的课题。

注 释

① 根据《茹志鹃研究》（浙江人民出版社 1982 年）所说，最初的作品是《生活》（《申报·副刊》，1943 年 11 月 22 日）。茹志鹃自己也认为这篇只是习作，真正的首部作品是《何栋梁与金凤》（《文汇报》1950 年 8 月 31 日、9 月 2、4—9、11 日连载）。但笔者并未找到原作。

② 有关当时的事情，详见《二十三年这一"横"》《说迟了的话》（收录于茹志鹃：《惜花人已去》，上海文艺出版社，1982 年），以及茹志鹃：《我写〈百合花〉的经过》（《青春》，1980 年 11 月号）。

③ 比如被视作为王安忆首部作品的《当长笛 Solo 的时候》所刊载的 1980 年 11 月号《青春》杂志上，同时再次刊登着《百合花》。并且茹志鹃的散文《我写〈百合花〉的经过》和史景平的评论文章《歌唱普通人的心灵美——读茹志鹃的〈百合花〉》。另外，王安忆的《野菊花，野菊花》也是与茹志鹃的《二十三年这一"横"》一起刊登在 1981 年 5 月号的《上海文学》上。王安忆的《绕公社一周》与茹志鹃的《阿卫》同时刊登在 1982 年第 3 期的《收获》上。王安忆的《分母》与茹志鹃的《我想说一些什么——读〈巨兽〉以后》也是同时刊载在 1982 年 4 月号的《上海文学》上的。

④ 茹志鹃、王安忆：《母女漫游美利坚》，上海文艺出版社 1986 年。《钟山》1985 年第 2、3 期。杂志刊载时，茹志鹃的题目是《游美百日记》，王安忆的是《美国一百二十天》。

⑤ 近年出版或再版了由王安忆编辑的茹志鹃著作。如茹志鹃著、王安忆编：《她从那条路上来》（上海文艺出版社，2005 年），茹志鹃著、王安忆编：《茹志鹃日记（1947—1965）》（大象出版社、2006 年）。

⑥ 关于王安忆的一系列讨论，拙作《王安忆论—一个上海女性作家的精神史》（中国书店、2016 年）中详细地进行了论述。

⑦ 同前，茹志鹃：《我写〈百合花〉的经过》。

⑧ 茹志鹃：《漫谈我的创作经历》，载《漫谈我的创作经历》，湖南人民出版社 1983 年。

⑨ 茹志鹃：《阿舒》，《人民文学》1961 年 6 月号。

⑩ 茹志鹃《静静的产院里》，《人民文学》1960 年 6 月号，后改为《静静的产院》。

⑪ 茹志鹃：《剪辑错了的故事》，《人民文学》1979 年 2 月号。

⑫ 茹志鹃：《回头卒》，《收获》1964 年第 1 期。

⑬ 本论文中没有介绍的茹志鹃的自传性小说还有《逝去的夜》（《上海文学》1962 年 6 月号）、《她从那条路上来》（上海文艺出版社 1983 年）。

⑭ 参考茹志鹃：《黎明前的故事》，载《茹志鹃小说选》，江苏文艺出版社 2009 年。初出《少年文艺》1957 年 1 月号。

⑮ 初出《上海文学》，1980 年 1 月号。单行本有《草原上的小路》（百花文艺出版社，1982 年）、《茹志鹃小说选》（同前）。对照三个稿子来看，虽然内容上没有太大的变更，但也有几个不同之处。最多的不同是段落末尾的句号之后标记的"……"。原文中所有的这个标记，在《茹志鹃小说选》中全部被删除了。这一标记作为一般的印刷体，或许有些不自然，但是这一符号本身却能很好地表现出"我"的意识流或者踟蹰，删掉了的话有些遗憾。本稿参照的是语词上没有什么变更的、经过茹志鹃本人过目的 1982 年出版的《草原上的小路》的文本。本文还参照了日语版「児をおもう」（加藤幸子、辻康吾编『キビとゴマ 中国女流文学選』研文出版、1985 年）。

⑯ 化着妆讲着上海话的女孩在茹志鹃的文学作品中经常是以否定人物出现的。之后论述到的《丢了舵的小船》里登场的上海女孩秀珍（章泯的恋人）也是同样的人物形象。

⑰ 同前，《草原上的小路》，第 117 页。

⑱ 同前，第 123 页。其中，在杂志发表时并没有"年纪轻的要走上来，年纪老的要走下去，一代换一代"这句话。

⑲ 同前，第 125 页。

⑳ 茹志鹃：《着暖色的雪地》，载《草原上的小路》。初出《文汇月刊》1981 年 6 月。《茹志鹃小说选》中题目写作了《带着暖色的雪地》，内容

相同。

㉑ 茹志鹃：《丢了舵的小船》，载《草原上的小路》。《上海文学》1981 年
8 月号。

㉒ 桥本草子「茹志鹃、『着暖色的雪地』と『丢了舵的小船』について」『野
草』第 41 号，1988 年。

㉓ 谌容：《人到中年》，《收获》1980 年第 1 期。

㉔ 戴厚英：《人啊，人！》，广东人民出版社 1980 年。

㉕ 张洁：《爱，是不能忘记的》，《北京文艺》1979 年第 11 期。

㉖ 茹志鹃：《一支古老的歌》，《文汇增刊》1980 年第 3 期。

㉗《一支古老的歌》反映了与丈夫王啸平之间的关系，关于这一点将在另外
的论文中涉及。

㉘ 茹志鹃：《家务事》，《北方文学》1980 年第 3 期。

㉙ 洪子诚《当代文学史》中有如下说明，关于"当代"小说的题材顺序为：
"在小说题材中，工农兵的生活、形象，优于知识分子或'非劳动人民'
的生活、形象；'重大'性质的斗争（政治斗争、'中心工作'），优于
'家务事、儿女情'的'私人'生活；现实的、当前迫切的政治任务，优
于逝去的历史陈迹；由中共领导的革命运动，优于'历史'的其他事件和
活动；而对于行动、斗争的表现，也优于'个人'的情感和内在心理的刻
画。"（洪子诚：《中国当代文学史（修订版）》，北京大学出版社，
2007 年，第 75-76 页。）

㉚ 茹志鹃在爱荷华写的《母女漫游美利坚》的 9 月 20 日的日记中写到，
60 年代初期并不能接受自己的小说因为写了"家务事，儿女情"就被贴
上"小题材""中间人物"等的标签。接下去她这样说："前几年我写了两
个短篇，一个叫《家务事》，一个叫《儿女情》，以表示这也是两颗极其晶
莹的水珠，从它里面反映出来的世界，也许不比长江大桥小，不比十三
陵水库浅。后来见到有人写文章，认为《红楼梦》亦是小题材，我就更加
坚信不疑。人世间，一切大波巨澜，无不在这里起伏打漩。'家务事，儿
女情'，这是一个通向外界的甬道……"（同前，《母女漫游美利坚》，第

25-26 页。)

㉛ 陈思和:《试论〈长恨歌〉中王琦瑶的意义》,载《牛后文录》,大象出版社 2000 年,第 117 页。

㉜ 王安忆:《启蒙时代》,人民文学出版社 2007 年。初出《收获》2007 年第 2 期。

㉝ 热带地区出身的南昌的父亲可以说是以王安忆的父亲王啸平为原型的。最近,王安忆和王安诺(王安忆的姐姐)讲述了很多有关父亲王啸平的回忆。关于王啸平,将在其他论文中进行论述。

㉞ 关于这一问题,详见拙作「王安憶の書く「紅衛兵」—『啓蒙時代』(二〇〇七)を中心に—」(『野草』第九四号、二〇一四年)。

㉟ 同前,茹志鹃:《也谈王安忆》,载《漫谈我的创作经历》。

(原载《中华文艺の饗宴—〈野草〉第百号》,研文出版 2018 年版。)

跋

金方廷

　　作为"海外汉学中的上海文学研究"丛书的一辑，由王晴女士选编的《日本汉学中的上海文学研究》收录了18篇由日本学者撰写的上海文学研究论著。本辑收录的文章大体反映了近30年内日本学者对上海文学研究的状况，其中不乏日本名家的本色当行之作，如鲁迅研究领域的知名学者木山英雄、丸山昇、北冈正子均有文章收录在内；其他作者的文章也多能反映日本学者独到的问题意识。为了不使《日本汉学中的上海文学研究》成为单纯的旧文搜集，本辑中由编者王晴女士翻译的《"新中国"的母女——文化大革命后的茹志鹃小说》为此前从未译介过的文章；而其他收录的文章里，《成仿吾与鲁迅〈野草〉》《近代中国的"主体妓女"表象及其夭折——探求于民国时期多种媒体中》《张爱玲和日本——谈谈她的散文中的几个事实》和《柳雨生与日本——太平洋战争时期上海"亲日"派文人的足迹》均为作者新修订或新提供的翻译版本；《鲁迅与刘呐鸥："战间期"在上海的〈猺山艳史〉〈春蚕〉电影论争》《关于郑超麟的狱中吟》两篇则经过了二次校对。除此之外，针对存在多个翻译版本的论文，我们也尽量选取译文更佳、更适合的版本收录在本辑之中。我们希望，将日本学者研究上海文学的代表性研究汇集成册，或许能较为全面地呈现域外学者的研究风格和研究范式，从而在充分借鉴的基础上，深入认识中国本土现当代文学研究的本质特点，并有针对性地反思不同地区探索中国现当代文学的路径、思想和方法。

这本《日本汉学中的上海文学研究》在文章选取方面有一系列突出特点。从选文的作者看，所有作者固然都是日本人，他们中有的可以认为是专研中国的"汉学家"，但也有一些学者则不限于中国研究。因而与其说这部选集反映了"日本汉学"对上海文学的认识与研究，不如从更宽泛的层面说，这部选集比较典型地反映了日本学人对"上海文学"的理解范式。从选文的研究对象看，选文探讨的"上海文学"主要聚焦于20世纪20年代到40年代上海地区的文学，尽管有的选文细致探讨了足以反映上海城市风貌的文学作品（如茅盾的《子夜》），但绝大多数研究仍旧以那个时期在上海地区活跃着的作家及孕育于上海独特语境中的文学现象为研究对象，并且绝大多数选文的研究对象不出我们所熟悉的数位活跃于上海地区的现代作家，如鲁迅、刘呐鸥、巴金、茅盾、张爱玲和张恨水，由此反映出的，是在20世纪30年代前后作为文学生产及流通场域的上海。造成这一文学场域的前提也通过这一辑选文得到了充分的展现——发达的传媒出版业、多元的文化观念碰撞、复杂的社会政治环境共同塑造了这样一个活跃而又繁荣的文学景观。

将观察海外汉学的文学研究限定在"上海"这个地区范围，显然有着更加深刻的学理层面的考虑。有学者指出："上海的显赫不仅在于国际金融和贸易，在艺术和文化领域，上海也远居于其他一切亚洲城市之上。"上海是近现代中国的文化重镇，是海派文化的发源地，同样也是孕育了中国现代文学的舞台。"透过文学观察和想象上海"可以说是这一辑选文中隐约透露的共同关注。不管是从文学作品的解读中探讨现代文明对上海都市生活和文化的改造，还是经由描述某位作家在一段时期内的写作语境，亦或是探讨外国文明如何影响上海地区的作家，上海显然是这些研究无可回避的"场景"及"背景"，而这样一个"场景"在世界范围内都可谓独一无二。因而上海独有的都市氛围决定了这些研究在讨论具体作者和作品时，必须把上海作为重要的"内容"乃至"方法"进行讨论。

本辑选文在过去三十年间陆陆续续被翻译成中文，译文均发表在具有影响力的中文期刊上，这种对日本学术的译介，使得日本的汉学研究得以被纳入本土现代文学研究的视野，也在一定程度上激发起中、日两地学术的互动与碰撞。许多日本学者的研究具有重要的文献价值。例如北冈正子的一系列考查鲁迅留日期间史料的研究就属于这一类，而本辑收录了《关于〈上海日报〉所载须藤五百三〈医生所见的鲁迅先生〉》[①]，则是对照日语资料，重新考索了鲁迅生前医生须藤五百三的记录，其中的史料及文献价值不言而喻。丸山昇对《答徐懋庸并关于抗日统一战线问题》手稿的研究则"脱离路线论、运动论的框架"，尝试回到一手文献去"听清鲁迅音调"，由此就晚年鲁迅与冯雪峰在思想、态度上的异同提出了一种"假说"，认为"鲁迅所期待的不是掌握'领导权'，倒不如说是保卫最低限度的'主体性'。"除了将与中国作家、作品有关的重要一手文献带入研究视域，亦有一些日本学者精于考证许多与文学文本、作家生平有关的细节，从而为理解和阐释作家、作品提供了新颖的视角。例如秋吉收的《成仿吾与鲁迅〈野草〉》一文结合鲁迅与成仿吾在文坛的多次"交手"，证明了鲁迅将最初的新诗冠以"野草"之名，是对"成仿吾的以'野草'嘲笑拙劣诗作"的回应[②]。藤井省三的《鲁迅与刘呐鸥："战间期"在上海的〈獗山艳史〉、〈春蚕〉电影论争》取向与之类似，同样关注鲁迅和其他重要文人在上海这个环境中发生了怎样的微妙联系。而铃木将久的《上海：媒介与语境——读〈子夜〉》通过挖掘文本背后的时代语境，阐明了上海作为文学语境的特有现代性景观。上述诸文，其取向明显不同于国内的同主题研究。本辑中的一些研究被认为弥补了中国文学史、文化史书写的缺环。如坂井洋史挖掘了陶晶孙这位在文学史中"缺席"的作家，可以视作这方面的典型，而陶晶孙不仅是创造社的创始人之一，也是开创了"新感觉派"的小说创作先河的文学实践者。尽管坂井洋史对于陶晶孙的研究与其关注巴金的初衷类似，都是试图从在文学史书写中被"边缘化"的作家那里，深入反思和探索现代文学史中隐含的"排斥"机制及"权力"的暴力性。③江上幸子对近代中国的"主体妓女"表象及其夭折的考察，尽管从性别研究的角度切入，却也同样深刻认识到，文中所勾勒的那种"不能立即推翻的男性国家之规范制约中也坚持一定自立的社会行为人"（Shannon Bell 语）的"主体妓女"，反映了一种既不同于传统男权社会的霸权话语、也不同于五四知识分子的反霸权话语，丰富了在"新""旧"两种话语之外，阐释出一条被历史所湮没的近代女性形象话语。

这批来自日本学者的上海文学研究与中国学者在研究的趣味和取向上有着较大的不同。从本辑的选文来看，日本学者在研究方法、视角和立场上，我认为有以下几个较为突出的特点。

首先，日本学者对于一切与日本有关的人物、事件和文本报以极大的关注，这批选文中不少内容都和日本有着深厚渊源，包括有日本生活经验、与日本人交往密切的作家（如陶晶孙、鲁迅、柳雨生、刘呐鸥）、由日本人撰写的与中国作家有关的回忆、日本题材作品在上海的传播、与日本相关的文学和文化传播等等。这是无可厚非的。其次，如前所述，这批选文尤为强调文学人物、文本和事件的语境还原，这或许与选编者的意图有关，但多少也反映出日本学者对于"文学"这件事的理解和态度。不少日本学者精于考索与文本细节、作者生活环境有关的文学"外部"信息，例如《1934：作为媒介者的鲁迅》一文从国民党对左翼作家的"文化封锁"开始，结合鲁迅与友人的书信，系统考证了这一时期鲁迅的写作和投稿情况，在"作者"与"报刊"的异常复杂的互动之中，尝试为鲁迅在这一"文化封锁"时期所扮演的角色作出清晰的定位。山口守的《巴金与西班牙内战》一文则从"中国文艺界如何看待西班牙内战"一事出发，在一系列围绕国际事件的论争中，探讨了巴金思想转变的前因后果。也有些学者将考证聚焦于某类文学形象、文化现象如何在上海实现了多种媒介之间的传播。前文提及的江上幸子对"主体妓女"形象的考查就是穿梭于"民国时期多种媒体中"的探求。饭冢容的《被搬上银幕的文明戏》关注的是文明戏这种在上海地区独有的戏剧形式，详细探讨了文明戏怎样颇为成功地将西方故事转译成适宜市民观看的通俗文艺，与此同时又如何成为跨越多种媒介（从文学文本到影视文本）的"中介"。这样做的优点在于，还原的语境可以为某个文本或是某位作者在某一时间内的写作活动提供一种阐释的基础，对日本学者而言，这种围绕文学的阐释基础更多是"历史""外部"的，而不是"理论""内部"的。

　　另一个不得不提的特点是，日本学者很少将中国文学作为一种孤立的研究对象，他们更倾向于把中国文学视作"世界文学"的一部分。具体而言，就是把中国文学的相关因素（作家、作品题材等），放置在同其他国家的文学、影视、戏剧作品的"互动"关系中进行考察。比如中村翠撰写的《〈蝴蝶夫人〉：从好莱坞电影到施蛰存与穆时英的小说》一文就通过《蝴蝶夫人》

这个"全球性"的文本，在比较的视野下，探讨了这样一个带有"东方主义"意味的文本分别在日本和中国的接受、改编情况。濑户宏撰写的《论上海戏剧协社的〈威尼斯商人〉演出》也与之类似，所谓"莎士比亚在中国"本身就是一个比较文学研究的题目，有趣的是，作者濑户宏却希望"加深对本国戏剧的理解"才开始思考中国的现代戏剧④，无疑使莎剧的接受史研究变得更为复杂。池上贞子的研究则尝试性地勾勒了张爱玲与日本的诸种关系。由此可知，日本学者的研究力图在"全球"视野中去解释把中国文学的生成和发展，这样便不拘于"本土"的研究视域，揭示了在上海这样一个国际性都市舞台上，上海文学也必然是在那样一个相互联系的、动态的"全球"文化语境中生发出来的。

以上是编校过程中对这批论文产生的一些思考，下面想就编校工作的内容作一番简单介绍。本辑《日本汉学中的上海文学研究》的编校工作主要在已有汉译的基础上展开，编校工作包含了以下几个方面：①修订原译稿中的错字、修正存在问题的标点；②润色原稿中的语言，修正其中存在语法错误或难以通读的句子；③核查文中引用的汉语文献原文，尤其是根据原文指示确认汉语文献版本；④为原文中的译名标注原文，并校对少数外语引文；⑤为了阅读便利并统一选文格式，删去了选文原带摘要（或作"内容提要"）及关键词，读者如需参考这些内容，可自行查找。相关编校工作以修订错讹、确保文通句顺为目标，基本不触碰文章中的术语及关键词，也不曾对文章的文意有任何程度的篡改。最终由编者王晴女士和我分别撰写了本书的《序》和《跋》。

王晴女士与我相识于十年前的北京，彼时都是热爱学术和思想的伙伴，至今我仍记得随她一同在北大松林餐厅吃"小包子"的时候。囿于学力所限、时间仓促，这本小书在编校过程中难免疏漏，在此恳请各方专家、读者不吝批评赐教。

2021 年 7 月于上海

附 本书作者简介

（姓名按照目录顺序排列）

秋吉收（Akiyoshi Shu）：九州大学言语文化研究院教授。研究方向为中国近现代文学，主要从事鲁迅研究、台湾文学等方面的研究。著有《鲁迅——野草と杂草》（九州大学出版会，2016 年）。发表论文有《鲁迅与徐玉诺——围绕散文诗集〈野草〉》《论中国现代诗人郭沫若 1949 年后诗作中的"红色"思想变迁》《"杂文家"鲁迅的诞生》《鲁迅〈野草〉中的"东西融合"》《赖和与徐玉诺——"台湾的鲁迅"与大陆新文学的关系》等。译有鲁迅《杂草（上·下）》、叶圣陶《玉诺的诗》等。

坂井洋史（Sakai Hirobumi）：一桥大学言语社会研究科教授。研究方向为中国现代文学，主要从事巴金研究、中国现代文学史、中国当代文化批评等方面的研究。着有《忏悔与越界：中国现代文学史研究》（复旦大学出版社，2011 年）、《巴金论集》（复旦大学出版社，2013 年）、《寻找巴金》（四川文艺出版社，2019 年）等，并整理出版《陈范予日记》（学林出版社，1997 年）、《情影：陈范予诗文集》（香港文汇出版社，2011 年）等。

铃木将久（Suzuki Masahisa）：东京大学大学院人文社会系研究科、文学部教授。研究方向为中国现代文学，主要从事竹内好与中国、瞿秋白、茅盾、胡风等方面研究。著有《上海モダニズム》（中国文库，2012 年），发表论文有《改革开放初期中国的"五·四"想象》《民族与启蒙：在民族形式讨论中的胡风》《1930 年代中国左翼文艺思想与现代主义》《浅析鲁迅与瞿秋白有关翻译的讨论》等。编有《当中国深入世界——东亚视角下的"中国崛起"》（亚际书院，2016 年）。

北冈正子（Kitaoka masako）：关西大学名誉教授。研究方向为中国文学研究，主要从事鲁迅研究。出版有《摩罗诗力说材源考》（北京师范大学出版社，1983 年）、《鲁迅救亡之梦的去向：从恶魔派诗人论到《狂人日记》》（生活·读书·新知三联书店，2015 年）、《鲁迅文学の渊源を探る「摩罗诗力说」材源考》（汲古書院，2015 年）、《日本异文化中的鲁迅——从弘文学院入学到「退学」事件，青年鲁迅的东瀛启蒙》（麦田出版，2018 年）等著作。

代田智明（Shirota Tomoharu）：曾任东京大学综合文化研究科教授。研究方向为中国文学，主要从事鲁迅研究。著有《现代中国とモダニティ——蝙蝠のポレミーク》（三重大学出版会，2011 年）、《鲁迅を読み解く——谜と不思议の小说 10 篇》（东京大学出版会，2006 年）。发表论文有《私たちの想像力は"鞑靼海峡"を渡っていけるのか》《愈やしの文学としての鲁迅》《希望と绝望のはざまを跳跃する——鲁迅〈野草〉〈希望〉を読む》、《竹内好〈近代とは何か〉〈近代の超克〉再读》等。

丸山升（Maruyama Noboru）：曾任樱美林大学文学部教授。

研究方向为中国文学，主要从事鲁迅研究、中日战争时期中国文学研究。出版有《鲁迅・革命・历史（王俊文译，北京大学出版社，2005 年）、《文化大革命に至る道——思想政策と知识人群像》（岩波书店，2001 年）、《上海物语：激动と混沌の街》（集英社，1987 年）、《ある中国特派员——山上正义と鲁迅》（中公新书，1976 年）、《现代中国文学の理论と思想："文化大革命"と中国文学觉え书》（日中出版，1974 年）等。

藤井省三（Fujii Shozo）：东京大学名誉教授、名古屋外国语大学教授、日本学术会议会员。曾任东京大学文学部、大学院人文社会系研究科教授。研究方向为 20 世纪中国文学，主要从事鲁迅研究、中日文化交流、台湾文学、华语系文学等方面的研究。着有《鲁迅〈故乡〉阅读史》（新世界出版社，2002 年）、《华语圈文学史》（南京大学出版社，2014 年）、《村上春树心底的中国》（时报出版，2008 年）、《台湾文学这一百年》（麦田出版有限公司，2004 年）等。

中村みどり（Nakamura Midori）：早稻田大学商学学术院教授。研究方向为中国现代文学，主要从事陶晶孙研究、上海现代派、中日文化交流、留学经验与近代化等方面的研究。发表的论文有《日本占领下上海における陶晶孙の言说》《大学オーケストラから左翼演剧へ——艺术剧社における陶晶孙の音乐活动》《中国におけるジャポニズム小说の变容》《中国人留学生が语る「日本」——郁达夫「归航」とイギリス排日小说『キモノ』（Kimono）》《洪深のアメリカ留学体验》等。

山口守（Yamaguchi Mamoru）：日本大学文理学部特聘教授，曾任日本台湾学会会长。研究方向为中国现代文学，主要从事巴金研究、台湾文学、华语语系文学等方面研究。着有《黑暗之光：巴金的世纪守望》（复旦大学出版社，2017 年）、《巴金与安那其主义》（中国文库，2019 年）等著作，发表论文《巴金与高德曼：1920 年代国民革命中的无政府主义》《白先勇小说中的现代主义：〈台北人〉的记忆与乡愁》《作为离散的母语：阿来的汉语文学》、《北京时期的张我军：被文化与政治夹击的主体性》等。

江上幸子（Egami Sachiko）：菲莉斯大学国际交流学部名誉教授。研究方向为 20 世纪中国文学，主要从事中国文学中的女性文学、性别话语等方面研究。发表的论文有《对现代的希求与抗拒——从丁玲小说〈梦珂〉中的人体模特事件谈起》《"讲述"战争中性受害的"耻辱"——丁玲〈新的信念〉之误译和删改说起》《中国女特务的表象——郑苹如、王佳芝与贞贞》《现代中国性别秩序的形成与丁玲》等。

前山加奈子（Maeyama Kanako）：骏河台大学名誉教授。研究方向为中国近现代社会文化，主要从事女性文学、女性媒介等方面的研究。发表的论文有《1920 年代初头における日本と中国の女性刊行物——吴觉农が紹介・論争した女性運動論から見る》《〈女子月刊〉をめぐって——1930 年代中国におけるフェミニズム》《ジェンダー視点でみる近代中国の断発——日本との比較において》《〈図画日报〉にみる清末上海の働く女性たち》《時代に生き、時代に翻弄された女性作家・関露》《〈上海妇女〉》の創刊まで》等。

饭冢容（Iizuka Yutori）：中央大学文学部教授。研究方向为中国现代文学，主要从事中国早期话剧、中国现当代文学接受等方面的研究。著有《中国の「新剧」と日本》（中央大学出版部，2014 年），参与写作《中国话剧艺术史》（田本相主编、江苏凤凰教育出版社，2016 年）等。发表的论文有《中国现当代话剧舞台上的鲁迅作品》《关于文学作品翻译的诸问题》《〈雷雨〉在日本》《文明戏剧本的六种类型》《关于钱谷融的"〈雷雨〉人物谈"》《中国话剧的发展与日本－中日戏剧交流的三次高峰》《余华作品在日本的翻译与研究》等。

濑户宏（Seto Hiroshi）：摄南大学名誉教授。研究方向为中国现代文学，主要从事中国戏剧、表象艺术等方面研究。著有《中国の现代演剧——中国话剧史概况》（东方书店，2018 年）、《莎士比亚在中国——中国人的莎士比亚接受史》（陈凌虹译，广东人民出版社，2017 年）、《中国话剧成立史研究》（陈凌虹译，厦门大学出版社，2015 年）等。发表的论文有《宫本研〈阿 Q 外传〉考》《论上海戏剧协社的〈威尼斯商人〉演出》《试论曹禺作品在延安的演出》等。并参与编校《〈申报〉揭载文明戏剧评》（好文出版，2017 年）等。

杉野元子（Sugino Motoko）：庆应义塾大学文学部教授。研究方向为中日比较文学，主要从事老舍研究、殖民地文学等方面的研究。发表的论文有《老舍与萧乾》《叶圣陶研究在日本》《北京的骆驼祥子与香港的骆祥致——1962 年香港影片〈浪子双娃〉考》《路易士と日本——战时上海における路易士の文学活动をめぐって》《民族と民族の狭间を生きた作家李如雲の人と文学について》《南京中日文化協会と張资平》等。

滨田麻矢（Hamada Maya）：神户大学大学院人文学研究科、文学部教授。研究方向为 20 世纪中国文学，主要从事中国文学中的女性表象、性别表象等方面研究。发表的论文有《文化的"混血儿"——陶晶孙与日本》《两个世界的对立》《朱天心〈古都〉与胡兰成的美学》《遥远的乌托邦——王安忆〈兄弟们〉中的女同志连续体》《日治时代的女学生书写——以杨千鹤为中心》等。译有『中国が愛を知ったころ』（张爱玲作，岩波书店，2017年）等。

池上贞子（Ikegami Sadako）：迹见学园女子大学名誉教授。研究方向为华语圈现代文学，主要从事张爱玲研究。着有《张爱玲——爱／生／文学》（赵怡凡译，陕西师范大学出版社，2013年）等专著。发表论文《从中国民话之会起步》《抗衡越界之歌——浅谈也斯日译本诗集〈亚洲的滋味〉》《焦桐创作中的女性表征——阅读〈茉莉花遗事〉》等。译有张爱玲《倾城之恋》（平凡社，1995年）、也斯诗集《アジアの味（亚洲的风味）》（思潮社、2011年），并参与翻译《台湾新文学史（上、下）》（陈芳明著，东方书店，2015年）等。

木山英雄（Kiyama Hideo）：一桥大学名誉教授。研究方向为近现代中国文学，主要从事周作人研究、鲁迅研究。出版有《文学复古与文学革命：木山英雄中国现代文学思想论集》（赵京华编译，北京大学出版社，2004年）、《北京苦住庵记：日中战争时代的周作人》（生活·读书·新知三联书店，2008年）、《周作人

「对日协力」始末》（岩波书店，2004 年）等。发表论文有《〈野草〉主题构建的逻辑及其方法——鲁迅的诗与哲学的时代》《实力与文章的关系——周氏兄弟与散文的发展》等。

松村志乃（Matsumura Shino）：近畿大学国际学部讲师。研究方向为中国当代文学，主要从事王安忆研究、茹志鹃研究、女性文学、马华文学等方面的研究。著有《王安忆论：ある上海女性作家の精神史》（中国书店，2016 年），发表论文有《南洋华侨とその家人—茹志鹃、王安忆から見た王啸平》《最晩年の茹志鹃：最后の小说「前へ、前へ」（1991）を読む》《王安忆文学における「母親」：「知识人の母」と茹志鹃》《王安忆の"上海"：〈长恨歌〉を中心に》《王安忆と"寻根"》《"西洋"の追求——王安忆〈我爱比尔〉试论》，译有叶弥《猛虎》、文珍《夜汽车》等。